Thinkers of the Medieval Europe

중세 유럽의 사상가들

박은구 오두영 이영재 손채연 외

숭실대학교 유럽중세사 연구실

SSU Press

중세 유럽의 사상가들

초판발행 2014년 1월 9일

지 은 이 박은구, 오두영, 이영재, 손채연 외

펴 낸 이 한헌수

펴 낸 곳 숭실대학교 출판국

서울 동작구 상도로 369

등 록 제14-2호(1982.1.25)

TEL. 02-820-0772

FAX. 02-817-5297

http://press.ssu.ac.kr

찍 은 곳 열린문화

TEL. 02-2278-1791

FAX. 02-2268-3595

값 19,000원

ISBN 978-89-7450-324-6 94920

엮은이의 말

이 책은 숭실대학교 유럽중세사 연구실이 지난해 펴냈던《중세 유럽문화의 이해》1, 2(숭실대출판국, 2012)에 이어 두 번째로 공동 작업을 통해 펴내는 유럽 중세사회를 소개하는 수준 있는 입문서이다.《중세 유럽의 사상가들》은 유럽 중세사회의 역사와 문화, 특히 중세 그리스도교 사상에 관심을 가진 일반 교양계층은 물론 대학에서의 교양 및 전공 강의를 듣는 학생들에게도 유용하도록 구성하였다. 이를 위해 필진은 근년의 문화사적 접근을 토대로 정치적 역학관계 및 사회 경제적 요소에 대한 관심 역시 꾸준히 반영하고자 하였다.

무엇보다도 필진은《중세 유럽의 사상가들》을 통해서 중세 사상의 풍성한 창의성과 역동적 다양성을 드러내고자 노력 하였다. 또한 필진은 이 책이 중세 문화의 전체적 통합적 역사상을 구축하는데 도움이 되기를 감히 기대하고 있다. 이 책에 기존의 주요 사상가뿐만 아니라 일반적으로는 잘 다루지 않는 다양한 인물들을 포함하고, 특히 이슬람과 유대인 학자들 및 동방교회의 사상가들도 소개한 이유가 여기에 있다. 사실 필진들은 중세 유럽의 사상과 문화가 근대 유럽 문화를 이해하기 위해서는 물론, 오늘날 우리네 사회의 사상과 문화에도 영향을 미치는 의미 깊은 유산이라고 판단하고 있으며, 더욱이 이 중세의 지적 유산은 앞으로도 우리네 문화를 형성하고 발전시켜 나감에 있어서 중요한 반성의 거울 내지 창의적 추동력이 될 것이라는 인식을 공유하고 있는 것이다.

Ⅰ장에서는 4-5세기 즉 고대에서 중세로의 이행기 사상가들을 통해서 유럽적 정체성이 어떻게 형성되었던가 하는 문화적 지형을 조명해보았다. 이를 독자들의 편의를 위해 그리스 교부와 라틴 교부로 각각 구분하여 정리하였다. Ⅱ장은 6-8세기 즉 초기 중세의 사상가들을 가톨리시즘의 유럽화라는 주제를 중심으로 검토하였다. 가톨리시즘의 확산은 결코 저절로 이루어진 것이 아니라, 다양한 인물들의 희생적 헌신과 분별력 있는 지적 모색, 그리고 절제된 고뇌와 선택들이 빚어낸 역사적 산물이었다. Ⅲ장에서는 9-11세기 즉 봉건 중세 초기의 사상가들이 그리스도교를 어떻게 계서적 보편주의 이념으로 확립해 나갔던가, 그리고 그 특징과 한계는 어디에 있는가를 추적해보고자 하였다. 이 가톨릭적 보편주의는 사실 오늘날도 잠재적인 형태로나마 지역주의 인종주의 분파주의 등의 극복을 모색케 하는 역사적 모델로 해석될 수 있지 않을까?

Ⅳ장은 12세기 즉 고중세 1기의 사상가들을 인문주의의 개화라는 화두를 중심으로 규명하였다. C. 해스킨즈가 12세기 인문주의 운동이라 부른 이후, 이 시기의 지적 모색은 지금도 서유럽 중세 문화의 역동성과 다양성을 치열하게 보여주고 있다. Ⅴ장은 13세기 즉 고중세 2기의 사상가들을 스콜라 사상이라는 주제를 중심으로 재구성하였다. 이성과 계시를 수단으로 전통적인 그리스도교 사상과 아리스토텔레스를 융합시키고자 했던 스콜라 사상이야말로 중세 문화의 꽃이었다. 더욱이 토마스 아퀴나스가 이룩한 고전과 계시의 위대한 종합에서 우리는, 비단 그것이 중세 문화만의 꽃일까? 행여 그것에 오늘날 우리들의 현실과 가능성을 향한 빛조차 포함되어 있지는 않는가 하는 호기심마저 느끼게 되는 것이다.

Ⅵ장은 14-15세기 즉 말기 중세의 사상가들을 신비주의, 헌정주의 그리고 공의회주의를 주요 화두로 검토하였다. 일반적으로 중세 말기는 스콜라 사상의 쇠퇴기 내지 해체기로 평가되고 있다. 그러나 필진은 이 시기를 지적 모색의 다양한 영역에서 각각의 견해가 쏟아졌던 시대정신

의 복합적 재조직의 시기로 해석하였다. 이 같은 접근이 이 시기의 창의적인 그리고 누적적인 사유의 역동성을 드러내고, 바로 그것이 근대 문화의 의미 깊은 토대였음을 기본적으로나마 그려낼 수 있었기를 기대한다. Ⅶ장에서는 중세 동방 정교회의 사상을 검토하였다. 이는 중세 유럽의 사상과 문화에 대한 전체적 역사상을 그려내고자 하는 의도의 산물이다. 이 같은 노력이 동방 정교회의 사상과 문화를 우리의 이웃 내지 그 일부로 수용하는 앞으로의 연구의 한 계기가 되기를 기대해 본다.

이 책은 G. Evans, 《*The Fifty Key Medieval Thinkers*》(New York, 2002)로부터 많은 직접적인 영향을 받았다. 그러나 구성과 컨텐츠 및 체제를 달리해서 펴내는, 숭실대 유럽중세사 연구실의 《중세 유럽의 사상가들》이 우리 사회의 교양 계층과 같은 주제에 관심을 가진 다양한 이들에게 생각의 폭과 깊이를 더하는 약간의 의미를 가질 수 있다면, 그 이상의 보람이 없을 것 같다.

최근 국내의 유럽중세사 연구는 그 외연과 내실을 넓혀가고 있으며, 연구자들의 연구 역량 또한 현저하게 축적되고 있다. 그러나 아직도 미진한 연구 분야가 많이 있고, 우리 사회에 화두를 던져줄 수 있는 보편적 주제에 대한 도전적인 연구도 여전히 요구되고 있다. 이 조그만 책이 유럽 중세사회에 대한 이해의 지평을 확대하고, 우리 사회의 교양계층에 중세 유럽 문화가 지향했던 보편주의 이념의 생명력과 창조력을 제시하며, 또한 오늘날 우리들에게도 이 유산이 소중한 거울 내지 잠재적 빚임을 인식하는 기회가 될 수 있다면, 필진으로서는 더할 나위 없는 기쁨이겠다.

이 책은 공동작업의 산물이다. 그래서 필진은 일관된 문제의식, 체제의 균형감, 용어의 통일성 등을 유지하기 위해서 여러 차례에 걸쳐 치열한 토론과 논의를 진행하였다. 그러나 이 같은 점들이 필진의 의도대로 충분히 구현되었는지 하는 점에 대해서는 많은 두려움이 있다. 독자 여러분의 질정을 통해 오류들을 교정할 수 있기를 바란다.

이 조그만 책이 햇빛을 보는데도 여러분들의 도움을 받았다. 먼저 이 책의 편집과 여기에 수반되는 여러 가지 일들을 위해 많은 수고와 시간을 아끼지 않은 이영재 박사에게 마음으로부터 고마움과 격려를 표시하고 싶다. 또한 이 책의 출판을 기꺼이 맡아준 숭실대학교 출판국에도 심심한 사의를 표하는 바이다. 끝으로 그리고 무엇보다도, 묵묵히 자신들이 맡은 작업을 성실하게 감당해준 숭실대 유럽 중세사 연구실의 필진들에게 깊은 경의와 뜨거운 감사를 드린다. 이들의 순결한 열정과 진지한 학문정신이 이 책을 펴내게 만든 진정한 힘이었다. 앞으로도 "중세사 연구실"의 지속적인 학문적 생산성을 기대해 마지않는다.

2014년 1월

숭실대 유럽중세사 연구실을 대표하여

박 은 구

약어표

CCCM	*Corpus Christianorum Continuatio Medievalis*
CCSL	*Corpus Christianorum Series Latina*
DNB	*Dictionary of National Bibliography*
MGH	*Monumentia Germaniae Historica*
PL	*Patrologia Latina*

차례

I

고대에서 중세로의 이행 4~5세기

유럽적 정체성의 형성

1. 그리스 교부

유스티누스
(Justinus 100~165)

생애와 시대

사도시대 이후 박해 기간 동안 가장 뛰어난 그리스도교 변증가중의 하나였던 유스티누스는 100년경 팔레스틴 사마리아 지방의 오래된 도시 플라비아 네오폴리스(Flavia Neapolis)에서 태어났다. 그의 조부 바케이오스와 부친 프리스쿠스(Priscus)의 이름으로 보아 그의 가정은 그리스 혹은 로마계 유대인 이주민으로 보인다. 풍족한 중산층에 속했던 프리스쿠스는 훌륭한 교육과 함께 유스티누스에게 많은 재산을 물려주었다. 유스티누스는 할례를 받지 않았으며, 또한 非그리스도교도였지만 소년 시절부터 강렬한 학문적 열정을 가지고 있었다. 그가 그리스도교로 개종하게 되는 것은 험난한 철학적 탐구의 여정 결과였다.

그는 철학을 공부하기 위해 에베소로 가서 스토아 철학자에게서 공부를 시작하였으나, 인생과 세상에 관한 궁극적 문제로 생각했던 창조자 곧 신에 관한 문제를 거의 다루지 않는 것에 실망하여 소요학파[1]로 갔다.

---

1) 아리스토텔레스 학파를 달리 지칭하는 말로 아리스토텔레스가 학도들과 산책하면서

소요학파는 아리스토텔레스의 학문을 따르는 학파로 그의 경험주의를 계승·발전시키고 자연과학 연구에 힘써 자연주의적 경향이 강하였다. 처음에 유스티누스는 이러한 학문적 경향에 매력을 느꼈으나, 그의 스승들이 재물에 집착하는 것을 보고 실망하여 이를 떠나 피타고라스(Pythagoras)학파에게로 갔다.

그런데 이 학파에서는 철학 이전에 천문학, 음악, 기하학 등을 공부할 것을 요구하여, 이러한 학문들에 필요성을 못 느낀 유스티누스는 다시 플라톤 학파로 갔다. 당시 중기 플라톤학파는 신에 관한 문제를 깊이 다루었는데 그는 이 학파의 이러한 학문경향에 만족하였다. 이때까지 여전히 신을 이성적으로 이해하고자 했던 유스티누스는 플라톤 학파의 철학을 공부하면서 우연히 바닷가에서 그에게 선지자와 그리스도 및 사도들을 가르쳐준 한 노인을 만난 것을 계기로 결국 그리스도교로 개종하였다.

그는 개종 후에도 플라톤주의 철학을 포기하지 않았고, 오히려 이를 그리스도교와 접목시키려 함으로써 그리스도교적 플라톤주의의 선구자가 되었다. 이후 그는 평신도로서 에베소와 로마에 철학 학교(schola philosoph)를 세워 철학뿐만 아니라 그리스도교를 가르쳤다. 생애 말기를 로마에서 보낸 유스티누스는 견유학파의 철학자 크레센스와 격렬한 논쟁을 벌이기도 했으며, 결국 그리스도교 호교 문서를 통해 그리스도교를 고백했다는 이유로 이방신 경배 제의를 거부하고 동료 6명과 함께 순교했다.

강의하고 논의한 산책길에서 유래되어 페리파토스 학파, 즉 소요학파(Peripatetics)라 불리게 되었다. 이들 중에는 레스보스의 테오프라스투스(Theophrastus of Lesbos)와 로데스의 유스(Eudemus of Rhodes)등이 있다. 이들은 아리스토텔레스의 철학을 따르되, 그의 형이상학적 사변은 포기하고 주로 자연과학이나 또는 좀 더 대중적인 주제로 윤리학 등을 연구하였다.

사상과 업적

유스티누스는 그리스도교 학문 발전에 매우 가치있는 저술들을 남겼다. 유세비우스(Eusebius)의 《교회사》에 나와 있는 유스티누스의 저술 목록에는 150~160년 사이에 저술된 여덟 개의 저작이 있는데 이중 두 개의 호교서와 《유대인 트리폰과의 대화》(*Dialogus cum tryphone*)만이 전해지고 있다. 이들 저작들은 모두 유대인 및 이방인들의 공격에 맞서 그리스도교를 옹호하려는 목적으로 쓰여진 것이다. 비록 이들 저술에서 체계적인 신학논리는 볼 수 없으나 삼위일체, 그리스도론, 창조론, 성서 주석 등 중요한 그리스도교 논점들이 서술되어 있다.

153년~155년에 쓰여진 《그리스도교도들을 위한 첫 번째 변론》(*Apologia prima pro christianis*)은 황제 안토니우스 피우스(Antoninus pius)와 그의 아들 마르쿠스 아우렐리우스 그리고 원로원 및 로마시민에게 보낸 것이다. 이 저술은 모두 68장으로 두 부분으로 구성되어 있다. 1~29장에서는 그리스도교도들이 악을 행하는 자가 아니라 선한 시민임을 강조하고 그리스도교도가 무신론자라는 비난을 반박하고 있다. 30~67장에서는 구약성서의 구절을 증거로 예수가 실제로 신의 아들임을 증명하고 있다. 마지막으로 68장 전체는 하드리아누스 황제의 답서이다.

《두 번째 변론》(*Apologia secunda vel minor*)은 《첫 번째 변론》을 보완하여 그리스도교를 옹호하는 내용들로 실질적인 동기에 의해 저술되었다. 즉 로마시의 총독 우르비쿠스가 세 명의 그리스도교도들이 신앙 고백을 했다는 이유만으로 처형하자 이에 항의하고, 당시에 만연된 그리스도교에 대한 비판들에 반박하기 위해 쓰여진 것이다. 모두 15장으로 구성된 이 저술에서 유스티누스는 왜 그리스도교도들이 자살을 적대시하고, 신이 그들의 수호자임에도 악한 자들에게 핍박을 받는가 등과 같은 이방인들의 조롱섞인 비난에 대답을 하고 있다.

《유대인 트리폰과의 대화》는 현재 남아 있는 가장 오래된 반유대교적 호교론으로서 전쟁을 피해 고린도에서 생애를 보내고 있는 교양 있는 유대인 트리폰과의 이틀에 걸친 대화를 기록한 것이다. 모두 14장으로 이루어진 이 저술은 자신의 철학공부와 개종을 언급한 서론을 포함하여 그리스도교의 관점에서 구약성서를 설명하고, 그리스도가 곧 신임을 입증하며, 그리스도를 믿고 따르는 민족이 참된 신의 선택을 받은 민족임을 강조하고 있다. 그러나 그리스도교가 참된 진리임을 강조하는 것에 대화의 초점이 맞추어져 있음에도 정작 트리폰은 유스티누스의 주장을 받아들이지 않았고, 또 개종하지도 않았다.

유스티누스는 자신이 그리스도교를 수용함으로서 참된 철학자가 되었다고 고백할 만큼, 개종 이후에도 플라톤주의적 철학자의 입장을 그대로 고수하였다. 그는 진리의 원천이 그리스도교에 있음을 인정하면서도 이방철학에도 진리의 씨앗이 있음을 고백했다. 이러한 그의 면모는 오히려 철학적 호교론자로서의 그의 위상을 높여주었다고 할 수 있다.

영향

풍부한 철학적 학식을 바탕으로 저술된 유스티누스의 그리스도교 호교론서들은 그 풍부한 교리적 자료들로 인해 더욱 높은 가치가 있다고 평가받고 있다. 또한 그의 저술들이 교리적 체계성에 있어서는 다소 미흡함에도 불구하고, 철학자로서의 솔직함과 단순성 그리고 명확한 논리로 인해 초기 그리스도교 학문 발전에 중요한 토대가 되었다.

참고문헌

〈1차 사료〉

E. K. Gooderough. *The Theology of Justinus*, (Jena, 1923).

〈2차 사료〉

A. G. Barnard. *Justin Martry. His life and thought.* (London, 1967).

Aenry Cradwick, *Early christian Thought and The classical Tradition ; Studies in Justin*, dementand origen (oxford: oxford univ. press, 1966).

(오두영)

티투스 플라비우스 클레멘스
(Titus Flavius Clemens 150~217)

생애와 시대

그리스도교 신학사에서 첫 번째의 체계적인 신학자로 평가받고 있는 클레멘스는 2세기 중엽 이교도 부모와 아테네에서 출생했다. 그가 티투스 플라비우스 클레멘스라는 로마식 이름을 가진 것은 그가 로마제국의 시민이었기 때문인 것으로 보인다. 비교적 부유했던 그의 부모는 그를 당시 이교도 식으로 교육을 시켰고, 클레멘스는 희랍의 문학과 철학적 소양을 갖추게 되었다.

그는 그리스도교를 받아들인 후에도 당시 철학자들의 방식대로 그리스, 남부 이탈리아, 시리아, 팔레스틴, 알렉산드리아 등지를 여행하며 여러 선생으로부터 철학교육을 받았고, 알렉산드리아에서는 판테누스에 이어 주교의 위탁으로 세례청원자를 교육하는 알렉산드리아의 교리문답 신학교도 운영했다. 그는 202~203년 사이에 셉티미우스 세베루스 황제의 박해가 일어나자 알렉산드리아를 떠나 친구이자 후에 예루살렘의 주교가 된 알렉산더에게로 갔다가 그와 함께 다시 예루살렘으로 갔다. 217년 그는 팔레스틴에서 사망했다.

클레멘스는 알렉산드리아에 있는 동안 그곳 지식인 및 귀족층에게 플라톤 및 스토아학파의 철학을 바탕으로 그리스도교를 설명하고 전파하는데 전심을 다했으며, 그가 남긴 많은 저술들은 그러한 활동의 산물들이다.

사상과 업적

클레멘스가 남긴 저술들은 주로 그리스도교 교육을 위한 지침서로 쓰여진 것들이다. 이 저술들은 이방인들에게는 삶의 진리 혹은 의미를 찾게 하고, 그리스도교도들에게는 신앙을 이성적으로 숙고하며, 경건한 신앙생활을 실천하도록 하는 것을 의도하였다. 《이교도들에 대한 권고》(*Protreptikos*)는 이교도들을 그리스도로 개종시키려는 목적을 가진 것으로 그리스도교를 설득력 있게 논증함으로서 그들이 로고스(말씀)에 주의를 기울이고, 이교 철학 및 종교의 우매함을 이해하도록 설득하고 있다. 이 저술은 교양 있는 독자들을 염두에 둔 것으로 세련된 문체와 수사학적 정교함이 돋보인다. 《교육자》(*Paidagogos*)는 그리스도교로 개종한 사람들을 대상으로 그리스도교도로서의 올바른 생활방식을 가르치고, 그리스도교적 윤리와 도덕을 설파하고 있다. 《양탄자》(*Stromateis*)는 총 8권으로 구성되어 있으며 여러 형태의 회고록 또는 잡문의 형태를 나타내고 있다. 여기에서는 그노시스(Gnosis)류의 '참된 인식'에 대한 체계적 학설 대신 그리스도교도가 삶에서 실천해야 할 규범 내지 행동 지침을 설명함으로서 참된 영지주의의 삶을 제시하였다. 즉 신구약의 의미, 신앙과 지식, 사회관계로서의 도덕, 결혼, 독신, 순교, 금욕 등의 주제에 관한 그리스도교적 해석을 나타내고 있다.

위의 세 저술들은 사람들을 그리스도교로 이끌기 위한 클레멘스의 지침서로 불리운다. 클레멘스 신학은 '로고스' 개념을 그 출발점이자 기초로 한다. 그에게 로고스는 신적 이성이며 우주와 인간을 가르치는 스승이다. 곧, 로고스는 구세주일 뿐만 아니라 새로운 삶의 창조주이다. 이러한 개념은 그의 모든 저술을 지배하고 있다. 따라서 그의 가르침의 궁극적 목적은 그리스도교도들이 이러한 하나님의 로고스를 인식하고, 그에게로 나아가게 하는 것이다.

또한 그는 초기 그리스도교 문헌에 정통한 지식을 갖고 있었으며, 사도시대 이후의 이교사상을 표명하는 저작들에 대해서도 해박한 지식을 갖고 있었다. 그는 그리스도교도들을 교육하는 소명을 실천하기 위해서는 이교 철학 및 이교도 사상과 끊임없이 논쟁을 벌이는 것이 필요하다고 생각했고, 또한 그것의 유용성도 잘 인식하고 있었다. 헬레니즘 교육을 받았던 그는 희랍사상을 적극적으로 수용했으며, 또한 이를 그리스도교 사상을 이해하는데 활용함으로서 헬레니즘 사상과 그리스도교 신앙을 접목시켰다. 이같은 노력은 그리스도교 신학을 보다 체계화시키는데 커다란 영향을 준 것으로 보인다.

영향

클레멘스는 헬레니즘 문화에 정통한 해박한 그리스도교도로서, 신으로부터 부여받은 소명에 대한 확신을 갖고 있었다. 이것은 그의 사상이 단지 호교론적 저술에 머물지 않고 신학 사상을 체계화시키는데 기반이 되었다. 그의 제자인 오르게네스를 비롯한 후대의 많은 저술가들이 클레멘스의 신학체계에 많은 영향을 받았음은 물론이다.

참고문헌

〈1차 사료〉

Montdesert. C. *Clement de Alexandria*, (Paris, 1944).

〈2차 사료〉

Durant, Will. *Caesar and Christ,* (New York: Simon and Schuster, 1972).

Ashwin-Siejkowski, Piotr. *Clement of Alexandria on trial : the evidence of 'heresy' from Photius 'Bibliotheca,* (Leiden, 2010).

Ferguson, John. *Clement of Alexandria,* (New York : Ardent Media, 1974)

Osborn, Eric. *Clement of Alexandria,* (Cambridge: Cambridge University Press, 2008).

(오두영)

오리게네스
(Origenes 185~254)

생애와 시대

고대 교부들 중 성 아우구스틴과 비견되는 가장 위대한 그리스 교부인 오리게네스는 185년경 알렉산드리아에서 태어났다. 유세비우스가 그의 《교회사》 제6권 대부분을 오리게네스의 생애와 사상을 다루는 데 할애할 만큼 그가 고대 교회사에서 차지하는 비중은 매우 크다. '금의 아들'이라는 뜻의 이름은 당시 이집트에서는 흔한 이름이었다. 그의 부모는 모두 경건한 그리스도교도로서 부친인 레오니데스는 희랍고전을 가르치는 교사이기도 했다. 레오니데스는 오리게네스에게 성경암송 훈련을 열심히 시켰다. 따라서 오리게네스는 당시의 초등교육 이외에 그리스도교 교육을 받았고, 헬레니즘 문화로 부터도 깊은 영향을 받았다.

201년 셉티미우스 세베루스 황제의 박해로 레오니데스가 순교하고, 재산마저 몰수되자, 17세였던 오리게네스는 가족을 부양해야만 했다. 당시 아버지를 따라 순교하려고 했던 만큼 오리게네스의 그리스도교적 열망은 매우 컸고, 이것은 그의 전 생애에 걸친 힘든 고난의 배경이 되었다. 어느 부유한 귀부인의 지원으로 판테누스와 클레멘스에게서 신학을 공부한 오리게네스는 곧 알렉산드리아에 교리문답 학교(Catechetical School of Alexandria)를 설립하였고, 데메트리우스 주교가 세례지원자 교육을 청하여 30세에서 45세까지 이 일에 전념하게 되었다.

그는 탁월한 학문적 재능과 교수로서의 자질 그리고 경건한 행실로 학생들 사이에서 존경을 받았고, 더욱이 셉티미우스 세베루스 황제의 박해가 계속되는 가운데 순교자들을 도와주는 용기를 보여줌으로서 높은 평판을 얻게 되었다. 그는 그리스도교를 올바로 이해하기 위해서는 철학적 지식이 필요하다고 생각하여 신플라톤주의의 창시자인 암모니우스 사카스(Ammonius Saccas)의 강의를 들었으며, 그리스도의 말씀에 대한 문자적 해석으로 인해 스스로 고자가 되었다.

오리게네스는 높은 명성으로 인해 여러 지역으로부터 초빙을 받았고, 로마를 비롯한 수많은 지역을 여행했다. 체사리아와 예루살렘을 비롯 215년에는 아라비아 여행을 했고, 216년에는 카라칼라 황제의 박해를 피해 팔레스틴으로 도망가기도 했다. 218년에는 요르단 지방장관인 알렉산더 세베루스의 어머니 율리아 마메아에게 그리스도교를 가르치기 위해 그녀가 있는 안디옥에 가기도 했다. 이러한 여행들을 통해 오리게네스는 많은 고위성직자 및 귀족들과 친분을 쌓았는데, 이는 당시 그의 명성이 매우 컸음을 나타낸다. 오리게네스는 228년 체사리아와 예루살렘 주교들에 의해 관례에 따른 절차를 거치지 않고 사제서품을 받았는데, 이 일로 인해 알렉산드리아로 오자마자 데메트리우스 주교에 의해 즉각 사제직을 박탈당하고 추방되었다. 그 후 오리게네스는 다시 체사리아로 가서 학교를 세우고 매일 설교를 하였다. 그러나 속기사들이 기록한 수백 편의 설교들 중 현존하는 것은 단 한편 뿐이다. 오리게네스는 데치우스 황제의 박해 때 체포되어 혹독한 고문을 받았고 곧 석방되었으나, 그 후유증으로 인해 티루스(Tyrus)에서 말년을 보내다가 254년 세상을 떠났다.

사상과 업적

고대 교회에서 가장 많은 저술을 남긴 교부로서 오리게네스는 또한 그 만큼 후대에 많은 논쟁을 유발시켰다. 그의 저술 가운데 특히 그리스어 원본들은 대부분이 소실되었는데 현존하는 저술은 단편인 《성서주석서 선집》과 《필로칼리아》(*philokalia*) 그리고 여러 변증론적·교리적 저술들이다.

오리게네스의 저술들 중 가장 많은 부분을 차지하는 것은 《성서주석서》이다. 그는 성서를 체계적으로 해석한 보편교회의 첫 성서 주석가라 할 수 있다. 성서본문을 역사적·문법적 의미로 해석하는 것을 성서해석의 출발점으로 삼은 그는 230년경 구약성서의 여섯 번역본, 즉 히브리 원본, 히브리 원본의 그리스어 음역, 아퀼라, 심마쿠스, 70인 역과 테오도치온의 그리스어 번역본을 대비하였다. 이러한 작업은 교부들이 문자적으로 영감을 받았다고 여기는 70인 역의 본문을 정확히 해석하기 위한 것이었다. 그의 주석서들은 성서 전체에 걸쳐 숄리엔(Scholien, 어려운 구절에 대한 짤막한 해설), 주석(Kommentare) 그리고 설교집(Homilien)으로 구성되어 있다. 오리게네스는 성서를 세 가지 의미, 즉 육체적 또는 문자적 의미, 영혼적 또는 도덕적 의미 그리고 정신적 또는 신비적 의미로 해석했다. 그는 성서본문의 각 낱말이 성령의 영감에 의해 쓰여졌기 때문에 하나님께 적합하고 그의 뜻에 상응하는 의미를 지닌다고 생각했다.

오리게네스의 주석서와 강론들 중에 현재 전해지는 것은 《마태오 주석》과 《요한복음 주석》 일부 그리고 300여 편에 가까운 강해들이 있는데 이 강해들 중 21편 만이 그리스어 본문이다.

오리게네스의 대표적인 호교론적 저술은 《첼수스 반박》(*Contra Celsum*)이다. 총 8권으로 구성된 이 저술은 178년 그리스도의 메시아됨을 부정하고 그의 기적의 허구성을 주장한 첼수스의 《대화론》(*Discursus*)에 반박하기 위해 쓴 것이다. 오리게네스는 첼수스의 주장을 주제별로 반박하고 있는데, 흡사 이후의 이단 논쟁을 보는 듯하다. 오리게네스가 220~230년에 저술한 《원리론》(*De principiis*)은 신학의 근본 내용을 4권으로 담았는데, 제1권 《신론》, 제2권 《우주론》, 제3권 《인간론》, 그리고 제4권 《성서학》이 그것이다. 여기서 그는 자신의 신학이 정통적이며 교회의 전통에 뿌리박고 있음을 주장하고 있으나 후대에서는 그의 신학을 정통신앙으로 간주하지 않았으며, 오리게네스 논쟁의 주요 논점이 되었다. 즉, 성자를 성부의 하위존재로 보는 삼위일체론과 인간의 영혼이 세상 이전에 창조되었다는 《영혼의 선재론》 그리고 성자의 구원행위가 종말에 사탄까지도 포함한 모든 존재를 다시 선한 원상태로 복귀시킨다는 아포카타스타시스에 관한 설 등으로 후일 오리게네스 비판의 주요 논점이 되었다.

4세기 말경 살라미스의 주교 에피파니우스가 당시 이단을 다룬 방대한 저술 《약 상자》에서 오리게네스를 이단으로 규정하고 그의 정죄를 요구함으로서 촉발된 오리게네스 논쟁은 결국 유스티니아누스 황제가 543년 반오리게네스 칙령을 공포하고, 그의 모든 저술을 몰수하여 없애버리는 것으로 마무리 되었다.

영향

비록 오리게네스의 신학적 견해들이 정통교회에 의해 이단적인 것으로 단죄되었지만 교황 레오 13세 (1810~1903)가 그를 희랍 교부시대의 최고 주석가로 칭송하였듯이 그의 저술들은 후대에 영성 신학의 최고봉으로 큰 영향을 미쳤다. 교부시대는 물론 중세기 주요 교부들, 즉 암브로스, 성 아우구스틴, 까시아노, 그레고리 아를레와 교황 그레고리 1세 등을 더 잘 이해하기 위해서도 오리게네스의 영성 신학저술에 대한 이해는 매우 중요하다.

참고문헌

〈1차 사료〉

Chadwick. H. *Origen : Contra Celsum,* (Cambridge, 1953).

Tollinton. R. B. *Selections from the commentaries and Homilies of Origen,* (London, 1920).

〈2차 사료〉

Berner, ulrich. *Origenes.* (Darmstadt, 1981).

Trigg. Josephwilson, *Orienes : The Bible and Philosophy in the Third-Century Church,* (Atlanta, 1983).

Crougel, Henri. *Origen,* Translated. by A. S. Worrall.(Edinburgh, 1989).

(오두영)

유세비우스
(Eusebius of Caesarea 265~340)

생애와 시대

고대의 가장 저명한 교회사가로 평가받고 있는 유세비우스는 그리스도교에 대한 로마황제들의 박해와 관용 그리고 공인의 격동기를 살았다. 그의 출생과 어린 시절의 성장과정에 대해서는 구체적으로 알려진 바가 없다. 다만 265년경 팔레스틴 지방의 체사리아(caesarea)에서 태어났고, 또 거기서 사제서품을 받았음이 분명해 보인다.

유세비우스는 체사리아에 오리게네스가 세운 도서관의 소장도서들을 통해 학문적 역량을 키웠으며, 성서연구에 몰두하였다. 특히 290년대 중반 체사리아의 신앙입문학교의 교장이 된 팜필리우스(Pam philius)는 그의 친구이자 스승으로서 그의 학문과 사상에 절대적인 영향을 미쳤다. 유세비우스는 팜필리우스가 디오클레티아누스 황제의 박해 때 순교한 후 그를 존경하는 의미에서 자신의 이름에 그의 이름을 덧붙이기도 했다. 팜필리우스의 순교 후 그는 레바논의 티루스(Tyrus)로 갔다가 다시 이집트의 테바이스(Thebais)로 갔는데 그곳에서 로마 관헌에 붙잡혀 옥고를 치루기도 했다. 그는 디오클레티아누스 황제의 박해가 끝나고 콘스탄티누스 대제가 그리스도교를 공인한 후인 314년에 다시 체사리아로 돌아와 곧 그곳의 주교가 되었다. 황제의 절대적인 총애를 받은 그는 이후

10여년 동안 저술활동 보다는 교회 사목 활동에 전념하였다.

유세비우스가 체사리아의 주교가 되었을 때는 그리스도교 박해가 끝난 시기였으므로 평화의 시대가 도래 하였다고 볼 수 있으나 교회는 318년부터 이른바 '삼위일체논쟁'[2]으로 격론을 벌이게 되었다. 유세비우스는 이 논쟁에서 알렉산드리아의 주교 알렉산더와 아리우스파[3] 사이에 중재를 시도하였고, 320년에는 그의 주도로 체사리아 회의가 열려 아리우스가 복권되기까지 했다. 유세비우스는 아리우스파와의 관계 청산을 원하는 콘스탄티누스 대제의 뜻에 따라 325년 열린 니케아 공의회의 신조에 서명하였으나, 이후에도 그는 아리우스파[4]와 오리게네스파 같은 정통파에 모두 대항하였다. 유세비우는 유스타디우스(Eustathius)가 파면 당한 330년 아리안 공의회와 아타나시우스 역시 파면 당했던 335년 티루스 공의회에 두루 참석하기도 했다. 유세비우스는 교리상으로 콘스탄티누스 대제와 일치하지 않았으나, 그리스도교를 공인한 황제의 종교정책에는 전폭적인 지지를 보냈다. 유세비우스는 콘스탄티누스 대제가 죽은 지 얼마 안된 339/340년에 체사리아에서 세상을 떠났다.

---

2) 콘스탄티누스 대제 이후 기독교에 대한 박해가 끝난 후 교회내부에서 치열한 교리논쟁이 일어났다 이러한 교리논쟁의 중심 주제는 예수 그리스도의 존재와 그의 신성 그리고 성부 하나님과의 관계 등이었다. 이러한 '삼위일체 논쟁'에서 아리우스 논쟁은 중요한 위치를 차지하였고, 교회는 이러한 교리 논쟁을 해결하기 위해 공회의를 소집하였다. 특히 아리우스논쟁을 해결하기 위해서 니케아 공회의가 소집되었고 그것을 이단으로 정죄하였다.

3, 4) 3세기 중엽 알렉산드리아의 감독이었던 아리우스(Arius)의 주장을 따르는 자들로 이들은 그리스도가 피조되었고 유한한 본성을 지녔다고 주장하였다. 이러한 주장은 신성의 절대적 단일성만이 최고의 완전성을 의미한다고 강조한 신플라톤주의(Neoplatonism)의 영향을 받은 것으로 니케아공의회에서 교회의 정통교리에서 벗어나는 이단으로 정죄되었다.

사상과 업적

유세비우스 이전까지 그리스도교의 교회사는 그리스도교가 본래부터 역사신학적이며 연대기적 성향이 강했음에도 서술형식은 마련되어 있지 않았다. 유세비우스는 여러 저술들을 통해서 그리스도교의 역사를 체계적으로 논증함으로써 그리스도교가 신화가 아니라 그리스도를 포함한 실존적 인물들에 의해 체험되었음을 실증해 보였다.

유세비우스의 많은 저술들 중 대표적인 것은 10권으로 된 《교회사》(*Historia ecclesiastica*)이다. 그리스도교 역사상 최초의 교회사 저술인 이 책은 그에게 '교회사의 아버지'라는 경칭과 더불어 높은 명성을 안겨주었다. 이 책의 초판은 디오클레티아누스 황제의 박해가 본격화된 303년 이전에 출간된 것으로 보인다. 이 방대한 책에는 그리스도교 초창기 첫 삼세기 동안의 중요한 사료들이 망라되어 있다. 유세비우스는 체사리아와 예루살렘의 도서관들에서 자료를 수집하였고, 사실들을 나열하고 혹은 정리하는데 집중하였다. 그는 이것이 역사가의 임무라고 생각하였다. 그는 《교회사》에서 황제와 교황을 연도에 따라 분류하고, 여기에 설명을 덧붙였다. 후대의 많은 역사가들, 예를 들어 소크라테스, 루피누스 콘코르디아 등도 유세비우스의 교회사 서술 양식에 큰 영향을 미쳤다. 《교회사》에는 그리스도의 생존시기로부터 4세기 초까지의 교회의 규율과 당시의 이단들 그리고 그리스도교 박해에 관한 풍부한 사료들이 담겨져 있다.

유세비우스는 《연대기》를 편찬하면서 역사연구를 본격적으로 하였다. 2권으로 된 《연대기》(*chronicorum libri I.II*)는 성서는 물론 율리우스 아프리카누스(Julius Africanus)의 연대기와 그리스의 연대기 저자 및 역사가 그리고 많은 그리스도교 저술가들의 작품들에서 자료를 발췌하였다. 《연대기》는 창조시기 때부터가 아니라 자신이 년도를 추정할 수 있는 아브라함의 탄생시기, 즉 대략 기원전 2016-2015년부터 기원 후 325년까지의 세계를 요약하고 있다.

이 《연대기》는 4세기 말에 성 제롬이 작성한 라틴어역과 6세기에 작성된 아르메니아 번역본으로 보존되어 있는데, 제I권에서는 고대의 주요 민족인 갈리아인, 앗시리아인, 유대인, 그리스인 그리고 로마인의 연표를 서술하고 있고, 제II권에서는 역사상 주요 사건들을 연표의 옆난에도 부가적으로 기술하였다.

또한 유세비우스는 《콘스탄티누스 대제의 생애》(*Vita Constantini*)와 《콘스탄티누스 대제 예찬》(*Oratio de Laudibus Constantini*)을 집필하였다. 이것들은 모두 황제를 칭송하고 그를 기리기 위해 쓰여진 것들로서 《콘스탄티누스 대제 생애》는 337년 황제가 세상을 떠난 후 4권으로 쓴 것으로 유세비우스는 그를 '전능한 신의 친구' 또는 '새로운 모세'라고 기리고 있다. 《콘스탄티누스 대제 예찬》은 두 부분으로 되어 있는데, 첫 부분은 황제의 즉위 30주년을 기념하여 336년 7월 니코메디아에서 행한 연설이고, 두 번째 부분은 335년 9월 예루살렘 성묘교회 헌당식에서 이방인들에게 그리스도교에 관해 설명하는 글이다.

위에서 언급한 유세비우스의 역사서들 이외에도 그의 주요 저술인 《시편주석》과 《이사야 주석》 같은 성서 주석서들이 있으며, 그리고 그는 《지명사전》(*onomastikon*)도 남겼다. 유세비우스의 성서주석은 주로 성서의 역사적 의미에 중점을 두고 있으며, 한편 《지명사전》은 성서에 나오는 지명을 인문 지리적으로 설명하고, 알파벳순으로 나열하였다. 이 지명사전은 오늘날까지 팔레스틴 성지에 관한 중요한 역사 지리적 자료로 활용되고 있다.

이 밖에도 유세비우스가 집필한 호교서들로서는 《복음의 준비》(*praeparatio evangelica*)와 《복음의 논증》(*Demonstratio evangelica*)이라는 이부작이 있다. 이는 신플라톤주의자였던 포르피리우스가 쓴 그리스도교도를 비난하는 글에 대한 반박으로 쓰여진 것으로 유대교와 그리스도교

사이의 유대성 및 그리스도교의 논리적 입증 가능성 그리고 구약시대 예언자들의 가르침이 그리스도에 의해 완성되었음을 설명하고 있다.

영향

유세비우스의 《연대기》는 그 후 일련의 연대기 작가들인 술피치우스 세베루스, 프로스페루스 아퀴타니아 그리고 이시도루스 세빌랴 등의 연대기 서술의 모델이 되었으며, 이는 로마 가톨릭 교회를 통해 중세내내 영향을 미쳤다. 또한 후대의 많은 교회사가들도 유세비우스의 《교회사》를 모델로 저술하였는데 이점은 유세비우스의 교회사가로서의 역사적 비중을 입증하고 있다. 사실 유세비우스의 저술들에서 언급된 많은 고대 교회의 자료들은 오늘날까지도 이 시기 연구에 귀중한 사료가 되고 있다.

참고문헌

〈1차 사료〉

Averil Cameron, Stuart G. Hall, *Eusebius' Life of Constantine,* (Oxford University Press, 1999).

〈2차 사료〉

G. A. Williamson, *Eusebius of Caesarea.* Church History (Penguin Books, 1965).

(오두영)

아타나시우스
(Athanasius 300~373)

생애와 시대

알렉산드리아 총대주교 아타나시우스의 출생과 미성년 시절에 관해서는 알려진 바가 별로 없지만, 루피누스의 《교회사》 등 당대를 언급하고 있는 사료들로 추정이 가능하다. 대략 300년 경 알렉산드리아의 높은 신분의 부모에게서 출생한 아타나시우스는 과부가 된 그의 어머니의 높은 교육열에 이끌려 알렉산더 주교에 의해 313년 세례를 받고 교육된 것으로 보인다. 알렉산더 주교는 아타나시우스의 어머니가 사망하자 그를 양자로 받아들이고 부제품을 주어 비서로 삼았다. 325년 니케아 공의회 때 알렉산더를 수행한 아타나시우스는 알렉산더가 죽기 직전 자신을 후임으로 지목하여 328년 총대주교로 임명되었다. 철저한 반아리우스파인 아타나시우스는 아리우스파와 견해를 같이하는 멜리더우스파와의 갈등 속에 콘스탄티누스 황제의 지지를 얻어 총대주교가 될 수 있었다.

그러나, 아리우스파에 우호적 입장을 보인 콘스탄티누스 황제는 아타나시우스에게 아리우스를 알렉산더 교회가 받아줄 것을 간청하였으나, 정통 신앙을 지켜야 한다는 명분으로 그를 거절하였다. 337년 콘스탄티누스 황제 사후 그의 후계자들과도 아리우스파를 두고 첨예한 대립을 보인 아타나시우스는 그를 총대주교로 인정하지 않는 아리우스파의 음모로 아우구스와 트레베로룸에서의 귀양살이를 포함 다섯 번이나 추방과 귀향을 반복하였다.

아타나시우스가 로마로 피신 갔을 때 반아리우스적 입장인 로마교황 율리우스 1세(Julius I 337-352)는 그를 환대하고 지지했으므로 동방교회는 오랫동안 아타나시우스를 받아들이지 않았다. 346년 알렉산드리아로 돌아온 아타나시우스는 여전히 아리우스파를 지지하는 황제 콘스탄티누스 2세에 비판적인 태도를 취했고, 350년대 초 그가 로마제국 전체를 지배하게 되자 황제는 그를 정죄하고 체포하려 하였다. 알렉산드리아 시민들의 도움으로 겨우 체포를 면한 아타나시우스는 356년 이집트 사막지방으로 피신을 가서 362년 황제가 죽은 후에야 돌아올 수 있었다. 알렉산드리아로 귀환 후 아타나시우스는 적극적으로 아리우스파 제거에 나섰는데, 이는 콘스탄티누스 2세에 이어 황제에 오른 율리아누스(Julianus) 황제와의 갈등을 촉발시켜 다시 피신하는 처지가 되었다. 율리아누스 황제가 페르시아 원정 도중 갑자기 사망하고, 그의 후계자로 요비안 황제가 즉위하는데 그는 아타나시우스에게 호의적이었고, 알렉산드리아 총 대주교직에 복직하도록 허용하였다. 이후 373년 사망시까지 아타나시우스는 알렉산드리아 총 대주교직을 수행하였으나, 그 사이에도 발렌스 황제의 정통파 탄압에 의해 피신과 귀향을 반복해야만 했다.

사상과 업적

아타나시우스는 많은 저술을 남겼으나 대부분 총대주교로 있으면서 교회가 당면한 교리적 문제들에 대응하기 위해 쓴 것들이다. 《반이방인론》(*contra gentes*)과 《성육신론》(*De incanatione*)은 본래 한권이었으나 내용에 따라 분리한 것으로 이교도들의 다신교 신봉을 비판하고 그리스도교 유일신 신앙을 변증하고 있으며, 그리스도의 성육신을 신의 구속사적 관점에서 서술하고 있다.

《아리우스파 논박론》(*Orationes contra Arianos*)은 340년대에 쓴 것으로 아리우스파의 주장에 맞서 삼위일체 교리를 변호하기 위한 글이다. 또한 《아리우스파에 대항한 변론서》 《아리우스파의 역사》 그리고 《자신의 도피에 대한 변론》 등은 모두 아리우스파를 지지하는 콘스탄티누스 황제를 비판하고, 아리우스파에 맞서 정통교리를 수호하는 자신의 입장을 서술한 것이다. 덧붙여 《니케아 공의회의 칙령》(*De decretis Nicaenae synodi*, 350~351)은 공의회 역사 연구에 중요한 사료가 되고 있다. 이 밖에 《안토니의 생애》(*Vita Antonii*)는 아타나시우스가 황제들의 박해를 피해 이집트 사막으로 피신 갔을 때의 경험을 바탕으로 쓴 중요한 금욕서이다.

영향

'정통신앙의 아버지'로 불리며 니케아 교부중 가장 중요한 인물이었던 아타나시우스는 서방교회에서도 1568년부터 대 바실리우스, 나지안주스의 그레고리, 요한 크리소스톰과 함께 '동방의 네 명의 위대한 교회학자'로 불리우며 존경받고 있다.

참고문헌

〈1차 사료〉

E. P. Meijering, *Athanasius : Contra Centes,* (Leiden, 1984).

W. Bright, The orations of St. Athanasius against the Arians, (Oxford, 1884).

〈2차 사료〉

Pettersen, Alvyn, *Athanasius,* (London : Geoffrey chapman, 1995).

Becker, Alienne. R. Eagle, *The life of Athanasius,* (Lincoln, 2002).

Molly, Michael E. *Champion of Truth: The life of Saint Athanasius,* (Station Island. NY., 2003).

(오두영)

에피파니우스 살라미스
(Epiphanius of Salamis 315~402)

생애와 시대

에피파니우스는 남부 팔레스틴의 엘레우테로폴리스(Eleutheropolis)와 가난한 유대인 가정에서 태어났다. 그는 가정형편에 의해 부유한 유대인 율법사에 의해 양육되었고, 16세에 그리스도교로 개종하였다. 그는 어린 시절 히브리어는 물론 헬라어, 시리아어, 콥트어[5]와 라틴어까지 익혀 5개 언어에 능통했고, 높은 학식을 쌓았다. 에피파니우스는 교육을 위해 이집트 수도원에 들어가게 되는데, 이 경험은 그의 전 생애에 커다란 영향을 미쳤다.

그곳 수도사들과 교류하면서 수도원의 금욕적이며 세속학문을 배척하는 경향과 공의회의 결정에 대한 절대적 순종 등 그곳의 신학적 풍토를 체험하였다. 20세경 팔레스틴으로 돌아온 에피파니우스는 고향 엘레우테로폴리스 근처 베산둑(Besanduc)에 수도원을 세워 스스로 원장이 되었고, 또 이 시기에 사제서품을 받았다. 수도원장으로서의 활동으로 인해 폭넓은 명성을 얻은 그는 스승 힐라리온(Hilarion 290-371)과 함께 초기 팔레

5) 2세기경부터 이집트에서 쓰인 고대 이집트어의 마지막 단계에 해당하는 함셈어를 말한다.

스틴 수도원 운동에서 중요한 인물이 되었다.

366년 니케아파인 그는 엘레우테로폴리스의 유사파 주교 에우티키우스와 갈등을 겪고 키프로스로 갔다가 콘스탄티아를 총대주교좌인 안티옥에서 벗어나 독립적인 수석대주교좌로 만들려는 그곳 교회의 의도에 따라 콘스탄티아 대주교로 선출되었다. 에피파니우스는 사망 때까지 35년 동안 대주교로 있으면서 철저한 니케아파로서 삼위일체 논쟁, 오리게네스 논쟁 그리고 기독론 논쟁에 참여하여 정통교리의 확립에 힘썼다. 특히 오리게네스를 지지하는 예루살렘 주교 요하네스에 반대하면서 촉발된 오리게네스 논쟁과 알렉산드리아 주교 데오팔루스의 음모에 연루되어 크리소스톰과 벌인 갈등은 그의 반이단 운동 노력을 보여주는 것이었다.

사상과 업적

에피파니우스의 저술들은 주로 이단론에 대항하기 위해 쓰여진 것들이다. 《정박자》(*Cancoratus*)는 팜필리아 지방의 시에드라의 사제들이 정통 삼위일체론을 가르쳐줄 것을 요청한데 대한 답변으로 120단락으로 구성된 것이다. 이 답변에서 그는 아리우스파의 성령 적대론을 반박하였다. 에피파니우스는 《정박자》에 이어 374년에 이단에 현혹된 자들을 치유하기 위해 《약상자》(*Panarion*)를 저술하였다. 《약상자》에서 그는 유스티누스, 이레네우스 그리도 히폴리투스 등으로 부터 발췌한 80여개의 이교 및 이단들의 설명에 대한 반박 글들을 싣고 있다.

에피파니우스는 당대 높은 학식으로 명망을 얻었으나, 어린 시절 유대인 율법사로부터 교육을 받은 탓으로 희랍의 철학과 교양에 심한 거부감을 갖고 있었고, 심지어 그것을 이단시 하기까지 했다. 따라서 그는 신학사상을 정립하는데 있어 단지 교회의 신앙적 전통만을 고수하려 하였다. 그는 325년 채택된 니케아 신경 및 381년 채택된 '콘스탄티노플 신경'의 내용만을 인정하였다. 그 밖에 그리스도의 완전한 신성과 동시에 완전한 인성을 믿는 기독론과 성령의 신성과 인격성을 인정하는 성령론 등 교회의 정통교리를 수호하는데 힘썼다.

영향

에피파니우스는 당대 많은 이단들에 대항하여 정통교리의 수호에 자신의 신학사상을 집중시켰다. 그는 아우구스틴 다음으로 희랍인들에게 위대한 교부로 칭송받고 있다. 성 제롬은 그를 '모든 주교들의 아버지요, 고대의 성스러움의 유산'이라고 칭송하고 있다.

참고문헌

〈1차 사료〉

E. Willians. *The Panarion of Epiphanius of Salamis*, 3 vols.(Leideni Bril, 1987~1994).

〈2차 사료〉

J. E. Dean, *Epiphanius' Treatise on Weighs and Measures.*(London, 1972).

(오두영)

그레고리 나지안주스
(Gregorius of nazianzus 329~390)

생애와 시대

바실리우스의 절친한 친구이자 갑바도기아 세 교부중의 한 사람이었던 그레고리는 나지안주스의 가족영지에서 329년 태어났다. 45년간 주교로 봉직했던 그의 아버지 그레고리 Ⅰ세는 갑바도기아 지방[6]의 대토지 소유자이자 귀족으로서 한 동안 로마제국의 관리이기도 했다. 그는 그리스도교로 개종 하기 전에 유대교와 희랍전래종교를 혼합한 '힙시스토스'라는 이단 종파의 신자였다. 그레고리의 그리스도교적 교육은 어머니 안나에 의해서 이루어졌고, 그의 부친을 개종시킨 것도 그녀였다. 그러나 그레고리는 유아 세례를 받지 않은 것으로 보인다.

그레고리는 바실리우스를 처음 만나게 되는 갑바도기아의 체사리아, 알렉산드리아 그리고 아테네의 학당 등지에서 교육받았다. 또한 그는 아테네에서 후일 황제가 되는 율리아누스와 친분을 갖게 되었고, 이때 바실리우스를 다시 만나 평생 친구로 지내게 된다. 358년경 고향으로 돌아와 바실리우스와 함께 수사학을 가르치려 했으나, 곧 폰투스지방 이리스 강

---

6) 터키의 수도 앙카라에서 동북쪽으로 약 320km 떨어진 곳에 위치한 곳으로 '갑바도기아'란 '아름다운 땅'이란 뜻을 가진 말이다. 초대교회시기 많은 신자들이 기독교 박해를 피해 이곳에 와서 동굴교회를 만들어 신앙생활을 했다.

가의 안니시에서 은거 생활을 했다.

이후 그는 나지안주스 교구에서 세례를 받았고, 또 부친을 돕기 위해 362년 사제 서품은 받았으나, 성직을 맡는 것은 거부하였다. 그레고리는 372년 작은 도시인 사시마(Sasima)의 주교직을 맡아달라는 바실리우스의 요청도 거절하고, 부친을 돕는 일에만 충실했다. 발렌스 황제가 사망한 뒤 그는 콘스탄티노플의 니케아파 공동체를 지원해달라는 요청을 받고, 그곳으로 가서 아리우스파에 대항하여 니케아파의 신앙을 옹호하는 일에 몰두했다.

380년 테오도시우스 황제는 그를 수도의 주교로 임명하였고, 안디옥의 멜레더우스가 사망한 후에는 공의회의 의장이 되었다. 사시마 주교가 수도의 주교가 되는 것에 대한 비난으로 그는 수도의 주교직에서 물러나 나지안주스로 돌아와 383년까지 주교직을 맡았다. 그 뒤 여생을 가족 영지에서 보내다 390년 사망했다. 그의 유골은 1580년 이후에 로마의 성 베드로 성당에 안치되었다.

사상과 업적

그레고리의 저작은 44편의 설교문과 249편의 서한 그리고 400수 이상이 넘는 시들로 구성되어 있다. 이 저작들 중 현존하는 대부분은 379년 그가 수도 콘스탄티노플로 초빙된 이후에 작성된 것들이다.

우선 그의 설교문들은 그가 수사학적 기량을 발휘하여 당대의 신학적 문제들을 명료하게 설명하고 있다. 특히 27-31번의 설교문들은 스스로도 '신학적 연설'이라 이름 붙일 만큼 니케아파의 삼위일체론 등 정통교리 수호의 논리를 명확하게 제시하고 있다. 또한 그의 많은 시들은 그리스도교의 복음을 보다 쉽게 전하려는 목적을 지닌 것으로 다양한 운율로 삼위일체, 창조, 죄 등의 신학적 주제들과 그리스도교도들의 일상생활 그리고 자신의 경험담 등을 담고 있다. 그러나, 전해지는 시들의 진본 여부를 둘러싸고 학자들간 여전히 논쟁의 대상이 되고 있다.

그레고리의 편지들은 클레도니우스의 장로와 콘스탄티노플 총대주교, 넥타리우스 그리고 바실리우스 등에게 보낸 것으로 학식 있는 주교의 일상생활을 내용으로 매우 문학적으로 쓰여졌다. 또한 그리스도교적 희랍 시문학의 창시자로 지칭될 만큼 형식과 예술적 측면에서도 가치가 크다. 또한 신학적으로 의미있는 3편의 신학적 서한이 있는데, 이것은 아폴리나리우스파와 벌인 논쟁인 '그리스도론'을 다루고 있다.

영향

그레고리의 신학적 견해는 그의 저술들이 폭넓게 유포되어 후세에 커다란 영향을 미쳤다. 그는 주교들의 표상이었고, 수도생활의 스승이 되었다. 또한 니케아파의 삼위일체 정통교리의 수호자였다.

참고문헌

〈1차 사료〉

Gregorius of nazianzus, *De beneficentia* (신의 은혜).

Gregorius of nazianzus, *De vita Moysis* (모세의 생애).

Gregorius of nazianzus, *Adversus ego qui castigationes aegre* (견책에 관한 설교).

〈2차 사료〉

Bernardi, Jean. *Saint Gregoire de Nazianze,* (Paris, 1995).

Mc Guckin, John Anthony. *St. Gergory of nazianzus : An Intellectual Biography,* (NY. 2001).

Ruether, Rosemary Radford, *Gregory of nazianzus : Rhetor and philosopher,* (Oxford, 1969).

(오두영)

요한 크리소스톰
(John Chrysostom 347~407)

생애와 시대

웅변술이 출중하여 '황금의 입을 가진 요한'이라는 호칭을 얻은 요한은 347년 안티옥의 유복한 가정에서 태어났다. 그러나 군 고위 관리였던 그의 아버지 세쿤두스가 요한이 출생한 후 얼마 지나지 않아 사망하자 경건한 그리스도교도였던 어머니 안투사(Anthusa)가 그를 양육하게 되었는데, 그녀는 자녀 교육에 각별한 노력을 기울여 요한이 당대 최고 수준의 교육을 받도록 했다.

요한은 당시 최고의 수사학자인 리바니우스(Libanius)에게서 수사학을 그리고 디오데레(Diodere)에게서는 신학을 배웠으며, 안드라가티우스(Andragathius)에게서는 철학을 배웠다. 리바니우스는 요한을 자신의 최고 제자라고 칭송하였다. 372년 세례를 받은 후 타르수스의 디오도르가 운영하는 아스게테리온에 들어가 그곳에서 이른바 '안티옥 학파'[7]적 성서 해석을 배웠다.

---

7) 사도 시대부터 예루살렘과 함께 초대 기독교의 중심지였던 안디옥을 배경으로 네스토리우스에 의해 형성되었던 학파로 히브리적 전통에 따라 삼위일체론에 있어서 강한 유일신 사상을 견지하고, 인간 구원의 동기를 그리스도의 신성에서 찾지 않고 인성의 완전한 순종에서 찾음으로서 신인 양성의 분리를 주장하였다.

한때 그는 세속을 떠나 은둔생활을 열망하였으나 어머니의 반대로 뜻을 이루지 못하고 집에서 극단적인 고행생활을 하기도 하다가, 결국에는 4년간의 은둔생활을 체험하기도 했다. 이 시기 그는 성서를 대부분 암기했다고 한다. 은둔생활에서 돌아온 그는 건강이 나빠져서 안티옥에 돌아왔으며, 381년에 멜레티우스(Meletius)주교에게서 부제직을 받았다. 그는 교구 부제로서 5년 동안 가난하고 병든이들, 과부와 고아 등을 돌보는 자선 및 구제일을 주로 했다.

멜레티우스의 후임자인 플라비아누스(Flavianus) 주교에 의해서 386년 사제로 봉직된 그는 12년 동안 안티옥의 주요한 교회일을 책임 맡았고, 또 설교자로서 평판을 얻어 '크리소스톰'이란 호칭을 얻었다. 398년 아르카디우스(Arcadius) 황제는 콘스탄티노플의 주교 넥타리우스가 사망하자 그의 후임자로 요한을 지목하였고, 거듭된 사양에도 불구하고 결국 수용하여 6년간 재임하게 되었다. 이 재임기간 동안 그는 약 700편이 넘는 설교를 했다고 한다.

수도자의 길에 들어선 이래 세속정치 혹은 권력이나 부에 대해서는 관심이 없이 오직 교회 일에만 충실했던 요한은 정치적으로 민감한 콘스탄티노플의 주교로서 정치적 위험을 무릅쓰고 교회개혁에 힘썼다. 그는 주교의 삶을 소박한 방식으로 바꾸고, 자신의 소유물을 가난하고 병든 자들을 위해 썼다. 또한 상류계층 귀부인들의 도움을 얻어 과부들을 돕고, 수도자들의 모범적인 생활을 강권하였으며, 황실의 사치와 미흡한 신앙생활에 대해 거침없이 비판하였다. 심지어 에베소 공의회를 열어 성직매매를 한 주교 6명을 면직시키기도 했다. 더욱이 황제의 노여움을 산 유트로피우스(Eutropius)를 교회로 피신시켜 주고, 이단적 오리게네스주의[8]라는

8) 알렉산드리아의 클레멘스(Clemens)에게서 영향을 받은 오리게네스가 확립한 학설로 영혼선재설(靈魂先在說), 썩을 운명에 있는 육신과 부활할 육신의 분리설과 삼위일체

죄목이 씌어진 알렉산드리아의 장로들과 수도사들을 받아들이기까지 했다. 이러한 그의 행실은 일부 성직자와 하층민들의 지지를 받았으나 황실 및 귀족 계층의 격심한 반발을 불러 일으켰다.

특히 유독시아(Eudoxia) 황후는 안티옥 교회와 경쟁관계에 있었던 알렉산드리아의 테오필루스(Theophilus) 주교와 결탁하여 아르카디우스 황제를 움직여 403년 가을 오크 공의회(Synod of the Oak)를 계기로 그를 추방하였다. 그는 404년 1월 아르메니아의 쿠르수스에 3년 동안 유배되었다가 다시 흑해 동부해안의 외딴곳 피티우스로 옮겨가던 중 407년 9월 14일 폰투스 지방의 코마니에서 사망하였다. 412년 이노첸시우스 교황은 그의 명예를 회복시켜 주었고, 사후 31년 요한에 감동된 테오도시우스 2세가 지켜보는 가운데 그의 유해는 438년 1월 27일 콘스탄티노플 사도 교회에 성대히 묻혔다가 1626년 5월 1일에 로마의 성 베드로 대성당에 안치되었다. 이후 로마가톨릭은 물론 동방정교회와 성공회도 그를 성인으로 추대하였다.

사상과 업적

요한은 수많은 저술물들을 남겼는데 대부분이 설교문(Sermones, 미사 강론)과 설교형태로 이루어진 구약 및 신약의 성서 해설서(*Tractatus*)이다. 그의 방대한 설교문에는 아리우스파를 논박하는 12편의 설교 등 교리적·변론적인 저술문들과 그리스도의 부활 및 승천, 오순절 등 축제 그리고 참회에 관한 9편의 설교문 등이 있다. 특히 《즉흥설교》(*Gelegenheitsreden, 21 homiliae de statuis ad populum Antioche num*)로 알려진 설교문들은 그의 설교자로서의 명성을 입증하는 것들이었다.

에 관한 종속주의적인 입장을 견지하였다.

387년 사순절 직전인 2월 말에 황제 테오도시우스가 부과한 새로운 세금징수에 항의하는 시위가 안티옥에서 일어나 황제와 그의 가족들의 입상을 파괴하는 일이 일어났다. 안티옥 시장인 티사메누스는 많은 시민을 체포하여 그들을 황제 모독죄로 처형하려 하였다. 안디옥 대주교 플라비아누스는 황제에게 사면을 요청하기 위해 콘스탄티노플로 갔고, 요한은 사순절 동안 21편의 설교를 하였는데, 이 설교들은 후에 '즉흥설교'라 칭해지고, 그의 많은 설교들 중에서 가장 뛰어난 것으로 평가받고 있다. 이 설교에서 요한은 청중들의 잘못을 인정하면서도 믿음과 부활의 메시지를 전달할 수 있도록 선처를 베풀어 줄 것을 기원하였다. 결국 플라비아누스가 사면의 소식을 갖고 돌아옴으로써 그의 설교도 환희로 끝났다.

성서 해설서들은 대개 먼저 말씀의 의미와 문맥을 설명하고 이어 도덕적 · 윤리적 권면을 하는 형태이다. 구약성서 해설서에는 67개의 설교와 창세기에 관한 9개의 설교, 시편 해설서들 그리고 이사야 예언자 해석 등이 포함되어 있다. 또한 대표적인 신약 해설서로서는 마태복음에 관한 90편의 설교와 요한복음에 대한 88편의 설교 그리고 사도 바울의 서신들에 관한 246편의 설교 등이 있다. 특히 바울서신에 대한 설교문들 중에서 로마서는 가장 뛰어난 설교문으로 평가받고 있다.

이밖에도 《유대인과 이방인들에 반대하여 그리스도가 신이심을 증명함》(*Adversus Iu daeos et gentiles demonstratio, quod Christus sit Deus*)등의 교리적논쟁적 저술문들과 사제직에 관한 6권의 책(*De sacerdotio libri VI*)등의 도덕적 금욕적 저술문들이 있다.

요한의 저술가운데 가장 널리 알려진 것은 《사제직》(*De sacerdotio*)이다. 이 저작은 대략 388~390년 사이에 저술된 것으로 모두 6권으로 구성되어 있다. 이는 바실리우스라는 인물과 나눈 문학적 대화 형태의 글이다. 그는 이 글에서 왜 자신이 주교직을 맡는 것을 주저하는지를 해명하고, 주교직 수행의 어려움과 주교직의 임무 그리고 신에게서 주어지는 소명

등에 대한 견해를 피력하고 있다. 그는 수도자는 자신의 구원을 목표로 하지만, 사제는 공동체의 선을 위한 높은 학식과 덕목 그리고 체력을 소유해야 한다고 강변하고 있다.

또한 요한의 유명한 《세례교리문답》(*Catecheses ad illuminandos*) 11편은 1909~1957년 사이에 발견되었는데, 모두 그가 안티옥에서 활동하던 시기에 저술된 것이다. 이 《세례교리문답》은 288년에 3편, 389~397년에 8편이 작성되었다. 처음 3편은 부활절 30일과 20일 전에, 성 수요일에는 세례 청원자만, 부활절 전야에는 갓 세례 받은 사람들을 포함한 모든 신자들의 훈육에 쓰였다. 두 번째 8편 중 세 편은 사순절 시작과 마지막 날 그리고 부활절 전야에, 나머지 다섯 편의 교리문답은 성 주간에 행해졌다. 여기서 요한은 세례의 기쁨과 부활 그리고 죄사함에 대해 설명하고 있다. 이는 세례받기를 주저하거나 미루는 관례에 경종을 울리려는 뜻이 있는 것으로 보인다.

모든 학문영역에 통달했던 요한의 저술들은 진지함과 온유함 그리고 겸손함을 드러내고 있으며, 철학적 혹은 사색적이라기 보다는 자유와 은총의 관계를 명쾌하게 설명함으로서 그리스도인들을 훈육하고 이끄는 그리스도교적 덕목을 적용한 윤리적 측면이 강하다. 따라서 쉽고 자연스러운 문체로 진지한 내용을 비유의 예를 사용하여 이해하기 쉽게 쓰여졌다.

영향

펠루시움(Pelusium)의 성 이시도르로부터 '비잔틴과 온 세계의 눈' 이라는 칭송을 들은 요한 크리소스톰은 또한 성 닐루스(Nilus)[9]가 '세계의

9) 콘스탄티노플 출신인 성 닐루스는 금욕고행자로서 크리소스톰의 제자였으며, 5세기 초에 앙카라 근처에 있는 수도원의 원장을 지냈다. 그는 테오도시우스 황제의 통치

가장 위대한 빛'이라고 칭송할 만큼 모든 그리스어 저작자들 중 가장 위대한 인물 중 하나라고 할 수 있다. 그의 많은 설교문들은 라틴어, 불어, 영어, 독일어 등으로 번역·편집되어 오늘날까지 읽히고 있으며, 특히 그가 정립한 예전은 동방정교회는 물론 러시아 정교회에서 오늘날에도 표준적인 전례로 지켜지고 있다.

참고문헌

〈1차 사료〉

John Chrysostom, *Apologist,* Margaret A. Schatkin and Paul W. Harkins, trans. (Washington, D.C.: Catholic University of America Press, 1985).

John Chrysostom, *Homilies on Genesis,* Robert C. Hill, trans. (Washington, D.C.: Catholic University of America Press, 1986).

John Chrysostom, *On marriage and family life,* Catherine P. Roth, trans. (Crestwood, N.Y.: St. Vladimir's Seminary Press, 1986).

〈2차 사료〉

D. Attwater, *St. John Chrysostom: The Voice of Gold.* (London: Harvill, 1939).

C. Baur, *John Chrysostom and His Times,* M. Gonzaga, trans (2nd ed.). (London: Sands, 1959).

R. Lim, *power, and social order in late antiquity.* Public disputation, (Berkeley: University of California Press, 1995).

(오두영)

때에 (379~95)콘스탄티노플의 총독으로 있다가 시나이 근처에서 은수생활을 했다.

▲ 카로링조 르네상스기의 그림
아헨의 4 복음사가(820년 경)

▲ 알퀸(740년-804년)

▲ 라바누스(왼쪽)가 알퀸(중앙)의 도움을 받아 마인쯔의 대주교 오트가르(Otgar)에게 자신의 저서를 헌정함

▲ 810년경 아헨의 궁정 작업실에서 만들어진 책(Codex Aureus of Lorsch); 로쉐 수도원에 관한 최초의 언급이 있고 독일 초기 역사에 관하여 서술한 매우 귀중한 서적.

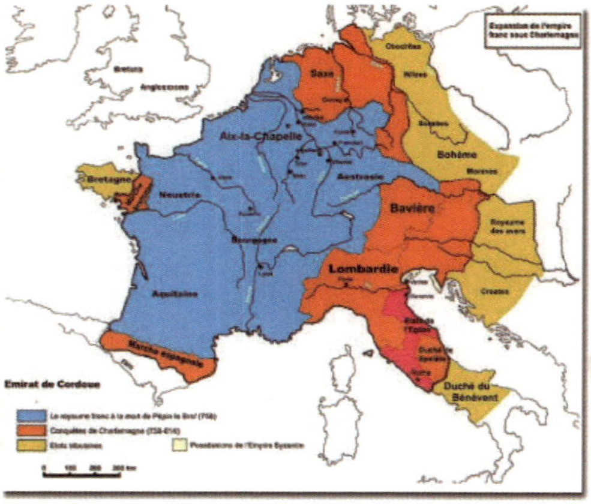

▲ 9세기 카로링조 제국의 지도

푸른색: 피핀 단구왕(3세)의 지배영역(758년)
주황색: 샤를마뉴 대제(758년-814년)가 확장한 영토
노란색: 주변의 조공을 받치던 지역들

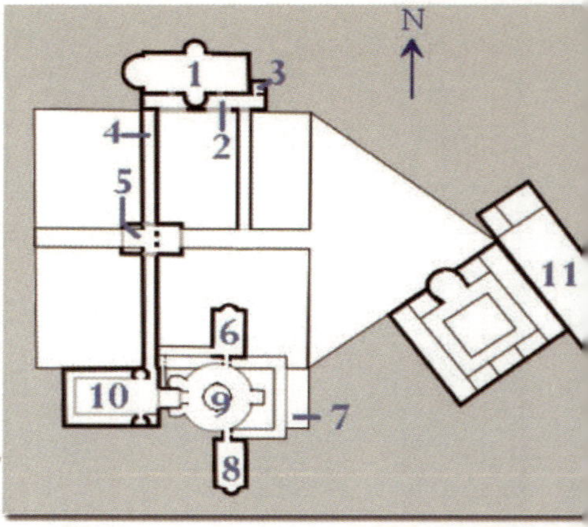

▲ 샤를마뉴 궁정의 단면도

1. 회의장(council hall)
2. 현관
3. 금고와 서고
4. 갤러리(회의장과 예배당을 연결하는 통로로
   2층으로 되어있음.
   중앙에 현관이 있고, 샤를마뉴가 중요한 송
   사를 재판하는 곳)
5. 법정과 경비대(샤를마뉴가 출타시에는 판결
   이 이곳에서 내려짐)
6. 관리실
7. 쿠리아
8. 비서실
9. 예배당
10. 안마당
11. 목욕탕(한번에 100여 명을 수용할 수 있는
    수영장)

▲ 현재 아헨시 시청 앞에 서 있는 샤를마뉴 동상

▲ 샤를마뉴 대제의 궁정 복원도

▲ 수도승들이 건넨 독이 든 잔을 축성하려는 성 베네딕트

▲ 성 베네딕트
그의 오른손에 규칙서를 왼손에는 지팡이를 쥐고 있으며, 그의 곁에는 항상 동굴에서의 은수생활 때에 부리로 먹을 것을 날라다 준 까마귀가 함께 있음. 스위스 아인지델른의 베네딕트 수도원.

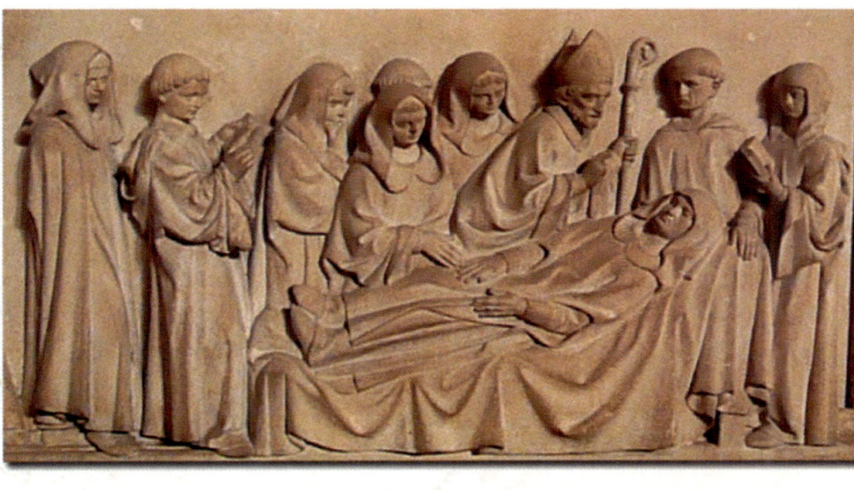

▲ 성 베네딕트가 쌍둥이 여동생 성녀 스콜라스티카의 임종을 바라보고 있는 모습

▲ 성 베네딕트의 수비아코 동굴

▲ 교황 그레고리 1세

▲ 성 제롬
9세기로 추정되는 《은수자 바울과 고딜락의 생애》라는 라틴어와 고대영어판 필사본에서.
(오른손에는 펜을 왼손에는 칼을 쥐고서 성경을 번역하고 있는 모습.비둘기로 표현된 성령이 그의 귀에 속삭여주고 있고 있다. 녹색의 옷을 걸치고 있다.)

▲ 존 위클리프

▲ 비드의 임종

▲ 윌리엄 위캐함(1320년-1404년)
윈체스터의 주교

▲ 프라하 구시청사 앞의 얀 휴스 동상

▲ 윌리엄 오캄
영국 서레이(Surrey) 교회의 스테인 글라스에서

▲ 니콜라스 쿠사

▲ 아비뇽 교황청의 요한 22세
파리의 노트르담 성당에서

▲ 루페르트 도이츠

St Bernard of Clairvaux, Abbot and Doctor of the Church (1091-1153)

▲ 베르나르 클레르보

▲ 아베로이스

▲ 요하힘 피오레

▲ 이보 샤르트르

▲ 존 솔즈베리

▲ 피터 아벨라르

▲ 휴그 생 빅토르

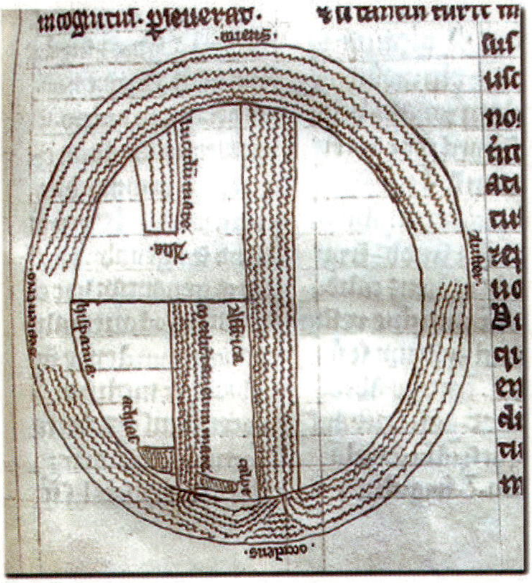

▲ 윌리엄 콩쉐 (콩쉐의 저서, ≪드라그매티콘≫에서 대양과 바다를 설명해주는 지구도(생 존스 칼리지 도서관의 필사본))

▲ 피터 롬바르드

▲ 보에티우스

▲ 힐데가르드 빙헨

▲ 레미기우스 오세르

▲ 로저 베이컨

▲ 로버트 그로쎄테스트

▲ 마이모니데스

▲ 베렝가르 투르

▲ 성 보나벤투라

▲ 성 아우구스틴

▲ 성 암브로스

▲ 성 제롬

▲성 프란시스 아씨시

▲ 안셀름 캔터베리

▲ 알베르투스 마그누스

▲ 요한네스 스코투스 에리게나

▲ 위 디오니소스

▲ 카씨오도루스

▲피터 다미안

▲ 블라디미르의 성모(12세기)

▲ 그레고리 나지안주스

▲ 로마의 성 베드로 성당

▲ 로마의 성 베드로 성당 내부

▲ 로마의 성 베드로 성당 내부의 성화

▲ 성 세르게이

▲ 성 소피아 성당 내부의 모자이크 (콘스탄티노플

▲ 세르게이 라도네쥐스키

▲ 아타나시우스

▲ 안드레이 루블료프-삼위일체

▲ 알렉산드르의 클레멘스

▲ 야로슬라블의 성모

▲ 에피파니우스

▲ 우스펜스키 성당 (모스크바 크레믈린)

▲ 요한 크리소스톰

2. 라틴 교부

성 아우구스틴
(St. Augustine of Hippo 354~430)

생애와 시대

그리스도교는 초기 그리스도교가 직면했던 수많은 전투들에서 승리함으로써, 지속적인 성장을 할 수 있었다. 콘스탄티누스 대제는 그리스도교를 제국의 제도권 종교로 만들었다. 그가 제위하던 시절인 325년 니케아 공의회에서 니케아신조[10)]가 확립되었는데, 이는 그리스도교가 하나의 종교로서 고대 다신교적인 것들의 당대적인 혼합물이 아니라는 것을 정치적으로 승인한 것이었다. 다양한 신앙들과 철학들이 영적으로, 또한 지적으로 서로 경쟁을 하고 있었던 로마 제국 말기의 삶의 양식은 위기에 처해 있었다. 그러나 그리스도교는 영적인 삶과 지적인 삶의 균형을 유지하고 이전의 저작으로부터 차용한 글을 통하여 그리스도교가 온전한 상태로 보존되도록 하였다.

몇몇 가장 지적이며 또한 최고의 교육을 받은 자들이 그리스도교를

10) 니케아 신조; 325년 개최된 최초의 그리스도교 공의회인 니케아 공의회에서 확정된 신조로서, 성부, 성자, 성령의 삼위일체 신앙을 정통 교리로 채택하였다.

공개적으로 수용하였다. 그들 중에 북아프리카의 성 아우구스틴은 그리스도교를 받아들이는 데에 있어서는 더디고 신중하였지만, 그는 분명 중세 천년 동안 아마도 사도 바울 다음으로 가장 중요하고 많은 영향력을 행사한 그리스도교 신학자였다.

성 아우구스틴은 우리가 살펴보는 인물들 가운데에서도 거인으로 여겨진다. 왜냐하면 그는 방대한 양의 저작들을 남겼을 뿐만 아니라, 그의 사상이 중세 내내 헤아릴 수 없이 많은 영향을 미쳤기 때문이다. 그의 저작은 중세의 모든 학교와 수도원 서고에서 커다란 비중을 차지하게 되었으며, 또한 그것은 16세기까지 모든 저술자들에게 거의 모든 신학적인 논쟁의 주제를 정하도록 하는데 결정적 도움을 주었다.

따라서 성 아우구스틴에 관한 주된 궁금증은 어떻게 그가 그토록 많은 주제들을 검토할 수 있었으며, 또한 그가 검토했던 그 많은 주제들이 동시대인들과 그 뒤를 이은 사람들 모두에게 새롭고 의미 있는 주제들로 간주되었을까 하는 점이다. 아우구스틴 이전 시기에는 제대로 검토되지 않았던 교회학과 성사의 교리 등과 같은 주제들이 아우구스틴 이후 시기에 특히 라틴 서유럽에서 중요한 것으로 간주되었다. 그러니까 아우구스틴은 이 모든 주제들을 다룰만큼 지적인 능력이 탁월한 인물이었던 것이다.

우리는 성 아우구스틴의 삶에 대한 많은 부분을 자전적인 글 《고백록》(*Confessions*)으로부터 알게 되었다. 아우구스틴은 354년 북부 아프리카에서 이교도 아버지와 그리스도교도 어머니 사이에서 태어났다. 그의 어머니는 자신의 아들에 대한 기대가 컸다. 그리하여 그는 양질의 교육을 받아 북아프리카의 카르타고 지역에서 수사학 교수로서의 경력을 쌓기 시작하였다. 또한 그의 어머니는 자신의 아들을 설득하여 그리스도교도로 개종시키고자 하였다. 그러나 촉망받는 젊은 수사학도였던 아우구스틴이 보기에 성서의 말씀은 놀랄만한 양식으로 서술된 것이 결코 아니었다. 젊은 학자로서 그는 창세기의 표면상의 비 논리성에 대해 특히 동의하지 않았다. 그리하여 아우구스틴은 젊은 시절 여러 가지 종교적 철학적 명제들을 치열하게 검증하곤 하였다.

한편 아우구스틴은 10여년을 마니교도로 지냈다. 마니교는 이원론을 신봉하는 집단으로서, 여기에는 영지주의자들과 후기 알비파들, 그리고 순결파 신자들과 보고밀파 등도 포함되어 있었다. 이원론에는 악에 대한 문제가 해결된 것으로 보이는 장점이 있었다. 이원론에 따르면, 우주에는 선과 악이라는 서로 반대되고 영속적인 두 힘이 존재하며, 또한 이 둘은 끊임없이 대립하였던 것이다. 이 같은 이원론에 입각하여 그 추종자들은 광범위한 신화와 다채로운 인물상들을 독자적으로 만들어 내었다. 또한 그들은 자신들의 종교적인 목적도 규정해 놓았다. 이원론자들은 자신들이 물질적인 세계에 속해 있는 한, 선한 편에서 선과 악의 전쟁에 참여하는 것으로 여기고 있었고, 또한 마니교 지도자들과 같이 특별한 은총으로 선택받은 자들은 이 세상에서도 특정한 역할을 부여받은 것으로 파악하였다. 아우구스틴은 북아프리카로 돌아와 당시 유명한 마니교의 지도자였던 파우스투스[11]의 강연을 듣고는 결정적으로 마니교와 결별하게 되었다. 그는 파우스투스로부터 자신이 오랫동안 궁금해 했던 문제들에 대한 해명을 들을 수 없었기 때문이었다. 파우스투스는 질문에 대한 답변도 제시하지 못했을 뿐만 아니라, 뛰어난 연설가도 아니었고, 학문의 수준에 있어서도 아우구스틴에 미치지 못하는 인물이었다. 이즈음 실의에 차 있었던 그는 보다 나은 삶을 위해 이탈리아에 가기로 결심하고, 또한 자신에 대한 기대가 컸던 어머니의 간곡한 권유를 따라 다시 수사학 교수가 되기로 결정하였다. 그러나 그는 카르타고에서 보다는 이탈리아에서 수사학 교수

---

11) 파우스투스 밀레베(Faustus of Mileve); 4세기경 마니교의 주교. 그는 383년 카르타고에서 성 아우구스틴을 만났다. 그러나 그는 성 아우구스틴이 제기한 질문들에 충분한 답을 제시하지 못했다. 파우스투스와의 이 같은 만남은 성 아우구스틴이 마니교를 떠나게 되는 결정적인 계기가 되었다.

가 되고자 하였고, 그리하여 그는 마침내 밀라노 대학의 수사학 교수가 되었다. 아우구스틴이 밀라노에서 지냈던 시기는 내적 갈등을 겪었던 시기인 동시에 앞으로의 종교적 철학적 방향을 모색한 시기이기도 하였다. 이때 그는 널리 이름이 알려져 있던 밀라노의 주교, 성 암브로스의 창세기 강론을 듣게 되었다. 이후 아우구스틴은 384년부터 385년 봄 그가 어머니와 지내기 위해 로마로 돌아갈 때까지 가능한 암브로스의 강연에 참석하였다.

아우구스틴의 성 암브로스에 대한 전반적인 인상은 암브로스가 마니교도인 파우스투스에 비하여 지적으로 더욱 우수하다는 것이었다. 그리하여 그는 어머니와 함께 암브로스의 설교를 정기적으로 듣게 되었다. 당시 그는 자신이 암브로스로부터 감동을 받았다는 것을 알고 있었지만, 이와는 별도로 여전히 마니교에서 벗어난 이후 유지하고 있었던 지적인 입장에 따라 창세기에 관하여 스스로 이성적인 해명을 해보고자 하는 생각을 가지고 있었다.

아우구스틴이 성 암브로스를 개인적으로 만나 그리스도교를 이해하게 되었던 것은 아니었다. 하지만 그가 신의 본성에 관해, 악에 대해서, 그리고 그리스도의 본성에 관해 성숙한 관점을 가질 수 있었던 것에는 암브로스의 도움이 컸다. 386년 성 주간[12)]에 암브로스는 강연을 통하여 이전에 아우구스틴이 창세기를 읽으면서 제기했던 질문들을 그리스 교부들의 글들을 근거로 설명하였다. 특히 암브로스가 이 문제들을 다루는 방식에는 철학적인 논리와 문학적인 수려함까지 갖추어져 있어서 지식인 아우구스틴은 이에 대한 감탄을 금할 수 없었다. 이에 그는 암브로스와 만나 대화하는 기회를 가지고자 하였다. 그러나 다른 많은 사람들도 암브로스를 만나기 위해 기다리고 있다는 사실을 알고, 어쩔 수 없이 다음을 기약하며

---

12) 성주간은 부활절 일요일 전의 한 주간을 가리킨다.

되돌아가게 되었다. 그러나 이것이 아우구스틴에게는 그리스도교를 알고자 하는 열망이 폭발하는 계기가 되었다.

성 아우구스틴의 그리스도교로의 개종은 이처럼 다양한 과정을 거치면서 그리고 내적인 성찰을 통해서 일어났다. 그는 성서야말로 가장 소박한 형태로나마 교육받은 자들은 물론 교육받지 않은 자들도 깨우칠 수 있으며, 보다 높은 진리라 하더라도 사실적 언어로 설명되는 것이 단순한 자들에게 보다 영향력이 있다는 것을 알게 되었다. 이로 인해 성서 구절에 대해 오래 동안 가져왔던 그의 지적 우월감은 약화되기 시작하였다.

당시 아우구스틴과 함께 이탈리아에 있던 그의 어머니는 아들이 지방총독이 되기를 원하였다. 그리하여 아들로 하여금 이러한 신분에 맞도록 어린 소녀와 혼인을 하도록 하였다. 이에 그는 자신의 신앙을 드러내는 한 표식으로서 아들 아데오다투스를 낳고 오랫동안 정부로 있었던 여인을 떠나보내게 되었다. 이는 아우구스틴에게 매우 고통스러운 일이었으며, 그는 또한 자신이 날마다 겪게 되는 유혹들과 그것에 수반된 위기에 대해서도 고백하였다. 아우구스틴은 결정적인 시기에 앞서 나타나는 공황상태에 있었던 것이다[13].

어느 날 아우구스틴이 정원에 앉아 있을 때였다. 그는 옆집 아이가 "손에 들고 읽어라" 하고 노래하는 것을 듣고, 자신이 갖고 있던 로마서를 집어들고 보니 '간음하지 말며 음탕한 생각을 하지 말라'고 하는 구절이 눈에 들어 왔다. 이는 고대 세계에서 흔히 행해지던 제비뽑기(*sortilegium*) 관행으로서, 중요한 결정을 운명에 맡기는 방식이었다. 그러나 아우구스틴에게 이것은 신성한 깨우침의 순간이 되었다. 이때 비로소 그는 진정한 회심을 경험하게 되었다. 그리하여 386년의 이 사건이후 아우구스틴은 완전히 헌신적인 그리스도교도가 되었다.

---

13) A. Nock, *Conversion* (Oxford, 1993).

그 후 아우구스틴은 평소 하고자 했던 일을 실행에 옮기게 되었다. 그는 몇몇 친구들과 함께 이탈리아 코모 호수의 카시키아쿰[14]에서 진행된 철학적 토론 모임에 참여하였다. 또한 그는 새로이 받아들인 신앙인 그리스도교의 가치를 지키는 것이 자신이 해야 할 일이라고 판단하였다. 그리하여 그는 세례를 받았으며, 세례를 받은 다음에는 이탈리아에서 북아프리카로 돌아왔다. 이 때 그 어머니는 이탈리아를 떠나기 직전 갑작스런 전염병으로 생을 마감하게 되었다. 아우구스틴은 자신의 고향인 북아프리카의 해변에 친구들과 함께 생활하는 수도원적인 공동체를 세웠다. 한편 그는 교회의 관리자 직책을 물리적 구속이라고 여겨 그와 같은 직책을 내심 피하고자 하였다. 그럼에도 불구하고 스스로 정확히 예견했던 것처럼, 오래지 않아 아우구스틴은 북아프리카 히포의 주교가 되었다. 그는 생을 마감할 때까지 주교로 있으면서 설교와 저술활동을 계속 하였다.

사상과 업적

성 아우구스틴은 세례를 받기 위한 준비로써 자신의 신앙을 성찰하였다. 또한 그는 자신의 생각들 가운데 바꾸어야 할 부분이 있는지도 검토하였다. 자신의 《고백록》에서 밝힌 바와 같이, 이는 그가 수년간 해명하고자 고심했던 쟁점들을 새로운 관점에서 파악하려는 노력이었다. 그는 해묵은 신앙적 쟁점들을 새로운 희망을 가지고 새로운 관점에서 접근하였던 것이다. 또한 카시키아쿰에서 그는 '그리스도교 철학'을 주제로 글을 집필하였

---

14) 카시키아쿰(Cassiciacum); 이탈리아 북부 코모 호수 근처에 위치, 여기에 성 아우구스틴의 동료 베레쿤두스 소유의 별장이 있었으며, 성 아우구스틴은 이곳에서 1년이 채 안 되는 기간 동안 머무르면서 철학적 모임을 가졌다. 여기에 머물렀던 기간은 비교적 짧았지만, 여기서 성 아우구스틴은 《행복한 삶에 관하여》(*De beata vita*) 등의 글을 집필하였다.

는데, 여기에 그는 그리스도교와 자신이 지금까지 경의를 표해왔던 철학 사상을 조화시켜 놓았다. 한편 아우구스틴은 자신과 함께 철학적 토론 모임에 참석하였던 친구들과 행복과 은총이 깃든 삶에 관해서, 그리고 우주의 질서에 관해서도 논의하였는데, 《행복한 삶에 관하여》(*De beta vita*)와 《질서론》(*De ordine*)이 이러한 토론의 결실이다. 이 시기에 그는 세속적인 '아카데미학파'의 철학자를 논박하는 《아카데미학파 반박》(*Contra academicos*)도 집필하였다.

성 아우구스틴은 세례를 받은 후 특히 히포의 주교가 된 이후에는 저술활동을 꾸준히 하였다. 그의 초기 저작들 중의 하나인 《교사론》(*De Magistro*)은 389년 경 그가 북아프리카로 돌아 온 이후에 집필된 것으로서, 그와 오랫동안 사랑했던 정부와의 사이에서 태어났지만 단명했던 아들 아데오다투스와의 대화 형식을 취하고 있다. 아데오다투스는 당시 15세 내지 16세 되는 총명한 청소년이었다. 아우구스틴은 《교사론》에 담긴 내용이 모두 자신과 아들이 실제로 대화한 것이라고 밝혔는데, 이를 통해 그는 아들과 함께 진리가 무엇인지를 알아내는 방법 내지는 언어와 실체를 결부시키는 방법 등과 같은 인식론적 문제들을 규명하고자 하였다.

아우구스틴은 이 저술에서 자신의 두 가지 핵심적 인식을 밝혔는데, 이 인식은 그의 후기 저술들에서도 확인된다. 하나는 언어란 단지 실체를 가리키는 상징에 불과하다는 생각이 그것이고, 다른 하나는 진리에 관한 지식은 주관적으로 인지할 수 없으며, 이는 신에 의해 인간 정신에 각인된 내면적인 지식이라는 생각이 그것이다. 그가 상당한 기간에 걸쳐 집필한 4권으로 구성된 《그리스도교 교리》(*De Doctrina Christiana*)에서는 그의 상징에 관한 이론의 전개도 확인된다. 《그리스도교 교리》에 담긴 아우구스틴의 사상은 특히 보에티우스와 로마 문법학자들의 저술에 활용된, 아리스토텔레스에서 유래된 논리학과 언어학과 결합하여 중세 내내 심대한 영향을 미치게 되었다.

고대 말엽의 교육은 수사학 교육이 주를 이루었다. 그리하여 교육을 받은 사람들은 언어에 대해 민감하였고, 언어를 비판적으로 분석하는 태도를 몸에 익히게 되었다. 따라서 성서를 해석 하는 방법은 물론 활용될 해석학적 방식을 설명하는 것이 그리스도교 사상가들이 해야 할 중요한 일이 되었다.

성서 주석에 관한 체계적인 저서는 이단인 도나투스파 티코니우스[15]에 의해 최초로 저술되었다. 티코니우스는 종교적인 해석의 중요성을 강조하였다. 그리하여 그는 묵시록에 대한 자신의 주석서를 통해서 널리 퍼져 있던 천년왕국설에 동의할 수 없다고 주장하였다. 티코니우스에 따르면, 천년왕국설은 세상의 종말을 실제보다도 더 빨리 올 것이라고 믿도록 만든다는 것이었다. 티코니우스의 저술은 당시 북아프리카에서 해석학의 발달을 가져 온 가장 중요한 저서였다. 티코니우스가 불행하게도 가톨릭교회 밖에 있는 집단에 속하였음에도 불구하고, 아우구스틴은 그의 주장을 분별력 있게 선택하여 활용하였다.

티코니우스는 성서를 해석하는 《규칙》(*regulae*)을 작성하고, 그것이 성서의 의미를 이해하는 핵심적인 요소들이라고 판단하였으며, 또한 이것이 성서에 내재되어 있는 우주적 규칙들로서, 어두운 것이 밝아질 것이며 닫힌 것이 열릴 것이라는 약속이 이루어지도록 신이 정해준 것이라고 주장하였다. 그러나 아우구스틴은 이를 단지 성서에 구체적으로 제시되

---

15) 티코니우스(Tyconius 370~390); 4세기 후반의 인물로 도나투스파 신학자이며 도나투스파 내에서 상당한 영향력을 가지고 있었다. 그러나 그는 가톨릭적 관점도 어느 정도는 유지하고 있어서 378년 카르타고에서 열린 도나투스파 공의회에서 출교 당하였다. 그러나 그는 가톨릭 교회로 들어가지 않고 도나투스파의 일원으로 남고자 하였다. 그는 두 가지 점에서 비판 받았는데, 하나는 교회가 도나투스파에 한정된 것이 아니라 전 세계를 포함한 사회여야 한다는 것과, 둘째 교회는 선과 악이 모두 포함된 곳이라는 가르침 때문이었다. 그의 주요 저서 《규칙》은 성서해석을 위한 7가지 원리를 담고 있으며, 이는 성 아우구스틴의 성서해석에도 큰 영향을 주었다.

어 있는 의미를 해석하는 규칙으로만 간주하였다. 아우구스틴은 이 규칙을 티코니우스처럼 신비적이고 성서에 내재되어 있는 것으로 간주하지 않고, 이를 성서에 적용하여 의미를 발견하는 수단으로 활용하였던 것이다. 티코니우스를 수용했던 아우구스틴의 주석법은 후대에 이르러 휴그 생 빅토르에 의해서도 활용되었다. 그러나 중세에 일반적으로 사용되었던 성서 해석의 패턴을 창안해 낸 인물은 성서를 4가지 맥락에서 해석하였던 교황 그레고리 1세였다.

아우구스틴의 실질적인 주석 작업은 주로 설교의 형태로 이루어졌다. 그는 설교자로서도 커다란 성공을 거두었다. 아우구스틴은 한 시간 이상이나 청중의 마음을 사로잡는 강론을 하여, 당시 가톨릭교회에서 허용된 최고의 열정적인 찬사를 청중들로부터 받기도 하였다. 그가 집필한 시편과 요한복음서에 대한 다양한 강론집은 그가 상당한 기간에 걸쳐 성서를 탐구했음을 잘 알려주고 있다. 이 같은 성서 연구는 아우구스틴의 지속적인 관심사로서, 이는 그가 적극적인 설교자였다는 사실도 말해주고 있다. 아우구스틴 같은 주교에게 있어서 주석과 강론은 주교가 담당해야 할 교육적 사목의 자연스런 일부였다. 그리하여 그는 특히 시편에 대하여 일련의 《주석집》(*enarrationes*)을 저술하였으며, 또한 요한복음서에 대해서는 광범위한 강론 설교를 계속 함으로써 주교로서의 교육적 역할을 수행하였다.

393년에 작성된 아우구스틴의 《창세기》(*De Genesi ad litteram*)는 성서 주석이 체계적인 신학을 구축하는 수단이 될 수 있음을 보여주는 한 예이다. 그는 신학적으로 모든 것을 명료히 하고자 노력하는 과정에서 일부 실패가 있었음을 고백하였다. 그렇기는 하지마는 그는 성서란 어떻게 이해해야 할런지 모를 때조차 그것을 읽을 가치가 충분히 있다는 것을 확신하였다. 여기에 그가 성서에 대한 주석 작업을 열정적으로 수행한 근본 동기가 있었다. 아우구스틴은 《창세기》 주석집 1권부터 5권까지에서 헥사

메론(창조의 6일) 내지 창조가 행해진 6일 동안 드러난 삼위일체 관련 '증거들'을 집중적으로 검토하였다. 성서에서 '날들'이라는 용어의 실제적인 의미를 창조와 결부시켜, 이를 '아침'과 '저녁'을 뜻하는 용어로 해석하기도 하였다.

또한 아우구스틴은 이 《창세기》 주석집을 통하여, 창조의 날들은 계속 이어졌던가, 아니면 창조의 날들은 창조 행위의 유형을 구분하는 시점으로 간주되는가? 신이 단지 하루만 창조 행위를 하고, 그 이후에는 이와 동일한 행위가 6번 되풀이 되었던가? 신이 7째 날을 쉬었다는 것이 의미하는 바는 무엇인가? 세상에 대한 신적 통치는 어떻게 이루어지는가? 천사적 지혜의 본성은? 등의 질문에 대해서도 규명해보고자 하였다. 또한 그는 《창세기》 주석집의 6권부터 11권까지에서 영혼과 육체의 창조 문제를 검토하였고, 12권에서는 천국의 의미도 해명하고자 하였다. 그리고 권말 부록에서는 성서에 그려져 있는 다양한 유형의 환영들에 대해서 설명하였다. 그는 환희의 본성, 사망한 다음 최후의 심판 날 육체와 재결합하기까지 영혼의 상태, 지옥, 아브라함의 품[16] 등이 무엇을 의미하는가, 그리고 영혼이 육체와 재결합하여 완전한 은총을 향유하는데 필요한 것은 무엇인가 등의 주제들에 대해서도 규명하였다.

《창세기》 주석집을 집필하면서 아우구스틴은 당대에 교육되고 있던 다른 분야에 대한 자신의 관심과 그것이 자신에게 미친 영향을 설명하는 저술 방식을 취하였다. 아우구스틴은 젊었을 때 철학적인 명제들을 추상적인 용어로 배우고 생각하는 것이 어려웠으며, 또한 자신이 그리스어에 능통하지 못한 것을 후회한다고 《고백록》에서도 밝힌 바 있었다. 이처럼 두 가지 불리한 점이 있었음에도 불구하고, 그는 플라톤의 사상을 전면

16) 누가복음 16:23: 그가 음부에서 고통 중에 눈을 들어 멀리 아브라함과 그의 품에 있는 나사로를 보고.

수용하였다. 이러한 점에서 《창세기》는 그가 예외적으로 도전했던 지적 과제였다고 볼 수 있다. 왜냐하면 아우구스틴은 어머니가 아들의 그리스도교도로의 개종을 바라고 있던 무렵, 젊은 시절 창세기의 많은 부분이 서술상 비논리적이라는 이유로 그리스도교를 받아들이지 않았기 때문이었다. 아우구스틴이 밀라노에서 암브로스가 행한 창세기의 6일간의 창조, 헥사메론에 관한 설교를 들었을 때, 암브로스의 설교에는 일부 그리스 교부들의 것과 더불어 주로 플라톤 사상에서 유래된 정교한 개념들이 활용되고 있었다. 그레고리 나지안주스, 그레고리 니싸, 대 바실리우스 등의 그리스 교부들은 시대적으로 중세에 속하는 인물이라고 보기는 어렵다. 그러나 이들은 고대 말기에 그리스어를 사용한 학자들이 플라톤 사상을 강하게 수용하였음을 뚜렷이 드러내고 있는 것이다.

성 아우구스틴이 살았을 당시 로마제국은 게르만족의 침입으로 로마의 지배권이 약화되었다는 인식과 더불어 로마 제국의 와해와 쇠퇴라는 음울한 분위기 속에서 현세 사회 자체가 노년기에 접어들었다는 인식이 제국 전반에 이미 만연되어 있었다. 이에 그리스도교도들이 책임 의식을 가지고 쇠락해가는 세상을 구하려고 노력했던가? 아니면 그들은 쇠망하는 세계 속에서 천국에의 희망으로 종말적 징후들을 기꺼이 받아들였는가? 하는 질문에 대해 아우구스틴은 분명히 후자의 관점을 견지하였다. 그는 《신국론》(*The City of God*)에서 신의 섭리와 정치를 해명하고자 하였다. 게르만족의 이탈리아 침공을 피해 북아프리카로 왔던 교양 있는 이교도 로마인들이 그곳의 주교였던 아우구스틴에게 매우 논리적인 질문들을 제기하였고, 이로 인해 아우구스틴은 《신국론》을 작성하게 되었다. 그들은 그리스도교도들이 말한 신이 전능하다면, 그 신이 무슨 이유에서 그리스도교적인 로마 제국을 멸망하도록 내버려 두었는가에 대한 답변을 요구하였다. 이에 대한 아우구스틴의 답변은 신의 섭리란 보다 더 목표를 가지고 있다는 것이었다. 세상을 구원하기 위한 신의 계획에 있어서 로마제국은 단지 하나의 사건에 불과하다는 생각이다. 아우구스틴은 사람들에게 종말론적으로 생각해야 한다고 설교하였다. 이에 따르면 신의 사람들은 천상 도시의 시민들이고, 신의 사람이 아닌 사람은 모두 다른 도시의 시민들이었다. 그러나 천상 도시는 눈에 보이지 않으며, 누가 어느 도시에 속해 있는지를 아는 것조차 불가능하였다.

세례받은 그리스도교도들이 반드시 신에 의해 선택되지 않을 수도 있으며, 경우에 따라서는 교회 밖에 있는 사람들에게도 신의 선택이 예정될 수 있었다. 그러니까 그리스도교도는 자신이 천상의 도시에 속한 사람이라고 굳게 믿고, 자신의 이웃들도 천상의 도시에 속한 사람이라고 생각하는 태도를 가져야 했다. 그리스도교도들은 이미 죽은 사람을 포함한 이웃 사람들에 대해, 단지 현세에서만 이웃일 뿐 천상의 도시에 들어가지는 못할 것이라고는 생각하는 태도를 버려야 하였다. 진실한 그리스도교도들은 삶에 있어서도 그리스도적인 선한 삶을 추구해야 할 것이었다.

391년 아우구스틴은 《신앙의 장점에 관하여》를 저술하였다. 이 저술의 집필 의도는 교리 해석사들로 하여금 주로 이제 막 그리스도교를 받아들인 유능한 초심자들을 잘 가르치도록 도우려는 데에 있었다. 초심자들은 어색하고 이해하기 어려운 복잡한 문제들을 갖고 있기 마련이었다. 종국적으로 아우구스틴이 《신앙과 저작들》(*De fide et operibus*)을 저술하는 것으로 나아갔다.

한편 아우구스틴이 동의하지 않았던 사목적 관행들이 있었다. 이를테면 초심자들은 신앙에 수반되는 삶의 변화도 요구받지 않은 채 신앙 수업과 심지어 세례조차 받고 있었기 때문이다. 아우구스틴은 《신앙과 저작들》에서 신을 기쁘게 하는 것이 신앙만이라고 주장하는 자들을 비판하였다. 예를 들어 보기로 하자.

가장 사악하고 치욕적인 삶을 살아가는 사람들조차 그들의 그와 같은 삶을 지속적으로 유지하면서도, 그리스도를 믿고 성체성사를 하기만 하면, 자신들은 구원받을 것이며, 또한 영원한 삶을 누리게 되리라고 믿는다.

그러나 동시에 아우구스틴은 선한 행위가 무엇보다 중요하다고 하는 펠라기우스[17]의 가르침에도 동의하지 않았다. 아우구스틴은 선한 행위의 우월적 가치와 관련하여 다양한 글을 통해서 펠라기우스와 그의 추종자들을 강하게 비판하였다. 펠라기우스는 상류사회에 속한 설교사였다. 그는 아우구스틴이 주장한 원죄론 즉 아담과 이브가 잘못을 저질렀기 때문에 모든 인간은 어쩔 수 없이 원죄를 가지게 되었다는 것을 이유로 스스로를 타락한 사람이라고 여길 필요가 없다고 이들에게 설교하였다. 펠라기우스에 따르면, 그들은 단지 선한 행위를 열심히 행하기만 하면 된다는 것이었다. 펠라기우스와의 논쟁을 통해서 아우구스틴은 원죄에 대한 확고한 이론을 표방하였다. 그는 타락한 인간은 현세에서 악을 저지르려는 본성적 성향을 가지고 있을 뿐만 아니라, 모든 인간은 아담으로부터 유래된 원죄로 인해 스스로는 구원에 이룰 수 없다는 논리를 확고하게 주장하였다.

펠라기우스의 주장은 무엇보다도 로마 제국 그리스도교도들의 행위와 도덕의 쇄신을 주로 의도한 것이었다. 그는 바울 서신에 대한 주석 작업을 주로 이러한 관점에서 서술하였다. 그는 인간의 원죄성을 지적하는 것이 그들로부터 선한 행동을 이끌어 내는 데에 별다른 도움이 되지 않는다고 판단하였다. 펠라기우스가 아우구스틴의 사상을 접하게 된 것은 그가

---

17) 펠라기우스(Pelagius 354~420); 영국 태생의 수도사로 금욕적 생활태도, 도덕적 엄격성 때문에 존경을 받았으며, 또한 인간의 선한 행위과 자유의지를 강조하였다. 이점을 두고 구원이 전적인 신의 은총임을 주장하는 아우구스틴과 벌인 펠라기우스 논쟁으로 유명하다 그는 로마에 추종자가 있었으나 아프리카와 팔레스타인에서는 이단으로 몰렸다.

게르만족의 위협을 피해 이탈리아로부터 도피해 온 이후의 일이었다. 409년 그는 이탈리아에 있던 몇몇 자신을 따르는 추종자들과 함께 북아프리카로 건너왔는데, 게르만족의 위협은 410년에 절정에 달하여 로마 자체를 약탈할 정도였다. 그 후 펠라기우스는 다시 팔레스타인으로 갔으며, 그곳에서 초기에는 성 제롬으로부터 그리고 후기에는 오로시우스로부터도 비난을 받았다. 이로 인해 펠라기우스의 주장에 포함되어 있던 '이단'적 요소들이 더욱 널리 알려지게 되었다.

이 같이 중요하고도 복합적인 주제에 관하여 아우구스틴은 사랑의 형태로 표현된 믿음이 신의 관점에서 볼 때 가장 중요한 요소라고 파악하였다. 그러나 이 같이 성숙한 그의 태도 역시 해명해야할 과제들을 담고 있었다.

아우구스틴의 딜레마도 결코 단순한 과제가 아니었다. 펠라기우스의 주장은 그리스도교도들을 혼란과 불안에 빠뜨렸다. 그리하여 이들은 세례에 대한 확신을 상실하기에 이르렀다. 왜냐하면 만약 원죄가 없다면 그것에 수반되는 벌을 용서받기 위한 세례성사의 필요성은 없어질 것이기 때문이었다. 한편 펠라기우스의 주장이 틀리다면, 세례성사를 받지 않은 자들에게 지옥에 대한 불안 또한 엄청난 것이기 때문이었다. 아우구스틴도 다른 사제들과 마찬가지로 원죄설과 무관하게 이 같은 불안감에 빠진 펠라기우스 추종자들과 그 자녀들에게 세례를 베풀었다. 이에 그는 원죄론을 신학적으로 성찰하여 모든 인간의 본성은 아담이 저지른 원죄로부터 자유로울 수 없다는 교리를 확립하게 되었다.

또한 아우구스틴은 가톨릭 교회가 세례받은 자들의 집단과 반드시 일치되어야 하는가 하는 주제에 관해서도 검토하였다. 그는 한편으로 세례성사의 교리와 중요성을 강력히 주장하는 동시에, 다른 한편으로는 세례를 받는 것이 반드시 구원을 보장하는 것은 아니라고 지적 하였다. 구원에 관한 결정은 오직 신에게 속하는 권한으로서, 세례를 받지 않은 사람도 신의 은총으로 구원받을 수 있으며, 동시에 사실상 가톨릭 교회의 일원이 아닌 사람도 현세에서는 외견상 가톨릭 교회의 구성원으로 항상 존재할 수 있기 때문이었다.

아우구스틴은 《신앙의 장점에 관하여》에 마니교도였을 때의 경험을 이야기하였다. 그가 마니교를 추종하였던 유일한 이유는 마니교가 추종자들에게 권위를 가진 존재에 의존하지 않고도 순수히 이성을 통하여 신에게 이를 수 있다고 주장했기 때문이었다. 사실 마니교 추종자들은 신앙에 수반되는 일정한 신앙고백을 강요받지도 않았다. 그러나 그는 마니교에서 벗어나 사물을 그리스도교적 시각에서 바라보게 된 이후, 마니교에 대한 확고한 자신의 견해를 밝히고, 다시는 그것의 유혹에 빠지지 않도록 하기 위하여, 마니교에 대한 비판적인 글을 적극 집필하였다.

아우구스틴은 선과 악이라는 마니교의 이원론적 관점에서가 아니라, 악 그 자체에 대해 성찰하였다. 그에 따르면, 세상에 악이 존재한다는 것은 역설적인 사실이었다. 이 세상에 오직 선하고 전능한 유일신만이 보편적으로 존재하기 때문에, 따라서 악은 존재할 수 없었다. 그런데도 악이 존재한다면, 그것은 신이 그 악을 허용했을 리가 없기 때문에 선한 신과는 전혀 무관하다는 것이 그의 생각이었다. 결국 그는 악을 선이 없는 상태, 즉 선의 결여로 규정하게 되었다. 악이란 인간이 신을 멀리하고 신의 뜻에 스스로 따르지 않는 불순종 때문에 이 세상에 존재하게 되었다는 것이었다. 그의 이 같은 악에 대한 인식은 거의 모든 서구 그리스도교 사상가들에 의해 수용되었다.

또한 아우구스틴은 390년 중엽 마니교의 인식에 대한 비판으로서, 《자유의지론》(*De libero arbitrio*)도 집필하였다. 인간의 자유의지에 관한 문제는 그가 전 생애를 거쳐 성찰하고 규명하고자 했던 주요한 화두의 하나였다. 그에 따르면, 악이 전능한 신과 병존할 수 없는 것과 마찬가지로, 인간의 자유의지도 이 세상에서 신의 계시와 예정 등과 병존할 수 없었다.

아우구스틴은 일생 지속적으로 탐구했던 자유의지 등의 다양한 주제들을 20여 년에 걸쳐 개인적인 삶의 체험과 더불어 여러 권의 저술로 집필하였다. 그러나 이 같은 집필 작업 이후에 개인적인 삶의 체험과 신학적 성찰을 혼합하여 집필하는 서술양식이 뜻밖에도 자기모순에 빠지는 위험성을 가지고 있다는 점을 깨닫게 되었다. 이에 그는 말년에 이르러 이 같은 저술 작업을 가필 개고한 《자유의지론 재고》(*Retractationes*)를 집필하게 되었다.

한편 성 아우구스틴은 397~400년 사이에 《고백록》을 집필하였다. 사실 《고백록》은 엄밀한 의미에서 자서전이 아니며, 또한 고전적인 유형의 위로 문학 장르에 속한 저술도 아니었다. 《고백록》은 아우구스틴이 자신의 삶을 되돌아보며 그리스도교 신앙을 고백한 종교적 저술로서, 그는 이 책에서 개인적 삶의 여정과 그의 기도를 혼재하여 서술하였고, 또한 자신의 신앙적 고백과 다양한 사상들과의 쟁점들에 관한 비판적 검토를 수행하였다. 그러나 이 땅에서의 시간과 개인적인 기억을 철학적으로 성찰한 《고백록》의 마지막 세 장은 순수히 신학적인 담론이기도 하다.

또한 아우구스틴은 그리스도교 교리와 관련된 여러 주제들을 서구의 전통적 가톨릭 신학으로 체계화하는 데에도 핵심적 역할을 하였다. 그는 라틴어를 그리스어에 비해 구체적인 언어라고 생각하여, 이 라틴어를 도구로 다양한 추상적 개념들을 구체적인 신학적 논리로 구축하였다. 그 결과 라틴어는 가톨릭적 교리를 논의하는 폭 넓은 신학적 도구가 되었다. 당시 그리스 교부들은 신의 실체를 구체적으로 구분하고 이를 규명할 적절한 언어를 찾기 위해 오랫동안 논쟁을 벌이고 있었다. 이들에 따르면, 신은 세 위격으로 존재하면서도 동일한 본체를 이룬다는 교리상의 용어가 단지 본체(substance)였다. 그러나 아우구스틴은 《삼위일체론》에서 신의 세 위격을 각각 본질(*natura*), 실재(*substntia*), 속성(*essentia*)이라는 라틴어로 구분해서 사용하였다.

끝으로 아우구스틴은 신과 신적 이미지와 형상으로 피조된 인간 정신의 유사성에 관해서도 검토하였다. 그에 따르면, 신이 성부와 성자 및 성령의 삼위일체적 관계를 이루고 있는 것처럼, 인간 정신도 이와 같은 관계를 가지고 있었다. 무엇보다도 인간은 신적 이미지에 따라 피조되었기 때문이었다. 이를테면, 아우구스틴은 신이 세 위격으로 존재하는 것과 마찬가지로 인간 정신의 내면에 있는 삼위일체적 요소를 심성적 이미지를 통해서 규명할 수 있다고 판단하였다. 예를 들면, 인간 정신에서 기억, 의지, 이해 혹은 마음, 지식, 사랑 등의 요소를 발견할 수 있는데, 이 세 요소는 서로 구분되는 세 사람이 아니라 한꺼번에 모두 한 사람의 정신 속에서 동시에 발견된다는 것이다.

영향

성 아우구스틴은 중세 내내 끊임없이 연구되었다. 심지어 16세기 종교개혁기에도 가톨릭 교회와 프로테스탄트 신학자 간의 핵심적인 논쟁 거리였던 '신앙과 행위'라는 주제에 있어서도 아우구스틴은 이들 모두의 주장에 공동된 근거로 기능하였다. 사실 '신앙과 행위'의 논쟁을 제기한 인물은 루터였다. 그는 구원에 필요한 것이 선한 행위의 실천인가, 또는 신의 눈으로 볼 때, 그리스도교들의 신앙만으로 그들이 충분히 구원받을 수 있는가 하는 질문을 제기하였던 것이다.

참고문헌

〈1차 사료〉

Earlier Writings, trans. J.H.S. Burleigh (London, 1953).

Later Works, trans. J. Burnaby (London, 1955).

Augustine in Classics of Western Spirituality, ed. M.T. Clark (London, 1954).

Confessions, trans. Henry Chadwick (Oxford, 1991).

〈2차 사료〉

Gerald Bonner, *St. Augustine of Hippo* (London, 1963, 2nd edn Norwich, 1986).

Peter Brown, *Augustine of Hippo* (London. 1967).

Henry Chadwick, *Augustine* (Oxford, 1986).

R. Markus, *Saeculum: History and Society in the Theology of St. Augustine* (Cambridge, 1970).

Carol Harrison, *Augustine; Christian Truth and Fractured Humanity* (Oxford, 2000).

Christopher Kirwan, *Augustine* (London, 1989).

Gillian Clarle, *Augustine: The Confessions* (Cambridge, 1993).

G. R. Evans, *Augustine on Evil* (Cambridge, 1983).

R.F. Evans, *Pelagius: Inquiries and Reappraisals* (London, 1968).

(손채연)

성 암브로스
(St. Ambrose of Milan 339~397)

생애와 시대

성 암브로스의 아버지는 로마 제국의 고위 관직에 있었던 인물이었다. 이에 암브로스는 다소 특권적인 삶을 살았다. 그는 339년 경 프랑스 골 지방의 트리에에서 태어났는데, 이 트리에라는 도시는 아타나시우스 알렉산드리아[18]가 335~37년까지 망명 생활을 하였던 도시였다. 당시 이 도시에는 강한 그리스도교 공동체가 형성되어 있었다. 이에 암브로스의 가족들도 그리스도교도로 개종하게 되었으며, 특히 그의 누이 마르첼리나는 353년 주현절[19]에 순결서약을 하고 수도 생활에 정진했던 신앙심 깊은 그리스도교도였다.

---

18) 아타나시우스 알렉산드리아(Athanasius of Alexandria 296~373); 296년경 알렉산드리아에서 태어나 그곳에서 교육받고 328년에 알렉산드리아의 총대주교가 되었다. 그는 325년 그리스도교 최초의 보편 공의회인 니케아 공의회에 참석하여 성부와 성자의 동일한 본질을 말한 주장을 인정받아 정통 신앙의 아버지로 불린다. 그러나 당시에는 그의 주장에 대한 아리우스파와 논쟁이 끊이질 않았고 콘스탄티누스 1세에 의해 박해를 받아 주교직을 박탈당해 트리에에 머물다가 콘스탄티누스 1세 사후에 복권 되었지만 이후에도 4차례에 걸쳐 추방당하였다.

19) 주현절; 그리스도가 나타난 날을 기념하는 그리스도교의 절기. 공식적인 날짜는 1월 6일이며, 그리스 정교에서는 1월 19일을 주현절로 기념하고 있다.

암브로스는 374년 밀라노의 주교가 되기 직전인 40세의 늦은 나이에 세례를 받았다. 그렇다고 해서 이것이 암브로스의 늦은 개종을 의미하지는 않는다. 왜냐하면 당시에는 나이가 들어서 세례를 받는 일이 일반적인 관행이었으며, 또한 늦은 나이에 그리스도교도로 개종하는 것이 더 이상 부끄럽거나 불미스러운 일도 아니었기 때문이다. 4세기 초엽 콘스탄티누스 대제가 로마 제국을 그리스도교로 공식화한 이후에도 율리아누스 아포스타트[20]황제는 그리스도교의 학교에서의 교육을 금지하였다. 그러나 364년 요바아누스 황제가 즉위하자, 그는 그리스도교도들의 교육을 다시 허용하였다. 그 이후 그리스도교도들의 고유한 신앙은 제국의 다양한 형태의 사회 공동체내에서 독자적인 신조 집단의 지위를 유지하며 공존하게 되었다. 당시 로마 제국에는 유대교를 제외한 모든 신앙 집단들이 그들의 신을 혼유하고 있던 터였다.

암브로스는 법률가로서 지방 정부의 관리로 자신의 행정적 경력을 시작했다. 이러한 관직은 하위직이었지만 이로부터 지방장관이 될 수도 있는 관직으로서, 이는 성 아우구스틴의 어머니가 암브로스보다도 어렸던 자신의 아들에게 구해 주려고 했던 유형의 직책이었다. 그러니까 370년 암브로스가 이탈리아 아밀리아 리구리아[21] 지방장관이 된 것은 조금도 이상한 일이 아니었으며, 그리하여 그는 370년~74년까지 4년 동안 밀라노에서 생활하였다.

한편 밀라노에서는 374년 주교직이 공석이 되자, 누구를 주교로 할 것인

20) 율리아누스 아포스타트(Julian the Apostate. 331~363); 361년부터 363년까지 제위에 있었던 로마 제국의 황제. 그는 군사적 재능이 뛰어나 이민족을 효과적으로 제압하였으며, 또한 비그리스도교로서는 마지막으로 황제가 된 인물로서, 배교자 율리우스란 이름으로 더 잘 알려져있다.

21) 아밀리아 리구리아; 중세에 이탈리아의 유력한 도시들이 성장했던 지역으로서, 서쪽으로는 프랑스, 북쪽으로는 피에몬테 그리고 동쪽으로는 토스카나 등과 접해 있다.

가에 논쟁이 일어났다. 파울리누스[22]가 쓴 《성 암브로스 전기》에 따르면, 당시 한 어린이가 암브로스는 암브로스 주교님이라고 말하자, 이에 교회의 회중들이 동시에 암브로스 주교님을 합창하였다. 이 때 암브로스는 주교로 피선되는 것을 면하고자, 회중들에게 감사의 인사만 하고 그 자리를 떠났다. 그러나 그는 회중들에 의해 모셔져 와 주교직을 받게 되었다.

암브로스가 주교로 임명되기 위해서는 세례를 받는 일이 불가피했는데, 이와 관련하여 그가 아리우파가 아니라 가톨릭교도로서 세례를 받았다는 사실이 뚜렷이 밝혀져 있는 바, 이는 암브로스가 아리우스파가 제기했던 삼위일체 논쟁의 중심에 있었음을 역설적으로 말해주고 있다. 사실 아리우스파는 그리스도의 신성성에 의문을 제기함으로서, 일찍이 325년에 니케아 공의회에서 아리우스파는 이단으로 정죄되었다. 그러나 로마 제국이 게르만의 침략을 겪음에 따라 아리우스파는 정치적 지배력을 지속적으로 유지할 수 있었으며, 이에 제국에 침입해 온 게르만족의 일부도 아리우스파가 되었다.

밀라노 주교가 되자 암브로스는 자신의 책무를 충실히 수행하였다. 파울리누스의 설명에 따르면 암브로스 주교는 부단한 금식과 수많은 철야기도와 일상적인 육체적 고행을 통해서 자기 부정을 일상화했던 금욕주의자였으며, 또한 그는 밤낮을 가리지 않고 열정적으로 기도 생활을 했던 독실한 신앙인이기도 하였다.

성 암브로스가 밀라노 주교로 있었던 383년에는 아우구스틴이 밀라노 대학의 수사학 교수로 부임해 왔다. 마니교도였던 아우구스틴이 암브로스의 강론에 관한 소문을 듣자, 이에 그는 자신이 전문적 대중 연설가로서,

---

22) 파울리누스 디콘(Paulinus the Deacon); 성 암브로스의 전기 작가. 그는 파울리누스의 밀라노라고도 알려져 있었던 밀라노 주교 성당의 공증인으로서, 아우구스틴의 요청으로 암브로스의 전기를 집필하였다. 그의 전기는 당대에 널리 알려져 있던 암브로스에 대한 글을 토대로 하였다.

암브로스 주교의 강론을 비판할 수 있을 것이라고 기대하였다. 그리하여 아우구스틴은 일주일에 거쳐 진행된 암브로스 주교의 창세기 강론에 참석하게 되었다. 당시 아우구스틴이 젊은 학자로서 아직 그리스도교 성서에 감동을 받지 못했던 데에는 창세기가 외견상 비논리적으로 서술되었다는 점이 주요한 이유였다. 그런데 암브로스 주교는 그리스 교부들에 대한 해박한 지식을 근거로 창세기의 서술을 논리적으로 강론을 하였다. 아우구스틴은 기록하기를, 그가 암브로스 주교의 일주일에 거친 강론에 참석했으며, 강론의 탁월한 수준에 깊은 감동과 깨우침을 받았노라고 고백하였다. 이에 아우구스틴은 암브로스 주교를 만나 여전히 자신이 해결하지 못했던 신앙적 질문과 성찰의 화두들에 관하여 상담하고자 하였다.

그러나 아우구스틴에 따르면, 암브로스는 주민들에 대한 사목활동으로 매우 바빴다. 사실 암브로스는 주민들이 제기했던 문제들에 몰두하느라, 그와 아우구스틴은 직접 만나 대화하는 기회를 가지지는 못하였다. 더욱이 암브로스는 주민들에 대한 사목활동으로부터 자유로운 시간에는 독서에 매진하였다. 아우구스틴은 기록하기를 '누구든 암브로스를 찾아와 자유롭게 만날 수 있었다. 이 같은 방문에는 공식적인 예약도 필요하지 않았다. 그래서 암브로스 주교를 방문하는 주민들을 곧잘 그가 조용히 독서에 열중하고 있음을 발견하곤 하였다. 성 암브로스의 이 같은 성품이 아우구스틴으로 하여금 흉금을 털어 놓는 개인적인 상담을 머뭇거리도록 만든 요소였다.

사상과 업적

성 암브로스의 대부분의 저작들은 성서 주석집들이었다. 그는 성서의 원문을 철저하게 검토한 주석집과 성서의 구절들에 비추어 해명하고 설정한 주제들을 다룬 저술들을 남겼다. 그는 다양한 의미의 규명에 입각한 성서의 주석방법을 활용하였다. 그는 성서의 주석방법에 관한 몇몇 실천적 교훈들을 조탁했으며, 이를 토대로 교황 그레고리 1세는 자구적, 은유적, 도덕적, 신비주의적 해석이라는 4가지 맥락의 성서 주석 방법론을 확립하여 이를 그 이후 서 유럽 그리스도교 사회의 표준적 규범이 되도록 하였다. 또한 암브로스가 성서적 주제를 다루었던 일련의 주석들은 중세 내내 그 중요성이 확인될 것이었다.

암브로스가 주교로 임명된 시기는 가톨릭적 신앙에 반대하는 자들이 여러 교리들에서 비정통적인 견해들을 공공연히 표방하던 때였다. 당시 암브로스는 주로 구약성서에 대한 주석 작업을 통해서 다양한 이슈들과 쟁점들에 대해 자신의 견해를 표명하였다. 그리고 주교가 된 이후에 1세기 학자였던 필로 알렉산드리아[23]의 저술에 대한 이해를 토대로 암브로스는 창세기의 원문들을 규명한 《천국론》(*On Paradise*)을 집필하였다. 그에 따르면, 천국은 인간의 영혼을 가리키며, 그곳의 강은 중요한 신앙적 덕성을 가리켰다. 암브로스는 저술 작업을 마니교도와 이들과 유사한 집단인 마르시온주의자[24]들을 비판하는 기회로 활용하였다. 그가 이러한

---

23) 필로 알렉산드리아(Philo of Alexandria BC 20~50); 고대 알렉산드리아의 유대인 철학자이며 해석학자. 그는 《구약성서》 를 그리스 철학, 특히 플라톤의 사상을 활용하여 비유적 해석을 행한 인물로 알려져 있다. 그의 생애는 알려진 바가 거의 없지만 당시 그리스 철학자들의 사상을 인용한 방대한 저서를 많이 남겨 그 당시 사상을 이해하는데 매우 중요한 인물이다. 그의 사상은 신플라톤주의나 그리스도교 교부, 그리고 근대 스피노자 철학에 큰 영향을 끼쳤다.

24) 마르시온주의(Marcionistes): 마르시온을 중심으로 일어난 영지주의적인 성격의 극단적인 금욕주의 운동. 소아시아 출신 마르시온이 140년경 로마로 가서 그의 추종자들을 이끌었지만, 144년경 이단으로 정죄되었다. 이들은 성자의 신성과 인성을 모두 부인하고 구약성서와 신약성서의 하나님이 서로 다른 하나님이라고 주장했다. 또한 바울 서신을 독자적으로 해석한 복음서를 만들어내기도 하였다. 2세기 후반에 마르시온주의자들은 정통신앙을 위협하는 주요 이단으로 대두되었고, 3세기 경에 이르러 대부분 마니교도로 흡수되었다.

저술 작업을 계속한 소산이 《카인과 아벨》(*Cain et Abel*)의 집필이었다. 이 저서의 주제는 제사로서, 여기서도 암브로스가 필로로부터 받은 영향이 두드러지게 확인된다. 그리고 그는 378~84년 기간 동안에 《노아에 대하여》(*De Noe*)를 집필하였는데, 이를 완전히 탈고하지는 못하였다. 암브로스는 《노아에 대하여》에서 인간의 육신에 대한 은유적 해석을 그 주제로 삼았다. 여기서도 우리는 필로 알렉산드리아의 영향을 확인할 수 있다.

그리고 암브로스는 주된 관심을 아브라함에게로 옮겼다. 《아브라함에 관하여》(*De Abraham*)는 두 책으로 구성되었는데, 1권은 신앙을 처음가지는 초심자를 위해 저술되었고, 2권은 보다 성숙한 그리스도교도들을 대상으로 집필되었다. 예를 들어 1권에 성서 원문의 자구적 해석에 입각하여 아브라함을 의로운 사람으로 제시하였으며, 한편 2권은 이미 세례를 받아 성숙한 신앙을 가진 그리스도교도들을 위해 십계명에 관한 설명과 성서 원문에 대한 은유적 해석을 밝힌 저술이었다.

암브로스는 《이삭과 영혼에 관하여》(*De Isaac et Anima*)에서는 그리스도와 인간의 합일을 은유적으로 해석하였다. 그리고 《죽음의 미덕에 관하여》(*De bono mortis*)에서는 죽음에 이르는 범죄, 이 당에서의 죽음, 육신과 영혼의 분리를 함의하는 육신적 죽음에 대한 자신의 견해를 제시하였다. 세 가지로 분리하였다. 그리고 386년 집필한 《야곱과 아름다운 삶에》(*De Iacob et Vita Beata*)는 어떻게 행복을 추구할 것인가 하는 주제를 다루었고, 성서 창세기 49장 3절을 근거로 집필한 《제사장론》(*De Patriarchis*)에서는 야곱에 대한 축복과 메시아에 대한 예언을 검토하였다. 《제사장론》에서는 사순절 기간의 금욕에 대한 자신의 견해를 설명하기 위해 구약성서의 예와 대 바실리우스의 설교집을 활용하였다. 《나봇에 관하여》(*De Nobuthae*)에서는 나봇과 아합의 이야기를 가난한 사람들을 억압하는 부자들에 대해 비판하기 위해 활용하였다. 《토빗서 강해》[25)]

(*De Tobia*)에서는 고리대금업에 관해 검토하였다. 또한 387년~90년의 성 주간동안 암브로스는 천지창조에 관해 9차례에 걸쳐 설교를 행하였다. 여기서 그는 《창조론》을 인간과 자연에 대한 다양한 이해들을 가지는 토대로 활용하였다. 그의 이 같은 견해는 후일 많은 중세인들에 의해 수용되었다. 실제로 《창조론》은 중세 내내 신학자들의 학문적 주석 작업의 핵심적 주제가 되었다.

한편 암브로스는 388년~89년 사이 기간에 신약성서의 《누가복음서 주석서》를 집필하였다. 여기서 그는 복음의 조화를 해명하고자 하였다. 이는 아우구스틴으로 하여금 복음의 조화에 관한 글을 집필하도록 한 실질적인 계기였다.

또한 암브로스는 당대에 고전적인 신학적 난제들에 대한 논쟁에도 폭넓게 참여하였다. 이 맥락에서 집필된 것이 암브로스의 《순결론》(*On Virginity*)과 《과부론》(*On Widows*) 등이다. 순결과 금욕은 다른 금욕적 관행과 마찬가지로 육체에 대한 불신과 육체적 탐욕으로부터 자유로울 수 없었던 제국 말기 이래로 높이 예찬되어 왔다. 또한 《참회론》(*De Penitentia*)도 이러한 맥락에서 집필된 저술로서, 이는 세례받은 그리스도교도는 죄를 짓고는 결코 용서받을 수 없다고 주장한 엄격주의자들인 노바티아누스주의자[26]를 반박하기 위한 것이었다. 그리고 암브로스는 계속해서 380년 《삼위일체론》과 381년 《성령론》과 같은 교리서들을 출판하였으며 그리고 성육신론, 성사론 및 사도신경에 관해서서 교리적 저술들

---

25) 토빗서: 그리스도교의 외경에 속하는 성서가운데 하나이다. 성 제롬 참조.

26) 노바티아누스파는 반교황주의자인 노바티아누스를 추종하는 세력이다. 노바티아누스는 250년 그리스도교 박해 시기에 그리스도교 신앙을 부정했거나 로마 제국에 타협하여 이교도 종교의식에 참여했던 그리스도교도들에 대하여 엄격하고 배타적인 태도를 취했다. 노바티아누스파의 기본 입장은 배교한 그리스도교인은 용서받을 수 없는 죄를 범했기에 영원히 추방되어야 한다는 것이다.

을 남겼다.

끝으로 성 암브로스는 그리스도교도의 실제적인 삶의 양상을 위한 일련의 윤리적 저술들도 집필하였다. 또한 그는 《사목적 직책에 관하여》(*De office ministrorum*)도 집필하였다. 이 《사목적 직책에 관하여》는 그리스도교적 사역을 위해 주교로서 가졌던 암브로스의 관심과 필요에 의해 집필되었다. 성 암브로스가 이룩한 가장 의미 있는 기여는 그가 그리스도교적 윤리와 고전적 이념을 하나로 종합했다는 점에 있다. 그는 키케로의 《직무론》(*De officiis*)을 토대로 라틴적 덕성을 그리스도교화 하였다. 그에 따르면, 인간의 덕성은 유용할 뿐 아니라 실천적이어야 한다는 것이었다. 왜냐하면 인간 존재란 신을 알아야 할 의무가 있으며, 또한 여기에 인간이 창조된 이유가 있기 때문이었다.

성 암브로스가 남긴 서신들에는 주요한 정치적 의미를 가진 글들도 있다. 그는 388년 12월에 테오도시우스 황제에게 보낸 서신에 '교회의 지도자는 세속 통치자들에게 자신의 생각을 밝히는 권리를 가지고 있다'고 밝혔다. 즉 황제가 이러한 언론의 자유를 부정하거나 또는 주교가 자신의 견해를 밝히지 않는 등의 행위는 부당하다는 것이었다. 또한 그는 381년 아퀼레이아 공의회에서 만장일치로 채택된 갈리아 지방의 주교들에게 보내진 목회서신에 이렇게 밝히고 있다. '팔라디우스와 세쿤두스는 신의 적으로서 우리를 대적하는 자들이며, 아리우스파를 추종하는 이단자들이다. 이 두 사람은 무례하게도 공의회에 참석하였다. 그래서 이들은 자신에게 함당한 정죄를 당한 것이다.'

이 같이 성 암브로스는 탁월한 논리적 저술들을 집필하였고 헌신적인 주교 또한 무엇보다도 교구민들의 교사의 삶을 삶으로써 다양한 영역에서 뚜렷한 성과를 이룩한 인물이었다.

영향

성 암브로스는 유럽 라틴 교부들 가운데 대표적인 인물로 평가되고 있다. 그는 오늘날에도 성 아우구스틴 만큼이나 빈번하게 언급되어 있다.

참고문헌

〈1차 사료〉

Seven Exegetical Works, trans. Michael P. McHugh (Washington, 1972).

Selections, trans. E. de Romestin and H.T.F. Duckworth (London, 1868).

〈2차 사료〉

F.H. Dudden, *The Life and Times of St. Ambrose* (1955), 2 vols.

A. Paredi, *Saint Ambrose: His Life and Times,* trans. M.J. Costelloe (Notre Dame, 1964).

G.R. Figueroa, *The Church and the Synagogue in St. Ambrose* (Washington, 1949).

(손채연)

성 제롬
(St. Jerom 345~420)

생애와 시대

성 제롬은 라틴 교부들 가운데 가장 중요한 인물 중의 하나이다. 그는 이탈리아 아퀼레이아 근교에서 태어났으며, 가족의 기대 속에서 유명한 문법학자 도나투스의 지도를 받은 후에 로마의 수사학 학교에서 4~5년 동안 공부를 하였다. 이 같은 교육 과정은 로마제국의 공직을 목표로 하는 촉망받는 젊은이들에게 일반적이었고, 그도 이런 교육 과정을 거쳐 제국에서 공직을 얻게 되었다. 당시 교육 내용은 여러 가지 면에서 제한적이었다. 로마에서 일부 문학 작가들을 포함한 테렌스, 살루스트 및 버질과 키케로를 중점적으로 교육시켰기 때문이다. 그러나 그는 성 아우구스틴과 성 암브로스와 마찬가지로 남달리 광범위하게 공부하였다.

성 제롬은 절대적인 금욕적 삶에 매료되어 있었다. 금욕주의는 그리스도교도가 아니라도 고대 세계에서 많은 사람들이 소명으로 간주하였다. 또한 금욕주의는 철학자의 삶의 방식으로 간주되었다. 이시기 철학자는 세상에 대한 체계적 해명을 지적으로 이해할 뿐만 아니라 삶의 방식에 있어서도 특정한 패턴을 가지고 있다고 간주되었다. 그리하여 이들이 그리스도교를 수용할 때, 절제, 중용, 정직 등의 종교적인 것으로 여겨지는 것을 철학자적인 삶의 패턴으로 확립하였다. 제롬에게서 이 같은 삶의 패턴은 열정적 성서 연구와 헌신적 그리스도교도의 삶을 살아가는 것이었다. 또한 제롬은 이례적으로 366년 이전 어린 시절에 세례를 받았는데,[27] 당대의 일반적 관행은 말년에 세례를 받는 것이었다.

성 제롬은 그리스도교적 삶을 실천하면서, 동시에 세속적인 저술들을 읽었다. 이 같은 태도에 대해 불만을 제기하는 사람들이 많았으나 세속적인 저술들을 멀리하는 것은 그에게 있어서 일종의 도전이었다. 후에 그는 귀족 여성에게 금욕적인 삶을 권고하는 서신을 통하여 이에 대한 자신의 생각을 밝혔다. 그는 금식을 한 다음 세속적 고전을 읽으면 그것을 통해서 얻는 즐거움이 있었기 때문에, 세속적인 고전을 읽은 때와 이유를 설명하였다. 그는 잦은 철야기도 후에 과거의 죄를 뉘우치며 마음 깊은 곳에서 터져 나오는 눈물을 흘리고 나서 세속적 고전 플라우투스[28]의 책을 읽었던 것이다. 그러나 널리 알려진 바와 같이 이와 같은 태도로 인해 그는 종국에 '그리스도교도가 아니라 키케로주의자'라는 비난을 받았다. 그리하여 '키케로주의자'라는 용어는 후일 세속 학문에 대한 관심이 많았던 중세의 지식인들이 직면했던 상황과 또한 실제로 세속 학문의 매력에 빠졌던 일부 그리스도교도들에 대한 지속적인 우려를 표명할 때 항상 활용되었다.

성 제롬은 젊은 시절 아퀼레이아로 다시 돌아와 금욕주의자들의 공동체를 만들었으나 3년 후에 해체되었다. 이는 그가 공동체 일원들과 '마찰'을 빚었기 때문에 야기된 결과였다. 이 같은 일은 그의 전 생애를 통해서 여러 번 확인되었다. 그가 몇몇 친구들과 안티옥에 세운 공동체도 역시

---

27) 당시에는 세례를 받은 후에 죄를 지으면 구원을 받을 수 없다는 관념이 팽배하여, 죽음을 목전에 두고 세례를 받는 것이 일반적이었다.

28) 플라우투스(Titus Maccius Plautus BC254~BC184); 고대 로마 시기의 극작가. 희곡 《팔리아타》(*Palliata*), 《*Livius*》(*Andronicus*)등이 알려져 있다. 한편 플라우투스의 영향을 받아 작성된 작품도 플라우투스라고 칭한다.

해체되었다. 이후 그는 금욕적인 삶에 대한 경험도 많고 연장자인 은수자 말쿠스(Malchus)를 만났으며, 그의 조언을 참고로 하여 절대 은둔의 삶을 살기로 결심하였다. 그리하여 제롬은 테오도시우스 황제 통치 시기 안티옥 근처 칼키스 사막에서 은둔 생활을 시작하였다. 제롬은 그곳을 '모든 도시 중에서 최고의 도시'이며 '성인들만 사는' 진정한 낙원이라고 여겼다. 그는 그곳에서 이미 은수자의 삶을 살고 있던 사람들과 5년 동안 함께 성서를 연구하면서 동시에 절대적 금욕주의를 실천하였다.

379년 제롬은 안티옥으로 다시 돌아 왔다. 그는 안티옥 주교 파울리누스에 의해 사제로 서임되었고, 후에 잠시 주교 문하의 일원이 되었던 것 같다. 그리하여 제롬은 382년 콘스탄티노플 공의회에 참석하여 그레고리 나지안주스와 그레고리 니싸 등의 '그리스 교부들'도 만나게 되었다. 이들이 성 암브로스에게 영향을 미쳤던 인물이라는 사실은 언어적 분리가 심화되어 가던 그리스 정교회와 서구의 지적공동체들 사이에 접촉이 있었다는 점을 입증한다. 이후 제롬은 로마로 다시 돌아와 파울리누스와 지내면서 교황 다마수스의 고문으로서 성서를 해석하는 일을 하였다. 한편으로 그는 금욕적인 삶을 실천하는 사람들도 만났는데, 이들은 앞에서 언급한 귀족 여성의 집단임이 분명하였다. 이들 중에 황제의 측근 파울라와 그녀의 딸 블레실라, 유스토키움이 있었으며, 또한 이들보다 연장자로서 집단의 장을 맡고 있었던 마르셀라도 있었다. 이들이 제롬과 금욕적 삶을 실천하는 사람들 및 학생들에게 유대 성서와 기도문 그리고 시편을 공부할 수 있는 장소를 제공하였다.

성 제롬이 이 여성들에게 보낸 서신들은 독신주의를 옹호하고 특히 순결을 강조하는 금욕적인 삶에 관한 가르침의 내용 및 헌신의 정도를 알려주는 중요한 자료들이다. 여기서 그는 자기 절제의 삶을 추구하면서도 지나칠 정도의 자기절제는 피하라고 조언하였다. 마르셀라에게 보낸 서신은 극단주의자 몬타누스파들[29]과 노바티아누스파들[30]에 대한 주의가 담겨 있으며, 유스토키움에게 보낸 서신은 그것 자체로도 금욕적인 삶에 대한 논문이다. 제롬은 유스토키움에게 그리스도의 눈으로 보는 그녀만의 고유한 가치와 그리스도의 동료가 실제적으로 의미하는 것에 대한 인식을 깨우쳐 주려고 하였다. 그는 서신을 통해 그녀의 신랑 그리스도는 오만하지도 교만하지도 않으며, 또한 그녀는 그리스도가 결혼한 에티오피아 여성이므로, 자신이 금욕적인 삶을 살고 있다고 교만해하지 말고 그러한 삶을 사는 것에 대해 경외심을 가지기를 희망하였다. 또한 그는 그녀가 죄에 대하여 적극적으로 맞서는 것이 중요하다고 하였다.

교황 다마수스에 이어 교황이 된 시리키우스는 제롬에게 그다지 관심을 보이지 않았다. 또한 블레실라의 사망원인이 지나친 자기 부정 때문이라는 소문도 돌았다. 성 제롬은 로마에서 지내기가 점점 불편해졌다. 그리하여 그는 로마를 떠나 파울라, 유스토키움과 함께 베들레헴 근교에 수녀원과 수도원으로 구성된 합동 수도 공동체를 건립하였다. 재정 지원은 부유한 파울라가 하였다. 그러나 파울라의 재산이 다 소진되자 그 후부터 제롬의 집안 재산으로 수도 공동체이 운영되었다. 성 제롬은 이 수도원을 34년 동안 유지해 오다가 420년 사망하였다.

---

29) 몬타누스파(Montanists); 기존교회의 지나친 형식주의와 드덕적 해이를 비판하면서 성령의 직접적인 계시와 엄격한 윤리적 생활을 강조한 2세기 후반의 종말론적인 운동. 북아프리카 지역에서 활발하게 번성하다가 교회의 의해 이단으로 정죄되었다. 정죄 이유는 교리상의 문제 때문이 아니라 그것이 추구한 극단적인 삶의 형태 때문이었다.

30) 노바티아누스파(Novatianists); 데키우스 황제의 박해(249-50)시기에 배교했다가 후에 다시 교회로 돌아오기 원하는 이들을 대해 강경한 입장을 견지하는 파로서, 온건주의자들은 배교행위에 대한 회개를 인정해주었으나 노바티아누스파는 배교에 대한 대가를 요구하였다. 이들은 마침내 교회에서 출교되었는데, 배교자들에 대한 강경한 입장의 노바티아누스가 교황으로 선출된 온건주의자 코넬리우스를 인정하지 않고 분파주의적인 주장을 지속적으로 펼쳤기 때문이었다.

사상과 업적

성 제롬의 영적, 지적 삶의 핵심에 성서가 있었다. 그는 진정한 성서, 즉 성서의 정경에 포함되는 것들을 정확히 규명하기 위해 노력하였던 것이다. 당시 성서는 통상적으로 일련의 특별한 서책들로 구성된 '총서'의 형태를 취하고 있었다. 성서에 포함되는 것과 제외되는 것들에 관한 문제는 성서의 어느 한 권을 규명한다고 해서 해결될 일이 아니었다. 390년 경 제롬은 정경에 포함시킬 목록과 관련해서 새로운 목록을 제시하였다. 일찍이 그는 사무엘서와 말라기서 주석서 서문에 정경에 포함될 구약성서의 정경에 포함되는 목록과 정경에 포함되지 않는 외경의 목록을 제시하였는데, 이 외경의 목록에 《솔로몬 지혜서》(*Wisdom*), 《집회서》(*Ecclesiasticus*), 《유딧서》(*Judith*), 《토빗서》(*Tobias*) 등을 포함시켰다. 그러나 395년 그가 파울리누스에게 보낸 서신에 제시된 목록에서 이들을 제외시켰다. 이 밖에 그는 또 하나의 구약성서 목록을 400~402년 라에타에게 보낸 서신에 제시하였는데, 이 목록은 정경에 속할 구약의 목록을 제시하기 위한 의도에서가 아니라 성서를 읽는 올바른 순서를 아이들에게 제시하기 위해 작성된 것이었다.

또한 제롬은 '전거'가 무엇을 의미하는 것인가를 명확히 밝히고자 하였다. 그는 탁월한 언어학자로서, 새로운 언어를 습득하는 것이 비교적 수월했기 때문에 그리스어를 완벽히 습득하여, 유세비우스의 《역사》(*History*)에 자신이 내용을 추가하고 확장시켜 《연대기》(*Chronicle*)를 집필하였다.

제롬은 팔레스타인의 랍비로부터 유대어를 배웠다. 그의 언어적 관심은 번역 작품에는 물론, 구약 성서에 명기된 유대 지명을 다룬 저작에도 반영되었다. 그는 유대 성소의 지명과 위치를 검토한 유세비우스를 번역하였으며, 또한 성소의 지명과 위치와 관련하여 《창세기에 대한 질문》(*Questions on Genesis*)을 집필하였다.

또한 제롬이 번역한 성서로 불가타 성서가 있는데, 이는 그가 남긴 가장 의미 있는 역사적 유산이다. 이 번역 성서가 중세 내내 활용되던 《성서》(*nostra translation*)였으며, 또한 《유익한 성서》(*nostra usitata edition*)로 출간되었다. 로마에 있었던 시기에 그는 교황으로부터 성서의 일부분을 라틴어로 새로이 번역할 것을 요청받았다. 오래된 《라틴어 성서》(*vetus latina*)는 사실에 있어서는 혼재된, 정교하지 않은 라틴어로 작성된 다른 여러 편의 판본도 존재하였기 때문이었다. 제롬은 공개 서신을 통하여 신약 성서의 글은 많이 필사되었을 뿐 아니라 그 형태도 다양하게 유통되었으며, 또한 이러한 글들을 복음서와 조화시키려는 시도가 통제 없이 이루어져 여러 판본의 글들이 시간이 갈수록 원래의 성서에서 점점 더 멀어진다는 중대한 문제가 발생한다고 밝혔다. 그리하여 그는 382~85년 기간에 주로 로마에서 그리스어 성서를 참고로 하여 이러한 문제점을 보안하여 성서의 번역작업을 하게 되었으며, 마침내 불가타 성서를 완성시켰다.

한편 제롬은 구약성서에 관한 것은 유대어 성서가 《70인역 성서》(*Septuagint*)보다 정확하다는 것을 알게 되었다. 그리하여 그는 예루살렘에서 391~404년 동안 유대어 성서를 번역하는 작업을 하게 되었다. 그는 《70인역 성서》에 수록된 시편도 번역하였으며, 《유딧서》, 《토빗서》 번역본은 398년 경 칼데아에서 출간되었다.

또한 제롬은 '구 라틴어'로 된 구약 성서 번역본을 재정비하는 일도 의뢰받았다. 새로이 발간한 그의 번역 성서들은 초기에 많은 논란이 제기되었다. 이는 익숙한 성서의 용어들을 새로운 용어로 바꾼 것에 대한 적대적인 반응이었다. 루피누스[31]를 예를 들어 보면, 그는 제롬의 유대어

---

31) 루피누스(Rupinus 340~410); 성 제롬의 친구로서 주로 그리스어로 된 신학적 서적들을 라틴어로 번역하는 일에 몰두했다. 그러나 그는 오리게누스에 대한 견해 차이로 인해 한 때 성 제롬과의 관계가 악화되었다. 루피누스는 오리게누스와 관련된 저작들

구약의 번역 성서를 형편없는 것이라고 비난하였다.

한편 제롬은 몇몇 성서들도 주석하였다. 실제로 그는 예레미야서의 주석 작업을 하다가 사망했다. 그렇다고 그가 성서 연구와 성서 번역 작업만 한 것은 아니었다. 그는 그리스어로 작성된 오리게누스의 저작도 일부 번역하였다. 그는 392년 베들레헴에서 《위인들의 삶》(*De viris illustribus*)을, 379년 안티옥에서 《은수자의 삶》(*Lives of the hermits*)을, 404년 베들레헴에서 파코미우스의 《규칙》(*rule*)과 그리고 교회의 역사도 번역하였으며 그 외에 모범적인 그리스도교도들의 삶에 대해서도 집필하였다.

성 제롬의 비타협적인 성격은 그의 서신들과 논문들에서 뚜렷하게 드러나 있다. 그는 같이 있기에 편한 사람은 아니었던 것이다. 그는 불같은 성격과 뛰어난 논리 전개력을 겸비한 적극적인 논객이었다. 그의 《요비니안에 대한 반론》(*Against Jovinian*)과 《루피누스에 대한 반론》(*Against Rufinus*)은 이 같은 성 제롬을 잘 보여주고 있다. 그러나 그는 논쟁에 휘말리는 것은 위험한 일이라는 것을 잘 알고 있었다. 그는 칼키스의 사제 마크에게 보낸 서신에서 흔히 이단의 혐의를 받지 않고 삼위일체 교리를 명백히 규명하는 작업은 매우 어려운 일이라고 토로하였다. 실지로 그는 삼위일체가 공재적이라고 설교하여 이단의 혐의를 받았고, 또한 실체적인 세 위격이 있다고 주장하여 사벨리주의적 이단이라고 고소당하기도 하였다.

이로 인해 제롬은 자신이 박해를 받고 있을 뿐만 아니라 환영받고 있지도 못한다고 여겼다. 그는 마치 비그리스도교도로 다시 태어난 사람처럼 신앙고백을 강요받았으며, 신앙고백을 해도 사람들이 믿어주지 않았기 때문이었다. 또한 그는 자신이 이단적인 의도를 가지고 비정통적인 신앙을 설교하면서 사람들의 타락과 교회의 분열을 조장하기 때문에

을 주로 번역했고, 《변증론》(*Apologia*)등과 같은 저작을 남겼다.

자신이 다닌 것조차 두려워한다고 불만을 토로하였다.

이즈음 제롬은 펠라기우스 논쟁에도 연루되었다. 그러나 이 논쟁과 관련해서 그는 성 아우구스틴이 이미 규명했던 주제들을 파악하는 데에는 시간이 걸렸던 것으로 여겨진다. 아마도 그가 논쟁의 현장에서 지리적으로 다소 떨어져 있었고, 또한 아우구스틴과는 다른 주제를 검토하고 있었기 때문에 아우구스틴의 주제에 대해서는 관심을 보이지 않았던 것 같다.

415년 성 제롬은 오로시우스의 방문을 받았다. 오로시우스는 그에게 성 아우구스틴의 서신 두통을 전했는데, 이는 제롬이 아우구스틴에게 제기한 다양한 주제들에 대한 해명이었다. 이 서신들은 그 자체로 하나의 논문이며, 여기서 아우구스틴은 제롬이 제기한 주제들에 대한 제롬 자신의 견해도 요청하였다. 아우구스틴의 서신 가운데 하나는 영혼의 기원에 대한 것이고, 또 다른 서신 하나는 십계명 중에 하나를 어기는 것은 십계명 전부를 어기는 것과 같다고 기록된 야고보서 2장 10절[32]의 해석에 관한 것이었다. 아우구스틴이 제롬에게 보낸 서신에서 검토된 두 주제들은 양자 모두 펠라기우스파가 제지한 쟁점들과는 무관하였다. 그러니까 이 같은 주제들에 대한 견해가 지식인들 사이에서 서로 논의되었다는 사실은 그리스도교 사상가들의 저술들에서 확인되는 상호관련성을 매우 효율적으로 알려주는 좋은 예이다.

영향

성 제롬의 불가타 성서는 서구에서 정경으로 수용되었고, 이것이 로마 카톨릭 교회에서 20세기 중반 2차 바티칸 공의회가 개최될 때까지 유지

32) 야고보서 2장 10절, '누구든지 계명을 다 지키다가도 한 조목을 어기면 계명 전체를 범하는 것이 됩니다.'

되었다. 그는 모세 5경의 번역서 서문에 '예언자'와 '해석자' 간의 뚜렷한 차이점을 밝혔다. 이에 따르면, 예언자는 영감을 받은 자이고, 번역가는 자신의 학식 및 적합한 용어와 의미에 대한 이해를 바탕으로 성서를 번역하는 자이다. 그러니까 번역가가 활용한 번역어는 신의 영감을 받아 적은 용어가 아니었다. 제롬 자신은 신의 영감을 받아 번역한 것이 아니라고 고백했음에도 불구하고, 그의 불가타 성서는 영감을 받아 만들어진 것으로 간주되었으며, 불가타 성서의 용어에 내포된 모든 의미는 성령에 의한 것으로 해석되었다.

성 제롬은 중세 내내 지속적으로 탁월한 업적을 이룩한 인물로 인정받았다. 빈센트 보배는 '제롬이 세 가지 언어에 능숙했으며 고대 그리스어로 작성된 신약성서를 번역했고, 고대 유대어로 작성된 구약 성서도 번역해낸 인물'이라고 높이 평가하였다. 그렇기는 하지마는 제롬의 불가타 성서에는 일부 오류들도 포함되었으며, 또한 이에 대한 문제의 제기가 여러 사상가들에 의해서 제기되기도 하였다. 1267년 로저 베이컨은 불가타 성서에 대한 문제점과 그것의 결함을 주장하였다. 그리고 중세 말엽 니콜라스 라이라 등의 매우 높은 수준의 유대어 지식을 가졌던 그리스도교 학자들은 유대어 성서를 기반으로 불가타 성서의 오류를 지적하였다. 또한 로이크린도 《유대어 입문서》(*De rudimentis hebraicis*)를 통해 불가타 성서에서 수정 가능한 200개의 오류들을 발견했다고 주장하였다.

이후 불가타 성서에 대한 문제 제기는 점차 증가했다. 심지어 상당히 오랜 기간 동안 정경으로서 사용되었던 불가타 성서가 제롬에 의해 번역되었는지가 의문시되었을 정도였다. 불가타 성서에 제롬 자신이 지적한 오류들도 포함되어 있었고, 그리하여 불가타 성서가 그의 번역이 아니라는 주장도 제기되었던 것이다.

16세기에 들어서 종교 개혁가들도 불가타 성서에 포함된 많은 오류들이 지적하였다. 그러나 16세기 중반 개최된 트렌트 공의회는 종교 개혁가들의 이 같은 지적을 수용하지 않았으며, 또한 불가타 성서를 여전히 서구 로마 가톨릭 교회에서 차지하던 공식 성서라고 천명하였다. 공의회는 순전히 정치적인 이유에서 불가타 성서에 대한 이 같은 결정을 내렸다. 당시 가톨릭 교회는 '개혁가들'의 주장이 틀렸음을 입증하는 데에만 몰두하였으며, 또한 이 같은 개혁가들의 주장을 근거 없는 것이라고 발표하였다. 가톨리 교회는 신이 교회에서 천 년 동안이나 신뢰성 없는 성서를 사용하도록 했을 리가 없다고 주장하였던 것이다.

성 제롬의 금욕적인 삶을 예찬하는 서신들은 그 자체로 가치 있는 문학 작품이다.

참고문헌

〈1차 사료〉

Jerome, *Selected Letters,* ed. F A. Wright (Boston, 1963).

Hebrew Questions on Genesis, trans. C.T.R. Hayward. (Oxord, 1995).

〈2차 사료〉

J.N.D. Kelly, *Jerome* (London, 1975).

A Monument to St. Jerome, ed. FX. Murphy (New York, 1952).

Eugene F. Rice, *St Jerome in the Renaissance* (Baltimore and London, 1985).

(손채연)

위디오니소스
(Ps-Dionysius 500년 경)

생애와 시기

위디오니소스의 정체는 여전히 불투명하다. 위디오니소스 자신은 1세기 디오니소스 아레오파기테[33]라고 밝혔으며, 또한 위디오니소스의 저술들은 모두 533년 이전에 집필되었다는 사실이 533년 콘스탄티노플 공의회에서 신뢰성 있다고 입증되었다. 실지로 위디오니소스는 이보다 20년 전 집필된 세베루스 안티옥[34]의 글에서도 인용되었다. 그러나 위디오니소스가 단성론자가 주장했던 '사도적' 아레오파기테일 가능성은 없어 보인다. 이 같은 단성론자들의 주장은 451년 칼케돈 공의회에서 공식적으로 수용된 가톨릭 교리에 반대하는 논쟁에서 우위를 점하기

---

33) 디오니소스 아레오파기테(Dionysius the Areopagite); 아테네에서 바울에 의해 개종하였다는 사도행전 17장 34절에 나오는 인물. (몇 사람이 그를 가까이하여 믿으니 그 중에는 아레오파기타의 관리 디오니소스와 다마리라 하는 여자와 또 다른 사람들도 있었더라.)

34) 세베루스 안티옥(Severus of Antioch 465~538); 안티옥 대주교로 단성론자. 그는 알렉산드리아와 베리투스에서 수학하였고 508년경에 콘스탄티노플에 가서 아나타시우스 황제의 단성론자 박해를 중지하도록 건의하였다. 그 후 그는 512년 안티옥의 총대주교가 되었다. 그러나 그는 단성론을 지속적으로 주장하여 536년에 정죄되었다. 시리아어로 집필된 그의 120여 편의 설교와 400여개의 서한 가운데 다수가 현존한다.

위한 것으로 여겨진다.

사상과 업적

위디오니소스의 업적은 플라톤적 사상을 우주의 기원에 관한 그리스도교적 사상과 결부시켜 해명했다는 점이다. 그는 특히 프로클루스(Proclus)의 후기 플라톤적 사상의 영향을 받아 《천상의 위계》(*The Celestial Hierarchy*)를 집필하였으며, 여기서 9단계로 구성된 천사들의 위계를 밝혔다. 천사들 중에 가장 낮은 위계는 천사들로서, 이들은 인간들에게 메시지를 전한다. 그 위의 위계는 대천사로서, 성서에 언급되어 있듯이, 대천사는 가브리엘의 성모 마리아의 수태고지와 같은 상당히 중요한 메시지들을 전한다. 가장 최상의 위계는 케루빔과 세라핌이다. 이들은 신의 계획 속에서 영원히 지낸다. 그 사이의 위계로 좌품천사(*Throne*), 역품천사 (*Virtue*), 주품천사 (*Dominions*), 능품천사 (*Power*), 권품천사 (*Principality*) 등이 있다. 중세인들의 관점에서는 인간의 신분제적 위계에도 천사들과 대응하는 동일한 위계가 존재하였다.

또한 위디오니소스는 《교회의 위계》(*Ecclesiastical Hierarchy*)를 집필하였는데, 중세인들은 이 저술이야말로 종교적인 것이라고 여겼다. 여기서 그는 인간의 본성을 신적인 것으로 만드는 양상들을 검토하였는데, 인간은 신의 외형을 따라 그리고 신의 이미지를 부여받아 창조되었기 때문에 인간의 본성을 신적인 것으로 만들 수 있다는 것이 그의 생각이었다. 이후 그는 《신비로운 신학》(*Mystical Theology*)에서 인간의 신에 대한 이해는 완벽할 수 없다는 인식을 토대로 한 신학 체계를 설명하였다. 그는 여기서 인간이 신을 이해하는 것은 불가능하다고 생각하는 것이 무엇보다 중요하다고 주장하였다. 다시 말하면 신은 무한하고 불멸한 존재로서, 단지 유한하고 영원하지 않은 존재를 이해할 수 있는 인간은 신을 이해할 수 없다는 것이다.

위디오니소스의 신학 체계에서 플라톤의 '유출설'이 확인된다. 이에 따르면, 신은 초월적 존재지만, 신의 고결함을 통해 신성성이 유출되었고, 그로인해 다양한 범주와 개체들이 우주에 존재하게 되었다. 또한 신은 창조계 내에서도 이와 유사한 관계를 확립해 놓았는데, 그리하여 창조계도 단순한 존재들로 가득 차 있으며, 그러한 존재들을 위에 보편자가 존재한다. 따라서 궁극적 실체의 세계 및 실체적인 것으로 간주되는 세계가 존재하며, 그러한 세계에 인간이 살고 생각한다는 것이다.

위디오니소스의 《신성한 이름》(*Divine Names*)도 후대 중세인들의 주목을 받았다. 여기서 위디오니소스는 언어의 부정확성 때문에 신을 정확하게 설명할 수 없다는 문제점을 극복하기 위해 고심하였다. 그러나 사물과 개념에 대한 상징적 언어에 관한 문제가 학자들에 의해 규명됨에 따라, 11세기 후반부터 신에 대한 설명에 수반된 문제는 새로운 형태로 제기되었다. 그 결과 '성부' '성자' 그리고 '성령'은 특정 범주에 속하는 명칭이 되었다.

영향

위디오니소스의 가장 중요한 업적은 중세 내내 주요한 작가들에게 커다란 영향력을 미쳤다는 점이다. 이러한 작가들 가운데 첫 번째로 들 수 있는 인물은 막시무스 콘스탄티노플[35]이다. 막시무스는 그리스 수도

35) 막시무스 콘스탄티노플(Maximus of Constantinople 580~662); 고해자 막시무스(Maximus the Confessor)라고도 알려진 그리스 신학자. 그는 580년에 콘스탄티노플의 유력한 가문에서 태어났고, 비잔틴제국의 헤라클리우스 황제 치하에서 서기들의 장을 지내기도 하였다. 613/614년에 그는 돌연 콘스탄티노플 교외에 있는 크리소폴리스 수도원에 들어가 수도승이 되었다. 그 후 그는 수도원장이 되었다. 또한 그는

승 신학자로서, 7세기 단일의지론 논쟁에서 그리스 쪽의 입장을 변론하였다. 이들 단일의지론자는 인간의 몸을 입은 그리스도는 오직 하나의 의지를 갖고 있다고 주장하였다. 그러니까 그리스도는 신적인 의지와 인간적인 의지, 이 양자를 모두 갖고 있는 것은 아니었다. 이 단일의지론은 막시무스에 의해 널리 알려졌다. 한편 막시무스의 추종자들은 단일의지론을 정치적 의제로 만들었으나, 단일의지론은 아프리카에서 정죄되었고, 이어서 649년 로마 라테란 공의회에서도 정죄되었다. 한편 막시무스는 주석서를 통해서 위디오니소스의 저작의 대중성을 높였다. 막시무스의 몇몇 저서가 라틴어로 번역되어 라틴 서구에 소개되어 막시무스 자신도 널리 알려졌으며, 위디오니소스 사상도 막시무스의 글을 통해 서구에 알려지게 되었다.

위디오니소스의 천사에 대한 규명은 그레고리 교황에 의해 활용되었다. 또한 카로링 왕조 시기 요하네스 스코투스 에리게나는 위디오니소스의 위계질서에 대한 인식을 자신의 글에 반영하였으며, 12세기 휴그 생빅토르와 빅토르 학파들 또한 위디오니소스를 활용하여 천사들에 대해 설명하였다. 위디오니소스는 많은 학자들 중에서 특히 성 보나벤투라, 알베르투스 마그누스, 그리고 마이스터 에카르트의 글에 많이 인용되었다. 위디오니소스를 이해하는 데에 있어서 주된 어려움은 위디오니소스가 매우 예외적인 접근 방법을 채택하였다는 점에 있었다. 이 접근법은 다소 주의를 요구하는 것이었기 때문에 그는 논쟁의 여지가 없는 교회의 교부로는 인정받지 못하였다.

북아프리카, 로마 등을 여행하면서 여러 저술도 집필했다. 그는 그리스도가 단지 하나의 의지만을 가지고 있다는 단일의지론을 반대했던 신학자였다.

참고문헌

〈1차 사료〉

Ps-Dionysius, *The Complete Works,* ed. C. Lubheid.

Dionysiaca (Latin translations from the ninth to the fifteenth centuries of works attributed to Ps-Dionysius) (Paris, 1937), 2 vols.

〈2차 사료〉

Andrew Louth, *Dionysius the Areopagite* (London, 1989).

Paul Rorem, *Ps-Dionysius: A Commentary on the Texts and An Introduction to Their Influence* (Oxford, 1993).

C.E. Rolt, *Dionysius the Areopagite* (New York, 1920).

Thesaurus, *Ps-Dionysii Areopagitae* (Turnhout, 1993).

(손채연)

카씨오도루스
(Cassiodorus 484~584)

생애와 시대

484년에서 490년 사이에 태어난 카씨오도루스는 자신의 삶을 소책자 《카씨오도루스의 가계보》(*Ordo Generis Cassiodorum*)에 담아 놓았는데, 이는 거의 지식인 가계였다.[36] 그에 따르면, 심마쿠스[37]는 대 카토[38]의 새로운 모방자였으나 그리스도교도로서, 종교적인 면에서 대 카토를 뛰어 넘은 '우리의 철학자'였다. 또한 그리스어와 라틴어 모두에 능통한 보에티우스는 작가로서 고대 작가들에 필적할만하고, 또한 종교적인 면에서 그들 우위에 있었다. 이 둘은 모두 카씨오도루스의 친척들로서, 정치적인 이유로 처형당하였다. 카씨오도루스의 아버지도 상당히 학구적이었다.

아버지 카씨오도루스는 이탈리아 시실리의 총독으로 있었으며, 503∼

36) CCSL, 96, p. v.

37) 심마쿠스(Quintus Aurelius Memmius Symmachus); 6세기경의 로마의 부유하고 유력한 귀족 가문 출신이며 역사가. 그는 485년에 집정관(consul)이 되었다. 심마쿠스는 어린 보에티우스를 후원하여 첫째 딸 루스티시아나와 결혼시켰다. 또한 그는 7권으로 된 로마의 역사를 저술하는 등, 고대 로마의 문화를 재발견하는데 기여했다.

38) 마르쿠스 포르키우스 카토(Marcus Porcius Cato BC 234~BC 149); 그는 BC 203년 로마 제국의 재무관이 되었고, 이후 BC 195년에 집정관이 되었다. 그는 BC 189년부터 BC 149년까지 약 40년 동안 제국의 정치적 개혁을 위해 힘썼다.

7년 집정관이 되었다. 아들 카씨오도루스는 아버지의 보좌관으로서, 말기 로마 제국의 공적인 조직 내부로부터 이름을 알리고 경력을 쌓았다. 한편 제국에서는 여전히 자유민만이 로마적 의미에서 학자와 귀족이 될 수 있었다. 507∼11년 카씨오도루스는 재무관이 되었으며, 514년 집정관이 되었고, 523년 가장 높은 공직인 관직의 장(*magister officiorum*)이 되었다. 관직의 장에 있으면서 그는 고위 공직자들의 서신들의 모음집 《서간집》(*Variae*)의 자료들을 수집하였다.

523년까지 관직의 장은 보에티우스였는데, 카씨오도루스는 보에티우스가 라틴어는 물론 그리스어에 능통했다고 언급하였다. 카씨오도루스가 보에티우스의 언어적 지식을 언급했다는 것은 놀라운 일이다. 왜냐하면 비교적 새로운 세대들까지도 교육받은 로마인들은 당연히 그리스어를 이해한다고 생각하고 있었기 때문이었다. 그러나 이 시기 고대 제국은 언어적 분리 과정의 마지막 단계에 있었다. 로마 제국은 두 개의 언어 집단으로 거의 분리되었으며, 그로인해 이 두 집단 사이의 소통도 어려워졌다. 제국은 점차 서로 다른 두 개의 독자적인 문화체로 변모해갔던 것이다.

보에티우스는 음모혐의자를 변론하였기 때문에 체포되어 결국에는 처형당했다. 이러한 사실을 알고 있던 카씨오도루스는 음모사건과 관련된 것과 거리를 두었다. 정치적으로 예민했던 시기에 카씨오도루스의 이 같은 행동은 그에게 유리하게 작용하였다. 그리하여 그는 보에티우스의 뒤를 이어 바라던 관직의 장이 되었고, 533년 로마의 집정관이 되었다.

한편 카씨오도루스가 로마의 공적인 삶에서 가장 성공적인 경력을 쌓아가고 있었던 시기는 주로 아리우스파 테오도릭[39] 황제가 통치하던 시기

---

39) 테오도릭(454년-526년); 동고트 왕국의 왕으로서 488년부터 526년까지 재위하였다. 493년 로마 지역을 장악한 그는 로마 제국을 멸망시킨 오도아케르를 살해했다. 또한 그는 로마는 로마법에 따라, 고트족은 고트족의 전통적인 관습과 부족법에 따라 통치하였다.

였다. 그는 황제 테오도릭에게 가톨릭교도에게 관용을 베풀 것을 조언하였는데, 이는 카시오도루스가 상당한 왕실의 후원을 받았음을 알려준다. 526년 황제 테오도릭이 사망한 이후 제국은 전쟁으로 혼란스럽고 피폐한 시기가 이어졌으며, 카시오도루스도 자주 공직에서 물러나 있었다. 이로 인해 카씨오도루스는 말기에 접어든 노쇠한 세상에 살고 있다는 비관적인 생각을 하게 되었으며, 또한 보에티우스와 마찬가지로 미래를 위해 반드시 학문과 문화를 지켜내고 보존해야 한다는 것을 깨닫게 되었다. 당시 상황은 유스티니아 황제가 아테네의 아카데미아[40]를 폐교 시켰을 정도로 악화되어 있었다. 이 해에 베네딕트는 몬테 카시노에 수도원을 건립하였다.

로마가 고트족의 포위에서 벗어난 538~40년 이후부터 카씨오도루스는 공직에서 완전히 물러나 종교적인 삶을 살기 시작했다. 그러나 그의 개종도 이 시기의 일인지 확실하지 않다. 그는 시편 주석서 서문에 "라벤나에 있을 때 나는 권력에의 열망과 관직의 헛된 유혹에서 벗어나 성서를 읽기 시작하였다"고 서술하였다. 그는 540~54년 기간 동안 콘스탄티노플에서 지냈다.

한편 카씨오도루스는 수도원을 건립하였다. 베네딕트가 몬테카시노에 수도원을 건설한 것이 바로 몇 해 전인 529년의 일이고 보면, 카씨오도루스는 베네딕트를 본으로 하고 있음을 알 수 있다. 그는 자신의 영지, 실라키움[41]에 수도 공동체와 은둔처로 구성된 비바리움(Vivarium)수도원을

40) 아테네 아카데미는 고대 그리스 철학자 플라톤이 아테네에 세운 고등교육기관으로 이는 당대의 철학자들이 자신들의 제자를 길러내기 위해 사설교육기관을 설립하는 것이 일반적이었다. 플라톤이 학교를 설립한 이후 아테네 아카데미는 주로 플라톤이 설립한 학교를 가리킨다. 아카데미에서는 주로 웅변과 화술과 논리를 가르쳤다.

41) 실라키움(Scyllacium); 이탈리아 남부 스퀼라체(Squillace)만에 접해있는 고대 해안 도시.

세웠는데, 수도 공동체는 모시우스 산에, 은둔처는 카스텔룸 산에 두었다. 그는 시편 주석서에 자신의 미래상을 밝혔다. 그는 시편100장 1절[42]을 주석하면서, 다윗이 스스로 악한 자들과의 관계를 끊고 선한 자들과 하나가 되었으며, 정신적, 영적 투쟁을 통해 이성을 사로잡고 있던 본성적 욕망들을 제거하여 영적 승리를 거두었다고 해석하였다. 바로 이것이 카씨오도루스가 지향했던 삶의 목표였던 것이다.

사상과 업적

카씨오도루스의 최초의 저술은 519년 경 집필된 《연대기》(*Chronicle*)와 《고트족의 역사》(*History of the Goths*)이다. 그는 538년 《서간집》을 출간하였으며, 거의 동시에 영혼에 관한 논문 《영혼에 대하여》(*De Anima*)도 집필하였다. 《서간집》은 로마의 공직에 재직했던 자들이 입안한 법령과 황제의 칙령을 수록해 놓은 것으로, 중세에 이 저술은 정례적인 책무를 높은 수준에서 수행해야 하는 자들을 가르치기 위한 규정서 내지는 표준적인 공식 문서집으로 간주되었다. 그러나 시대적 상황이 바뀌었기 때문에 그 가치는 의문시되었을 것이다.

카씨오도루스는 537-8년 《서간집》 서문을 통해, 공무 수행을 위해 작성한 서신들의 모음집의 발간을 요청받았다고 밝혔다. 그러나 그는 수많은 일을 처리해야 하는 공직자로서 한가지에만 집중할 수 없는 분주한 생활 때문에 대화가 아닌 집필 시간을 내기는 어려웠다. 그리하여 그는 "강요는 하지 않는 것이 좋겠다. 왜냐하면 그것에는 장점보다 위험한 점이 더 많기 때문에"라고 정중히 거절하였다. 그 후 서간집에 대한 요청이 보다 심해져 카시오도루스는 《서간집》의 출간을 결정하게 되었다. 그는

42) 시편 100:1; 온 땅이여 여호와께 즐거운 찬송을 부를 지어다.

이 《서간집》에 고대에 교육되던 세 가지 문체양식 및 문체를 필요한 사람들에게 적절하게 교육시켜야 한다고 주장하였으며, 또한 이 중요한 과제가 원만하게 수행되었다고 밝혔다[43].

카씨오도루스가 506년에서 538년 사이에 집필한 《서간집》은 법령과 표준적 서신을 수록한 것으로써, 총 12권으로 구성되었다. 여기에 인멸된 통치수단에 대한 일종의 동경이 드러나 있다. 카씨오도루스는 인멸된 것을 기억하기보다는 기념비적인 유산으로 남겨야겠다고 판단하였다. 그리하여 변화하는 시기에 고대의 방식들이 전부 소멸되지 않도록 하였던 것이다. 카씨오도루스의 서신은 이탈리아의 방어, 고트족과 프랑크족과의 관계, 비잔틴과의 외교 관계, 유스티니아누스 황제 정부에 대한 비판 등, 매우 중요한 화두를 다루었다.

카씨오도루스의 문장 스타일은 수려하였고, 신중하였으며, 가장 장식적 스타일을 선호하였던 고대 말기 라틴어 용법들로 가득 차 있다. 당시 이 같은 장식적 문체는 일부 서한의 형태로 아주 훌륭한 스타일이었다. 또한 그는 신중한 문체학자였다. 그의 대화주제는 흥미롭고 풍부하여서 사람들의 사랑을 받았으며, 이 같은 기량은 친구들로부터 이미 인정받은 바이다. 그리하여 카씨오도루스는 《서간집》을 본으로 하여 미숙한 국가의 공직자들을 교육하기를 희망하였다.

카씨오도루스의 《영혼에 대하여》는 독창적 저술은 아니다. 이 저술은 성 아우구스틴의 《시편 강해서》(*Enarrationes in Psalmos*)에 카씨오도루스가 강조하는 은유적 해석을 의도적으로 추가한 저술이었다. 그는 공직에서 물러나 성서를 철저하게 읽기 시작할 무렵, 성서의 표현상의 모호함과 난해함을 명백히 규명해야 할 필요성을 깨닫게 되었다. 그가 성 아우구스틴의 글에 자신의 강조점을 첨가하여 《영혼에 대하여》를 출간한 것은 바로

43) Variarum, CCSL, 96, pp. 3-6. n

이 같은 의도에서였다.

이 저술에서 카씨오도루스가 검토하였던 다른 많은 주제들은 성서에서 유래되었다. 그는 널리 알려진 중요한 미덕들에 관한 개념들을 검토하여 그것들에 사회적 변화를 반영하거나 혹은 역점을 이행시켰다. 그는 가톨릭 교회의 통합을 강조하였으며, 또한 도나투스파 및 펠라기우스파와 그 밖의 정통 교리에 광범위하게 도전하였던 것들의 오류들을 입증하고자하는 열망도 강하였다. 그의 저술은, 많은 당대의 주석서가 그러하듯이, 체계적인 신학을 확립하기 위한 일종의 수단이었던 것이다.

카씨오도루스는 저술활동을 통해서 선구자까지는 아니더라도, 교양 있고 학식 있는 수집가로 평가되었다. 그는 《다양한 모음집》(*diversa lectio*), 성서, 교수들의 세속 문헌들, 《박사들의 담화》(*veraces doctores*) 등의 전거들을 수집하는 것에 특히 몰두하였다. 이렇게 수집된 것들은 모두 입증된 전거(*auctores*)와 전거 작가들(*veteres*)이었으며, 그 중에 성 아우구스틴은 가장 최고(*pater Augustinus*)의 위치에 있었다.

《시편 주석서》(*Expositio psalmorum*)는 카씨오도루스가 콘스탄티노플에서 지낼 때, 친구들과의 모임에서 읽기 위해 집필한 저술이다[44]. 이 저술에 그가 세속적인 삶에서 종교적인 삶으로 전환한 것이 두드러지게 드러나 있다. 카씨오도루스는 이 《시편 주석서》를 《서간집》의 마지막 권 XII로 편성하고, 그 말미에 무엇보다 고결한 것은 현세의 성공에 대한 열망이 아니라 신앙을 가지는 것이라고 강조하였다.

카씨오도루스의 가장 중요한 저작은, 영향 면에서 볼 때, 은퇴시기에 집필된 《총서집》(*Institutiones*)이다. 이 저술은 두 권으로 구성되었는데, 한권은 성서 강연 개요와 경외되는 그리스도교 저자들의 주석으로 구성되어 있고, 다른 한권은 백과전서 내지는 이해하기 쉬운 참고서 형태의 인문

---

44) CCSL, 96, p. 505

학 개요집으로 구성되었다. 그는 《총서집》을 통해서 힐러리 포와티에, 성 암브로스, 성 제롬, 성 아우구스틴 등을 널리 알리는데 기여하였다. 그러나 그는 그리스 교부들에게는 그다지 관심이 없었던 것 같다.

카씨오도루스는 《총서집》 권 I의 서문을 통해서 세속 학문에 대한 열정이 강한 학생들로 가득한 학교에 대해 언급하였다. 그러나 성서에 대해 열정을 가진 학생들에게 성서에 관한 것을 제공할 선생이 없다는 사실을 깨닫고 그는 성서 주석서 필사본을 수집하여, 로마의 주교, 아가페투스와 함께 그리스도교도를 위한 학교를 세울 계획을 수립하였다. 이 계획은 당시의 정치적인 상황 때문에 실현이 불가능해졌다. 그리하여 카씨오도루스는 그 차선책으로 《총서집》을 집필하게 되었다. 카씨오도루스는 이 저술이 어느 정도까지는 학교의 선생을 대신하게 되기를 희망하였다.

백과전서 형태의 《총서집》 권 II는 세속학문에 관한 것을 다루었다. 이 또한 학교를 통해서 배울 수 없는 것을 교육시키기 위해 집필되었다. 여기에 3학(*Trivium*)에 속하는 문법, 논리학, 수사학 등의 기초 학문과 산수, 음악, 기하학, 천문학 등, 보에티우스에 의해 4과(*quarivium*)로 명명된 4가지 산술적 학문의 도서 목록이 수록되었다. 카씨오도루스의 마지막 저술은 577~584년 사이에 작성된 《철자법에 관하여》(*De orthographia*)이다.

영향

《총서집》은 표준적인 중세의 참고서로서, 수 세기 동안 상당히 중요시되었던 저술이며, 이에 대한 많은 필사본들도 전해지고 있다. 그 중 7인문학과 관련된 것을 수록한 《총서집》 권 II는 특히 중요시되었다. 《영혼론》은 중세 도서관의 장서 목록을 통해서 널리 알려졌으며, 카씨오도루스 자체도 일반적으로 언급되었다.

참고 문헌

〈1차 사료〉

Cassiodorus, *An Introduction to Divine and Human Readings,* trans. L.W. Jones (New York, 1956).

Variae, trans. S.J.B. Barnish (Liverpool, 1992).

P.G. Walsh, *Explanation of the Psalms, Classics of Western Spirituality* (New York. 1990).

〈2차 사료〉

J.J. O'Donnell, *Cassiodorus* (Berkeley, 1979).

(손채연)

보에티우스
(Boethius 484~524)

생애와 시대

보에티우스는 플라비우스 보에티우스의 아들이었다. 아버지가 487년 집정관으로 재직하고 있어서, 보에티우스도 카씨오도루스와 마찬가지로 테오도릭 황제의 측근이자 고문으로 있었으며, 510년 집정관이 되었다. 보에티우스는 억울하게 반역죄의 누명을 쓰고 자택에 감금되어 있다가 처형되는 것으로 생을 마감하였다.

사상과 업적

《철학의 위안》(*The Consolation of Philosophy*)은 보에티우스가 감옥에서 처형을 기다리며 집필한 것으로 악, 자유, 섭리 등을 어떻게 이해하여야 하는지에 관해 의인화된 철학과 대화하는 형식을 취하고 있었다. 보에티우스는 처음에 스토아 철학적 입장에서 우주를 철저하게 원인과 결과의 과정으로, 그리하여 인간의 의지가 개입될 여지가 전혀 없는 것으로 이해하였다. 그 후 철학적 사유를 통해 그는 그리스도교적 플라톤주의의 입장을 취하게 되었다. 인간은 자신을 창조한 창조주를 알고 싶어 하며, 창조주는 영원히 불변하고 악과는 전혀 무관한 존재였다. 그리하여 보에티우스는 모든 선은 하나이고 행복을 추구하는 것은 진정한 선, 신과의 합일을 추구하는 것이라고 이해하였다.

그 후 보에티우스는 불멸의 존재를 온전한 것으로 파악하여, 온전한 존재는 동시적으로 그리고 완벽하게 완전한 삶을 소유한다고 이해하게 되었다. 여기서 그는 플라톤의 《대화》(*Timaeus*)의 첫 번째 부분에서 많은 영향을 받았는데, 왜냐하면 그것이 서구에서 수월하게 접근할 수 있는 유일한 것이었기 때문이었다. 종국적으로 보에티우스는 신의 섭리를 이전과는 전혀 다르게 이해하게 되었다. 보에티우스는 신의 의지는 당시에는 선하다고 여겨지지 않던 행위들이 종국에는 우리를 위한 정당한 행위로 판명되는 그러한 행위들을 '가능케'하는 힘이라고 파악하였던 것이다.

이처럼 보에티우스는 스토아적인 것을 수용하는 것에서 시작하여 그리스도교적 희망을 수용하는 것으로 변해갔다. 철학적 사유를 통해 그는 전혀 신뢰할 수 없는 운명에 의지하는 것은 현명하지 못하다는 사실을 깨달았다. 그리하여 그는 인간의 운명에 대해 체계적인 저술, 《철학의 위안》을 집필하게 되었다. 《철학의 위안》에서 보에티우스는 죄와 죄의 구제 및 구원과 영원한 삶이라는 그리스도교적 주제를 배제하였다. 보에티우스는 플라톤과 마찬가지로, 인간이 태어나기 이전에 이미 영혼은 존재하였다고 이해하였다. 또한 그는 영혼의 부활이라는 철저하게 그리스도적인 교리를 주장하지도 않았다. 그렇기는 하지만 실제로 보에티우스의 플라톤주의에는 종극적으로 그리스도교와 모순되는 점은 전혀 없었다.

보에티우스는 로마 제국의 동쪽 지역과 서쪽 지역의 언어적 분리가 심화되고, 게르만족들이 제국의 경계를 침범하고 있어서 서구에서 그리스의 철학적 문화를 접하기가 어려워졌다는 것은 위험한 상태라고 판단하였다. 그리하여 그는 플라톤과 아리스토텔레스의 저술을 라틴어로 번역하는 작업을 하게 되었다. 그러나 그가 이들의 전작을 모두 번역한 것은 아니었다. 보에티우스는 아리스토텔레스의 논리학 저서 중에 《범주론》(*the Categories*)과 《해석론》(*De Interpretatione*)의 번역만을 완성시켰으며, 포르피리우스의 《인문서》(*Isagoge*)에 대한 주석과 몇 편의 논리학 논문을 남기고 생을 마감하였다.

보에티우스의 《산술론》(*De Arithmetica*)과 《음악론》(*De Musica*)도 소멸되어 가는 것을 보존하기 위한 의도에서 집필된 저술들에 속한다. 이 두 저술은 그리스 저서들 중에, 특히 니코마코 게라사[45]의 《산술학》(*Arithmetic*)의 영향을 많이 받았다. 그는 문법, 논리학, 수사학 등의 3학과 병행할 수 있는, 지혜로 이르는 네 가지 학문을 뜻하는 4과(*quadrivium*)라는 용어를 만들어 내었으며, 이 4과에 산수, 기하학, 음악, 천문학 등을 포함시켰다.

보에티우스는 5편의 짧은 《신학적 논문》(*Theological Tractates*)도 저술하였다. 그의 《보편적 신앙에 대하여》(*On the Catholic Faith*)는 일종의 신앙고백으로서, 신앙 이외의 것들에 대한 상세한 철학적 분석을 담고 있지 않다. 그의 《에우티케스와 네스토리우스에 대한 반박》(*Against Eutyches and Nestorius*)은 513년경에 집필되었다. 당시 그리스의 주교가 교황 시마쿠스에게 칼케돈 신조에 첨가할 요점들을 선택해 주기를 바라는 서신을 보내었는데, 보에티우스도 칼케돈 공의회에 참석하여 공의회 결정에 관한 논의를 하였기 때문에 이에 관한 것을 집필하게 되었다.

보에티우스는 그리스도가 신적이고 인간적인 의지를 지녔지만 그것이 각각의 두 영역에서의 본질이라고 주장하는 네스토리우스파의 견해와 그리스도가 두 가지 영역에 관련은 되어 있으나, 그것이 각각의 두 영역

---

45) 니코마코 게라사(Nicomachus of Gerasa 60~120); 시리아의 게라사에서 태어난 그는 아리스토텔레스의 영향을 많이 받았던 것으로 보이며, 신피타고라스주의자이기도 했다. 또한 그는 고대의 수학자이다. 산수에 대한 그의 저작은 매우 유명하다.

에서의 본질은 아니라고 간주하는 에우티케스의 단성론적 관점도 알게 되었다. 이후 보에티우스는 '본성(nature)' 및 '위격(person)' 그리고 이 둘의 관계에 관하여 제기되는 질문들을 본격적으로 규명하는 일에 착수하였다. 보에티우스는 '위격'을 '이성적 본성을 지닌 개별적 존재(*naturae rationabilis individual substantia*)로 규정하고, 성 막센티우스[46]의 견해에 동의하여, 그리스도는 실제로도 두 본성을 지닌 하나의 위격이라고 규명하였다. 즉 그리스도는 인간의 몸을 입은 말씀이라는 본성과 인간의 몸을 입은 신이라는 본성을 지닌 '세 위격 중의 하나"라는 것이다.

보에티우스는 이 같은 사실은 신이 고통을 받을 수 있다거나 혹은 신적 존재가 다원적이라는 것을 의미하지 않고도 입증할 수 있다고 확신하였다. 그는 비잔틴 제국에서 삼위일체를 그리스어로 규명하는 과정에서 야기되었던 그리스도론 논쟁을 철저히 살펴보았으며 또한 삼위일체론을 라틴어로 규명하였을 때에 전부 다시 되풀이 되었던 논쟁들도 샅샅이 검토하였다. 그리하여 그는 최초로 라틴어로 된 삼위일체에 관한 저술을 집필하였다. 그는 《삼위일체론》(*On the Trinity*)을 통하여 '성부, 성자, 성령이 삼위일체에 실제로 기반하고 있는가'를 규명하기 위해 형상, 통일성, 복수성, 일체성과 차별성 등의 개념을 검토하였다. 그리하여 그는 아리스토텔레스적인 '범주'는 신에게 다르게 적용된다는 결론에 도달하였다. 신은 선한 것(good)이 아니라 선함(goodness) 그 자체이고, 신을 통해 비본질적인 것은 실체적인 것이 되어 이들 위격 사이에 오직

46) 성 막센티우스(St. Maxentius 445~515); 프랑스의 아그드 지방에서 태어난 그는 성 세베루스 수도원에서 교육을 받았으며, 그곳의 수도승이 되었다. 후에 그는 프와티에 수도원으로 옮겨졌고, 그곳에서 이름을 막센티우스로 정하였다. 500년 경 그는 프와티에 수도원장이 되었으며, 수도원장직에서 은퇴한 이후에 은수자로서 살다가 생을 마감하였다.

관계만이 절대적으로 존재한다는 것이다. 또한 그는 삼위일체는 동등한 위격이라고 강조하였는데, 이는 성 아우구스틴과 일치한다. 그러나 그는 성 아우구스틴보다 더 나아가 성부, 성자, 성령이 엄밀한 의미에서 동일한 것은 아니라고 주장하였다. 그는 세 위격의 동일한 정도까지 검토했던 것이다.

보에티우스의 '삼위일체를 다룬 저작' 두 편은 비슷한 시기에 저술되었다. 그의 《삼위일체에 관하여》(*De Trinitate*)은 삼위일체론의 주제를 더욱 전개시킨 것이며, 《주관론》은 '실체적 선함이 존재하지 않는 물질이 어떻게 선한 것이 되는가'를 검토한 것으로, 일련의 원칙들을 제시하는 형식을 취하였다. 그는 이 원칙들을 활용하여 물질은 실존을 초월하며 그리하여 존재하는 모든 것은 선함으로부터 유래된다는 플라톤 사상의 함의들이 제기한 문제들을 해명할 수 있다고 판단하였다. 또한 그는 선한 사물들의 선은 최상의 선과 동일한지 아니면 선하다는 것이 그 사물의 속성인지에 대해서도 검토하였다.

영향

보에티우스는 전형적인 '교부'는 아니었다. 왜냐하면 《철학의 위안》에서 그가 보여준 그리스도교 신앙에 대한 불명확성이 제기되었기 때문이었다. 알퀸 역시 빅토리누스와 보에티우스를 플리니와 동일하게 평가하였다.

보에티우스의 저술 가운데 중세 내내 가장 커다란 영향을 미쳤던 것은 《철학의 위안》이었다. 알프레드 왕, 14세기 프랑스의 장 드맹, 14세기 영국의 초서 그리고 《신학의 위안》(*De Consolatione Theologiae*)을 집필한 장 제르송(Jean Gerson) 등이 그의 영향을 받았다. 《철학의 위안》은 1471년에 처음으로 활자화 되어 출판된 이래로 상당히 빈번하게 출판되었다.

보에티우스는 논리학 발달에 직접적으로 영향을 미쳤다. 그의 저술은 12세기까지의 서구 논리학의 틀을 형성하였다. 이후 12세기에 알려진 아리스토텔레스의 논리학에 관한 6편의 저작들이 라틴어로 번역되어 《신 논리학》(*logica nova*)이 출간되었고, 뒤를 이어 보다 진전된 논리적 쟁점을 다룬 《근대 논리학》(*logica moderna*)이 출간되었다. 보에티우스의 영향을 받아 초기 중세에 인식론적인 문제들 및 상징에 관한 질문들이 제기되었고, 이러한 것들은 중세에 많은 사상적 지류들의 틀도 결정지었다.

보에티우스의 신학적 저술들은 12세기 초엽의 학자들에 의해 열정적으로 검토되었다. 12세기에 이 저술들은 학교에서 논리학을 활용하여 신학을 탐구하는 데에 있어서 중요한 역할을 담당하였다. 또한 《주관론》은 논증법에 대한 관심을 촉발시켰다. 그리하여 12세기 서구에서 유클리드의 저작이 번역되고, 아리스토텔레스의 《분석서 후서》(*Posterior Analytics*)가 재소개되어 논증법도 병행 성장하게 되었다. 그의 《삼위일체에 관하여》에는 플라톤의 지식에 관한 구분이 포함되었는데, 플라톤은 신학과 자연 과학 사이에 수학을 위치시켰으며 이로 인해 12세기 학문의 구분이 시도되었다.

여기서 중요한 것은 신학의 양상들이 철학적으로 이해될 수 있는 것과 역사적이고 계시적으로 이해될 수 있는 것으로 구분되었고, 이 같은 구분이 함축적으로 강조되고 있었다는 점이다. 휴그 생 빅토르와 그 밖의 다른 사상가들도 학문을 구분해 놓았지만, 중세에 용례가 된 것은 보에티우스가 구분한 아리스토텔레스적 범주들 가운데 신에게 적용되는 것과 그 특정 방식이었다.

참고문헌

〈1차 사료〉

Patrologia Latina, ed. J.P. Migne, vols 63-4 (Paris, 1947).

Theological Tractates and De Consolatione Philosophiae, ed. and trans. H. Stewart, E.K. Rand and S.J. Tester (Boston, 1973).

De Arithmetica and De Musica, ed. G. Friedlein (Leipzig, 1986).

De syllogismis hypotheticis, ed. L. Obertello (Brescia, 1969).

Commentaries on Aristotle, De Interpretatione, ed. C. Meiser (Leipzig, 1877~80).

〈2차 사료〉

H. Chadwick, *Boethius: The Consolations of Music, Logic, Theology, and Philosophy* (Oxford, 1990).

Boethius: His Life, Thought and Influence, ed. M. Gibson (Oxford, 1981).

The Medieval Boethius: Studies in the Vernacular Translations of the De Consolatione Philosophiae, ed. A.J. Minnis (Cambridge, 1987).

(손채연)

II

초기 중세 6~8세기

가톨리시즘의 유럽화

성 베네딕트 누르시아
(St. Benedict Nursia 480~547)

생애와 시대

성 베네딕트는 480년 경 중부 이탈리아 누르시아에서 태어났다. 그의 부모는 나이 어린 그에게 보다 좋은 교육을 받을 수 있도록 로마로 보냈다. 그러나 그는 로마의 부패하고 타락한 환경에 환멸을 느끼며 그곳을 떠나게 되었다. 성 베네딕트는 로마 동부의 아필레 마을에 은둔하였으며 이후 수비아코 근처의 폐허가 된 동굴로 들어가 3년간 그곳에서 독거와 금욕적인 생활을 하였다.

성 베네딕트의 거룩한 삶에 관한 명성이 주변에 알려지면서 한 지방의 수도승 공동체 무리가 그를 찾아와 비코바로 근방에 있는 자신들의 수도원에 책임자로서 초빙해 갔다. 이후 성 베네딕트는 수도원의 생활 방식을 근본적으로 개혁하고자 하였다. 타성에 젖어 살던 수도승들은 이에 반발하며 그가 마시는 잔에 독이 든 포도주를 넣어 그를 죽이려고까지 하였다. 교황 그레고리 1세가 저술한 《대화록》에서는 성 베네딕트가 그 잔을 축복하였을 때 그 잔이 마치 돌에 맞은 것처럼 산산 조각났음을 언급하였다. 그 장면은 성 베네딕트의 성상화에서 잘 담겨져 있기도 하다. 이같은 성 베네딕트의 수도원 개혁운동은 그 이후 많은 추종자들을 만들었고, 결과적으로 이러한 운동은 12개의 수도원을 만들게 되었으며 각 공동체에는 한사람의 수도원장과 12명의 형제들로 구성되었다.

이후 성 베네딕트는 자신을 따르는 수도승들과 함께 수비아코를 떠나 로마 남부의 몬테 카시노로 갔다. 그곳은 과거 아폴로 신전이 있었던 장소로서 요새로서 세워진 곳이었다. 성 베네딕트는 아폴로 신전을 허물고 그곳에 성 세례 요한과 투르의 성 마르틴을 기념하는 기도실 등 수도원을 건설하였다. 교황 그레고리 1세가 지적했듯이[47] 몬테 카시노 수도원은 기적들과 경이로운 일들이 많이 일어났다. 성 베네딕트는 동시대 세속 통치자들, 예를 들어 고트족의 군주 토틸라, 게르마누스 카푸아 및 사비누스 카노사 등에 많은 영향을 미쳤다.

몬테 카시노에서 성 베네딕트 수도원은 고트족과 롬바르드족의 침입, 기아와 전염병 등의 극심한 사회적 격변의 시기를 겪었다. 성 베네딕트는 수도승들을 위한 그의 규칙서의 최종 형식을 인식하였던 곳이 바로 몬테 카시노였으며 그곳의 세례 요한 성당은 547년 열병으로 인한 자신의 임종을 맞이한 곳이었다. 그는 자신의 쌍둥이 여동생 스콜라스티카(480년~547년) 옆에 묻혔는데, 그의 동생 역시 성 베네딕트의 도움을 얻어 몬테 카시노에 여성 수도회를 설립하여 성 베네딕트 규율을 준수하는 여성 수도생활의 모델이 되었다.

사상과 업적

6세기 초엽 성 베네딕트가 몬테 카시노에서 만든 《규칙서》는 반드시 독창적이라고 말하기는 어렵다. 그의 《규칙서》는 수도원들의 '규율들'을

47) 성 베네딕트의 삶에 관한 세부적인 기록은 교황 그레고리 1서의 두 권의 《대화록》이다. 이 대화록은 성인전의 형식으로 서술되어 독자들을 계몽하고자 하는 종교적 의도를 드러내고 있으며, 대화록에 실린 세부적 역사적 상황들은 6세기의 이탈리아 사람들과 사건들에 관해서도 유익한 것이었다.

종합한 것이었다. 성 베네딕트의 《규칙서》는 이같은 규율들을 하나로 묶어 관습적인 수도생활을 통합적이고 균형잡힌 수도승의 실천적 규범으로 확립하였다. 《수도자의 규칙》(*Rule of the Master*)으로 알려졌던 원문이 베네딕트의 규칙서에 특히 중대한 영향을 미쳤다. 성 베네딕트 《규칙서》의 대략 사분의 일 가량은 그 책에서 발췌되었다.

성 베네딕트 《규칙서》의 이념은 헌신의 삶을 고취하는 것이었다. 그러나 이 《규칙서》에 따르면 수도자는 극단적인 금욕주의가 아니라 절제된 중용의 생활이 예찬되었다. 이를테면 '멍에는 즐겁게 짐은 가볍게' 등이 수도자가 지켜야 할 헌신의 규칙이었다. 수도회는 그리스도의 섬김을 배우는 '학교'이며 수도자는 이 학교를 통해 그리스도교적 성장의 삶과 세례받은 자로서의 영혼의 삶을 실천할 것이었다. 《규칙서》에 따르면 수도자는 조용하고 규칙적인 침묵의 생활, 그리고 기도와 독서와 육체노동의 삶을 영위하였다. 수도자는 상급자의 명령에 자발적으로 순명함으로써 '나태한 불순종의 죄'를 스스로 극복하게 되었다. '신의 일'(*OpusDei*) 즉 기도하는 일이야 말로 수도자가 실천할 중요한 일이었다:

> 성무일도 시간이 되면 수도자는 그의 손에 무엇을 들고 있었던지 이를 즉시 내려놓고 가장 빠르고 신중하게 기도처로 가야한다. 그리하여 규칙을 위배하는 일이 없어야 한다. 그러니까 기도라는 신의 일보다 우선되는 것은 없다. (43장)

성 베네딕트 수도원은 육체노동, 신성한 독서, 그리고 이웃에 대한 봉사 등의 균형을 유지하였다. 수도원의 원장은 그리스도이며 그에 대한 순명은 형제, 방문객, 도움이 필요한 환자들에 대한 섬김으로 실천하였다. 성 베네딕트는 특히 수도원장이 지녀야 할 자질에 관해 중시 여겼다. 성 아우구스틴처럼 성 베네딕트도 아버지로서 수도원장을, 아들로서 수도자들을 보았고, 수도자들 각각은 형제로서 보았다. 그는 수도원에서

덕을 실천하려는 책임이 수도원장을 성장시킨다는 아우구스틴의 견해와 일치하였다. 그리하여 수도원장은 그의 수도승들 각자의 구원과 덕에 대한 책임을 영원히 지고 있으며, 이러한 책임을 수행하기 위해 수도원장은 현명하고 신중하여야만 하며 보다 중요한 것은 그 자신이 덕의 실천에서 탁월해야만 한다는 점이다.

성 베네딕트의 《규칙서》는 620년 경 골 지역에 전파되었으며 그리하여 이는 프랑크 제국으로 널리 보급되었다. 성 베네딕트 수도회의 《규칙서》는 일찍부터 북부로 확산되었다. 그리하여 대략 700 년경 필사된 규칙서의 필사본이 오늘날 영국 중부지방에서까지 발견되었다. 이 《규칙서》는 12세기 아우구스틴 수도회의 참사원들에 의해 경쟁적으로 추종되기까지 그리고 13세기에 접어들어 도시의 탁발수도회가 세워지기까지 서유럽 지역의 거의 모든 수도원들의 표준적인 규범이 되었다.

영향

성 베네딕트는 서유럽 수도원의 토대를 놓은 인물로 평가되며, 그가 집필한 수도원 《규칙서》는 그 이후 모든 수도승들이 지켜야 할 삶의 규범이 되었다. 성 베네딕트의 《규칙서》는 과도한 금욕을 강조한 엄격한 규범이 아니라 수도자의 그리스도교적 삶이 갖추어야 할 중용의 덕을 제도화하였다. 그리하여 이는 가톨릭 교회의 표준적인 수도원 규칙서가 되었다. 그러니까 성 베네딕트는 여러 세기에 걸쳐 가톨릭 교회와 서구 문명에 많은 영향을 미친 성 베네딕트 수도원과 규칙서를 통해서 그리스도교의 영원한 한 삶의 방식에 그 이름을 각인시키게 되었다.

성 베네딕트는 《규칙서》에서 기도, 노동, 독서를 '신의 일'로 규정하여 수도승들이 지켜야 할 의무로 제도화하였다. 특히 《규칙서》가 제도화했던 노동은 육체노동을 경시한 당시 문화를 감안한다면 이는 육체를 금기

시하는 금욕주의에 토대를 둔 동시에 게으름을 영혼의 적으로 규정하였다. 그리하여 당시 대부분의 수도승이 귀족 가문에 속하면서도 수행했던 '노동'으로 필사, 고행, 순례, 토지경작, 및 가축의 사육 등의 육체노동은 봉건사회 안정에도 커다란 기여를 하였다. 더욱이 금욕의 한 형태였던 독서에 대한 《규칙서》의 강조는 수도승을 교양계층이 되게 했으며, 또한 이는 수도원을 혼돈의 시기에 배움의 요람으로 유지하는데 매우 주요한 요소였다.

참고문헌

〈1차 사료〉

Dialogi, ed. P. Autin and A. de Vogüé, Sources *chrétiennes* 260 (Paris, 1979).

The Rule of St. Benedict, trans. Anthony C. Meisel and M.L. del Mastro (New York, 1975).

A. de Vogüé, *Community and Abbot in the Rule of St. Benedict* (Kalamazoo, 1978).

〈2차 사료〉

I. Schuster, *Saint Benedict and His Times* (St. Louis, 1951).

K. Hallinger, "Development of the Cult and of Devotion to St. Benedict," *American Benedictine Review* 36: 2 (June, 1985), 193-215.

T. Kardong, *The Benedictines* (Collegeville, Minn. 1988).

G. R. Evans, *The Fifty Key Medieval Thinkers,* (Routledge, 2002).

(이영재)

교황 그레고리 1세
(Gregory the Great 540~604)

생애와 시대

교황 그레고리 1세는 원로원 계층에서 출생하였으며, 573년에는 로마시의 집정관이 되었다. 그후 그는 자신의 재산을 가난한 이들에게 나누어 주고 7개의 수도원을 건립하였다. 574년 그는 로마에 그 자신이 건립한 성 안드레아 수도원의 수도승이 되었다. 몇 년 후 교황은 그를 로마의 7명의 부제들 가운데 하나로 임명하였다. 대략 578년경에 그는 콘스탄티노플의 제국 법정에 사절(apocrisarius)로 파견되었다. 그는 그곳에서 수도원 생활을 지속하면서 강론 시리즈로 공동체에게 욥기 서를 설명하였는데, 이것이 《욥기 해설》이 되었다.

580년 대 중반 그는 로마로 귀환하여 성 안드레아 수도원의 수도원장이 되었고, 그후 590년에 그는 마침내 교황이 되었다. 교황으로서 그는 구 로마제국의 쇠퇴기에 사회적 상황들을 향상시키기 위한 실천적인 사목 시도에 중점을 두었다. 그레고리 1세의 시대에 교황제는 로마의 실제적인 운영권에 대한 전반적인 책임을 떠맡게 되었다. 이것은 영적인 권위뿐만 아니라 현세권까지도 교황청에 부여하는 것으로서 교회와 국가 간의 장기 지속적인 중세 권력 투쟁에서 교황청의 일련의 발전에 중요한 초석이 되었다.

그레고리의 교황좌는 몇 가지 진전된 방식으로의 전환점이 되었다. 그는 다섯 개의 고대 총대주교좌 가운데 로마 주교가 헤게모니를 주장하며 확립해 나가는 과정에서 핵심적 인물이 되었다. 그레고리는 콘스탄티노플 총대주교좌의 '교회연합적'이라는 주장을 수용하지 않고 베드로 주교좌의 우월성과 수위권을 주장하였다. 교황청은 서로마 제국과 동로마 제국의 권력가들과 논쟁들의 산물로서 점차 자율적으로 성장하고 있었으며, 그리하여 로마는 제국의 수도로서 인식되어지기를 끝냈다. 이제 로마는 오히려 신성한 도시 즉 순례자의 안식처로 인식되기 시작하였다.

사상과 업적

그레고리는 타고난 사상가도 자연 철학자도 아니었다. 설령 그가 약간의 그리스어를 익혔을지라도, 그리스 교부 전통에 대한 그의 직접적인 접근은 제한적이었다. 그의 위대한 업적은 다수의 아우구스틴의 사상을 일반 청중을 위해 단순화하여 제시하게 되었고, 동방적 전통의 영성과 서구의 그것을 다소 혼합하여 그리스도교 생활에서의 활동과 명상의 조화를 찾았다는 점이다. 그는 성서의 해설을 통해 대부분의 작업을 하였는데, 이는 이미지의 유형들을 밝혀내고 정신적인 의미들을 도출해내는 것이었다. 그레고리 1세가 보여준 생명력이 그가 이룩한 과업을 중세 내내 지속시킨 동력이 되었다.

성 안드레아 수도원에서 활동하던 시기에 그레고리는 맨 먼저 열왕기서, 예언서, 잠언서 및 아가서를 강론하였던 것으로 보인다. 이들 가운데 현존하는 것은 열왕기 상권과 아가서에 대한 기록들이다. 591년 경에 그는 《욥기 해설》을 완성하였고, 이는 아마도 중세기에 그의 저술들 가운데 가장 광범위하게 읽혀졌을 것이다.

591년 그는 질병에 걸려 몸소 복음서를 전달할 수 없게 되자, 복음서에 관한 강론집을 완성하였다. 롬바르드인들이 로마를 포위하고 있었던 동안, 그는 에스겔서에 관한 강론을 하였는데 이는 이후 601년에 두 권의 저서들로 출간되었다.

그리하여 연구와 설교는 아우구스틴과 마찬가지로 그레고리에게 있어서도 주교가 신앙의 감독과 유지를 위해 주교 본연의 기능을 수행하는 도구였다. 그는 16세기까지 중세 학자들이 서구에서 지속적으로 작업하였던 해석의 4가지 유형을 확립하는데 토대가 되었다. 그레고리는 문자적 혹은 역사적 의미, 비유적 의미, 텍스트가 미래의 천국을 예언하는 것으로써 읽혔던 신비적 의미, 및 선한 그리스도교적 삶을 영위하라는 가르침을 주었던 목적론적 내지 도덕적 의미로서 구별하였다.

그리스도에 관한 설교에서 그레고리가 사용한 성서적인 이미지는 많은 영향을 주었다. 교회의 신랑이었던 그리스도는 그리스도와 영혼 간에 존재하였을 친밀감에 대한 모델이다. 그리스도는 그리스도교도들이 신의 현존에 이르게 하는 문이며 통로이다. 설교자들은 이 안에 그리스도를 모방한다. 신앙인들에게는 길을 여는 동시에 비신앙인들에게는 출입을 저지하는 것이다. 교회 자신은 현세와 내세 간의 출입구이며, 그리하여 교회는 안과 교회 밖 모두에 접해있다. 교회에서의 그리스도의 수장직은 공동체에서의 주교의 지도력을 위한 한 전형이다. 더욱이 그리스도는 정의와 자비로 사람들의 공로를 재는 심판자이다. 그리스도는 우리와 동일한 한 인간이면서 동시에 죄를 지었던 사람들에게로 온 의로운 사람으로서 우리에게 왔다. 그래서 그의 도래는 우리들과의 '유사성'과 '비유사성'을 동시에 지니고 있다.

그레고리는 주교의 사목 신학의 발전에 기여하였다. 그것은 정신적인 것과 실천적인 것 즉 섬김과 리더쉽 간의 균형이 요구되어야만 했다. 그는 그것이 어렵다는 것을 충분히 인식하면서도 매우 의식적으로 이들간의 균형을 유지하고자 노력하였다고 언급하였다. 590년대 초반 그는 《사목지침》(*Regula Pastoralis*)를 집필했으며, 이 소책자는 사목직에 종사하는 사람들을 위한 영적이고 실천적인 지침서가 되었다.

그는 그스스로 명상적인 생활과 활동적인 생활 간의 긴장을 항상 감지하였으며, 그는 그 긴장을 '내적'(정신적)과 '외적'(육체적)의 양극에 결부시켜 이해하였다. 외향적인 모든 것은 번민하고 변화하고 멸망한다. 내적인 것은 평화와 평정 즉 플라톤주의자들 뿐만 아니라 그리스도교도들까지도 오랫동안 갈망해 온 천국을 미리 경험하는 것이었다. 그리하여 육체와 영혼이라는 이분법적 고대 이래 오랜 전제는 새롭고 풍요로운 양상으로 그레고리에 의해 발전되었다. 또한 플라톤주의자로서 그는 깨우침을 강조하였다.

《대화록》은 기적의 일화를 담고있는 영적 전기로서 593년에서 594년에 저술되었다. 《대화록》은 그레고리의 다른 저작들과는 매우 상이한 문체를 즐겨 사용하여 그들의 진위성이 의심되어 왔으나, 그것은 아마도 사막 교부들의 동방적인 생활과 유사한 한 장르에 대한 그레고리의 시도를 드러내었을 것이다. 예를 들면 그레고리는 요나 예언자, 에제키엘 예언자, 다니엘 예언자 및 그밖의 선지자들처럼 임종하고 있다고 생각한 한 종교적인 인물을 설명하고 있다.

《대화록》의 핵심부분을 형성하는 《베네딕트의 삶》은 매우 중요한 것이었다. 베네딕트 누르시아(480년~550년)는 중류층의 가문에서 출생하였으며, 젊은 시절에 그는 로마를 여행하였다. 그는 그 도시가 쇠락해 가는 것을 발견하였으며 친우들의 한 집단과 함께 은둔하여 이는 제롬이 이전 세대에 행했던 것과 같은 금욕적인 생활을 추구하였다. 그는 수비아코에서 한 은수자로서 생활하기 시작하였다. 그는 제자들을 매료시켰으며, 그것은 그로하여금 특별 서약으로 '종교적인 생활'을 소망하였던 사람들의 공동체들이 조직되어지는 방안을 강구하도록 이끌었다.

베네딕트는 먼저 12명의 수도승이 집단을 조직하여 작은 공동체들로 함께 살도록 조직하였다. 이후 그는 몬테카시노로 이동하였으며 그곳에서 대략 529년에 수도원을 건립하였다. 그곳은 '베네딕트' 수도원의 모원이 되었으며, 중세 동안 광범위한 성공을 이루었다. 그곳에서 그는 이 거대한 수도원 공동체가 이용할 그의 《규칙서》를 작성하였다.

서한들의 주요 부분이 현존한다. 이는 일련의 중세 사상가들을 위한 하나의 역사적 열쇠이면서 동시에 중요한 교회의 자료를 형성하는 것이다.

영향

《사목 지침》은 주교의 역할에 대한 묘사에서 더욱이 행동과 명상의 적절한 균형에 관한 사고의 발전에 기여함에서 중세 교회학에 심대한 영향을 주었다. 베르나르 클레르보는 교황 유게니우스 3세를 위한 《성찰론》(*De Consideratione*)을 저술하면서 그것을 이용하였다. 그리하여 《사목 지침》은 중세 후반 교황 수장제 이론들에 영향을 주었다.

그레고리는 베네딕트 수도원주의의 성공을 확정하는 결정적인 시기를 살았다. 규율을 제공하였던 베네딕트 수도원은 서구의 종교가 12세기에 새로운 경험을 접하였을 때까지 생존하고 있었다. 《대화록》은 이점에서 중요한 것이었는데, 왜냐하면 그레고리 자신의 후원이 있었기 때문이다.

그레고리는 영국으로 선교를 떠난 아우구스틴 캔터베리에게 로마, 갈리아, 혹은 다른 교회의 예식들로부터 분별있는 선택을 하여 그 섬의 새로운 그리스도교도들에게 적합하고 수용적인 제식을 마련하도록 충고하기 위해 저술하였다. 서구의 전례에서 수많은 관행들은 예를 들면 성찬례 기도 말미와 평화의 인사 전에 '주님의 기도'의 의식은 그레고리의 권고에 따른 것처럼 보인다. 수많은 전례는 그레고리의 시기까지 관행적으로 수용되지 않았다. 《그레고리의 성사론》으로 알려진 원문은 대략 790년경 교황 하드리아누스 1세가 샤를마뉴에게 보내져 그 이후 프랑크 제국에서 광범위하게 통용되었던 것으로, 그레고리 1세의 교황직에 그 기원을 두고 있다.

참고문헌

〈1차 사료〉

Commentarie sur le premier livre des Rois, ed. A. de Vog, Sources chrtiennes 351 (Paris, 1989).

Dialogi, ed. P. Autin and A. de Vog, Sources chrtiennes 260 (Paris, 1979).

Homiliae in Hiezechihelem Prophetam, ed. C. Morel, Sources chrtiennes 327 (Paris, 1986).

In Canticum Canticorum, ed. R. B langer, Sources chrtiennes 314 (Paris, 1984).

Moralia in Job, ed. M. Adraien, *Corpus Christianorum Series Latina,* 143, 143A (Turnhout, 1979).

Regula Pastoralis, ed. H.R. Bradley (Oxford, 1974).

The Earliest Life of Gregory the Great by an Anonymous monk of Whitby, ed. B. Colgrave (Cambridge, 1985).

〈2차 사료〉

C. Straw, *Gregory the Great: Perfection in Imperfection* (Berkely, 1988).

G. R. Evans, *The Thought of Gregory the Great* (Cambridge, 1986).

P. Meyvaert, *Benedict, Gregory, Bede and Others* (London, 1977).

D. Norberg, *Critical and Exegetical Notes on the Letters of St. Gregory the Great* (Stockholm, 1982).

(이영재)

이시도르 세빌
(Isidore of Sevile 560~636)

생애와 시대

이시도르의 초기 삶은 모호하다. 그의 가문은 이시도르가 출생하기 전에 세빌로 망명하였던 것 같다. 이시도르는 지방 수도원에서 교육받았다. 그 수도원에서 그의 형은 수도승이 되었다. 그의 형은 그보다 앞서 머지않아 세빌의 주교가 되었다. 589년에 이시도르는 그스스로 수도승이 되었다. 600년 그도 세빌의 주교가 되었다. 그는 중요한 몇몇 스페인의 공의회들 특히 633년 톨레도에서 개최되었던 공의회에 참석하였다.

사상과 업적

이시도르 세빌은 독창적 사상가라기보다는 오히려 백과전서적 학자로서 중요한 인물이다. 공부를 처음 시작하는 사람 혹은 참고의 편의를 위해 순서적으로 작성한 기존 지식의 정리는 그 자체로서 새로운 것은 아니었다. 사실상 이시도르의 《어원학》은 카씨오도루스의 《총서론》(*Institutes*)에 깊이 근거하고 있다. 그러나 우리가 검토하는 이 시기는 고대 말기를 넘어서기 시작한 때이다. 그 당시 교육은 여전히 그것의 고전적 모습을 많이 지니고 있었다. 백과사전적 지식을 편집하는 일은 이제 인멸되는 지식과 유사한 자료들을 보호하는 것이라기보다는 오히려 어떤 연구를 필요로 하였다.

인문학은 자유인이 연구할만한 가치가 있는 과목으로 상정되었으나[48] 제국의 오래된 사회적 유형들이 변화됨에 따라서 성직자 집단이 지식을 탐구하게 되었다. 이시도르가 체계화하려고 작업하였던 것처럼 보이는 것은 다분히 용어들의 다양성을 해석함으로써 제공하는 것이었다. 특히 용어들 어원의 설명을 제공하면서 설령 그가 오늘날의 관점에서 보면 크게 신뢰하기 어려울지라도, 그는 중세 사상가들에게 매우 유용한 무엇인가를 발견하도록 하고 있었다.

일련의 서한들은 현존하는데, 이는 이시도르가 주교 브롤리온에게 자신의 《어원학》을 저술하기 위해 책들을 교환하고 자신의 연구 작업 및 준비를 논의하는 내용들이다. 공의회를 위해 톨레도에서 그는 서한 5를 집필하고 있었다. '나는 공의회에 대해 근심하고 있다. 그럼에도 불구하고 그는 《어원학》과 다른 부록들을 자신의 친우 브롤리온 사라고싸에게 보낸다.'고 언급하였다.

이시도르는 카씨오도루스와 그레고리 1세의 저술들과 같은 당대의 최근 저작들을 접했던 것처럼 보인다. 카씨오도루스의 생애는 20년 간 이시도르의 생애와 중첩되었다. 그러나 그밖의 다른 원 자료들을 그가 접했는지는 불확실하다. 이시도르의 《어원학》은 서고트족의 치하에 있는 스페인에서 바로(Varro)의 영향력을 보여 주고 있다.[49]

그러나 이시도르는 카씨오도루스에게서 아홉 개의 학문영역들이 있었다고 하는 바로의 사상을 차용할 수 있었을 것이며, 또한 《어원학》 2권 23장 1절에서 수사학과 변증법을 뚜렷이 대비하는 바, 이는 카씨오도루

48) Jacques Fontaine, *Tradition et actualité chez Isidore* (London, 1988), V.

49) Jacques Fontaine, *Tradition et actualité chez Isidore* (London, 1988), III.

스의 《총서론》 2권 4장 2절에서 차용한 것이다. (수사학이 활짝 편 손바닥으로 치는 것과 같다면, 논리학은 단단히 쥔 주먹으로 치는 것과 같다.) 또한 이시도르의 《자연론》(*De Natura Rerum*)은 수에토니우스와 같은 고전 작가들에 많은 영향을 받았다. 《어원학》은 다른 방식으로도 상당한 정도의 공동 저작임을 보여준다. 브롤리온은 이시도르가 단지 표제에 따라 배열했던 것들을 20권의 책으로 구분하여 정리하였다고 밝히고 있다.

경구들을 모은 《명언집》은 다른 의도를 가진 것처럼 보이는데, 발췌집 혹은 산문집(*florilegium*)에 보다 근접한 것이었다. 이 명언집은 의심할 바 없는 이시도르 자신의 저작이었다. 그는 명언집에서 내가 이 책의 저자임을 밝혔고, 그의 친우 브롤리온 사라고싸가 《명언집》을 그와 같이 인용하였다.[50] 그 책의 체제는 몇몇 주제에 따른 구분을 보여주고 있다. 1권은 사도신경에 관한 주석서 형식으로 창조주, 피조물, 삼위일체, 교회, 종말로 짜여진 조직 신학의 논리를 지니고 있었다. 다음으로 2권은 개종, 죄악, 악덕들 및 미덕들에 관한 것이며, 3권은 그리스도교도의 삶 특히 수도원적 삶을 살아가는 것에 관한 것이고, 4권은 이 세상 속에서 그리스도교도의 삶에 관한 것으로 성직자, 군주들에 대한 비판, 그리고 권력의 활용들을 다루고 있었다.

암브로스와 마찬가지로 이시도르는 교회와 성직의 사목 문제들에 관심을 지녔다. 그는 615년 이전에 《사제직》(*De ecclesiasticis officiis*)을 저술하였다. 그는 597년에서 598년에 가서야 그것을 완성할 수 있었을 것이다. 왜냐하면 그는 그레고리 1세의 《욥기 해설》을 인용하였기 때문이었다. 《욥기 해설》은 단지 일부만이 그 이후에 완성되었다. 그가 주교

50) *Renotatio*, PL 81. 15-16: *edidit ... sententiarum libros tres quos floribus ex libris pape Gregorii moralibus decoravit.*

풀겐티우스에게 보낸 서한 첫머리에서 이시도르는 그것을 저술하게 된 이유들에 관한 하나의 단서를 제공한다. 그는 '당신이 나에게 교회에서의 직무들의 기원에 관해 질문하였고 ... 그리하여 나는 가장 오래된 전거들에서 발췌한 직무의 종류들에 관해 체계적으로 다루어진 이 소책자를 당신에게 보냅니다'라고 언급하였다. 그는 전거의 유형들로서 성서, 사도적 전통, 및 보편 교회의 관습을 들었다.

영향

이시도르의 사망 17년 후 톨레도의 제 8차 공의회에서는 가톨릭 교회의 가장 학식있는 지식인 성직자로서 그를 이야기하였으며 《명언집》을 언급하였다. 500개의 필사본들이 8세기부터 15세기에 이르기까지 남아있었다. 《어원학》은 12세기의 교회법학자 그라티안에 의해 인용될 정도로 널리 읽힌 저작이었다. 12세기의 그라티안은 자신의 분석적인 《교회법령집》(*Decretum*)의 서두에서 제공하였던 권리(*ius*)와 법률(*lex*)과 같은 주요한 법률 용어들의 정의를 내리고자 《어원학》을 살펴보게 되었다. 그라티안은 결과적으로 명언집을 '단순한' 백과사전이라고는 결코 생각하지 않았다.

참고문헌

〈1차 사료〉

Isidore, *Etymologiae,* ed. W.M. Lindsay (Oxford, 1911).

Isidore, *De ecclesiasticis officiis, Corpus Christianorum Series Latina,* CXIII (1989).

El Liber de haeresibus de San Isidor de Sevilla y el Codice Ovetense, ed. P. Angel Custodio Vega (Escorial, 1958).

〈2차 사료〉

Jacques Fontaine, *Tradition et actualit chez Isidore* (London, 1988).

(이영재)

비드
(Bede 672~735)

생애와 시대

고전 세계는 로마제국에 의해 부여된 정치적 단일성을 근거로 그 지적 일관성을 대부분 유지하고 있었다. 이제 우리가 검토해 보고자 하는 시기는 어떠한 의미에서든 이 고전 세계로부터 한 두 세대 지난 시기이다. 이 시기의 저술가들은 일반적으로 정치적인 변화에 따라 인멸될 전통적 지적체계를 신봉하고 보호하고자 한 것이 아니라, 이 전통적 지적체계를 구조화하여 재구성 하는 일에 자발적으로 참여하였다. 전통적으로 문화를 지원해온 제도들은 해체되었다. 왕실 및 제국 법정들만 학자적인 양식을 지닌 자들을 보호 내지 경우에 따라서 후원을 제공하기도 하였다.

이점에서 샤를마뉴는 특히 중요한 인물이었다. 그는 통치자로서 이러한 방향으로 지속적인 노력을 아끼지 않았고 성직자를 개혁하고 교육을 권면하려는 시도로 입법조치까지도 하였다. 또한 샤를마뉴는 주교들에게 사제들을 파견하여 지방어로 설교하도록 권면하였으며, 그리하여 일반민들도 성서에 대한 참다운 이해를 조금이나마 할 수 있게 되었다.[51] 몇몇 대주

51) W. Ullmann, *The Carolingian Renaissance and the Idea of Kingship* (London, 1969), p. 36.

교와 주교들은 도서관과 교육기관을 세워 학문과 교육의 수준이 유지되도록 열성을 다하였다. 힝크마르 랭스는 대주교로 봉직하는 동안 신학적 문헌들을 소장하는 훌륭한 도서관을 건축하였다. 그러나 많은 경우에 있어서 도서관과 교육기관의 건축은 수도원들이 맡아하게 되었다.

8세기 초엽 수도원 세계에서 생활하였던 비드는 후대인들에 의해 교부들 가운데 '전거'로서 널리 인정되었던 학자들 가운데 마지막 인물이었다. 비드는 영국의 북동부에서 출생하여 자신의 고향으로부터 멀리 이주하지 않고 조용한 생애를 보낸 한 학자였다. 그의 《교회사》(*Ecclesiastical History*)의 마지막 장에서 비드는 자신을 그 책의 저자로서 선명하게 제시하였다. 이는 그레고리의 투르가 《프랑크족의 역사》에서 보였던 것 그 이상이었다. 비드는 자신의 어린 시절에 관해 묘사하면서, 그가 어떻게 674년 시작되었던 웨어무스의 신설 수도원의 설립자 베네딕트 비스콥에게 일곱 살의 나이의 어린이 예비수사로서 봉헌되었는지를 설명하고 있다. 뿐만 아니라 비드는 《교회사》의 말미에 자신의 저술 목록을 추가함으로써 후대인들의 연구에 크게 기여하고 있다.

이 수도원의 분원이 681년경 자로(Jarrow)에 설립되었다. 비드는 케올프리스(Ceolfrith)를 비롯한 22명의 수도승들과 함께 이 자로 분원에 파견되었다. 이때 발생된 역병으로 인해, 비드와 케올프리스를 제외한 이 분원의 모든 수도승들이 세상을 떠났다. 어린 소년 비드와 성인 수도승 케올프리스 이들 두 사람은 《규칙서》를 지키는 수도생활을 계속하였다. 이 분원은 유지되어 이들 두 사람으로 구성된 수도원 공동체가 비드의 전 생애에 걸쳐 지속되었다. 비드는 교회법상 규정된 연령보다도 6년이나 이른 19세가 되던 해에 부제가 되었으며, 703년 그는 사제로 서품을 받았다. 이같은 사제로서의 경력이 비드가 일생동안 겪은 '성직'의 전부였다.

이같은 삶의 배경이 어느모로 보나 우리가 유력한 학자를 발견하게 될 장소 혹은 시간은 아니었다. 비드는 동료 학자들과의 수많은 생동감

넘친 논쟁의 작업과는 무관하게 자신의 지적 활동의 많은 부분을 스스로 일구어야 했다. 그러나 베네딕트 비스콥 원장은 비드로 하여금 학문에 전념하도록 도와주었을 것이다. 그는 베네딕트 수도원의 본원지인 몬테카시노로부터 자료들을 가져와 그 자신의 웨어무스 수도원 도서관을 위한 핵심 자료들을 공급해 주었다. 비스콥 원장이 마련해 준 이러한 자료들이 없었다면 비드 자신의 지적 활동은 이루어질 수 없었을 것이다.

사상과 업적

비드의 학문적 업적들 가운데 가장 큰 기여는 그가 초기 교부들의 저작들을 활용함에 있어, 그리스도교도 독자들이 '믿고 읽을 만한 것'으로 인정할 만큼의 견고함과 신뢰성을 주었다는 점이다. 이것이 비드의 독창성을 잃었다고 지적하는 것은 아니다. 그는 매우 종합적이며 견실한 지적 수용자였던 바, 이같은 것이야말로 극히 독창적인 태도였다.

비드는 사망하기 몇 년 전인 59세의 나이에 《교회사》를 탈고하였다. 그가 서문에서 토대를 두었던 기록들의 진위여부를 보다 친절한 방식으로 면밀하게 검토하였다. 비드가 검토했던 첫 번째 인물이 알비누스 수도원장이었는데, 그는 외경스러운 학자들이었던 대주교 데오도르의 캔터베리와 수도원장 하드리안 모두에게 가르침을 받았던 인물이었다. 이같은 검토를 토대로 하여 비드는 6세기 말엽에 아우구스틴 캔터베리에 의해 영국인들을 그리스도교도로 개종한 것에 관한 그의 자료를 획득하였다고 언급하였다.

런던의 사제였던 노덤은 이러한 자료의 상당 양을 비드에게 전해 주었으며, 노덤 자신은 로마를 방문하여 이후 교황의 허락으로 문서 보관서들을 둘러보았다. 그는 교황 그레고리 1세가 아우구스틴 캔터베리에게 보낸 서한들을 가져와서 비드로 하여금 이 자료들을 활용하도록 하였다. 알비누스는 역시 비드에게 노섬브리아와 그 밖의 다른 지역에서의 교회에 관한 정보들을 제공하였다. 비드는 웨스트 색슨 지방의 주교 다니엘에게 그의 영역과 와이트(Wight) 섬에 있는 교회의 역사에 관한 자료들을 의뢰하였다. 그는 메르시아 지방의 개종에 관해서는 라스팅햄 수도원의 자료들을 활용하였다. 이같이 체계적인 방식으로 자신이 검토한 역사적 사실들을 검증하는데 최선의 노력을 다했다. 그리하여 그가 묘사하고자 했던 지방의 사건들에 관해서는 풍부한 지식을 갖춘 그 지방의 관련자들에게 또한 의존하였다.

역사 서술의 기법으로 말하자면 비드의 방식은 매우 드문 것이었다. 당시로서는 예외적으로 명료하게 비드는 정확한 '기록' 및 '사건들에 대한 설명'을 하는 작업과, 그리스도교도들이 자신들의 신앙을 위해 배우고자 했던 '이야기'로서의 역사 사이의 차이를 인식하였다. 역사가 지닐 수 있는 이같은 마지막 효용 목적은 극히 정확히 하려는 요구를 따라 그가 매우 의식하고 있었던 그의 정신이 활발하게 활동하도록 하는 것이었다.

그리하여 그는 《교회사》의 서문에서, 만약 역사가 선량한 사람들에 관한 선한 일들의 기록이라고 한다면, 사려깊은 독자들이 선한 일을 모방하도록 격려하고자 하였다. 설령 역사가 악한 사람들의 악을 기록할지라도, 경건한 독자는 악을 피하고 선을 행하도록 이끌 것이었다. 현대 독자들에게 실리적인 정치적 주장과 기적적인 요소들을 등가적으로 제시하는 방식이 완성도 높은 《역사》로 읽기가 어려울 것이다. 왜냐하면 교회사는 이야기의 전혀 다른 범주의 두 요소 즉 일상적인 사건과 기적이 번갈아가며 나타나는 듯 여겨질 것이기 때문이다. 그러나 비드에게 그것 역시 중요한 것이었다. 그는 기적들의 신빙성에 대한 상이한 기준에 관하여 오늘날 우리와는 다른 기준을 가졌다. 그리하여 그는 이 기적들을 고귀한 역사상을 제시하는데 불가결한 요소로 보았다.

《교회사》에서 비드는 자신의 영국 섬과 영국 사람들에 관한 '역사'를 서술하였다. 그리하여 교회사는 당시의 국가적 내지 인종적 정체성 및 영국이라는 영토의 통합성에 대한 인식과 같은 매우 흥미로운 자각을 서술하고 있다. 이러한 자각들은 획기적이었지만, 비드 자신은 통합된 영토를 가진 왕국에서 사는 것이 아니라 브리튼이라는 가장 큰 '섬' 정도를 가리키는 제한된 의식만을 가지고 있었다. 따라서 비드의 영국적 정체성의 성격도 이점에 비추어 잘 해석해야 할 필요가 있다.

《교회사》에 수록한 비드 자신의 저술 목록은 펠릭스, 아나스타시우스, 및 쿠트베르트의 성인들의 전기가 포함되어 있으며, 그 자신의 수도원의 수도원장들 즉 베네딕트 비스콥, 케올프리스, 및 하워트베르트의 전기와 서한 및 찬송가들도 포함하였다.

비드의 주된 저술은 성서에 관한 것이었다. 또한 사도행전에 관한 주석서에서 비드는 아우구스틴 캔터베리가 어렸을 때 저술했던 그 《교리문집》을 장년이 되어 다시 저술했다는 것을 인식하고서 집필하였다. 시간이 경과하면서 학문이 축적됨에 따라 비드는 신의 조력으로 아우구스틴과 마찬가지로 자신도 성서에 관하여 보다 많은 지식을 가지게 되었다고 밝히었으며,[52] 그리하여 그 스스로 교리해설서를 집필하게 되었다.

비드는 아름다운 사상과 철학적 문제들을 제기하는 데에서 접하는 언어의 중요성을 충분히 잘 알고 있었다. 비드는 《정서법》(*De orthographia*)를 집필하였는데, 그 책에서 그는 정확한 철자법의 규칙에 대한 단순한 설명 그 이상의 무엇인가를 제시하고자 하였다. 비드는 단어, 대화, 문장, 논술, 및 달변 간의 차별성을 설명하였다. 입술로 언명된 모든 것은 '단어'이다. 대화는 보다 정확한 표현 방식이다. 문장은 의미를 파악하는 것을 가능케 한다. 논술은 수사적인 요소를 추가한 것이다. 그는 우리가 달변의 경지에 오르는 시점이 되면 예술 형식으로 발전하게 된다고 생각하였다. 비드는

52) Bede, *Expositio Actuum Apostolorum et Retractatio*, ed. M.L.W. Laistner (Cambridge, MA, 1939), p. 93.

《형식과 주제(수사학)》(*De schematibus et tropis*)에서 아우구스틴의 《그리스도교교리》에서 모방하였다. 그러나 보다 실용적인 수준에서 성서 속에서의 연설하는 부호들 및 기호들의 용례를 탐구하여, 그들의 목적이 교리를 '명료하게' 해석하는 것이었던가 아니면 '보완적인 수사'였던가 하는 점을 규명하고자 하였다.

비드의 《자연론》은 오늘날 우리가 자연과학이라 부를 법한 지식에 관한 저서이다. 여기에서 비드는 고전적 선례들을 따라 특정한 지적 영역을 설정하였다. 플라니는 유사한 분야를 산문적인 저술로 다루었으며, 세네카와 루크레티우스는 이를 물질에 대한 자료로 다루었다. 이들 고전 저자들은 모두가 흔히 일화적인 방식으로 자연계의 사물들의 행동 양식을 관찰들과 상호 결부시켜 설명하였다. 비드는 이를 그리스도교적인 맥락에서 결부시키고자 하였다. 다시 말해서 비드는 자연계를 그리스도교 신의 창조로 이들과는 달리 규명하고자 하였다.

《시간론》(*De temporibus*)은 연대기에 대한 선구적인 저술로 여기서 비드는 당대의 논쟁을 격렬한 논쟁의 주제로 소개하고 있다. 날짜들에 대한 추정이 확실하지 않았기 때문에 이를 근거로 교회력의 축제일에 대한 산정이 어려운 일이었다. 예를 들면 해마다 부활절에 대한 날짜의 산정이 매우 어려운 일이었다. 날짜를 산정하는 작업의 중요성은 비드 당시 부활절의 시기에 관한 논쟁으로 표출되었다. 이 부활절 논쟁은 유럽을 분열시키고 교회를 분리하려고 위협하였다. 모든 그리스도교도들이 동일한 날짜에 부활절을 축하할 수 있다는 것은 중요한 것이었다. 이는 교회의 통일성 그 자체를 간주하는 한 표식이었다.

그 날짜 산정의 문제는 특히 영국에서 절박한 것이었다. 왜냐하면 교황 그레고리 1세가 아우구스틴 캔터베리를 영국에 파견하여, '로마교회'로 개종한 그리스도교도들과 아일랜드로부터 해협을 건너서 그리스도교를 받아들였던 구 켈트족의 전통을 따르는 자들 간에는 관례상의 구별이 있었기 때문이다. 심지어 지방마다 교회들이 다른 날짜에 부활절을 기념하고 있었다. 이는 왕실의 일부 가문이 서로 다른 켈린더를 사용할 정도로 왕실 내부에서도 큰 혼란이 있었다.

비드는 하루가 모두에게 있어서 12시간으로 구성되지만, 이 시간들이 계절에 따라 다양한 길이를 가리킨다는 점을 알게 되었으며, 반면에 만일 그 시간이 동일한 길이어도 하루는 여름에는 더 많은 시간을 겨울에는 더 적은 시간을 가지게 될 것이라고 했다.

영향

비드는 《교회사》의 저술가로 또한 성서 주석집의 집필자로 널리 알려지게 되었다. 그리하여 비드는 오늘날 라틴 가톨릭 교회의 교부의 한 사람으로 간주되고 있다.

참고문헌

〈1차 사료〉

Bede, *Ecclesiastical History,* ed. and trans. B. Colgrave and R. A. B. Mynors (Oxford, 1969).

최근에 번역된 Bede, *Ecclesiastical History,* by L. Sherley-Price revised by R. E. Latham and D. H. Farmer (London, 1990).

Bede, *Opera de Temporibus,* ed. C. W. Jones (Cambridge, MA, 1943).

〈2차 사료〉

Peter Hunter Blair, *The World of Bede* (Cambridge, 1990).

Benedicta Ward, *The Venerable Bede* (London, 1990).

(이영재)

파사시우스 라베르투스
(Paschasius Radbertus 790~860)

생애와 시대

본장에서는 파사시우스와 함께 당대의 한 지식인 집단을 두루 검토해 보도록 하겠다. 이들은 당시 이미 서로 알고 있었으며 영향도 주고받았다. 이들을 우리는 '카로링 왕조기의 학자들'(Caroligians)이라고 부를 수 있지 않을까 한다. 파사시우스 라베르투스는 아달하르가 수도원장으로 있었던 코르비의 베네딕트회 수도승으로서, 822년에 아달하르와 함께 작센지역으로 갔다. 844년경 파사시우스 라베르투스는 코르비 수도원장이 되었고 853년에 사임하였다. 그 이후 그는 온전히 연구에 주력했으며, 수도원의 고위직책도 맡지 않았다. 단지 특별한 대외업무 즉 교회 공의회에 참석하는 일을 수행하였다. 아마도 파사시우스 라베르투스는 847년 파리 공의회도 참석한 것 같다.

이 시기의 역사상을 재구성하기 위해 우리는 알퀸(740년-804년)에 대한 검토로부터 시작하는 것이 필요할 듯하다. 알퀸은 노섬브리아의 귀족 가문에서 태어났으며, 교육에 관한 특별한 관심을 그는 평생 유지하였다. 알퀸은 요크 주교좌성당학교에서 훌륭한 도서관을 이용해 가며 교육을 받았고, 장차 요크의 대주교가 될 알베르트(Aelbert) 및 에그베르트(Egbert)의 가르침을 받았다.

한편 알퀸은 766년 요크 주교좌성당 학교의 교장으로 취임하였다. 그리고 알퀸은 자신의 스승 알베르트와 함께 유럽대륙을 여행하였다. 그리고 767년 알베르트는 요크 주교좌성당의 대주교로 즉위하게 되었다. 또한 781년 경 알퀸은 샤를마뉴 대제를 만나 프랑크 제국의 '교육을 위한 조언자'가 되었다. 알퀸은 우선 샤를마뉴 궁정에 도서관을 건립하였다. 그러니까 알퀸은 왕실 '튜터'로서 공식적으로 왕자들과 왕실가문의 여인들을 가르쳤으며, 지적 호기심이 많았던 샤를마뉴 자신도 알퀸의 가르침을 경청하였다. 이시기 알퀸은 궁정을 중심으로 일군의 학자들을 대표하게 되었다. 그는 796년에 투르 수도원의 원장이 되었으며 이곳에도 학교와 도서관을 설립하였다.

지적인 문제들에 관한 샤를마뉴의 관심은 천부적인 것처럼 보인다. 한 예로 샤를마뉴를 위해 알퀸에게 보내졌던 서한(798년의 서한 144)은 교회력의 유동적인 축일들을 수학적으로 산정하는 방법을 가르쳐 달라는 내용이었으며, 이에 대한 알퀸의 답신(서한 145)은 샤를마뉴가 제기했던 달의 모양에 관한 다른 질문에 대해서도 함께 답하고 있다. 그러니까 알퀸은 다양한 연구를 동시에 수행하고 있었다.[53] 그것에 따르면 알퀸은 이해하기 쉬운 답변을 위해 이성적인 노력을 다하고 또한 다른 수학자들의 견해도 경청하고 있다고 자신의 노력을 설명하고 있다.

서한 148(798년)은 알퀸이 샤를마뉴에게 보낸 것으로서 샤를마뉴의 선물에 대한 감사편지였다. 그 선물은 알퀸이 이전에 맡고 있었던 궁정학교의 교장 직(Master of the Palace School)을 자신의 제자이며 같은 영국인이었던 프레데기수스(Fredegisus, 834년 사망)에게 위임해 주었던 일에 관한 것이었다. 프레데기수스는 당시에 이름이 잘 알려져 있지 않았던 주변 학자군에 있었으나, 그의《무와 흑암에 관하여》(*De nihilo et*

53) *Epistolae Karolini Aevi,* ed. E. Dümmler, MGH, II (Berlin, 1895).

tenebris)에서 무의 본성에 관한 그의 성찰로 널리 알려지게 되었다. 알퀸은 천문학에 관해 토론하는 기회를 얻었다. 알퀸은 철학자들이 이같은 지식들의 설립자가 아니라 발견자들임을 주장하였다. 창조주가 천문학의 설립자이며, 그가 자신의 뜻에 따라 자연을 만들었다. 천문학도들은 단지 우주의 운행방식을 발견하고자 노력하는 사람들일 뿐이었다.

아마도 샤를마뉴와의 대화를 통해 많은 문제들을 깊이 생각했던 알퀸은 군주의 역할에 관해서도 깊이 있는 사고를 하게 되었다. 알퀸은 이시도르를 참고하여 군주의 직무에 속하는 과제 목록을 만들었다. 즉 왕국을 통치하는 일, 정의를 실현하는 일, 교회를 쇄신하는 일, 대중들을 교정하는 일, 개인들에 관하여 공정한 판단을 내리는 일, 약자를 보호하는 일, 법률을 제정하는 일, 추방자를 환대하는 일, 모든 사람에게 그리고 모든 지역에서 평등하고 영원한 삶을 이루는 방법을 제시하는 일이었다(서한 177).

그레고리 1세가 했던 방식을 따라 알퀸이 샤를마뉴에게 보낸 편지에서 샤를마뉴는 통치자이며 설교자임을 분명히 인식시키려 하였다. 그는 권력의 검과 가톨릭 교회의 교리를 설교하는 역할 모두를 감당해야 하였다(서한 41). 이같은 제안은 놀라운 것이었다. 왜냐하면 사제적인 기능과 세속 통치자의 그것 사이에 구분은 이후 매우 중대한 일이었으며, 앞으로 성서에 관한 가르침은 확실히 교회의 직무에 속할 것이기 때문이었다.

알퀸의 서한 131(796년-798년)은 투르의 성 마르탱의 젊은이들에게 저술한 것으로, 그들이 자신들의 죄를 충실히 고백하도록 권면하는 것이었다. 그들은 열심히 공부하며, 건전하고 정숙하며 올바르게 살고, 그들의 죄를 고백하도록 장려되었다. 왜냐하면 죄는 특별히 청년기를 유혹하고 있기 때문이었다. 만일 당신이 자신의 죄를 고백하는 것에 대해 방심하지 않는다면, 마귀는 당신을 유혹하는데 성공하지 못할 것이며 그는 그들에게 자신을 되찾게 할 것이다. 만일 그들이 죄를 고백하고 죄에 대한 보속을 행한다면, 모든 죄는 용서된다. 신은 당신이 은밀히 행한 것을 전부 알고 있다. 신은 인간의 죄의 고백을 기다린다. 그래서 우리는 신의 심판의 옥좌 앞에서 사탄에 의해 고발되어지기 보다는 우리 스스로를 책망해야 할 것이다.

서한들은 중요한 것이었다. 서한 속에서 성 마르탱의 젊은 수도승들에게 고백성사에 관한 짧은 권면의 전언은 각별한 흥미를 일으킨다. 왜냐하면 그것은 알퀸이 당대에 발전하고 있는 속죄 제도의 최신풍을 보여주기 때문이다. 이는 의미있는 변화의 시기였다. 최종적으로 주교에 의해 사면이 선포 될 때까지, 성체를 받는 것을 금지하고 더불어 회중 앞에서 대죄에 대한 오래된 공적인 속죄와 긴 공적 속죄예식이, 한 사람의 사제에게 고하는 정례적인 개별적 고백으로 바뀌었던 것이다. 미덕과 악덕에 관한 알퀸의 저술은 또한 문학적으로 의미있는 발전의 한 단계이다.

알퀸의 《수사학》은 그것의 대부분이 키케로의 《발견론》(*De inventione*)에서 파생한 것이었다. 알퀸은 키케로의 사상에 매료되었다. 이 위대한 인물은 자신의 달변으로 사람들을 이끌고 자신의 혀를 사용하여 사람들을 교화할 수 있었다. 그러나 그 저작이 그대로 현존한다는 것은 경이로운 일이다. 왜냐하면 수사학에 대한 심오한 학문적 작업이 다시 부흥하게 되었던 것이 수 백년이 지나서야 일어날 수 있었기 때문이다.

알퀸의 《미덕과 악덕》은 중세기에 대중화되었으나, 알퀸은 대부분 개별적인 한 사람 한 사람에게 큰 영향력을 미쳤는데, 이는 오늘날 우리가 관심을 지니는 저술가들의 세대였다. 그는 다른 이들도 자극하였다. 알퀸은 동료학자들에게도 영감을 불러 일으켰다. 라바누스 마우루스(Hrabanus Maurus, 780년~856년)는 이같은 영향을 받은 자로서 그는 풀다의 탁월한 수도원에서 교육받았다. 풀다 수도원에서 마우루스는 어린이 예비수사가 되었고 이후 투르에서 생활하게 되었는데, 이는 얼마간 알퀸의 지도하에 더 향상된 공부를 하기위해 친우 하토와 함께 보내진 것이었다. 알퀸이 사망하기 이전에 그는 투르에서 풀다로 되돌아와서 풀다 학교의 교장이 되었으며, 그곳에서 그는 와라프리드 스트라보(Walafrid Strabo)의 스승이 되었다. 라바누스는 801년 부제가 되었고 814년 사제품을 받았다.

824년 라바누스가 풀다의 수도원장이 되었다. 그는 성공적인 수도원장이었고 그 수도원은 지적인 면에서나 재정적인 면에서 모두 발전하였다. 그러나 그는 정치를 즐기지 않았으며 842년에 수도원장직을 사임하였는데, 이는 파사시우스의 모범을 따라서 풀다에 은둔하여 연구에만 전념하기 위해서였다. 그로인해 그는 다양한 정치적 신학적 갈등에 개입한 것이 그의 경력에 해악을 주지는 않았으나, 오랫동안의 조용한 학자적 삶을 방해하였다. 847년 그는 마인쯔의 대주교가 되었다. 그가 주교로 봉직하는 동안 마인쯔에서는 847년, 848년, 및 852년에 3번의 종교회의가 개최되었다.

라바누스는 서신왕래을 통한 학문적 교류 연결망을 확보하고 있음을 보여주었다. 리지외의 주교 프레슐푸스에게 그는 과거의 '위업'을 저술하도록 기술하였는데, 이는 서신을 통해 지적으로 그들 상호간의 원기를 북돋아주고 서로의 저서들을 집필하도록 격려하려는 것이었다.[54)]

라바누스는 하토와 지속적으로 우정을 나누었으며 자신의 초기 저작 《거룩한 십자가를 찬양하는 일》(*Opus in laudem sanctae crucis*)을 하토에게 보냈다. 성서는 우리가 신에게 재능을 바칠 것을 권면하며, 이는 단 한 사람의 예외도 만들지 않았다고 그는 동봉한 서한에서 언급하였다. 그는 한 가지 실험을 하였는데 일종의 십자가 형태로 그 자료를 배치하여 자료에 접근하여 읽기 편하게 만드는 특이한 표식들을 해두었다. 그 둘레에는 치품

---

54) Hrabanus Maurus, *Epistolae*, 8, ed. E. Dümmler, Epistolae Karolini Aevi, 3 (Berlin, 1899), p. 393.

천사(Seraphim)와 지품천사(Cherubim)가 서있는 형상들이었다. 만일 어떤 사람이 이러한 창의성에 의해 공격받고 있다고 느낀다면, 라바누스가 사물들을 보다 명확히 만들기 위해 고의로 그것을 행하고 있음을 상기해야 할 것이다. 그는 하토에게 보에티우스의 이름을 거론하지 않았지만 특히 프로스퍼 아퀴텐느와 세둘리우스와 같은 옛 저술가들의 오래된 관행을 언급하면서, 한 작문에서 산문과 운문을 번갈아 쓰는 것은 독자들에게 읽는 재미를 더해주며 보다 유익함을 주는 것이라고 지적했다.[55)]

라바누스는 독일 복음화에 영향을 미쳤다. 그것은 그로하여금 성직자를 위한 소책자 《성직자 교육》(*De clericorum institutione*) 3권을 저술하도록 이끌었다. 이 저서는 성직자의 책무에 속했던 신학에서의 전례 법규와 원칙들을 해명한 지침서였다. 그는 서한 9에서 성직자들의 이러한 임무와 성서 연구 간의 연계에 관해 기술하였는데, 예를 들면 출애굽기 연구에서 '오늘날 가톨릭교회를 설립시키고 성장시키고 관리하는 거의 모든 성사들이 상징적으로 언급되고 있었다.'[56)]

이같은 정신을 가지고 성장하는 교회 공동체의 사목적 필요를 충족시키기 위해 라바누스는 탁월한 성서 주석학자가 되었다. 그는 모세 5경, 지혜서 문학, 마태 복음서와 바울서간들에 관한 주석서를 집필하였다. 이같은 저술에 담긴 강력한 사목적 동기는 서한 5에서도 충분히 확인된다.[57)] 라바누스는 그 서한 5에 마태 복음서에 관한 자신의 주석을 담아 보냈는데, 그의 형제 수도승들이 이 복음서에 대한 충분할 정도의 완전한 주석집을 가지고

---

55) Hrabanus Maurus, *Epistolae*, 2(a), ed. E. Dümmler, Epistolae Karolini Aevi, 3 (Berlin, 1899), p. 382.

56) Hrabanus Maurus, *Epistolae*, 9, ed. E. Dümmler, Epistolae Karolini Aevi, 3 (Berlin, 1899), p. 385.

57) Hrabanus Maurus, *Epistolae*, 5, ed. E. Dümmler, Epistolae Karolini Aevi, 3 (Berlin, 1899), p. 389.

있지 않다고 불평하는 것에 대한 해명이었다. 이들은 아우구스틴, 암브로스 및 비드가 자료들을 제공하였던 다른 복음서에 대해서도 마찬가지로 불평하였다.

라바누스는 그 자료들에서 키프리안, 에우제비우스, 힐러리, 암브로스, 제롬, 아우구스틴, 플젠티우스, 빅토리누스, 폴튜나티아누스, 오로시우스, 레오, 그레고리 나지안주스, 그레고리 1세, 요한 크리소스톰, 및 '다른 교부들'을 주의깊게 검토하였다고 이야기했다. 이것은 그가 원본에서 이것들이 어떻게 고려되어질 수 있는가의 문제를 제기하여만 하였으나, 여기에서 주된 입장은 그가 전거들로서 그것들을 사용하였다는 점이다. 이는 그가 자신이 담당해야 할 많은 양의 주석 작업들을 가지고 있었던 것을 알 수 있다. 그는 프레슐프에게 자신에게 요구되는 과도한 업무에 관해 고충을 토로하였다. 당시 프레슐프는 그에게 교부들을 충실히 소화하여 일반인들도 모세 5경에 관한 문자적인 것은 물론 영적인 해석도 가능할 수 있게 해달라는 요구를 하던 터였다.[58]

라바누스는 또한 백과전서적 학자로서 《우주론》 혹은 《자연론》도 저술하였는데, 이는 이시도르의 《어원학》에 큰 영향을 받았다. 더욱이 그는 예정론의 논쟁에도 휘말리게 되었다. 라바누스의 '백과전서적' 저술들은 중세 말까지도 예외적이게도 지속적으로 읽혀지고 있었다. 니콜라스 쿠사는 《일반주석집》에서 라바누스가 끼친 영향을 언급하고 있다. (니콜라스 쿠사에 관해서는 pp.411~414를 보시오.[59])

다음으로 우리는 와라프리드 스트라보(Walafrid Strabo, 809~849)에 대해서도 검토해 보아야 할 것이다. '사팔뜨기'라는 의미를 지닌 스트라보

---

58) Hrabanus Maurus, *Epistolae*, 8, ed. E. Dümmler, Epistolae Karolini Aevi, 3 (Berlin, 1899), p. 393.

59) London, BL, Ms. Harley 3092, fol. 1r, Elisabeth Heyse, *Hrabanus Maurus' Enzyklopädie 'De rerum naturis'* (Munich, 1969), p. 3.

는 남서 독일에서 출생하였다. 그는 리첸아우의 수도원에 어린이 예비수사가 되었다. 그곳에서 그는 웨티(Wetti)에게 그리고 뒤이어 타토(Tatto)에게 교육을 받았다. 14세가량 되었을 때 그는 고트샬크와 만났으며 그들은 친우가 되었다. 이들의 우의는 매우 오랫동안 친밀하게 유지되었다. 그러나 고트샬크는 오래지않아 지적인 활동으로부터 멀어졌으며 그리하여 교회 밖의 인물로 전락하였다. 그러나 이들은 어색한 짝이었지만 좋은 친구들의 예이다. 고트샬크는 그가 가졌던 위험한 견해로 인해 주목을 끌었지만, 스트라보는 교회정부의 분노를 사지 않을 만큼 신중하였다. 고트샬크는 814년 어린이 예비수사로서 풀다 수도원 생활을 시작하였다. 그 이후 10년여 년에 걸쳐 그는 리첸아우에서 학업을 계속했으며 리첸아우는 이들의 우정이 싹텄던 곳이었다.

고트샬크는 라바누스 마우루스가 수도원장으로 봉직하였던 풀다에 있었다. 와라프리드 역시 풀다로 이동하여 라바누스의 영향을 받으며 연구생활을 했지만 그러나 그는 고트샬크와는 달랐다. 아마도 상황은 다소 팍팍했던 것 같다. 그리하여 와라프리드는 다시 풀다에서 아헨으로 이주하게 되었다. 829년 봄까지 아헨에서 그는 머물렀다고 생각된다. 그해 초여름에 와라프리드는 6세의 어린 샤를(대머리왕이 됨)을 위해 왕실 가정교사로 임명되었다. 그는 이러한 등용을 이해시키기 위한 이에 대해 언급조차 하지 않았다. 그러나 그곳에는 그가 후원자를 헌신적으로 찾아나서 제국 법정의 궁정사제였던 새로운 후원자 그리말드(Grimald)를 얻게 되었다는 증거가 있다. 828년과 832년~833년에 왕실 주변에서 두 번의 반란이 일어났을 때, 와라프리드는 가능한 한 웨센부르그에서 저자세를 유지하면서 루이경건왕(814~840)와 그의 가족들에게 자신의 진득한 충성심을 느끼도록 특유의 행동을 하였다. 그는 루이가 복위하자마자 당당히 그 대가를 받게 되었다. 29세의 나이에 와라프리드는 리첸아우의 수도원을 수여받았다.

이상하게 어울렸던 두 친우간의 848년에 쓰여진 서한들이 남아있다. 당시에 고트살크는 마인쯔에서 이단으로 정죄되었으며, '종신 구금령'의 판결을 받고 오라바스에게 보내졌다. 849년 봄 고트샬크는 샤를과 프랑크 주교들 앞에서 재심을 받았으나 그는 철회할 마음이 없었다. 와라프리드는 루이 황제(경건왕)때부터 샤를 대머리왕(823년-877년)에 이르기까지 사명을 수행하고 있었으나 849년 우연히 익사하였다.

와라프리드가 쓴 《웨티의 환상》(*Visio Wettini*)이라는 시 모음집은 웨티의 사망을 다루고 있는데, 이 시집은 와라프리드가 18세가 되었을 때 탈고되어진 것으로 보인다. 이는 그가 사망(824년 11월 3일)하기 전에 보았던 것을 웨티의 환상이라는 형식을 취하였다. 수도승 이토(Heito)는 웨티가 환상에 대해 말할 때 그것을 산문체로 서술하였으나, 와라프리드가 이를 운문체로 바꾸었다. 이것은 길고 복잡한 한 문학 장르의 유형이 되어 중세 내내 인기를 끌게 되었다.

그것은 또한 자아 의식적 장르로서, 환영들의 모든 주제들에 대한 한 철학적 논의를 종종 덧붙이고 있었다. 시인은 축복받은 자의 집을 방문하였다. 환상 속에 천사의 인도가 있었다. 천사는 정치적인 언급을 하였다. '위대한 많은 사제들이 세속적 이득을 위해 분투하며 그들은 그것에 강박 관념적으로 매달려있다. 그들은 일시적인 대가를 얻기 위해 궁정에서 아첨하는 행위들을 일삼고 있다. 그들은 빛나고 모범적인 생활보다는 최고급의 의상으로 장식하고 있다. 그들은 선한 삶보다는 재물에 더 많은 관심을 기울였다.' 와라프리드가 근거하고 있는 것처럼 보여지는 한 모델은 교황 그레고리 1세의 《대화록》 권 4에서의 환영들에 관한 장이었다. 사실상 웨티는 그레고리의 《대화록》의 마지막 유언들을 그가 임종하는 순간에 자신에게 읽어주기를 명하였다. 와라프리드의 발췌문 역시 한권의 노트로 이시도르, 비드 및 알퀸에게서 발췌한 것으로 남아있는데, 자연 현상과 징조에 관한 장들을 담고 있다.

리첸아우의 수도원장으로서 와라프리드는 《재배법 권고》(*De cultura hortorum*)라는 원예에 관한 한 저서를 집필하였다. 이러한 유형의 저술이 직접적으로 영향을 주었다는 증거는 없으나 그것은 한 경향을 보여준다. '어떤 사람이 그 앞에 펼쳐질 천상의 것들과, 그 뒤편에 있는 이 지상의 것들을 보면서 천상과 지상의 두 문화를 모두 알려주었다.' 보다 중요하게는 이러한 서술이 방문자들을 초자연적 세계로 인도하는 전통을 취하는 것으로, 우리는 후대의 단테의 저술에서 이를 발견하게 될 것이다. 반성직적인 언급들은 12세기의 왈도파들과 14세기와 15세기의 위클리프와 롤라드파에게서 찾아 볼 수 있다.

사상과 업적

그리하여 파사시우스 라베르투스는 비드의 저작과 성서 해석에 관해 다른 저술들을 연구하였던 카로링조 및 후기 카로링조의 일군의 학자들 가운데 대표라고 할 수 있다. 파사시우스는 자신의 성서 주석서에서 명상과 용기를 어떻게 조화시킬 수 있는가의 문제에 대한 의미 깊은 이해를 제시하였다 (《마태복음》 주석집, 470쪽). 파사시우스는 동료 베네딕트 수도승들의 이해를 돕기 위해 마태 복음서 주석서를 저술하였다고 언급하였다(463쪽). 그는 복음서를 4개의 바퀴를 가진 전차로서 묘사하였는데, 이는 하늘의 전차를 모는 기수였던 그리스도가 세상을 네 등분한 것이다(《마태복음》 주석집, 464쪽). 그리스도는 '언제나' 영원하신 성부와 함께 있으며 현세에서 그는 이러한 '운송수단'을 통해 '열심히 일한다'. 복음사가들을 상징하는 4 동물들은 이러한 이미지와 연관되어 있다 (《마태복음》 주석집, 465-466쪽).

파사시우스는 성 아우구스틴을 연구하면서 공관 복음서에서의 현상적인 조화의 결여라는 문제를 충분히 인식하고 있었다. 파사시우스는 이 주제를 새롭게 해석하였다. 그는 그 복음서들이 결여하고 있는 점들을 보완적인 것으로서 보지 않았다. 그것은 사건들에 대한 그들의 설명에 동의하도록 성서의 많은 오류들에 비교적 쉬운 해결책을 제시하였을 것이다. 보다 심오한 방식으로 각 복음서들은 조화를 이루는 것으로 인식하였다. 그가 취한 입장은 각 복음서가 각각의 서술로서 그 자체로서 훌륭한 것이지만, 다른 복음서들에서 빠져있는 사건들 혹은 측면들을 실제적으로 또다른 복음서에서 발견될 수 있다는 것을 의미하지는 않는다. 복음서들은 모두 그자체로서 완전한 문학적 서술이다(《마태복음》 주석집, 467쪽).

성 아우구스틴적인 주석서들에서도 확인되듯이 '말씀들'과 '사건들'의 관계에 관한 보다 심오한 주석상의 문제에 파사시우스 역시 많은 관심을 할애하였다(《마태복음》 470쪽). 파사시우스는 이것이 성서에 대한 비유들이 가지는 가장 특징적인 요소라고 밝혔다. 여기에서 다시 파사시우스는 중세 사상에서 가장 중요한 주제를 학자들로 하여금 끊임없이 상기하도록 조언하고 있었다.

파사시우스는 또한 당대의 성찬식 논쟁에도 참여하였다. 그의 《그리스도의 몸과 피》(831년, 844년 개정판)는 성찬식 교리를 체계적으로 명확히 하는 최초의 시도이다. 라트람누스 코르비와 라바누스 마우루스가 그의 이러한 작업을 비판하였다. 수도원장 와리누스에게 보낸 서한의 시작부분에서 파사시우스는 전거들의 예비 목록을 작성하였다. 그 책의 서문에서 그는 샤를마뉴 황제에게 그 '소책자'를 헌정한다고 밝히고 있는데, 이 책은 분량은 적었지만 성체 성사에 관한 '위대한' 가르침이었다.

파사시우스의 출발점은 성찬식에서 그리스도의 실체적 몸이 현존한다는 사실은 의심할 여지가 없다는 신념이었다. 그점에 관해서 그리스도교 신자는 누구도 그것의 불확실성을 입증할 수 없다고 주장하였다. 그는 이 성사를 가시적인 사물이라 하더라도 그것과는 꽤나 다른 비가시적 결과를 가져오는, 신에 대한 예배의 행위에서 인간에게 '구원의 표식으로서 주어지는 모든 의식'으로 규정하였다. 또한 그는 이 성사 내에서 '신비'에 대한 폭넓은 정의를 규명하였다. 즉 교회에서의 그리스도의 성사들, 서약의 준수, 그리스도의 출생과 같은 신비들, 성령이 은총을 통해 내적으로 활동하고 있는 모든 상황 등이 그 신비들의 예들이다.

그는 또한 여기에서 앞으로의 논쟁을 위한 예비적인 단계들을 구축하였다. 실제로 그 이후 성체성사의 본질이 점점 더 논쟁의 대상이 될 것이었다. 가톨릭 교회는 성사에 관한 한 그것이 단지 교회 내에서 행해질 때 비로서 정당하고 실효적이며 인간의 구원에 필요하다는 점을 강조하고자 하였다. 그러나 제도교회를 일탈했던 자들은 12세기 줄곧 마침내 16세기 일부 개혁가들의 주장으로 나아가게 될 방향의 논리로 전개 되었다. 이들에 따르면 성사들은 설령 유용하더라도 불가결한 요소는 아니라는 주장이었다.

영향

우리는 9세기 인문주의자들을 알퀸학파로 부르는데 파사시우스 라베르투스를 비롯한 이 장의 여러 인물들이 이 알퀸학파에 속한다. 이들은 상호 영향을 주고 받으며 이른바 '9세기 르네상스'의 토대를 형성하였다. 이들이 기초한 9세기 르네상스는 라틴 교회의 이론적 제도적 정비와 라틴 교회의 유럽화에 크게 기여하였고, 또한 로마 제국의 이념을 기초로 하는 단일 정치문화적 단위로서의 유럽 공동체 개념을 조탁하였다. 그리하여 이는 오늘날도 유럽적 정치공동체 이념의 한 초석으로 기능하고 있다. 더욱이 이 시기에 채택된 7 자유학예는 중세 내내 정규적인 교과과정으로 유지되어 중세 학문활동의 기본적 도구가 되었다.

참고문헌

〈1차 사료〉

Epistolae Karolini Aevi, ed. E. Dümmler, MGH, Ⅱ (Berlin, 1895).

Rhetores Latini Minores, ed. C. Halm (Leipzig, 1963).

Paschasius Radbertus, *Expositiones in Matthaeum,* ed. B. Paulus, CCCM, 56A-B (1984).

Paschasius Radbertus, *De corpore et sanguine Domini,* ed. B. Paulus, CCCM 57 (1969).

Paschasius Radbertus, *Vita Santi Adalhardi,* trans. Allen Cabaniss (Syracuse, NY, 1967).

Hrabanus Maurus, *In Honorem Sanctae Crucis,* CCCM (1997).

Hrabanus Maurus, *Epistolae, ed. E. Dümmler, Epistolae Karolini Aevi,* 3 (Berlin, 1899).

〈2차 사료〉

Eleanor Shipley Duckett, *Alcuin, Friend of Charlemagne* (New York, 1951).

C. J. B. Gaskoin, *Alcuin: His Life and Work* (New York, 1966).

A. Kleinclausz, *Alcuin* (Paris, 1948).

Elizabeth Heyse, *Hrabanus Maurus' Enzyklopädie 'De rerum naturis'* (Munich, 1969).

Howard R. Patch, *The Other World* (Cambridge, MA, 1950).

H. D. Stoffler, *Der Hortulus des Walahfrid (Sic) Strabo* (Sigmaringen, 1978).

David A. Traill, *Walafrid Strabo's Visio Wettini* (Frankfurt, 1974).

M.-L. Weber, *Die Gedichte des Gottschalk von Orbais* (Frankfurt, 1992).

(이영재)

III

봉건 중세 9~11세기

계서적 보편주의의 대두

요하네스 스코투스 에리게나 (Johnannes Scotus Eriugena 810~877)

생애와 시대

9세기에 아일랜드 출신 학자들 여러 명이 유럽 본토에서 활동하고 있었다. 그 가운데 가장 잘 알려진 학자가 세둘리우스 스코투스[60]였으며, 또 다른 학자로 라옹의 주교 성당 학교에서 잠시 교수로 지냈던 마르티누스[61]가 있었다. 이들 라옹 학교의 교수들 중 가장 탁월한 학자는 요하네스 스코투스 에리게나였는데, 그는 846년 이전에 황제 샤를 대머리왕[62]의 후원을 받아 궁정에서 지내면서 궁정'학교'를 운영하고 있었다. 이 궁정학교는 샤를 대머리왕 치세에 샤를마뉴[63]가 육성해왔던

---

60) 세둘리우스 스코투스(Sedulius Scottus, 840~860); 9세기에 리에주에서 활동한 아일랜드 출신의 시인이며 문법학자이자 성서주석가.

61) 마르티누스(Martinus, 819~875); 9세기 활동한 아일랜드 출신의 유명한 학자로서 마틴 스코투스나 마르티누스 히베르니엔시스로도 알려져 있다.

62) 샤를 대머리왕(Charles the Bald, 823~877); 루이 경건왕의 막내아들로 카롤루스 대머리왕, 카롤루스 2세, 샤를 2세, 카를 2세 등으로 불린다. 875년에 로마에서 교황 요한 8세에게 황제관을 받고 샤를마뉴가 일으킨 문예부흥을 계속 이어가려고 했으나 주변 제후들의 반란으로 사망하였다.

63) 샤를마뉴(Charlemagne, 742~814); 프랑스어로 '샤를 대제'를 뜻하며 독일에서는 '카를 대제(Karl Magnus)'로, 라틴어로 '카롤루스 대제(Carolus Magnus)'로 표기된다. 영어식으로 풀어서 '찰스 대제(Charles the Great)'라고도 한다. 그는 신성로마제

수도원 학교와 더불어 궁정에 있었다.

사상과 업적

요하네스 스코투스 에리게나의 저술은 적어도 한 분야에서 매우 독창적이었다. 당시 이점에 관해서는 그는 물론 다른 사람들 역시 충분히 인지하지 못하고 있었다. 그는 황제 샤를 대머리왕의 요청으로 위디오니소스의 저서를 번역하였는데, 이 위디오니소스의 저서는 827년 그리스 황제 미카엘 팔라이올로고스가 루이 경건왕[64]의 궁정에 보낸 것으로서, 천상적 위계에 대한 글들을 포함하였다. 위디오니소스의 이 같은 천상적 위계의 전통으로부터 신에 대해 알려진 '속성'보다 신에 대해 알지 못하는 부분을 강조하는 부정 신학이 발전되었다. 이를테면 인간은 신이 무한히 크다는 것을 이해할 수 있다고 하더라고 그 방대한 크기는 알 수 없다는 것이다[65].

또한 에리게나는 그레고리 니싸의 《인간형성론》(*De hominis opificio*)을 번역하였다. 그는 그리스어로 된 이 저술을 번역하기 위해서 그리스어를 서둘러 익혔으나, 그리스어를 번역하면서 오류를 범하고 말았

국 최초의 황제로 카로링조 르네상스라고 알려진 문예운동을 주도하여 제국을 통치하고 관리하는 식자층을 양성하였고, 제국의 지배 이데올로기를 담당하는 성직자들의 자질을 유지하려는 정책을 추진하였다. 그리하여 카로링 제국 도처에 성직자들이 지도하는 수많은 학교가 세워져 기본적인 식자능력의 계발에 기여했다. 그는 모든 수도원과 주교구 성당에 학교를 세울 것을 명했고, 실제로 교육은 교회의 업무라는 전통을 수립하였다.

64) 루이 경건왕(Louis the Pious, 814~840); 샤를마뉴의 세 번째 아들로 독실한 신앙심을 가지고 많은 교회를 세웠으며, 지식인들을 후원하여 그의 통치기에 카로링조 학자들의 연구 성과가 가시화되었다.

65) Otten in Backus, P. 5; J.J. Contreni, *The Cathedral School at Laon from 850~930.*

다. 그리하여 그는 오류를 발견한 사람에게 오류의 수정을 완곡히 부탁하였다. 이러한 사실은 그가 있던 지역에 그리스어를 할 수 있는 자가 있었다는 추정을 가능하게 한다. 그 후 그는 5권으로 구성된 《자연론》(*Periphyseon*)을 학자로서의 경력 말년인 860년~66년 사이에 저술하였다. 그는 《자연론》을 집필하면서, 권 I에서 권 III까지의 전반부에 논리적 방법론을 적용하였고, 그 후반부에 주석적 방법론을 활용하였다. 그는 특히 권 II의 마지막 부분에 자구적 해석에 집중하였다. 그리고 권 IV와 권 V에 알레고리에 관한 것을 서술하였다.

요하네스 스코투스 에리게나의 《자연론》에서 위디오니소스의 영향을 주로 확인할 수 있으며, 고해자 막시무스와 그레고리 니싸의 《인간형성론》의 영향도 많이 드러나 있다. 그가 《자연론》에서 전개한 사상은 독자적인 것이었고, 인용한 사료보다도 높은 수준이었다. 그는 다른 이들의 사상을 토대로 하여 자신의 사상적 논리를 보다 깊이 있게 개진했던 것이다.

또한 에리게나는 《자연론》에 자연의 구분을 제시하였다. 그는 자연의 범위에 '모든 존재하는 사물과 존재하지 않는 사물들까지'도 포함시키고자 하였다. 그리하여 그는 자연을 첫째, 창조는 하지만 창조되지 않는 것-신 그 자체; 두 번째, 창조되지만 창조도 하는 것-제 1동인; 세 번째, 창조되지만 창조하지는 못하는 것-시공간, 우주론의 주제와 천지창조의 장르에 속하는 것; 네 번째, 창조하지도 못하고 창조되지도 않은 것-철학적 논문과 창세기 1:24-3:19에 대한 해석 등과 유사한 것 등의 4가지로 구분하였다.

또한 요하네스 스코투스 에리게나는 힝크마르 랭스의 요청으로 고트샬크[66]의 예정론을 논박했다. 그리하여 그는 당시 고트샬크의 예정론만

66) 고트샬크(Gottschalk, 810-869); 독일 신학자이며 838년경 랭스에서 사제 서품을 받았고, 대표적인 성 아우구스틴 연구자이다. 고트샬크는 마인츠 교회회의(848)에서 마우루스 대주교에 의해 이단자라고 비난을 받았고, 랭스의 대주교 힝크마르 랭스에게서 심리조사도 받았다.

큼이나 논쟁을 벌이고 있던 '이중'예정설[67]에 관한 논쟁에도 참여하게 되었다. 또한 850년경 그는 《신의 예정론》(*De divina praedestinatione*)도 저술했다. 사상가가 이러한 논쟁에 참여할 수 있었다는 점은 당시 학자 집단들 사이에 지적 상호 교류가 매우 활발했음을 알려준다.

요하네스 스코투스 에리게나는 5세기 중반에 집필된 마르티아누스 카펠라의 《필로로기아와 머큐리의 혼인론》(*De nuptiis Philologiae et mercurii*)[68]을 주석하였다. 《필로로기아와 머큐리의 혼인론》은 에리게나의 과학적 관심을 재확인해 주는 저술로서, 머큐리가 이전에 시도했던, 지혜(Sophia), 예언(Mantice)과 영혼(Phyche)과의 혼인의 실패 원인을 밝혀 놓았다. 필로로기아와 머큐리에 관한 신화는 다음과 같다. 머큐리는 이들과의 결혼에 실패한 이후 아폴로로부터 필로로기아와 혼인할 것을 권유받았으며, 또한 머큐리는 비르투와 아폴로와 함께 쥬피터를 찾아가서 필로로기아와의 혼인을 승낙 받았다. 또한 필로로기아는 쥬피터로부터 결혼에 앞서 머큐리의 배우자에 합당한 영원히 살 수 있는 신성도 부여받았다. 그로 인해 필로로기아의 입에서 학문의 신과 음악의 신이 수집했던 책들이 쏟아져 나왔다. 이 같은 신화는 그로 하여금 우주론에 대한 관심을 갖도록 하였다. 그리하여 그는 혼인을 위한 여정을 주인공들이 신의 나라로 가기 위한 여정으로 해석하였다. 그 후 그는 키케로의 《스키피오의 꿈》(*Somnium Scipionis*)[69]에 관한 마크로비우스의 주석을 활용하여 자신의 우주론적인 고찰을 한층 심화시켰다.

---

67) 이중예정설; 지옥에 떨어지는 것도 구원을 받는 것과 마찬가지로 신이 예정한 것이라면 신은 어찌하든 악의 창조자이기도 하다고 주장하는 것으로, 이에 따르면 구원도 그리고 구원 받지 못하는 것도 신에 의해 예정되어 있다.

68) S. Gersh, *Middle platonism and Neoplatonism: the Latin Tradition* (Notre Dame, 1986), 2 vols.

69) '스키피오의 꿈'은 키케로가 집필한 국가론에 나오는 신화이다. 3차 포에니 전쟁의 영웅인 스키피오가 꿈에서 아버지이자 2차 포에니 전쟁의 영웅인 스키피오 아프리카누스를 만나 진정한 덕의 실현에 대해 이야기를 나눈다.

영향

860년 경 에이릭 오세르[70]는 요하네스 스코투스 에리게나의 저서에 대해 알게 되었다. 그리하여 에이릭 오세르는 이를 성 요한에 대한 설교와 《성 게르마누스의 생애》(*Vita S. Germani*)를 집필하는데 활용하였다.

참고문헌

〈1차 사료〉

Johannes Scotus Eriugena, *Periphyseon*, ed. E.A. *Jeauneau, Corpus Christianorum Continuatio Medievalis,* CLXⅠ-CLXⅡ(1996~7).

〈2차 사료〉

G.-H. Allard, *Jean Scot Écrivain* (Montreal and Paris, 1983).

J.J. Contreni, *The Cathedral School at Laon from 850~930.*

John J. O'Meara and Ludwig Bieler (eds), *The Mind of Eriugena* (Dublin, 1970).

W. Otten, 'The Role of the Fathers in Carolingian Theology', in T*he Reception of the Church Fathers in the West,* ed. Irena Backus (Leiden, 1997).

R. Roques, *Libres sentiers vers'érigénisme* (Rome, 1975).

(손채연, 김민경)

70) 에이릭 오세르(Heiric of Auxerre, 841~876); 성인 전기 저술가. 그는 오세르에 있는 베네딕트 수도원에 입회하였고 페리에르에서 루퍼스 세르바투스에게 교육받았으며, 그 이후 라옹과 수아송에서 아일랜드 출신 학자들 밑에서 교육받았다. 그는 다시 오세르 수도원으로 돌아와 생을 마감할 때까지 그곳에서 교사로 지냈다. 그는 요하네스 스코투스 에리게나의 영향을 받은 설교와 저서를 남겼다.

힝크마르 랭스
(Hincmar of Rheims 806~882)

생애와 시대

힝크마르 랭스는 생 드니의 수도원에서 교육을 받았다. 그는 822년 생 드니의 수도원장이자 스승 힐두인[71]과 함께 루이 경건왕의 궁정으로 가게 되었으며, 834년 샤를마뉴 치세에 궁정관리가 되었다. 그 후 그는 샤를 대머리왕의 뜻에 따라 845년 랭스의 대주교가 되었다. 그는 대주교 즉위를 공표하는 서신에서 니케아 공의회, 콘스탄티노플 공의회, 에페수스 공의회, 칼케돈 공의회의 결정을 확고하게 인정하였다. 그리하여 그는 이 서한을 읽는 자들에게 자신이 공의회의 법령과 정통 신앙을 따르고 있다는 것을 재차 확인시켜 주었다.[72]

힝크마르 랭스는 교구를 열정적으로 개혁하였던 진취적인 대주교였다. 그는 이전 황제가 서임한 자들을 무효화하기 위해 자신을 주교직에서

---

71) 힐두인(Abbot Hilduin, 775-840); 생 드니의 수도원장으로 루이 경건왕의 요청으로 생 드니와 관련된 자료를 집대성하였다. 힐두인은 드니에 관련된 연대기를 집필하면서, 프랑스의 사도인 드니와 바울의 제자인 디오니소스 아레오파기테, 《아레오파기테 전집》의 저자인 신학자 위 디오니소스를 합쳐, 하나의 인물을 만들어 냈다.

72) Hincmar, *Epistolae* 1, *MGH Epp. Karolini Aevi*, Tome Ⅷ, Fasc. I (Berlin, 1939).

해임시키려고 하였던 황제 로타르 1세와의 대립도 두려워하지 않았다. 그는 《서신 12편》에서 자신에 대한 모순적이고 사실에 부합하지 않는 것들이 알려져 있는데, 이 같이 사실이 아닌 것에 현혹되는 자들은 이단적 성직자를 가지게 될 것이라는 잠언 29장 12절의 가르침을 깊이 새겨야한다고 주의를 주었다.[73)]

사상과 업적

힝크마르 랭스는 고트샬크가 주장한 '이중'예정설에 대한 논쟁으로 널리 알려졌다. 그는 교구 사람들에게 고트샬크의 주장을 반박하는 《서한 37편》을 보냈다. 왜냐하면 그는 교구 사람들이 이단에 빠지는 것을 원치 않았기 때문이었다. 한편 그는 레미기우스 오세르를 자신의 대주교라고 언급하였다.

힝크마르 랭스는 사탄은 사악해서 교회의 통합을 깨뜨리기 위해 오류를 전할 기회를 엿보고 있다고 경고하였다. 사탄의 본 모습을 본 사람들은 사탄을 멀리 할 것이지만, 그렇지 않은 사람에게 사탄은 빛의 천사 모습으로 위장하고 나타난다는 것이다. 거짓 그리스도들과 거짓 예언자들의 등장은 교회의 역사에서 새로운 일은 아니다. 그렇다 하더라도 그는 자신의 교구에서 등장한 거짓 예언자를 보고만 있을 수는 없었다. 고트샬크가 예지와 신의 예정을 혼동하여, 선행을 하고도 지옥이 예정되어 있는 자들과 악행을 저지르고도 구원이 예정된 자들이 있다고 주장했기 때문이었다.

고트샬크의 함의는 신이 모든 인류를 위해 죽은 것이 아니며, 또한 세례는 구원이 예정되어 있지 않은 자들의 죄를 정화하지 않는다는 것이다. 이 같은 교리는 오류였다. 그리하여 그는 고트샬크의 저술을 갖고 있는

---

73) Hincmar, *Epistolae* 12, *MGH Epp. Karolini Aevi*, Tome VIII, Fasc. I (Berlin, 1939).

자들에게 그것을 없애버리라고 촉구하였다. 그 후 힝크마르 랭스는 사목적 의도에서 초기 교부들의 일부 글을 토대로 한 요약글을 제공하여 고트샬크의 주장에 현혹된 자들이 활용할 수 있도록 하였다. 또한 그는 예지와 예정에 관한 일련의 정의도 규정하였다. 그에 따르면, 예지(*praescientia*)란 앞으로 일어 날 일과 그리고 그 일이 실제로 일어날 장소를 미리 아는 것이며, 반면에 예정(*predestination*)이란 신의 은총으로 예정되어 있거나 예비 된 것을 의미하였다. 그러니까 고트샬크 주장의 치명적 오류는 신이 악의 창안자임을 내포하고 있었다.[74] 따라서 그는 오류에 근거한 고트샬크의 주장 즉 인간에게 구원도 예정되어 있으며 또한 지옥으로 가는 것도 예정되어 있다는 것은 오류라고 밝혔다.[75]

힝크마르 랭스는 라트람누스 코르비[76]를 포함한 당대의 몇몇 학자들의 저서도 활용하여 고트샬크의 주장을 신랄하게 반박하였다. 그의 요청으로 요하네스 스코투스 에리게나도 이 논쟁에 참여 하게 되었다. 그러나 에리게나가 집필한 《신의 예정론》은 오히려 그에 대한 반발을 거세게 불러일으켰다. 그리하여 그는 직접 다소 난해한 《신의 예정론과 자유의

74) Hincmar, *Epistolae* 37, *MGH Epp. Karolini Aevi*, Tome Ⅷ, Fasc. I (Berlin, 1939), pp. 12-3.

75) Hincmar, *Epistolae* 37, *MGH Epp. Karolini Aevi*, Tome Ⅷ, Fasc. I (Berlin, 1939), pp. 14-20.

76) 라트람누스(Ratramnus, 800~870); 코르비 출신의 그는 '그리스도의 몸과 피'라는 소논문으로 유명하다. 이 저술에서 그는 화체설을 비판하였다. 그에 따르면 떡과 잔은 제단에서 그리스도의 몸과 보혈에 대한 신비로운 상징들이며, 성찬성사를 통해 그 요소들의 외형은 결코 변하지 않으며, 떡과 잔의 물질적 성격도 변하지 않는다. 그것들은 단지 상징적이며 비유적인 것일 뿐이라고 주장했다. 이 논문은 샤를 대머리왕이 라트람누스에게 요청하여 작성된 것이다. 그는 또한 아우구스틴적인 이중예정론도 주장했다. 라트람누스 견해는 1050년 베르첼리 종교회의에서 이단으로 정죄 받았다. 그러나 종교개혁 시절 그의 책이 다시금 관심을 받기 시작했다. 특히 영국에서 토머스 크랜머는 라트람누스의 논문을 영어로 번역하여 화체설을 반대하는데 활용하였다.

지》(*De praedestinatione Dei et libero arbitrio*)를 집필하게 되었다. 이 논쟁을 종식시키기 위한 두 번의 종교회의가 853년에는 키에르시에서 그리고 855년에는 발렌시아에서 열렸다. 이 두 종교회의에서 내린 결정은 방식을 달리 했지만, 공식적인 문서로 고트샬크의 주장을 금지한다고 공표하였다. 이점은 힝크마르 랭스에게서 확인할 수 있는 가장 두드러진 특징이다. 그는 자신이 알고 있는 해박한 법적 지식을 활용하여 교구를 관리하고 있었다. 그러니까 힝크마르 랭스는 탁월한 실천적 주교였던 것이다.

영향

예정에 관한 문제는 14세기에 다시 한 번 중요하게 제기되었으며, 16세기에도 캘빈에 의해 가장 주목받았다. 캘빈은 이중 예정론을 강력히 주장한 인물이었는데, 캘빈은 이 이중 예정론을 성 아우구스틴이 사목적 결과를 우려하여 철저하게 반대하고 있던, 구원받을 사람은 자신이 구원받을 것을 알고 있다는 이론과 동일시하였다. 그러나 이것이 함의하는 바는 절망적인 사목이었다. 구원에 예정되지 않은 자들은 단지 절망에만 빠져 있을 것이고, 구원에 예정된 사람들은 선한 사람이 되려는 어떠한 노력조차 하지 않을 것이기 때문이다.

참고문헌

〈1차 사료〉

Hicmar, *Epistolae, MGH Epp* 8i. (Berlin, 1939).

Hincmar, *De divortio Lotharii Regis et Theutergae Reginae,* ed. L. B hringer(Hanover, 1992).

Hincmar, *Collectio de ecclesiis et capellis,* ed. M. Stratmann (Hanover, 1990).

Hincmar, *De ordine palatii,* ed. T. Gross and R. Schieffer, *MGH Fontes,* 3 (Hanover, 1980).

〈2차 사료〉

W. Otten, 'Carolingian Theology', in *The Mediaeval Theologians,* ed. G.R. Evans (Oxford, 2001), pp. 65-84.

(손채연, 김민경)

레미기우스 오세르
(Remigius Auxerre 841~908)

생애와 시대

레미기우스 오세르는 아마도 부르고뉴 지방에서 태어난 것 같다. 그는 카로링 왕조 시기에 오세르의 생 제르맹 수도원에서 배출한 일군의 뛰어난 학자집단에 속한다. 그는 루푸스 페리에로도 알려진 에이릭 오세르의 제자였으며, 라바누스 마우루스[77]의 제자이기도 하였다. 그는 에이릭 오세르가 세상을 떠나자 그의 후임으로 랭스에 있는 학교의 교장이 되었다. 이후 레미기우스 오세르는 랭스의 대주교 풀크의 랭스 성당학교의 수준을 올려 달라는 요청을 받고 랭스의 학교에서 다시 가르치게 되었다. 900년 대주교 풀크가 세상을 떠나자, 레미기우스 오세르는 랭스의 성당학교를 떠나 파리의 학교에서 가르쳤던 것 같다. 그러나 908년 이후의 그에 삶에 관해서는 알려진 바가 없다.

---

77) 라바누스 마우루스(Rabanus Maurus, 776~856); 알퀸의 제자이며 이시도르의 책을 참고하여 22권의 『우주론』(*De universo*)을 저술하였다. 또한 그는 성직자들을 위한 교회의 교리 및 수학에 관련된 교재를 집필하였고 거의 모든 성경에 대한 주석을 남겼다. 이후 풀다(Fulda)의 대수도원장으로 선출되어 수도원을 학문의 중심지로 발전시켰다. 그는 마인츠 교회회의(848)에서 고트샬크의 이중 예정설의 비판하였고 파사시우스 라베르투스의 성체성사의 실체변화를 반박하는 글을 작성하였다.

사상과 업적

레미기우스 오세르는 제자들이 교재로 사용할 저서들을 주석했다. 그는 성서와 고전의 주석 작업을 했으며, 이를 제자들이 교재로 사용하였다. 그러니까 그의 주석서는 교육적인 목적에 맞는 실용적인 것이었다. 또한 그의 주석서들은 오세르 학파의 공동작업의 결과였다. 한편 그는 도나투스, 프리키아누스, 포카스 등의 라틴 문법학자들과 카토의 《대구》(*Distichs*), 보에티우스의 《철학의 위안》, 고대 시인 《유베날리스》(*Juvenal*), 비드의 《운율학》(*Ars metrica*)과 《주제와 형식》(*De schematibus et tropis*) 등을 주석 하였다.

또한 레미기우스 오세르는 마르티아누스 카펠라의 《필로로기아와 머큐리의 혼인》 주석서를 집필하였다. 그의 《필로로기아와 머큐리의 혼인》은 라바누스 마우루스의 방대한 주석을 토대로 하여 비유적인 해석보다는 단순히 자구적인 해석에 집중되어 있었다. 또한 머큐리는 7 인문학을 자신의 신부, 필로로기아의 시녀로서 표현하였다. 그러니까 《필로로기아와 머큐리의 혼인》은 매우 다른 유형의 '백과전서'이었던 것이다.

한편 레미기우스 오세르의 성서 해석적 저술로는 '창세기 주석서'와 '시편 주석서'가 있으며, 여기에 '미사전례에 관한 주석서'도 포함되었다. 이 주석서들이 후에 《표준주석서》(*glossa ordinaria*)에 포함되었다는 점에서 '오세르학파'는 중요한 의의를 갖는다. 레미기우스는 카롤링 왕조 후기 집필된 창세기 주석서의 저자도 아니며, 오세르 학파의 유일한 스승도 아니었다. 예를 들면 아이모 오세르 역시 창세기 주석서의 저자로 알려져 있었다. 이는 앞에서도 언급했듯이 레미기우스 오세르의 주석서들이 오세르 학파의 공동작업의 산물임을 밝혀주는 좋은 예이다. 오세르 학파는 일군의 전거들로부터 취한 논점들을 이해하기 편리하도록 학문적인 주석 작업을 하였다. 이러한 작업이 토대가 되어 후에 이들의 주석서들이 ‘표준주석서’에 포함될 수 있었다.

레미기우스 오세르의 주석서에 오세르의 수도원과 플뢰리의 수도원[78] 그리고 그 밖의 다른 수도원들 간의 밀접한 관계가 반영되었다. 그의 주석서에서 850~75년 사이에 활발하게 저술활동을 한 아드레발드 플뢰리의 창세기에 대한 자구적인 해석이 확인되었다. 레미기우스 오세르는 아드레발드 플뢰리의 해석을 당시 성서해석에 대한 저술 활동이 뜸했던 아이모 오세르의 주석과 함께 자신의 두 편의 주석서에 포함시켰다. 그 뿐만이 아니라 레미기우스 오세르의 주석서에서 알퀸의 영향을 많이 받은 안겔로무스 뤽세이유의 주석도 확인된다. 그렇기는 하지마는 레미기우스 오세를가 창세기 주석서를 집필하면서 가장 많이 인용한 것은 라바누스 마우루스였다.

레미기우스 오세르는 활용한 사료와 그 사료에 대한 토론을 하나로 결합시켰다. 그러나 그는 그 사료들이 예외적이어서 독자들의 편의를 위해 밝힐 수밖에 없는 경우에만 출처를 밝혔다. 마르티아누스 카펠라에 대한 주석[79]은 요하네스 스코투스 에리게나와 둔샤드[80]의 영향을 받았던 것 같으며, 마르틴 라옹의 영향도 받았던 것 같다. 레미기우스 오세르가 공식적으로 밝히지는 않았지만, 이들의 이름이 그의 주석서에서 자주 언급되었다.

78) 아보 플뢰리(Abbo of Fleury, 945~1004); 성 아본으로도 알려졌으며 오를레앙에서 태어나 베네딕트회인 플뢰리 수도원에 입회하여 파리와 랭스에서 수학하고 988년에 플뢰리 수도원의 수도원장이 되었다. 그는 클루니의 개혁을 지지하였으며 교황권의 강력한 지지자였으며 동시에 세속권력과 주교들의 간섭으로부터 수도원의 자유를 주장하였다.

79) *Remigii Autissiodorensis Commentum in Martianum Capellam*, ed. Cora E. Lutz (Leiden, 1962), 2 vols.

80) 둔샤드(Dúnchad mac Cinn Fáelad, ?~717); 707~717년 기간에 스코틀랜드의 이오나 대수도원장으로 있으면서 이오나 지역의 켈트족 수도자들을 설득하여 로마 전례를 수용하도록 하였다. 또한 그는 베네딕트의 수도원 규칙 등도 수용하였다.

영향

시제베르 장블루는[81] 《교회의 저술가들》(*Liber de Scriptoribus Ecclesiasticis*)[82]에 레미기우스 오세르를 포함시켰다. 그에 따르면, 레미기우스 오세르는 일반문헌에 대한 해석에도 유능하였지만 성서 해석에도 탁월하였다.

여기서 오세르 학파가 미친 전반적인 업적과 지속적인 영향을 살펴보기로 하자. 여러 세기에 걸친 성서에 대한 주석 작업의 결과, 성서의 몇몇 부분들은 그 밖의 부분에 비해서 주석가들로부터 보다 많은 주목을 받아왔다. 이를테면 바울 서신과 구약성서의 지혜서 등이 그러한 것들이다. 그리하여 성서 주석 작업에 있어서는 약간의 빈틈이 있었다. 그 후 라옹 학교에서 가르치고 있었던 수도승 랄프 글라베르와 수도승 안셀름 캔터베리가 성서에 대한 주석 작업을 주로 하였던 시기에 집필된 주석서들을 하나로 모아 체계적으로 편찬해 놓은 것이 《표준주석서》이다. 이것은 12세기에 성서 주석에 대한 표준서가 되었다. 성서 주석에 관한 전거들을 하나로 모으는 이 같은 편찬 작업은 성서에 관한 수많은 주석서들을 전부 살펴보아야 하는 방대하고 보다 복잡한 작업이었다.

이 같은 《표준주석서》의 편찬 작업은 성서의 여러 다양한 부분들에 대해서 서로 다르게 시행되었다. 이를테면 시편과 바울 서신의 주석은 상당히 많이 수록되었으며, 그 밖의 부분은 그리 많이 수록되지 못하였다. 수록된 것들 가운데 카로링 왕조기의 학자들, 특히 레미기우스 오세르의 시편 주석서와 라바누스 마우루스의 지혜서 주석서가 있다. 이들 주석들의 전거들로서 주로 활용되었던 것은 교부들의 것이었다. 성서의

---

81) 시제베르 장블루(Sigebert of Gembloux, 1030~1112); 연다기 작가로 그의 주요 저서는 381년부터 1111년까지를 다룬 《연대기》(*Chronographia*)와 《성인전》(*De Viris Illustribus*)이 있다.

82) *Patrologia Latina* 160.573.

특정 부분의 경우, 단지 교부한 명의 주석이 지배적인 것도 있었는데, 교황 그레고리 1세의 《욥기서》 주석서가 그것이었다.

참고문헌

〈1차 사료〉

Remigius, *Expositio super Genesim,* ed. Burton Van Name Edwards, *Corpus Christianorum Continuatio Mediaevalis,* 136 (Turnhout, 1999).

Remigii Autissiodorensis, Commentum in Martianum Capellam, ed. Cora E. Lutz (Leiden, 1962), 2 vols.

Remigii Autissodorensis, *Expositio super Genesim,* ed. Burton edwards, *Corpus Christianorum Continuatio Mediaevalis,* CXXXVI (1999).

〈2차 사료〉

Burton Edwards, *In Lécole carolingienne d'Auxerre: 830-908,* ed. Iogna Pratt, C. Jeudy and G. Lobrichon (paris, 1989).

(손채연, 김민경)

게르베르 오릴락
(Gerbert of Aurillac 940~1003)

생애와 시대

게르베르 오릴락(교황 실베스터 2세)은 프랑스 남부 아뀌뗀느에서 어린 수도승으로 경력을 쌓기 시작했다. 당시 아뀌뗀느는 우마이야 칼리프조가 전성기를 이루고 있었던 스페인 코르도바와 지역적으로 매우 인접해있었다. 그리하여 게르베르 오릴락은 이슬람 학풍의 여러 요소들을 실체적으로 수용하게 되었다. 그는 비시 주교 하또의 성당 학교에서 가르치게 되었는데, 하또의 성당학교는 4과[83]를 치열하게 학습시키고 있었다. 인근 도시, 생 마리 드 리폴에 유명한 과학적 저술들을 소장한 것으로 널리 알려진 도서관이 있었다. 그리하여 이 같은 환경적 요소들은 게르베르 오릴락으로 하여금 수학과 과학에 관심을 가지도록 고무하였다.

게르베르 오릴락은 970년에 교황 요한 13세를 만나기 위해 로마에

83) 일반적으로 카로링 왕조 시대부터 중세학교의 교과과정은 3단계로 나누어져 있었다. 초중등교육에 해당하는 기초적인 라틴어의 읽기와 쓰기, 셈, 노래, 약간의 문법과 날짜계산법을 학습하는 단계가 있고, 그 다음 교육 과정은 7인문학 과정이다. 7 인문학 과정은 다시 2단계로 나뉘어 3과(trivium: 문법, 수사학, 논리학)와 4과(quadrivium: 산술, 기하, 천문학, 음악)로 구성되어 있다.

갔다. 그러나 그가 일찍부터 관심을 갖고 있었던 것은 교회정치가 아닌 학문이었다. 그리하여 그는 로마를 떠나 학문적 작업으로 복귀하였다. 그 후 그는 972~80년까지 랭스에서 공부했으며, 980~83년까지 보비오 수도원에서 수도원장으로 있었고, 989~93년 사이에 랭스로 다시 돌아와서 그곳에서 지냈다. 보비오에도 훌륭한 도서관이 있었지만, 그는 보비오의 사회적 소요를 우려하여 그곳을 떠나 랭스로 다시 돌아갔던 것 같다. 그는 랭스에서 랭스 대주교 아달베로의 보호를 받으며 연구생활을 지속하였다. 10, 11세기의 초기 저술가들이 수도원과 주교좌성당 학교를 오가며 생활하는 일은 예외적인 것이 아니었다. 더욱이 이는 학문적 안정과 침묵의 시간을 갖기 위한 정기적 '피정'의 형태로 이루어졌다.

우리는 역사학자 랄프 글라베르[84)]로부터 11세기 초 이러한 '지식인 사회'의 인물들에 대한 이해를 가질 수 있다. 랄프 글라베르에 따르면, 게르베르 오릴락은 논리적으로 뛰어난 학문적 정신과 인문학에 관한 탁월한 지식을 가진 인물이었으며, 풀베르 샤르트르[85)]는 랑프랑[86)]과 베렝가르 시기에 이르기까지 활발하게 저술활동을 한 인물이었다. 랄프 글라베르는 오세르의 생 제르맹 수도원에서 990~1010년 경 상당히 오랜 기간 동안 수도승의 삶을 살았다. 그러나 랄프 글라베르는 베네딕트 수도원

84) 랄프 글라베르 (Rodulfus or Ralph Glaber, 985~1047); 프랑스의 성직자·연대기 작가로 그가 저술한 1000년경을 다룬 연대기는 그 시기 프랑스 역사의 주요 사료로 활용되고 있다.

85) 풀베르 샤르트르(Fulbert of Chartres, 970~1028); 이탈리아 출신인 샤르트르는 게르베르 오릴락 밑에서 수학하였고 990년에 대성당의 주교로 임명되어 11세기 초에 유럽에서 가장 활동적인 인문학교를 설립하였다.

86) 랑프랑 (Lanfranc, 1005?~1089); 이탈리아 중세기 초의 스콜라학자이며 파비아 출신이다. 노르망디 벡의 베네딕트의 수도원에 입회하였고, 이어서 수도원장이 되어 원내에 학교를 설치하였고 이는 당시에 있어서 학문의 중심가 되었다. 그의 제자로는 이보 샤르트르, 안셀름 캔터베리, 교황 알렉산더 2세 등이 있다. 그는 후에 영국으로 건너가 캔터베리의 대주교가 되었다.

수도승으로서는 놀라울 정도로 여러 수도원으로 옮겨 다녔다. 이처럼 그가 여러 수도원으로 옮겨 다니게 된 이유는 랄프 글라베르가 그들과 동의하지 않고, 일탈적인 행동을 보였기 때문인 것 같다. 랄프 글라베르도 자신의 비관용적인 행동으로 인해 생 제르맹 수도원을 떠날 수밖에 없었다고 인정하였다. 랄프 글라베르는 1024~30년(혹은 1016년부터) 사이 기간을 생 베니뉴 디종에서 은수자로서 생활하였으며, 또한 1030~34/5년 기간에는 클루니에서 지냈다. 그 후 그는 오세르의 생 제르맹 수도원으로 돌아와 1036/7~46년까지 지내다가 그곳에서 생을 마감하였다.

랄프 글라베르는 중세 저술가의 삶을 보여주는 아주 좋은 예이다. 그는 제한된 지리적 영역과 베네딕트 수도원에 속하는 사람들 간의 관계 안에서 지내면서도 사상과 저술 활동의 규모와 목적에 있어서 높은 수준의 종말론적인 이상을 가지고 있었다. 그는 종말론적인 차원에서 실생활을 영성적으로는 물론 지적으로 영위하는 것을 수도승의 소명으로 간주하였다. 그리하여 랄프 글라베르는 자기 삶의 경험들을 소규모의 신학적 저서, 《역사》(*History*)에 밝혀 놓음으로써 자신이 가진 역사관을 영원 속에서 조명하고자 했다. 예를 들어 그는 콘스탄티노플의 주교와 바실리우스 황제가 어떻게 하면 콘스탄티노플 교회가 보편교회인 로마교회처럼 설득력 있는 주장을 펼 것인가에 대해 그리스 주교들과 논의한 시점을 1024년경으로 설정해두었다. 랄프 글라베르의 《역사》는 그리스도의 죽음 이후의 첫 번째 천년 기간과 또한 그 자체로 새로운 천년의 시작이라고 간주하였던 시기를 모두 다루었다.

사학사적으로 볼 때, 랄프 글라베르의 접근방식은 세계의 역사를 창조 이래로 당대의 사건들에 이르기까지의 역사로 계속 확대시키는 것이었다. 그리하여 그는 항상 새로운 무엇인가를 계속 제공하려고 하였다. 랄프 글라베르는 《역사》에서 그리스도의 출현 900주년 이후에 살았던 위대한 인물들을 모두 서술하고자 하였다. 또한 그는 당대의 프랑스와 게르만 지역의 사건들에 대해서도 정통한 지식을 가지고 있다. 랄프 글라베르는《역사》를 통해 직접 겪었거나 확실히 기록되어 있는 경우에 대해서만 서술하였다고 밝혔다. 랄프 글라베르는 당대인들이 직접 겪은 많은 것과 그 보다 더 많은 것을 진실한 서술자로부터 얻어, 그것을 토대로 위인전을 작성하였다고 밝혔다. 그러나 사실 그의 지식은 단편적이었다. 그는 브리튼을 신뢰하지 못했고 노르망디에 대해서는 충분한 지식을 갖지 못하였다. 그러나 그는 브리타니와 앙주 간에 있었던 전쟁에 대해서는 잘 알고 있었다.

이러한 시기에는 성인전을 성인의 덕망을 기념하고 다른 이들에게 본이 되는 형태로 작성하는 것이 일반적이었다. 그러나 랄프 글라베르는 이와는 구별되는 형태의 성인전을 집필하였다. 랄프 글라베르의《수도원장 윌리엄의 생애》(*Vita Domni Willelmi abbatis*)는 11세기 이후에 서술될 전기의 특징을 잘 보여 주고 있었다. 그리하여 11세기 말에 작가를 고용하여 성인전의 필수요건에 맞추어 성인의 삶을 구성하는 일도 행해졌다.《수도원장 윌리엄의 생애》에 따르면, 윌리엄의 모친은 고귀한 혈통일 뿐만 아니라 뛰어난 덕성도 지녔다. 게다가 그의 모친은 앞으로 성인이 될 아들을 가진 모친들의 공통점이었던 예언적인 꿈도 꾸었다. 그의 모친이 꿈에서 보았던 것은 전례 의상인 달마티카를 입고 있는 자신의 오른쪽 가슴에 가득한 찬란한 태양의 빛이었다. 이때 천사들이 나타나 그녀의 아기를 높이 들자, 아기 주위가 빛으로 환해졌다. 그리하여 그녀는 너무 경이로운 나머지 아기 윌리엄을 성모님께 바치겠다고 하였다. 그 후 윌리엄은 모든 면에서 뛰어나게 성장하였고, 7살이 되었을 때 성모와 성 미카엘에게 봉헌된 루체디오 수도원에 보내졌다. 그곳에서 윌리엄은 오래지않아 그의 동료들보다 뛰어난 인물이 되었다.

한편 우리는 풀베르 샤르트르를 통하여 랄프 글라베르가 학자로 그리고 교육자로 몸담고 있었던 수도원과 성당학교의 지적 세계에 대한 다른 시각도 확인할 수 있다. 여기서 랄프 글라베르의 또 다른 면모가 밝혀졌다. 샤르트르 학교 등의 성당학교는 왕실의 지지나 황제의 후원에 의존하지 않는 독립성과 지속성 때문에 특히 중요하였다. 황제 샤를마뉴 시기에 황제는 모든 주교좌성당에 학교를 유지하고 교회의 교리를 엄격하게 교육시키도록 요구하였다. 이러한 주교좌성당 학교는 외부세계에도 개방되어 학문의 당대적 흐름을 수용하는 통로였다. 당시로 보면 수도원 학교는 수도원에서 삶을 영위하기를 원하는 예비수사를 대상으로 하였기 때문에 교육의 초점을 종교적 품성에 두고 있었다. 그리하여 이들 수도원 학교들은 외부 세계와의 학문적 교류가 원만하지 못한 경우도 있었다. 우리가 이전 몇 세기를 통해 검토했듯이 학교에서의 이 같은 개방적 변화는 결코 획일적이거나 간단한 것이 아니었다. 따라서 이 같은 성장에는 그 기저에 매우 다양한 변화가 있었음을 알 수 있다.

풀베르 샤르트르는 960~70년경 피카르디 지방의 평범한 가정에서 태어난 것 같다. 그는 980년대 랭스에서 게르베르 오릴락에게 사사를 받았고, 샤르트르에는 990년경에 간 것으로 보인다. 그는 수도승은 아니었지만, 경건한 삶을 영위하여 사람들의 존경을 받았다. 풀베르 샤르트르가 작성한 서한과 시는 오늘날까지 전해진다. 그는 1004년 아보 플뢰리에게 보낸 서한에서 고통 받는 그리스도교도의 영혼들이 쉴 수 있는 곳에 대해 질문하였다. 이에 대해 흔히 '수도원 내에 거주하는 것'을 그 해답으로 알고 있었다. 그러나 풀베르 샤르트르는 당시 도둑들도 수도원에 들어간다고 한탄하며, 영적인 관점에서 보면 그 어디에도 안전한 곳은 없다고 아쉬워하였다. 이후 인간에게 '내면으로의 순례'를 실천하기 위한 안전한 공간에 대한 영적인 욕구가 있다고 간주하는 인식은 '세상과 거리를 두기'를 주장하는 수도원 문학의 성장을 이끌어 내었다.

이에 관한 풀베르 샤르트르의 몇몇 《소책자》(*opuscula*)가 전해지고 있다. 풀베르 샤르트르의 《반 유대교도론》(*Contra iudaeos*)은 건물에는 지붕과 벽과 토대가 반드시 있듯이, 왕국에는 한 명의 왕, 신민, 영토가 반드시 있다고 하는 견해를 전개하였다. 이 저술은 유대인들의 이성에 호소하여 그들에게 그리스도교 신앙의 진실성을 설득시키려고 집필한 반론 글이었다. 이 저술 역시 우리가 앞으로 살펴볼 12세기의 주된 흐름이 될, 이를테면, 헤르마누스 유대우스에서 확인되는 저술의 계보에 속하게 될 것들이었다. 헤르마누스 유대우스는 천문관측기구인 아스트롤라베(*astrilabe*)와 관련하여 아랍어-라틴어 용어집을 집필하였는데 여기서 게르베르 오릴락의 영향이 확인된다.

게르베르 오릴락이 수도원과 주교좌성당 학교에서 교육을 받고 천년왕국적인 이념들의 사고체계를 발전시키며 비교적 평화롭고 조용하게 지내던 생활은 끝이 났다. 999년 게르베르 오릴락은 교황으로 선출되었으며, 또한 실베스터 2세라는 이름을 선택하였다. 이는 4세기 전반 최초의 그리스도교 황제 콘스탄티누스 대제 시기의 교황이 실베스터 1세라는 교황명을 가지고 있었던 것을 염두에 둔 선택이었던 것 같다. 당시 서기 1000년이 다가오고 있었고 이에 따라 세상의 종말이 얼마 남지 않았다고 보았다. 이에 게르베르 오릴락은 그리스도교 왕국이 종말을 맞게 되는 시기에 교황이 된 자신도 마땅히 실베스터 2세라는 교황명을 갖고 있어야 한다고 여겼던 것 같다.

사상과 업적

사상가로서의 게르베르 오릴락의 개인적 관심은 주로 수학에 있었던 것 같다. 그리하여 그의 많은 서한들은 수학적 질문을 담고 있다. 예를 들면, 그는 아델볼드에게 보내는 서한에 삼각형에 대해 설명하였다. 또한 그가 접하였던 아랍어 저서가 어떤 것인지는 불분명하지만, 그는 아랍 숫자 체계에 대해서도 알고 있었다. 당시 아랍인들은 이미 제로를

'0'으로 표시하는 방법을 고안해 냈다. 사실 서구에서도 '0'를 알고는 있었지만, 그것의 함의까지 이해하고 있었던 것은 아니었다. 이 같은 수 표기법과 계산방법이 서구에 전달된 것은 한 두 세대 이후의 일이었고 그 후 로마 숫자가 아랍 숫자로 널리 교체되어 활용되었다. 그는 주판을 백, 십, 일의 단위 자릿수 개념을 포함시킨 계산기라고 설명하였다. 이는 주판에 대한 서구인의 새로운 관심을 불러일으켰다. 주판은 수 계산을 하면서 자릿수 개념이 포함된 아랍 의 수 원리를 활용할 수 있었고, 그로인해 자릿수가 비어있음을 뜻하는 0인 '시포스'(*sipos*)[87]를 사용할 수 있게 되었다. 주판을 이용한 계산법들은 로마 숫자 체계에서 서서히 자취를 감추었지만, 서구인들은 아랍의 수 원리를 활용하여 라틴의 수 체계를 견고히 확립해 놓았다.

그러나 게르베르 오릴락은 유클리드를 접하게 되면서 기하학에 더 큰 관심을 갖게 되었다. 그는 4개의 수리적 과목 중에서 기하학을 산수와 음악에 이어 세 번째에 위치시켰다. 또한 그는 기하학이 이집트에서 경작지 측량에 실제적으로 유용했기 때문에 이집트인들이 기하학 법칙을 발견하게 되었다고 지적하였다. 그리하여 그의 일부 제자들도 기하학에 지적인 관심과 흥미를 느끼기 시작하였다. 또한 그는 기하학이 지혜를 사랑하는 모든 이들에게 유용하다고 주장하였다. 이는 지혜를 추구하기 위해 가장 많이 활용되는 성서에 신은 모든 사물을 수와 길이와 무게를 활용하여 창조하였다고 기록되어 있었기 때문이었다.

87) 시포스(*Sipos*); 조그마한 조약돌은 의미하는 그리스어 séphos에서 유래된 용어로 O의 존재를 의미하는 것으로 활용되었다.

영향

게르베르 오릴락의 가장 널리 알려진 제자는 랭스의 리세르 데 생레미였다. 리세르는 자신의 《역사》(*History*)에서 스승 게르베르 오릴락의 연구 성과를 설명하였으며, 또한 스승에게는 제자들도 많이 있었다고도 언급하였다. 게르베르 오릴락의 제자들 중에는 풀베르 샤르트르도 포함되었다.

참고문헌

〈1차 사료〉

N. Bubnov, *Gerberti Opera Mathematica* (Berlin, 1899).

Historiarum Libri Quinque and Vita Domni Willelmi Abbatis, ed. and trans. J. France (Oxford, 1989).

Aelfric's Colloquy, ed. G.N. Garmonsway (London, 1939).

The Old English Version of the Heptateuch, EETS (Oxfrod, 1922).

Exameron Anglice, ed. S.J. Crawford (Hamburg, 1921).

Aelfric, *Lives of Saints,* ed. W. Skeat, EETS (Oxford, 1890, repr. 1988).

Aelfric, *Homilies, A Suplementary Collection,* ed. J.C. Pope, EETS (Oxfrod, 1967).

Fulbert of Chartres, *Contra judaeos, Patrologia Latina* 141. 305ff.

The Letters and Poems of Fulbert of Chartres, ed. F Behrends (Oxfrod, 1976).

〈2차 사료〉

Loren C. Mackinney, *Bishop Fulbert and Education at the School of Chartres* (Notre Dame, 1957).

P. Riché, *Les écoles et l'enseiignement dans l'occident chrètien de la fin du ve siècle au milieu du xi siècle* (Paris, 1979).

P, Riché, *Gerbert d'Aurillac, le pape de l'an mil* (Paris, 1987).

B. McGinn, *Antichrist* (San Francisco, 1994).

(손채연, 김민경)

베렝가르 투르
(Berengar of Tours 1010~1088)

생애와 시대

베렝가르 투르의 가계는 투르에 있는 성 마르틴 수도원의 참사회 회원들을 지냈다. 이곳에서 풀베르 샤르트르의 교육자로서의 개인적인 영향력이 재차 확인되었다. 그렇긴 하지마는 1006년 이후 풀베르 샤르트르 자신이 봉건 사회에서 교회가 직면했던 문제들에 많은 시간을 빼앗겼던, 기본적으로 분주한 주교였기 때문에, 실제로 풀베르 샤르트르는 자신이 했던 역할보다는 훨씬 더 과장되어 평가되었다. 또한 풀베르 샤르트르가 가르쳤다고 하는 샤르트르의 학교도 그 존재 여부가 불분명하였다. 샤르트르 학교에 관한 최초의 기록은 10세기의 이 학교 교장에 관한 기록인데, 교장이 참사회 의장도 겸했던 것 같다. 이 학교에 대한 풀베르 샤르트르의 명성은 그 자체로 중요하였다. 왜냐하면 그것이 샤르트르 학교와 다수의 저명인사들과의 유대를 맺어주는 연결고리였기 때문이다. 풀베르 샤르트르가 위대한 교사로 평가받고 있었기 때문에 샤르트르 학교는 이 같은 소문만으로도 혜택을 누릴 수 있었다. 베렝가르 투르는 샤르트르의 학교에서 교육을 받았다. 그가 샤르트르의 학교에서 보낸 학창 시절에 관한 것은 그의 학교 동료들의 기록에서 확인되었다. 기트문트 아에르사는 그가 매우 명랑하고, 교사의 눈치를 보는 일도 없었으며, 다른 교수들로부터 주목 받지도 못하였고 인문학 교재들도 중요하게 생각하지 않았다고 전하였다[88]. 한편 아델만 리에주는 그를 학생들 사이에서 높이 평가되는 훌륭한 '동료(*collectaneum*)'로 평가하였다. 또한 아델만 리에주는 그와 감미로운 우정을 서로 향유하였다고 밝혔다. 아델만 리에주에 따르면, 풀베르 샤르트르의 학생들은 풀베르 샤르트르를 '플라톤에 대한 자신들의 외경보다도 더욱 존경하는 소크라테스'라고 불렀으며[89], 이들은 저녁 무렵 스승 풀베르 샤르트르와 사적인 담화를 나누는 시간도 가졌다. 이때 풀베르 샤르트르는 제자들에게 열심히 공부하고 의로운 좁은 길을 벗어나지 말라고 하였으며, 또한 열과 성을 다해 노력하여 사탄의 유혹으로부터 스스로를 지킬 것을 고무하였다. 한편 휴 랑그르[90]는 샤르트르 대성당의 참사회 회원으로 있다가 후에 랑그르의 주교가 되었으며, 성직매매라는 죄목으로 면직되어 참회자로서 베르덩으로 보내졌다. 그러나 휴 랑그르는 베렝가르 투르의 논쟁 상대로 다시 등장하였다.

생 리퀴에르 수도원의 안젤람 스콜라스티쿠스(Angelam the scholasticus)는 자신이 집필한 《성 리샤리의 생애》(*Vita S. Richarii*)의 서문에 스승 풀베르 샤르트르에게 헌사를 바쳤다. 안젤람 스콜라스티쿠스에 따르면 스승 풀베르 샤르트르는 인간적인 지혜는 말할 것도 없고 신성한 지혜까지 물려받은 뛰어난 학자였다[91]. 또한 안젤람 스콜라스티쿠스는 《안젤람의 생애》(*Vita Angelranni*)에서 풀베르 샤르트르는 교사이며 안젤람은 제자라고 언급하였다[92]. 스승에 대한 이 같은 서술들은 아마도 과장되었

88) PL 149.1428.

89) PL 143.1289.

90) 휴 랑그르(Hugh of Langres, 1024~1109); 부르군디 가문의 귀족출신으로 클루니 수도원장을 지냈다. 그는 1150년 베렝가르 투르를 비판하는데 참여하였고 클루니 수도원운동을 이끌었던 주요 인물이다.

91) PL 141.1423.

거나, 정형화된 것이었을 것이다. 그러나 이는 당시 분위기에 따라 서술된 것이기도 하였다. 오히려 이러한 서술들은 풀베르 샤르트르의 명성을 더 높이기 위한 것으로 추가되었다.

한편 베렝가르 투르는 자신의 삶의 목표를 직업적인 '교사'로 정하였다. 이에 따라 그는 앙주 백작의 비서가 되었으며, 이로 인해 궁정 내에서의 위상과 신분적인 귀족성도 물려받았다.[93)]

사상과 업적

1049년경 베렝가르 투르가 가르친 내용이 사람들의 주목을 받게 되었다. 이에 대해 테오딩 리에주(Theoduin of Liège)는 프랑스 왕에게 서신을 보내어, 베렝가르 투르와 그 추종자들이 혼인의 합법적인 파기와 유아세례의 금지를 주장하는 등, 고대의 이단들을 가르치고 있다고 비난하였다. 이는 흔히 정통성이 의심되는 주장들에 대해 제기되는 비난이었다.[94)] 테오딩 리에주는 베렝가르 투르의 주장들을 공개적인 비난의 대상이 되는 중요한 쟁점으로 파악하였고 그리하여 이를 비난하였던 것이다. 테오딩 리에주에 따르면, 베렝가르 투르는 성체성사의 축성된 빵과 포도주가 그리스도의 '실제적' 살과 피가 아니라고 주장하였으며, 여기서 더 나아가 성체성사의 유효성을 비난하기까지 하였다. 또한 베렝가르 투르는 주교의 관리들에게 사목적 기능을 위임한다고 해서 주교직의 권위까지 이전한 것은 아니라고 주장하였다[95)].

이에 베렝가르 투르는 분노를 참지 못하고 자신을 변론하는 글을 집필

---

92) PL 141.1405.

93) Margaret Gibson, *Lanfranc of Bec* (Oxford, 1978), pp. 64-5.

94) PL 146.1439-42.

95) PL 146.1439-42; Theoduin of Lièg, Letter to Henry I of France.

하였다. 그는 자신의 주장이 한 두 세대 전, 카로링 왕조 시기에 파사시우스 라베르투스와 요하네스 스코투스 에리게나가 참여하였던 성체성사에 관한 논쟁과 결부되어 있음을 분명히 알고 있었다. 그리하여 그는 랑프랑에게 보내는 서한에 이 둘을 언급하였고[96], 그 후 베렝가르 투르는 아델만 리에주에게 보내는 서한에서 파사시우스 라베르투스를 다시 언급하였다.[97]

한편 베렝가르 투르는 자신이 그리스도교 신앙의 장애물이라는 혐의를 받고 있다는 것에 예민하게 대응하였다. 그는 스스로의 힘으로 사고하는 사람은 전체의 합의를 따르지 않는 자들이기 때문에 스스로의 힘으로 사고하게 된다고 주장하였다. 그러나 휴 랑그르는 사상가는 스스로의 힘으로 사고한다고 상정해서는 안 되며, 오히려 그리스도교 신앙과 교회법에서 정한 신조와 부합된 삶을 살아야 할 의무를 지니고 있다고 반박하였다. 이에 대해 베렝가르 투르는 자신은 문제를 일으키는 것이 아니라 자신의 양심에 따라 말하는 것이라고 주장하였다.[98] 이 같은 주장은 종국적으로 개인의 양심과 교회의 가르침에 따라야 할 의무 사이의 균형에 관한 종교개혁의 논쟁들로 이어질 길을 열어 놓았다.

당시 논쟁이 완전히 가라앉지 않았던 것은 부분적으로 베렝가르 투르의 실수라고 여겨진다. 그 자신이 의도적으로 고위직 성직자들과의 논쟁에 참여하였던 것이다. 그는 지지자를 찾기 위해 아델만 리에주에게 서한을 보내 자신이 부당하게 마니교도로 비난받아 왔다고 불만을 토로하였으며 또한 랑프랑에게도 서한을 보내 랑프랑으로 하여금 성체성사 논쟁에서 전환점이 될 수 있는 것에 대해 흥미를 가지도록 만들었다[99].

96) PL 150.67-8, 63.

97) J. de Montclos, p. 533

98) Berengar, *Rescriptum contra Lanfrannum*, ed. R.B.C. Huygens, CCCM, LXXXIV, A, B, p. 40

1059년에 베렝가르 투르는 교황에 의해 소환되어 로마 공의회에서 자신의 견해를 밝혀야 했다. 그 결과 그는 공의회 본회의의 결정에 따라 추기경 훔베르트에 의해 제정된 성체성사에 관한 신앙고백을 서약했으며, 그의 글도 정죄되어 불태워졌다. 이 같은 공의회의 결정을 담은 문서가 교회의 권위자들에게 전달되었다. 그리하여 교회 권위자들은 논쟁이 종식되고 그의 이단적 주장들이 수그러질 것을 기대하였다. 그러나 그는 이 결정에 이의를 제기하여, 강압적으로 시행된 서약은 효력이 없다고 거세게 항의하였다. 이 시기 그가 집필한 논문의 일부가 남아 있는데, 여기서 그는 교황과 추기경 훔베르트에 대해서까지 개인적인 비난을 서슴지 않았다.

이러한 위기를 극복하기 위하여 랑프랑은 캉의 성 스테판 수도원의 수도원장으로 있었던 1060년대 초에 《그리스도의 몸과 피에 대하여》(*On the Body and Blood of Christ*)를 작성하였다. 랑프랑은 《그리스도의 몸과 피에 대하여》에서 질료의 변화에 관한 교리가 될 쟁점들을 다양한 방식으로 규명하였다. 이 같은 성체성사 논쟁의 국면에서 적용된 것이 아리스토텔레스의 《범주론》(*Categories*)이었다. 랑프랑에 따르면 우연적 사건은 가변적일 수 있다. 그것이 우연의 속성이기 때문이다. 그러나 본질은 변하지 않는다. 만약 변한다면 본질적으로 다른 물질이 되는 것이다. 질료의 변화를 통해 빵과 포도주가 그리스도의 몸과 피로 바뀔 때 빵과 포도주의 형상과 냄새 등의 우연적 요소는 그대로 남아 있지만, 그 실체는 빵과 포도주에서 그리스도의 몸과 피로 확실히 변한다. 이 때 질료의 변화가 일어난 것이다. 12세기에 이러한 변화를 의미하는 것으로 활용하였던 용어가 바로 성변화(*transsubstantio*)이다.

---

99) PL 150.63.

영향

베렝가르 투르의 주장에 반대하는 자들과 그 이후 세대의 학자들은 성변화의 교리들을 정의하고 규명하는데 상당한 시간이 걸렸다. 그러나 아이러니하게도 이것이 그가 이룩한 주된 유산이었다. 그는 가톨릭 교회로 하여금 자신의 입장을 표명하도록 압박을 가한 인물로 기억되는 중요한 사상가였다. 그는 이러한 점에서 다른 사상가들의 저술에 영향을 미쳤다. 휴 랑그르, 알제르 리에지, 두란두스 트로안, 랑프랑, 기트문트 아에르사 등, 이들 모두는 베렝가르 투르에 의해 제기된 쟁점의 양상들을 서술하고 논박하였다.

참고문헌

〈1차 사료〉

Berengar, *Rescriptum contra Lanfrannum,* ed. R.B.C. Huygens, CCCM, LXXXIV, A, B.

〈2차 사료〉

Margaret Gibson, *Lanfranc of Bec* (Oxford, 1978).

J. Macdonald, *Berengar and the Reform of Sacramental Doctrine* (London, 1930).

J. de Montclos, 'La controverse euchristique de XIsiècle', *Spicilegium Sacrum Lovaniense* 37, pp. 393-4.

(손채연, 김민경)

피터 다미안
(Peter Damian 1007~72)

생애와 시대

피터 다미안은 1007년 라벤나에서 태어나, 젊은 시절 평신도 교사가 되었다. 그는 1035년경 수도승이 되기로 결심하고 폰테 아벨라나 수도원에 입회하였다. 그는 그곳에서 교사로서 명성을 얻어 그 후 폼포사 수도원으로 옮겨갔으며,[100)] 그곳에서 당시 수도승들에게 절실히 필요했던 뛰어난 교사가 되었다. 그 후 그는 1057년에 오스티아의 주교로서 추기경이 되었다.

피터 다미안의 이 같은 학교 이전과 사제로의 입회 그리고 교회 고위직으로의 진출은 학문적 경력이 공적인 삶의 영역으로 이행해 나가는 좋은 출발점일 수 있다는 대중적 인식의 증가를 보여주고 있는 좋은 예이다. 이 같은 과정으로 랑프랑과 안셀름 캔터베리도 자발적인 사임과 소명에 대한 순복을 통하여 캔터베리 대주교직을 순차적으로 맡았다.

100) I. M. Resnick, *Divine Power and Possibility in St. Peter Damina's De Omnipotentia* (Leiden, 1992).

사상과 업적

피터 다미안은 무엇보다도 수도원적 학자였다. 그리하여 그는 '학문적' 신학에 관련된 것은 물론 영성에 관련된 주제들에 대해서도 서술하였다. 그는 당대인들에게 서한, 성자들의 전기, 기도문, 시, 논집 등을 남겼는데[101], 이 시기 이 같은 류의 출판은 매우 우호적인 교류의 표시 정도로 간주되고 있었다. 피터 다미안은 또한 성직매매에 대한 논쟁과 성직자 독신에 관한 논쟁 등 당대의 뜨거운 정치적 화두였던 것에 깊은 관심을 기울었다. 그리하여 피터 다미안은 이 두 가지 주제 모두에 대하여 자신의 주장을 제시하였다. 피터 다미안은 성직매매에 관하여 이를 '독을 뿜어내는' 용이라고 파악하였고, 라벤나의 대주교를 용을 죽이는 그리스도의 전사로 이해하였다[102].

피터 다미안의 《서한 1》은 호네스투스에게 보낸 것이었다. 이는 호네스투스가 유대인의 주장을 반박하기 위한 자료를 피터 다미안에게 요청한 것에 대한 답변이었다. 그 결과로 유대인들과 대화 형식을 취한 대화집이 완성되었다. 이 대화형식은 다음세대에 널리 수용되었다. 그리스도교도와 유대인 사이의 논쟁에서 주된 쟁점은 그리스도가 진정 인간의 몸을 입은 신의 아들인가 하는 문제였다. 뿐만 아니라 피터 다미안은 전례의식, 할례, 안식일과 부정한 음식 등에 대해서도 규명하였다.

피터 다미안의 《신의 전능함에 대하여》(*On Divine Omnipotence*)는 몬테 카시노 수도원장, 데시데리우스에게 보낸 것으로, 성직자의 정치적 권력을 규명한 중세 최초의 저술이었다. 신의 전능함이 잃어버린 처녀성을 회복시켜 줄 수 있는가 하는 질문은 학교에서 학생들의 유희거리였지

101) Peter Damian, *Letters*, ed. Owen J. Blum (Washington, 1989-92), 3 vols; Vol. 1, *Letters*, 12.
102) Peter Damian, *Letters*, ed. Owen J. Blum (Washington, 1989-92) 3vols; Vol. 1, *Letters*, 3.

만, 실상 그 규명이 꽤 까다로운 문제였다. 이 같은 문제는 이후의 세대에서 상당히 자주 다루어지게 될 것이었다.

피터 다미안은 변증법적 논리라는 새로운 학문적 경향에 관해 비교적 보수적이었다. 그는 성직자의 정치적 권력을 다룬 《신의 전능함에 대하여》에 예수 그리스도의 동정녀로부터의 탄생 자체를 문제 삼을 정도로 도전적이었던 당대의 변증법적 논리학자들에게 분노한다고 밝혔다. 또한 피터 다미안은 1059년 로마 공의회에서 베렝가르 투르에게 신앙고백을 요구하는 일에 동참하였는데, 그는 베렝가르 투르의 신조에 반하여 성사의 실체주의(sacramental realism)를 강력하게 주장하였다.

영향

피터 다미안은 성직매매를 반대하고 독신제를 옹호하였으며 수도원에서의 엄격한 훈련과 고행을 강조하였다. 또한 그는 대립교황을 비판하였다. 그는 교황 니콜라스 2세와 교황 그레고리 7세의 교황중심 개혁정책을 추진하는 사절로서 유럽 곳곳에 파견되는 등 교회개혁을 이끌었다.

참고문헌

〈1차 사료〉

Peter Damian, Letters, ed. Owen J. Blum (Washington, 1989-92), 3vols. *material in the Corpus Christianorum.*

〈2차 사료〉

I.M. Resnick, *Divine Power and Possibility in St. Peter Damina's De Omnipotentia* (Leiden, 1992).

(손채연, 김민경)

안셀름 캔터베리
(Anselm of Canterbury 1033~1109)

생애와 시대

안셀름 캔터베리는 이탈리아 아오스타에서 1033년 태어났다. 아버지는 그가 어렸을 때 세상을 떠났고, 그 세대의 다른 이들이 그러했던 것처럼, 그도 '보다 수준 높은 교육'을 받기위해 알프스 북쪽지방으로 갔다.

안셀름 캔터베리는 노르망디 벡의 새로운 수도원에서 같은 이탈리아계였던 파비아 출신의 랑프랑을 만났다. 랑프랑은 이 수도원학교를 귀족들에게 개방하여 많은 귀족의 자제들이 이 학교에 몰려들었다. 이 점은 다소 예외적인 것으로서, 수도원에 의해 운영되던 '학교'들이 기본적으로 수도승만 받아들이던 관행을 따르지 않았기 때문이다. 대부분의 수도원 학교는 수도원에 입회한 수도승들이 전례의식을 이해하고 예배를 통해 '신의 일'을 하고, 깊이 있는 '거룩한 독서(*lectio divina*)'를 할 수 있도록 가르치는 일을 하였다. 이처럼 예외적으로 '개방적이었던' 수도원 학교에 안셀름 캔터베리는 약 3년간에 걸친 부르군디 지방에서의 방랑생활을 마치고 입학하였다. 그는 랑프랑이 이곳에서 성서학은 물론 고전 논리학과 수사학의 여러 저술들도 가르치고 있다는 것을 알고 있었던 것이다.

또한 안셀름 캔터베리는 이곳에서 수도승이 되기로 결단을 내렸다.

그리하여 그는 베네딕트 수도원과 클루니 수도원 가운데 당시 개혁적인 베네딕트 규칙을 따르면서도 지적인 치열성은 결여되어 있었던 클루니 수도원이 아닌 랑프랑의 벡 수도원에 입회하였다. 이때 랑프랑은 노르망디 캉 수도원으로 보내졌으며, 그 후 캔터베리의 대주교가 되었다. 그리하여 그는 랑프랑의 후임자로 노르망디 벡 수도원의 학교를 운영하게 되었으며, 학교를 수도승들을 위한 엄격한 규율의 학교로 다시 전환하였다. 그러나 그의 노르망디 벡 수도원 학교는 과거와는 다른 방식이긴 했지만 여전히 지적 엄격함과 치열함에 있어서 특별한 학교였다.

안셀름 캔터베리는 수도승들을 위한 이 학교에서 리더십을 발휘하여 벡 수도원 수도승들의 지적 능력을 향상시켰다. 역사가 오데릭 비탈리스[103)]는 벡 수도원의 모든 수도승들이 '철학자'로 여겨졌다고 하였다. 그의 교육 방법은 소크라테스적인 방식으로서, 대화에 참여하는 여러 논자들의 쟁점을 비교 검토하였으며 또한 이를 중심으로 수도승들과 토론하는 형태를 취하였다. 한편 그는 벡 수도원의 도서관에서 '거룩한 독서'의 모범을 보였고, 이 과정에서 성 아우구스틴에게 심취하였다.

뿐만 아니라 안셀름 캔터베리는 랑프랑의 뒤를 이어 벡 수도원의 수도원 원장이 되었고, 또한 캔터베리의 대주교직도 승계하였다. 이때 그는 대주교가 되는 것을 원치 않는다고 명백히 밝혔다. 그럼에도 불구하고

---

103) 오데릭 비탈리스(Orderic Vitalis, 1075~1142); 노르망디에 있는 생테브룰의 잉글랜드인 수도승이자 역사가. 그의 《교회사》(*Historia ecclesiastica*)는 1109년 이전부터 쥐미에주 기욤이 쓴 《노르망디공국의 역사》(*Gesta Normannorum ducum*)에 주로 생테브룰과 연관된 노르만 가계의 역사에 대한 그의 긴 설명을 덧붙여 서술된 책이다. 1115년이 채 되기 전에 그는 대수도원장의 명령으로 생테브룰 수도원과 그 후원자들의 역사를 쓰기 시작했는데, 이것이 점차 확대되어 교회사 전반 및 애초에 독립된 저작으로 계획했던 그리스도의 탄생 때부터 일어난 여러 가지 사건의 연대기적 개요까지를 포함한 책이 되었다. 그는 정기적으로 자기 책의 앞부분을 개정하면서 1141년 6월까지 역사책 편찬 작업을 계속했다. 그는 《교회사》에 당대 역사가들의 많은 책들을 비판적으로 활용했다.

그는 정치 세계에 발을 들여 놓게 되었다. 그런데 그는 정치적인 역할에 필요한 실용주의와 실천적 기술이 결여되어 있었고, 무엇보다도 정치적 삶을 좋아하지 않았다.

그러나 안셀름 캔터베리는 국왕 윌리엄 루퍼스와의 대립도 불사하는 정치적인 삶을 영위하였다. 국왕 윌리엄 루퍼스는 그에게 대립교황, 클레멘스 3세를 참된 교황이라고 천명하도록 요구하였으나, 그는 이미 교황 우르반 2세에게 충성을 다짐하였고, 이러한 태도를 바꿀 의사도 물론 없었다. 그가 보기에 국왕 윌리엄의 요구는 '정당한 질서(*rectus ordo*)'를 깨뜨리는 행위였다. 이 같은 대립으로 인해 그는 유배에 처해졌으며 이는 후임 군주였던 헨리 1세와의 대립조차 더욱 격화시켰다.

사상과 업적

안셀름 캔터베리의 첫 번째 저작은 《독백록》(*monologion*)[104]이었다. 그는 이 저술을 신의 속성에 관한 성찰서라고 밝혔다. 그의 저술활동의 초기 단계에서의 모델은 성 아우구스틴의 저술들이었다. 그리하여 《독백록》 전편에 걸쳐 성 아우구스틴의 저서, 《삼위일체에 대하여》(*on the Trinity*)의 영향이 확인된다. 그러나 이 과정에서 새로운 접근방식도 확인된다. 그 발단은 그가 모든 사람의 선의를 인정한 것이었다. 그는 이 인식을 보다 높은 선에 대한 사상으로 발전시켜 마침내 제자들로 하여금 신의 지고한 선에 대한 이해에 이르도록 하였다.

안셀름 캔터베리는 《독백록》을 완성한 이후, 당시 캔터베리의 대주교였던 랑프랑에게도 보내어 자문을 부탁하였다. 이에 대해 랑프랑은 스스로의 언어로 지나치게 많은 내용을 언급하는 것은 적절하지 않다고 밝혔

104) *Proslogion, Prologue,* SⅠ., p. 7.

다. 랑프랑은 그에게 성 아우구스틴의 전거를 인용하고, 그 자료에 담긴 텍스트를 밀접하게 따라 가도록 조언하였던 것이다. 그러나 안셀름 캔터베리는 이 같은 랑프랑의 조언에 대해 명백히 자기 나름의 판단을 가졌다. 그리하여 《독백록》은 랑프랑이 제안했던 보완점들과는 무관하게 원래의 형태로 출간되었다. 그 후 《독백록》에서 얻은 경험을 바탕으로 그는 자신의 방식으로 저술활동은 지속하였다.

안셀름 캔터베리는 신앙의 진리들에 대해 명쾌한 해명이 제시된다면, 이성적인 사람은 모두 이 진리를 받아들일 것이라고 확신하였다. 실제로 그는 《대화록》(*proslogion*)에서 이점을 여러 차례 언급하였다. 그는 《대화록》에 '다양한 논지의 연쇄'를 구축해 놓았다[105]. 그러나 그는 이것이 충분히 체계적이지 못하다고 판단하였다. 그리하여 그는 신의 존재는 물론 신에 관하여 그리스도교도들이 믿고 있는 모든 다른 요소들의 정당성도 입증해줄 보다 체계적인 '단일 논지'를 구성하고자 하였다.

이 같은 노력은 안셀름 캔터베리로 하여금 신의 존재에 관한 여러 주장들 가운데 매우 독특한 논리, 즉 '본체론적인 증거'들을 찾도록 하였다. 토마스 아퀴나스는 그의 이 같은 본체론적 증거들을 자신의 논리적 범주에 포함시켰다. 왜냐하면 토마스 아퀴나스는 신의 존재를 자명한 순수한 증거의 일부라고 평가했기 때문이다. 안셀름 캔터베리는 이 같은 발견에 크게 고무되었으며, 이를 통해 다른 이들도 동일한 기쁨을 누리게 되리라고 확신하였다. 그는 《대화록》에서 지속적으로 이 같은 증거를 활용하였다. 그는 모든 신성한 속성들, 즉 선함, 자비, 정의 등은 자신과 같은 추론 방식으로 입증된다고 밝혔으며, 또한 '하늘나라의 성격'에 대한 성찰에 있어서도 하늘나라에 이 땅의 정당한 기쁨의 연장과 같은 요소도 마땅히 포함되어야 한다고 주장하였다. 그리하여 이 땅에서 절제

105) *Proemium,* S I, p. 93.

하는 삶을 사는 자는 내세에서도 절제의 기쁨을 누리게 될 것이었다[106].

성서학에 있어서 안셀름 캔터베리는 학생들에게 언어와 논리에 대한 빈틈없는 질문의 제기라는 방법론을 가르치고자 하였다. 이 방법론에 따라 학생들은 텍스트의 어떠한 부분을 읽던 체계적인 이해를 가질 수 있었다. 그의 이 같은 주석의 방법론은 12세기에 들어 《표준주석서》로 발전하였던 방법론과는 상당한 차이가 있었다.

안셀름 캔터베리가 노르망디 벡 수도원의 수도원 원장직에서 랑프랑의 후임자로서 캔터베리 대주교로 옮겨갔던 시기가 바로 그에 대한 최초의 비판이 표면화 되었던 시기였다. 로셀린 콩피뉴[107]는 그에게 최초로 학문적 논쟁을 제기하였으며, 또한 학문적 정통성과 인격적 진실성에 관한 개인적인 공격도 제기하였다. 로셀린 콩피뉴는 그가 이단적 교리를 가르친다는 소문이 있다는 것까지 문제 삼았다. 이에 그는 로셀린 콩피에뉴의 비난을 반박하기 위하여 《말씀의 성육화에 대하여》(*On the Incarnation of the Word*)라는 글을 집필하게 되었다. 그러나 이 작업에 관한 한 그는 너무나 분주하여 여러 차례에 걸쳐 이를 시도하였다. 그 이후 안셀름 캔터

---

106) Chapters 24-6.

107) 로셀린 콩피뉴(Roscelin de Compiègne, 1050?~1126?); 중세 프랑스의 스콜라 철학자이자 논리학자. 그는 기욤 상포와 피터 아벨라르의 스승으로 중세 스콜라 철학의 보편논쟁에서 유명론의 초기 대표자이다. 그는 '세 가지 위격으로 존재하지만 하나인 신적 실체'라는 삼위일체설을 다루면서, 세 가지 위격이란 각 위격이 개별적으로 존재하지만, 그것을 총칭하는 하나의 신적 실체는 보편적 개념으로, 실재로는 존재하지 않는 것으로 파악하였다. 교회는 이런 로셀린 콩피에뉴의 입장에 대해 하나인 신을 부정하고 세 개의 신을 받아들이는 것으로 받아들여 격렬하게 비난하였다. 결국 그는 이단으로 정죄되어 자신의 학설을 철회하였으나 얼마 지나지 않아 자신의 원래 견해를 재표명하였다. 이 일로 결국 그는 영국으로 가게 되었으며, 우여곡절 끝에 가톨릭교회와 화해한 로셀린은 프랑스로 돌아와 투르와 로슈 지역에서 강의활동을 계속했으며 교회참사회원의 지위도 다시 얻었다. 그의 학설 대부분은 제자 아벨라르와 동시대의 학자 안셀름 등의 저서를 통해 간접적으로 전해진다.

베리는 보다 집중적인 집필의 시기를 가졌다. 과거 제자였던 길버트 크리스핀이 당시 웨스트민스터 수도원의 수도원장으로 재직하고 있을 당시, 랑프랑의 후계자로 선택되는 중압감에 시달리고 있던 그에게 웨스트민스터 수도원으로 와서 자신과 함께 한동안 지내자고 제안하였다. 이에 그는 원하지 않았던 논쟁을 피하고 조용한 시간을 가지기 위하여 1092년에서 1093년 사이의 기간 동안 길버트 크리스피와 함께 지냈다. 당시 길버트 크리스핀은 그리스도교인과 유대인 사이의 《논쟁》(*Disputation*)이라는 중요한 주제를 다룬 글을 쓰고 있었다. 길버트 크리스핀과 함께 지냈던 시기 그와 나누었던 대화는 안셀름 캔터베리으로 하여금 《신은 왜 인간이 되었는가》(*Cur Deus Homo*)를 집필하도록 하는 계기가 되었던 것 같다. 안셀름 캔터베리는 《신은 왜 인간이 되었는가》에서 신이 인간이 된 것은 인류를 구원하고자 했던 유일한 구속 사역이었으며, 이 일이야 말로 신의 영광을 위한 것이기도 했음을 입증하고자 하였다. 안셀름 캔터베리는 유배길에 나서면서도 이 글의 초고를 가지고 갔다.

안셀름 캔터베리는 《신은 왜 인간이 되었는가》의 서두에서 아담과 이브의 타락으로 인해 제기된 문제를 검토하였다. 그 결과 그는 신은 그들을 그냥 용서할 수는 없었다. 왜냐하면 그들의 행위로 인하여 신의 '영광'이 실추되었기 때문이라고 주장하였다. 이러한 주장은 그가 성년기의 대부분을 북유럽 봉건사회에서 지냈다는 점을 반영하고 있었다.

여기서 안셀름 캔터베리는 다음과 같은 것도 검토하였다. 즉 신이 직접 인류를 구원하는 일에 개입할 수 있을까? 그러나 신은 누구에게든 의무를 가진 존재가 아니며, 신이 다른 사람이 진 빚을 갚아준다는 것이 그 사람의 의무까지 면제해 주는 것은 아니었다. 그렇다면 신이 천사를 활용할 수는 있을까? 이점에 있어서도 천사는 의무를 진 존재가 아니었다. 그렇다면 신이 인간을 활용할 수는 있을까? 여기서 문제가 되는 것은 모든 인간이 신에게 죄를 지었다는 것은 의심의 여지가 없으며 그러한 인간이 이제 원죄에 의해 타락까지 하게 되었고 그로인해 구원에 필요한 일을 전혀 할 수 없다는 점이다. 그리하여 그는 인간은 인간의 몸을 입은 그리스도에게로 돌아와야 한다는 결론에 도달하였다. 그리스도가 실제적으로 유일한 해답이라는 것이다. 인간으로서의 그리스도는 죄를 가지고 있지만, 신으로서의 그리스도가 그 죄를 용서할 수 있는 존재이기 때문이었다.

1098년 안셀름 캔터베리는 교황이 군주 헨리 1세에 대립했던 자신의 입장을 지지해줄 것을 기대하면서 교황청에서 망명생활을 하였다. 또한 그는 교황 우르반 2세의 명을 받고, 이탈리아 바리 공의회에 참석한 동방 교회 사제들의 주장에 대한 반론을 고안하였다. 1054년에 가톨릭 교회는 동방교회와 서방교회로 분열되어 있었으며, 교황은 이러한 사태를 호전시키고자 하였기 때문이었다. 이 분열에는 수많은 정치적 쟁점들이 결부되어 있었다. 그러나 신학적 논쟁에서의 주된 쟁점은 사도신경에 '그리고 성자로부터도(*filioque*)'라는 구절을 포함시키는 것에 관한 것이었다. 사도신경의 초기 원문에는 성령은 성부로부터 유래된 것이라고 되어 있었는데, 라틴교회가 이 글귀에 성령이 성부와 '그리고 성자로부터도' 유래되었다는 구절을 추가하였다[108].

안셀름 캔터베리는 며칠 동안 라틴 교회의 사도신경을 변론할 준비를 하였고, 이를 바리 공의회에서 연설하였다. 이 변론은 4년 후 《성령의 기원에 대하여》(*On the Procession of the Holy*)로 완성되었다. 그는

108) 589년 라틴 교회는 스페인의 아리우스주의를 견제할 목적으로 제3차 톨레도 공의회에서 성자를 뜻하는 라틴어인 필리오케(*filioque*)라는 표현을 사도신경에 첨가하였다. 이로 인해 라틴 교회와 그리스 정교회가 사용하는 신경은 달라지게 되었는데, 당시 이러한 차이는 스페인에 국한된 것이었다. 하지만 800년경부터 라틴 교회의 미사에서 '필리오케'가 첨가된 신경이 사용되기 시작하면서, 필리오케 논쟁은 라틴 교회와 그리스 정교회 간의 갈등에 있어서 핵심적인 문제로 부상했다.

이 문제를 단도직입적으로 논리의 문제라고 규정하였다. 그리하여 그의 주장은 대비법적 논리로 구사되었다. 그에 따르면, 성령이 성부와 그리고 성자로부터 유래되는 경우에만 삼위일체의 각 위격은 그 위격의 속성을 지니고 있으면서, 또한 다른 두 위격과 공유하는 속성도 지니게 된다. 즉 단지 독생자만 성부를 가지며, 단지 성부만 독생자를 가진다. 또한 성령은 그자체로부터 스스로 나온 영을 가질 수 없다. 그러나 성부와 성령이 동시에 '아버지'를 가질 수는 없다. 또한 성령과 독생자도 동시에 '아들'을 가질 수는 없다. 그러나 성부와 독생자는 그들로부터 유래된 성령을 가진다.

또한 안셀름 캔터베리는 말년에 이르기까지 '가장 널리 알려져 있는 질문'에 대해서 성찰하였는데, 이는 인간의 선택의 자유와 신의 예지와 예정 그리고 신의 은총의 부여 간의 관계였다. 또한 그는 죽는 순간까지 인간 영혼의 기원에 관한 저서를 완성하고자 하였는데, 그는 살아서 이 일을 완성하지 못하면 그 누구도 이 주제에 관한 저서를 해낼 수 없을지도 모른다고 느꼈던 것 같다.

영향

안셀름 캔터베리가 중세에 미친 영향은 주로 그의 영성적 저술 때문이었다. 영성적 저술에 관한 그의 탁월한 저작들은 많은 사본들을 낳았으며 또한 그의 것이라고 추정되는 영성적 저술에 대한 일군의 방대한 모방적인 글들도 작성되었다. 한편 그의 신학적이고 추론적인 저술들은 또 다른 방식으로 영향을 주었다. 이 저술들에서 그가 다룬 주제들은 철학자와 신학자들이 지속적으로 그의 주장을 활용했기 때문에 꾸준히 탐구되었다. 이는 무엇보다도 그들의 호고적인 관심에 의해서가 아니라 안셀름 캔터베리 견해의 본원적인 가치와 의의 때문이었다.

참고문헌

〈1차 사료〉

The Works of St. Anselm, ed. F.S. Schmitt and R.W. Southern (Rome and Edinburgh, 1938-68), 6 vols.

Memorials of St. Anselm, ed. R.W. Southern and F.S. Schmit (Oxford, 1969).

The Works of St. Anselm, ed. and trans. G.R. Evans and Brian (Oxford, 1998).

〈2차 사료〉

R.W. Southern, *St. Anselm and his Biographer* (Cambridge, 1963).

R.W. Southern *St. Anselm: A Portrait in a Landscape* (Cambridge, 1997).

G.R. Evans, *Anselm and Talking About God* (Oxford, 1978).

G.R. Evans, *Anselm* (Chapman, 1989).

Anselm, Aosta, Bec and Canterbury, ed. David Luscombe and G.R. Evans (Sheffield, 1996).

(손채연, 김민경)

Ⅳ

고중세(1)

12세기 인문주의 운동

휴그 생 빅토르
(Hugh of St Victor 1096-1142)

생애와 시대

휴그 생 빅토르의 출신에 관해서는 명확히 알려진 바가 없다. 우리는 그를 12세기 초엽 파리의 성 빅토르 성당 참사회원의 한 사람으로 처음 확인할 수 있다. 이 시기에는 이 같은 수도원적인 종교적 삶의 유형이 점점 더 많은 관심을 끌게 되었다. 참사회원들은 그들의 소명에 있어서 수도승들과 구분되었다. 수도승은 스스로를 기도자의 삶에 바쳤으며, 또한 이들은 신성한 독서(holy reading)를 통해 성스러운 학습(*lectio divina*)을 이어갔다. 성당 참사회원은 사제로서 교구사역에로 나아가거나 주교좌성당의 사역을 담당하였다. 이들은 베네딕트 수도원의 일반적인 교육보다 더욱 높은 수준의 학문을 익히는 충분한 교육을 받은 자들이었다.

휴그 생 빅토르는 무엇보다도 뛰어난 기본과정 교사였다. 그의 저술들은 영적인 깊이를 가지고 있었으며, 지적으로도 탈세속적이고 비야심적인 저술들이었다. 휴그 생 빅토르는 당대의 사상가들과 논쟁을 벌이지는 않았다. 실제로 윌리엄 샹포는 생 빅토르 성당에 칩거하였다. 그리하여 그는 피터 아벨라르와 같은 논쟁적인 인물들과 강의실에서 대립하는 일을 피할 수 있었다.

사상과 업적

휴그 생 빅토르는 초보자들의 배움을 돕고자 많은 노력을 하였다. 예를 들어, 그는 시편의 두음을 채색하여 그 암기를 쉽게 하는 방법을 사용하였다. 초보자들의 배움을 위한 이러한 저술들이 과소평가되어서는 안 된다. 그것은 오늘날 많은 양의 학문적 지식을 간략히 요약하는 것만큼이나 어려운 일이었다.

휴그 생 빅토르의 초기 저작인 《교육》(*Didascalicon*)은 많은 문헌을 '백과사전적'으로 집대성한 것이다. 이것은 아마도 학생들이 인문학과 성서주석을 배움에 있어 알아두어야 할 기본적인 것들을 단일한 저서로 간략하게 편집하고자 하였던 그의 노력을 보여주고 있다. 이를 위해 휴그 생 빅토르는 《그리스도교 교리》(*De Doctrina Christiana*)에서 핵심적인 요점들을 잘 요약한 티코니우스에 관한 성 아우구스틴의 인용법을 사용하였다. 휴그 생 빅토르의 모든 저작은 학생들에게 학습의 기본적인 수단을 제공하기 위한 것으로 보인다. 그의 《철학 입문서》(*Epitome Dindimiin Philosophiam*)는 이 같은 방식의 간략한 백과사전을 보다 더 간결하게 요약한 것이다.

《성사론》(*De Sacramentis Ecclesiae*)은 체계적인 신학논문이며, 여기서 휴그 생 빅토르는 상당한 분량의 새로운 내용을 검토하였다. 당시 '성서학'이라고 불렸던 조직 신학 분야의 기본구조에 관한 일련의 법칙이 이 시기에 확립되었다. 이 점에서 보에티우스가 신학론(*theologia*)을 신의 존재와 본성, 그리고 이 세상의 창조 등과 관련된 고전 철학과 관련된 여러 문제들에 관해서 활용하고자 하였던 것은 그 좋은 예가 될 것이다. 그것은 '창조사역'에 관한 휴그 생 빅토르의 해석과도 일치한다. 이는 창조의 과정을 '창조사역(*opus creationis*)'과 '회복사역(*opus restaruationis*)'이라는 두 영역으로 획기적으로 구분하였다. '회복사역'은 신이 인간의 몸을 입은 이유 및 그리스도의 죽음의 원인을 규명하는 작업과 관련이 있음은 물론, 그에 수반되는 인류의 구원과도 관련이 있었다. 이 문제들은 '창조사역'처럼 '철학적' 방식으로 고려될 수 있는 것이 아니었다. '회복사역'은 계시를 증거로 삼았기 때문에 그것들은 역사적인 사건들이었다. 따라서 그것들은 추론만으로는 도달할 수 없는 것이었다.

휴그 생 빅토르의 저작이 가진 어느 정도의 독자성은 아마도 그가 문제를 어떻게 다루는가를 보여줌으로써 가장 잘 드러낼 수 있을 것이다. 안셀름 캔터베리, 안셀름 벡, 피터 아벨라르처럼 휴그 생 빅토르도 인류의 구속(redemption)에 대한 이야기에서 악마의 위상과 관련된 의문점에 흥미를 가졌다. 다만 강조점을 어디에 두는가에 있어서는 그들과 달랐다. 그는 법정의 심리를 머릿속에 그렸다. 이 심리에는 신, 인간, 악마가 참석하였다. 악마가 제소된 이유는 그가 기만적인 수단으로 신실한 인간을 유괴하고 그를 폭력적으로 억류함으로써 신에게 손해를 끼쳤기 때문이었다. 이것은 결코 정당한 방법이 아니었다. 또한 악마는 인간에게 손해를 끼쳤다는 이유로도 제소되었다. 왜냐하면 그는 속임수로 인간을 유혹했고 그 이후로도 인간을 재앙에 빠지게 함으로써 인간에게 손해를 끼쳤기 때문이었다. 한편 인간 역시 제소되었다. 왜냐하면 인간은 스스로를 악마에게 내어주었고 인간이 마땅히 헌신해야 할 신의 명령에 따르지 않았기 때문이었다. 이 법정에서 인간은 변론인을 반드시 필요로 하며, 인간의 유일한 변론인은 오직 신뿐이라는 사실을 휴그 생 빅토르는 지적하였다. 이 같은 휴그 생 빅토르의 주장은 안셀름 캔터베리의 주장을 따라 이 땅에서 인간이 그것으로부터 자유로워질 수 없는 의무가 있다는 점을 확인한 것이었다. 그러나 신의 의도와 목표에 관한 설명에 있어서, 휴그 생 빅토르의 그것은 상당히 달랐다. '신은 인간과의 화해를 이룩하기 위하여 인간으로 하여금 자발적으로 신에게 되돌려주어야 할 의무를 행하게 하였다(Ⅰ.viii4)', '그리스도는 신의 명령에 대한 자발적인 순종의 예로서 인간의 몸을 입고 이 세상에 보내졌다'. 이 같은 휴그 생 빅토르의 주장은 안셀름 캔터베리와는 달리 신은 실제로 무한한 '선택'의 여지를 가지며, 그리하여 그가 행하였던 바와는 다른 방식으로 인간의 구속을 이룰 수도 있었다는 점을 명백히 하였다.

아마도 그는 성사제도가 곤경에 처한 인간을 돕는 신의 관대한 조치라는 그의 개인적인 신념을 중심으로 신학사상을 구성하였기 때문이었던 것 같다. 안셀름 캔터베리가 밝힌 신이 인간이 된 이유에 관한 설명은 교회론과 성사론으로 자연스럽게 이행되지는 못하였다. 이 점에 관해 휴그 생 빅토르는 자신의 주장을 이처럼 어색한 논리에 대한 해결책이라고 생각하였다.

이 같은 신학적 쟁점들에 대한 다양한 해석과 재구성은 우리들로 하여금 11세기에 많은 주목을 받았던 다른 주제들도 떠올리게 한다. 성서에서 확인되는 기록된 이야기인 '계시'에 근거를 둔 신학적 주제들과 달리 논리적 추론들에 입각한 동일한 성격의 주제들 간에는 이와 유사한 균형이 존재한다.

휴그 생 빅토르의 또 다른 중요한 관심사는 신을 따르는 영혼을 돕기 위해 고안된 영성에 관한 저술이었다. 영성에 대한 관심은 특히 리차드 생 빅토르에 의해 강화될 생 빅토르 학파의 중요한 전통 가운데 하나였다. 영성적이며 신비주의적인 저술로서 '노아의 방주'에 대한 두 저작이 있다. 그는 '노아의 방주'에 관한 두 가지 주석서를 집필하였는데, 이 주석서들은 신비주의적 해석과 도덕적 교훈(*De arca Noe morali et mystica*)이 담겨 있다. 하나는 이 세계의 공허함(*De vanitate mundi*)과 관련된 것이었고, 다른 하나는 성찰론(*De contemplatione et eius speciebus*)이었다. 이 저작들은 모두 감정적인 영성과 함께 지성적인 영성을 잘 보여주고 있다.

휴그 생 빅토르의 《하늘의 사다리》(*Scala caeli*)는 천상 위계의 15단계를 묘사한다. 각 단계는 국면, 상황, 계단 등으로 구성되어 있다. 이러한 종류의 서술은 12세기 일반적인 영성론의 서술유형이었다. 이 같은 서술을 통해서 휴그 생 빅토르는 이른바 영성의 전사들에게 각 단계에 부합하는 교훈을 제공하고자 하였다. 역사적 또는 영적으로 해석된 '옥좌'와 '방'이 있다. 세례에는 3단계가 있다. 첫 세례에는 5개의 입구가 있다. 3개의 수원지와 3개의 수로가 있으며, 3개의 새로운 수원지와 7개의 우물이 있다. 성령과 은총의 선물인 7가지 덕성들과는 반대되는 7가지 악덕들도 있다. 7개의 기둥들, 7개의 눈들, 7개의 등잔들, 7날들, 7해들, 7개의 빵들이 있다고 한다. 그리고 두 번째의 세례와 세 번째의 세례 역시 각각 5개의 입구가 있다. 이 세 번째 세례에는 고통스러운 육체(*afflictio carnis*), 노동(*labor*), 금욕(*abstinentia*), 극기(*continentia*), 노동의 유용성(*utilitas operis*), 빈곤의 가치(*habitus paupertatis*), 그리고 찬미에 대한 경멸과 극단적인 욕망(*appetitus extremitatis*)이 있다. 이처럼 휴그 생 빅토르는 영성적인 삶을 추구하는 독자들에게 잘 차려진 식탁을 제공하고 있다.

또한 휴그 생 빅토르는 위디오니소스의 문헌들에 관심을 가지고 있었는데, 이는 당시로서는 예외적인 일이었다. 그는 여기에 우주의 계서질서에 관한 논의를 덧붙였다. 5세기 그리스어로 기록된 이 문헌들은 디오니소스 아레오파테의 저작으로 추정되어 왔는데, 그리하여 상당한 외경의 대상이 되었다. 서유럽 세계에서 이 문헌들을 접하는 가장 일반적인 과정은 요하네스 스코투스 에리게나의 저술을 접하는 것이었다. 휴그 생 빅토르는 에리게나가 쓴 위디오니소스의 《계서제론》(*Hierarchia*)에 관한 주석서를 집필하기도 하였다.

영향

휴그 생 빅토르의 저술은 많은 이들의 존경 속에 애독되어 왔고, 심지어 교부들의 《격언집》(*florilegia*)에서도 인용되었다. 그는 또한 생 빅토르 학파의 그 이후의 연구활동을 고무시켰다. 리처드 생 빅토르는 삼위일체와 관련된 주제를 탐구한 영성 분야의 선구적인 저자가 되었다. 앤드루 생 빅토르도 히브리어에 대한 지식을 활용하고자 하였던 중요한 주석가 중 한 사람이었다.

참고문헌

〈1차 사료〉

Hugh of St Victor, *Diadscalicon,* trans. Jerome Taylor (New York, 1961, 1991).

Hugh of St Victor, *De Sacramentis Ecclesiae,* trans. R.J. Deferrari (Cambridge, MA, 1951).

Hugh of St Victor, *Practica Geometriae,* trans. F.A. Homann (Milwaukee, 1991).

Six opuscules spirituels, ed. R. Baron (Paris, 1966).

〈2차 사료〉

R. Baron, *Études sur Hugues de Saint-Victor* (Angers, 1963).

(오두영, 한지환)

아델라르 바쓰
(Adelard of Bath 1080~1150)

생애와 시대

아델라르 바쓰는 영국인과 노르만인의 혼혈 후손이었던 것 같다. 그의 이름은 바쓰 지역과 관련되어 있었다. 한편 그는 영국에서 교수의 경력을 시작하였지만, 당시 그가 가르쳤다고 하는 학교를 확인하는 것은 어려운 일이다. 그의 영국에서의 경험은 그 이전 세기의 맥락에서 이해되어야 할 듯하다. 그러니까 아델라르 바쓰는 교육적인 기회가 극단적으로 제한되어 있었음에도 불구하고 상당히 괄목할만한 성장을 보인 인물이었다.

아델라르 바쓰보다 이전에 활동하였던 영국인 학자 앨프릭(Aelfric, 955~1020)은 아델라르 바쓰에 비해 상대적으로 제한된 지역에서만 거주하였던 학자였다. 엘프릭은 영국의 군주 에드가의 치세 하에서 비교적 평화로운 시기에 살았으며, 자신도 이 점을 감사히 여겼다고 한다. 엘프릭은 에셀워드가 963년부터 984년까지 주교로 있었던 윈체스터의 수도원에서 성장하였다. 그후 1005년 엘프릭은 영국의 아인셤(Eynsham) 수도원의 수도원장이 되었다. 그의 가장 주된 관심은 일정한 수준의 교육이 폭넓게 제공되도록 하는 것이었다. 엘프릭은 아보 플뢰리와 비드로부터 영향을 받았으며, 수도원적인 독자들의 선호와 요구에 부응하는 글도 작성하였다. 이는 수도원 세계가 도움이 될 간단한 저서들을 명백히 필요로 했으며, 수도원적 언어로 서술된 저서를 선호하였기 때문이었다. 또한 엘프릭은 모세 5경의 일부와 여호수아, 그리고 그 밖의 구약의 부분들도 속어로 번역하였으며, 알퀸의 창세기 주석도 해설하였고 비드의 《시간론》(*De temporibus*)도 앵글로-색슨어로 번역하였다,.

그렇기는 하지만 앨프릭은 수도승들에게 라틴어를 가르쳐야 할 필요성도 중요하게 생각하였다. 그리하여 앨프릭은 《대화》(*Colloquy*)를 집필하게 되었다. 《대화》는 유용하고 간단한 라틴어 입문서로서, 촌락민들의 '일상'에 관한 대화문들을 예제로 수록하여 라틴어의 용법과 확장된 어휘를 제공하였다. 또한 그는 간결하고 명확한 라틴어로 된 문법서와 주석서도 작성하였다. 하지만 그것은 고전적인 용례들과는 거리가 먼 것들이었다. 이와 더불어 엘프릭은 《성인들의 삶》(*Lives of the Saints*)과 《에셀워드의 전기》(*Life of Aethewold*) 등의 시들도 집필하였다. 엘프릭은 전기전적 유형의 시를 작성함에 있어서 두운체 시를 즐겨 썼으며 그리하여 마침내 자기만의 문법법칙을 확립했을 정도였다.

앨프릭의 보다 탐구적인 저술은 천년왕국설과 결부되어 있었다. 오늘날까지 전해지는 그의 《설교집》(*Homilies*)에는 세상의 종말에 관한 주목할 만한 주장들이 담겨있다. 한편 엘프릭과 동시대 인물, 아드소는 오토 1세 황제의 누이 게르베르가에게 보낸 적그리스도에 관한 서한에 프랑크 왕족들의 지배가 종식되는 시기에 적그리스도가 대두하게 될 것이라고 예언하였다. 이 같은 예언은 데살로니가 후서 2장 3절[109)]을 근거로 하여 프랑크 왕국의 정치적 권한이 소멸되었다고 것으로 간주했던 당대의 인식을 반영하고 있었다. 앨프릭과 아드소의 저작들은 교황 그레고리 1세의 《대화록》(*Dialogues*)의 영향을 받았다. 교황 그레고리 1세는 《대

109) 데살로니가 후서 2:3; 여러분은 아무에게도 절대로 속아 넘어가지 마십시오. 그날이 오기 전에 먼저 사람들이 하나님을 배반하게 될 것이며, 또 멸망할 운명을 지닌 악한 자가 나타날 것입니다.

화록》에서 세상의 노년기 즉 세상의 종말(*senectus mundi*)을 강조하였으며, 또한 적그리스도의 도래라는 인식도 조탁해 내었다.

한편 아델라르 바쓰는 엘프릭과 비교하여 평범한 영국인으로서 실제적인 여행에서 뿐만 아니라 지적인 여행에서도 한층 더 진전을 보인 인물이었다. 또한 아델라르 바쓰는 영국인들 중 일반적으로 보다 학문적 관심들이 높다고 알려진 우스터 지역과 헤리퍼드 지역의 사람들과 결부되어 있었다. 앞에서도 밝힌 바 있지만, 이러한 사실을 입증할 수 있는 사료의 많은 부분은 이전 세대에 속한 것이었다. 이는 앨프릭에게서와 마찬가지로 아델라르 바쓰도 놀라우리만치 중요한 인물이라는 것을 드러내기 위한 것으로 여겨진다.

아델라르 바쓰가 어떻게 그런 중요한 인물로까지 될 수 있었는지를 밝혀내기는 어렵다. 아마도 그는 귀족 자제의 개인 교수로 초빙되었던 것 같다. 12세기 초엽 그는 조카를 포함한 제자들의 학업을 위하여 이들을 이끌고 프랑스로 갔으며, 30년 전에 베렝가르 투르와 관련되어 있었던 투르 지역에서 지냈던 것으로 보인다. 그리하여 투르에서 그는 1100~10년 사이의 기간에 성 마르틴 수도원에 있던 로셀린 콩피에뉴도 만났다. 그 후 그는 천문학에 대한 관심을 불러일으켰던 '투르의 지혜로운 학자'에 대해 자주 이야기 했고 그로 인해 자연스럽게 이슬람 학문에 대한 관심을 갖게 되었다. 당시 이슬람 학문은 천문학 분야에서 서구 라틴의 것보다 상당히 앞서 있었다.

그 후 아델라르 바쓰는 제자들의 학업을 위해 라옹으로 갔다. 그러나 그는 그곳에서 제자들과 떨어져 그리스 학문과 이슬람 학문을 배우기 위한 여행을 떠났다. 그는 여행에서 돌아온 이후 조카에게 다음과 같은 이야기를 하였다; '내가 라옹에 너를 두고 여행을 하여 이슬람 학자들이 이루어 놓은 학문을 철저히 습득할 수 있었다. 그러니 그 동안 너도 이와 같은 열정으로 프랑스인의 변덕스러운 견해들을 이해하였겠구나.' 여행은 그에게 상당히 유익하였다. 그는 이슬람 학문들을 습득하는 등의 학문적 탐구 여행을 7년 동안이나 하였으며, 자신이 연구한 것을 후에 저술로 남겼다.

아델라르 바쓰가 가톨릭 교회의 고위직에 진출하였는지에 대한 기록은 찾아보기가 어려우며 또한 그의 말년 행적도 불분명하다. 그렇다 하더라도 그는 영국으로 돌아와 아마도 상서성의 한 직책을 보유하는 등 왕실의 관리로 있었던 것 같다.

사상과 업적

아델라르 바쓰는 과학을 가르치기 위해 활용할 수 있는 교재들에서 방법론에 관해서는 물론 내용에 관해서도 차이를 보이고 있다는 점을 인지하였다. 그로 인해 그는 여행을 떠나 우선적으로 이슬람 학문을 익혔던 것 같다. 그 후 그는 자신이 이슬람 학자들과 만난 후에 학문을 대하는 태도와 방법에서 상당히 많은 변화가 있었다고 밝혔다. 그리하여 그는 과거의 방식으로 되돌아가는 것은 어려울 것 같다고 말할 정도였다. 그는 또한 이슬람 교수로부터 전거에 대한 충실한 검증을 토대로 이성의 빛에 따라 사고하는 법을 배웠기 때문에 동물들의 본성에 대해 자신의 제자들과 논의하기가 어렵다는 것도 밝혔다.

또한 아델라르 바쓰는 영국에 유클리드[110]를 소개하였고, 《원소론》(*Elements*)도 번역하였다. 이처럼 그는 유클리드의 《원소론》의 원문을 재소개 하고, 기하학을 교육한 것으로 명성을 얻게 되었다. 그 외에도 그는 천문학 분야의 다양한 저작들도 번역하였다. 천문학 분야는 서구에

110) 유클리드(Euclid, BC 330~BC 275); 기원전 300년경의 그리스 수학자이며, 일반적으로 '기하학의 아버지'로 불린다. 유클리드와 기하학이 동의어로 사용될 정도로 기하학에 있어서 중요한 업적을 남겼다.

서 입수될 수 있었던 인문학에 관한 고전적 교재들의 범위에서의 이탈이 가장 두드러졌던 분야였다. 한편 그의 독창적인 저작으로는 《주판 사용 설명서》(*the Regule abaci*)와 《천문관측기의 응용원리에 대하여》(*De opere astrolapsus*)[111] 등의 소책자가 있다. 또한 그는 보에티우스의 《산수》(*Arithmetica*)와 《음악》(*Musica*)에 관한 주석서도 집필하였다.

한편 아델라르 바쓰는 《자연과학 질문집》(*Questions on Natural Science*)에서 안티옥에 머물렀던 시기와 이슬람 학문과의 조우 시점을 결부시켰다. 그리하여 그의 《자연과학 질문집》에는 실리시아의 타르수스[112]와 몹수에스티아[113]에 관해 언급되어 있다. 그로 인해 그의 인식은 전과 많이 달라져 있었다. 그는 이런 변화로 인해 조카의 비난을 받았다. 조카는 아델라르 바쓰가 떠날 때, 철학에 전심전력을 다하도록 당부하였기 때문에 자신은 철학에 더욱 관심을 기울이기 위해 언제나 도전을 받았다고 하였다. 또한 조카가 보기에 삼촌 아델라르 바쓰가 설명해주는 이슬람 학자들의 거의 대부분의 견해들은 유용한 것으로 아니라고 판단하였다. 그리하여 조카는 아델라르 바쓰가 그러한 견해를 표명할 때 자신이 옳다고 여기는 것은 강력히 주장하기고 하였다. 조카에게는 아델라르 바쓰가 이슬람 학문을 예찬하는 것이 이슬람 학문에 대해서 무지하다고

111) 아스트롤라베라고 불리던 이 실측계는 방향 지시자를 갖춘 눈금원반을 수직으로 매달고, 방향 지시자를 별에 향해 별의 고도를 측정했다. 이를 이용하여 원양 항해하는 배의 위치를 측정하였다. 그러다 18세기에 사분의로 대체되었다. 또한 동일한 철자의 아스트롤라베는 현대의 정밀 천문관측기계이다. 이를 이용하여 3개 이상의 별을 선택하고, 이러한 별이 각각 일정 고도(45° 혹은 60°)에 달한 순간의 시각을 측정하여, 관측지점의 경도와 위도를 동시에 구할 수가 있다.

112) 타르수스(Tarsus); 실리시아 지방에 있는 터어키 중남부의 도시. 헬레니즘 시대에 번영했으며, 문화와 학문이 발달한 도시로 유명했다.

113) 몹수에스티아(Mopsuestia); 실리시아 지방에 위치한 도시이며, 안티옥에서 동쪽으로 약 20km 정도 떨어진 곳에 위치한다.

서구의 학자들을 비판적으로 나무라는 것으로 보였기 때문이었다. 이러한 일을 통해 삼촌과 조카가 '용어를 규정하는 일'에 상당한 정도의 시간을 들였으며, 그 결과는 흔히 통찰적이며 도전적이었다.

이 저서가 소개되었음에도 불구하고, 자연에 대한 질문을 다룬 기존 저작들에 의존하는 경향은 지속되었다. 이 저서가 소개되기 오래 전에 이미 플리니의 《자연사》(*Natural History*)로부터 비드의 《만물 본성론》(*De natura rerum*)과 라바누스 마우루스의 《물성론》(*De naturis rerum*)에 이르기까지 '사물의 본성'에 관한 저작들을 모아놓은 문헌이 존재해 있었으며, 이 모음집이 영국에서 12세기와 13세기 초에 널리 알려져 있었다. 아델라르 바쓰는 《자연과학 질문집》을 작성함에 있어, 조카와의 학문적인 대화를 나누는 방식을 택했다. 그들은 과학적이면서도 충분히 철학적인 질문들을 제기하면서 계획적으로 문제를 해결하려고 시도하였다. 이 저작에서 아델라르 바쓰는 '철학 공부를 많이 하지 않은 자들과 철학적인 이해가 깊지 않은 자들에게는 그 질문이 해결된 것으로 보일 수 있겠지만, 전혀 그렇지 않다'고 밝혔다. 이 같은 고백은 이 책에서 다루는 모든 중세의 사상가들의 과학적 탐구에서의 공통적인 특징이었다. 이들에게는 자연적인 것과 초자연적인 것 사이의 관계가 매우 분명하였으며, 또한 초자연적인 탐구 역시 과학자들의 영역의 일부였다.

아델라르 바쓰는 4원소 이론에 이의를 제기하지는 않았지만, 원소에 대해 다음과 같이 해명하였다.

> 이와 같은 방식으로 흙, 물, 바람, 불 등의 4개의 단일 원소들이 이 세상의 만물을 구성한다. 하지만 이 원소들은 각각의 사물에서 부분적인 구성요소로서 존재할 뿐 결코 그 원소가 원래대로 우리들에게 느껴지는 것은 아니다. 따라서 우리가 이 사물을 4원소 중의 하나의 이름으로 부르는 것은 잘못이다. '흙' 이나 '물'이라는 원소를 만져본 사람은 아무도 없고,

'바람'이나 '불'이라는 원소를 본 사람도 아무도 없다. 우리가 오감을 통해 인지하고 있는 사물은 원소 그 자체가 아니라 4 원소들로부터 유래된 무엇이다.

아델라르 바쓰가 영어로도 그 사본을 남긴 두 권의 저작, 《동종론과 이종론》(*On the Same and the Different*)과 《조류론》(*On Birds*) 역시 《자연과학 질문집》을 집필할 때 활용하였던 조카와의 대화 기법을 부분적으로 포함하였다. 첫 번째 저작 《동종론과 이종론》은 수학적 관심과 지식을 지닌 것으로 널리 알려져 있었던 시라쿠스의 주교 윌리엄에게 헌정된 것으로서, 철학적 탐구에 대한 예찬이 담겨 있었다. 《동종론과 이종론》에서 아델라르 바쓰는 자신이 여행한 시실리와 이탈리아의 그리스어 사용 지역(*Magna Graecia*)에 관해서도 묘사하였다. 《동종론과 이종론》은 보에티우스의 《철학의 위안》을 모델로 집필된 것으로, 세속적 쾌락을 뜻하는 필로코스미아와 지혜에 대한 사랑을 뜻하는 필로소피아가 나눈 드라마틱한 대화가 담겨 있는 저술이다.

영향

아델라르 바쓰의 사상은 로버트 그로쓰테스트와 로저 베이컨에게 영향을 미쳤다. 또한 그가 소개한 유클리드의 기하학과 대수학은 그 이후 16세기에 이르기까지 영국의 대학들에서 교재로 활용되었다. 특히, 이슬람의 학문을 번역하여 소개한 아델라르 바쓰의 노력은 영국의 사상과 과학의 발전에 영향을 주었다.

참고 문헌

〈1차 사료〉

The First Latin Translation of Euclid's Elements, Commonly Ascribed to Adelard of Bath, ed. H.L.L. Busard (Toronto, 1983).

Adelard of Bath, *Conversations with His Nephew: On the same and the Different; Questions on Natural Science; On Birds,* ed. and trans. Charles Burnett(Cambridge, 1998).

〈2차 사료〉

Adelard of Bath: An English Scientist and Arabist of the Early Twelfth Century, ed. C. Burnett (London, 1987).

Louise Cochrane, *Adelard of Bath: The First English Scientist* (London, 1994).

(손채연, 옥상철)

이보 샤르트르
(Ivo Chartres 1040~1115)

생애와 시대

이보 샤르트르는 아마도 보베 근교, 또는 샤르트르 지역에서 태어났을 것으로 추측된다. 그는 어린 시절 벡에 보내져서 랑프랑과 안셀름 캔터베리의 제자가 되었다. 그러니까 이보 샤르트르는 베네딕트회 수도승들에 의해 교육을 받았다. 그는 1090년부터 사망할 때까지 샤르트르의 주교로 일했다. 그는 주교로서 1092년부터 1094년까지는 프랑스의 군주 필립 1세의 재혼문제에 깊이 간여하였으며, 1100년부터 1104년까지는 보베 교구의 승계문제에도 깊이 개입하였다. 이 사건들은 이보 샤르트르를 군주 필립 1세, 루이 6세와 적대적인 관계를 맺게 하였다. 그는 1115년에 사망하였다.

사상과 업적

이보 샤르트르가 살았던 시기는 보다 체계적인 대학 관련 법률의 필요성을 점차 인식하고 있던 때이다. 이 대학 관련 법률은 당시 이보 샤르트르를 비롯한 다른 주교들이 직면하였던 실질적인 법률 문제들을 다루는 데에 있어 근거를 마련하고 지침을 제공하려는 것이었다. 그러나 당대인들 가운데 이보 샤르트르야말로 이 문제들을 다루는 가장 훈련된 지적, 학문적 기량을 갖춘 인물이었다. 이보 샤르트르는 대부분의 주교들이 교회법상의 자신들의 의무에 대해 충분히 의식하지 못하던 시기에 적극적인 논리를 가지고 참여주의적 입장을 취한 주교였다. 성직매매, 성직자의 독신, 평신도 사제 서임권과 같은 당대의 논쟁들로부터 절박한 법률적 현안들이 제기되었다. 교황 그레고리 7세는 능동적이고 개혁적인 교황직 수행을 통해 당대의 이러한 인식을 전반적으로 강화시켰다. 교황 그레고리 7세는 교황청 특사를 파견하여 순명하지 않았던 주교들을 파문에 처했고, 심지어 대주교들을 폐위하는 것조차 주저하지 않았다.

이보 샤르트르는 법률문제에 관한 자신의 저술이 많은 자료의 한계를 가지고 있다는 사실을 잘 알고 있었다. 당시에는 체계적인 교회법 대전이 없었다. 이른바 교회법 학자들은 위이시도르 교황령집(*Pseudo-Isidorian Decretals*)과 같은 불확실한 자료들을 제시하곤 하였다. 위이시도르 교황령집은 가상의 교황들에 의해 만들어진 문헌들을 실제자료의 공백을 메우기 위해 '근거가 있는 교회법'인 양 무모하게 포함하고 있었다. 이보 샤르트르는 《파노르미아》(*Panormia*), 《삼부작》(*Tripartita*), 그리고 《교회법령집》(*Decretum*)의 저자였다. 《교회법령집》은 그 내용의 대부분을 부샤르드 보름스의 교회법령집에 크게 의존하고 있었다. 그러나 이보 샤르트르의 교회법령집은 당시 교회법 연구 이론을 제시한 개척적인 저작이었다. 이보 샤르트르는 단지 《서문》(*Prologue*)이라고만 밝혀놓은 저작에서 교황의 서한, 공의회의 회의록, 교회 당국의 입법활동, 세속법률과 같은 자료들을 광범위하게 집대성함에 있어서, 그가 어떻게 이들을 서로 결부시키고자 하였는지를 설명하였다. 그는 모든 자료들을 주제별 표제 내지 제목으로 정리해왔다.

이보 샤르트르는 독자들에게 모순적으로 보이는 자료들을 발견할 수도 있다고 밝혔다. 우리는 그 자료들이 사실인지를 물어보아야 하고,

다른 자료들을 버리고 엄격하게 검증된 일부 자료들만을 취해야 할지의 여부를 자문해보아야 한다. 이보 샤르트르는 유사한 성서적 문제들에 대해서도 상충되는 것처럼 보이는 문제의 내면적인 논지를 법률가의 시각에서 파악해야 한다고 제안하였다. 그는 자료들을 상호모순적인 것(*adversi*)이 아니라 다양한 것(*diversi*)으로 간주하는 전향적인 접근방식을 제시하였다.

이보 샤르트르는 또한 법률을 '법률적 효력의 적용'이라는 관점에서도 규명하였다. 그리하여 그는 몇몇 법률들은 그 적용이 유예될 수 없는 불변적인 법률로, 그 밖의 다른 법률들은 약간의 법률적 적용의 유예가 허용되는 가변적인 법률로 분류하였다. 법률적 적용이 유예되는 상황도 있다. 이 같은 상황에서는 법률의 수정 없이도 법률의 적용이 유예될 수 있다. 이보 샤르트르에게 있어서는, 교회의 공익성(*utilitas*)과 사랑이 곧 법률을 실천하는 규칙이며 언제 법률 적용이 유예될 것인지를 결정해 주는 지침이었다.

이보 샤르트르는 또한 300통이 넘는 방대한 양으로 구성된 서한 모음집을 집필하였는데, 이들의 거의 대부분은 사목과 관련된 서한들이며, 또한 이 중에는 실천적으로 적용되는 교회법의 지속적인 성장을 드러내는 증거들이 많다.

영향

이보 샤르트르의 《서문》은 알제르 리에지에게 많은 영향을 끼쳤다. 알제르 리에지는 《그릇됨과 올바름에 관하여》(*Liber de misericordia et iusticia*)라는 그의 저작에서 이보 샤르트르의 교회법 연구에 관한 이론이라는 주제를 다루었다. 또한 이보 샤르트르는 12세기에 체계적으로 정리된 교회법령집의 저자인 그라티안에게도 영향을 미쳤다. 물론 그라티안은 1140년경 자신의 교회법령집의 탈고를 준비하는 시기에 유스티니아누스 대제의 《로마법 대전》(*Corpus Iuris Civilis*)의 다양한 부분들에 관해 독자적으로 공부한 것은 사실이지만 말이다. 로마법이라는 유서 깊은 법령집은 그즈음에야 비로소 학문적 용도와 실천적 적용을 위해 완전한 모습으로 되살아나고 있었다. 그리하여 《로마법 대전》에 대한 관심이 높아졌는데, 이 시기는 또한 논리학 연구에 대한 관심이 높아졌던 시기였다. 그라티안은 이 같은 연구동향을 충분히 수용하였다. 그리하여 그라티안의 《교회법령집》은 12세기 후반에 더욱 널리 확산되었다. 이로 인해 학교들이 《교회법령집》을 받아들였으며, 또한 그 해석서들도 집필되기 시작하였다. 이보 샤르트르야말로 12세기가 경험한 이 같은 과정의 선구자였다.

참고문헌

〈1차 사료〉

Ivo of Chartres, *Panormia and Prologue*, PL 161

Prologue, ed. J. Werckmeister, *Sources canoniques* (Paris, 1997).

Correspondance (1090-8), ed. J. Leclercq (Paris, 1949).

Ivo of Chartres, *Le Prologue*, trans. J. Werckmeister (Paris, 1997).

〈2차 사료〉

M. Grandjean, *Laics dans l'église* (Paris, 1994).

(이영재, 한지환)

루페르트 도이츠
(Rupert of Deutz 1075~1130)

생애와 시대

루페르트 도이츠는 1075년경 리에지에서 태어났다. 그는 리에지에 있는 성 로렌스 성당의 예비 수도승이 되었고, 1091년 이곳 수도회에 정식으로 가입하였다. 1100~1105년경 그 수도원은 클루니 수도원의 분원이 되었다. 그러나 루페르트 도이츠는 사제서임을 바라지 않았기 때문에, 성년이 된 1105~1108년경 사제직을 거절하였다. 이 일은 그가 소박한 수도승이기를 원하였음을 보여주며, 또한 이것이 그가 실제로 삶을 영위하는 방식이었다.

그렇다고 해서 그가 조용한 인물이기만 한 것은 아니었다. 오히려 그는 논쟁을 즐기는 편이었다. 1113~1115년경에는 리에지에서 알제르 리에지와 성체성사의 관행에 관해 논쟁을 벌였다. 알제르 리에지와의 이 논쟁은 루페르츠 도이츠가 이 시기(1113~1114년경) 집필한 《성 삼위일체론》(*De sancta Trinitate*)의 12권에 다루어져있다. 1114~1116년경에는 다른 논쟁이 있었다. 이번에도 논쟁은 리에지에서 벌어졌는데, 이는 예정설에 관한 것으로 시간이 흐름에 따라 루페르트 도이츠도 직접 개입하게 되었다. 1116~1117년경은 루페르트 도이츠가 지그부르크에서 유배생활을 하면서 집필활동을 한 시기였다. 그리하여 1117년 그는 《신의 전능함에 관하여》(*De omnipotentia dei*)를 완성하였다. 그리고 그는 같은 해에 라옹의 교수들 및 샬롱쉬르마른의 주교 윌리엄과도 또 다른 논쟁을 벌였다.

이제 이들의 학문적인 논쟁은 상당한 정도로 알려지게 되었다. 알제르 리에지가 루페르트 도이츠를 비판한 시점은 그가 리에지 주교의 비서로서 10여 년 간 봉직한 시점이었다. 알제르 리에지는 성체성사에 관한 견해를 문제 삼아 루페르트 도이츠를 공격하였다. 이에 대해 루페르트 도이츠는 격렬하게 반론을 폈고, 다수의 학자들이 이 논쟁을 흥미롭게 주목하였으며, 때로는 직접 논쟁에 동참하기도 하였다. 이 시기에는 저술가가 교부의 저작과 관련해 학문적인 논쟁에 참여하는 것이 그의 정통주의적인 명성을 위험에 빠뜨릴 수 있었다. 《베네딕트규칙서》(*In quaedam capitula Regulae Sancti Benedicti*)에 대한 해설에서, 루페르트 도이츠는 그 자신이 일종의 이단이라고 불렸던 사건의 실제 경위를 다음과 같이 설명하였다: 그는 '그들은 나를 신성한 성 아우구스틴이 성인전 명부에 포함되지 않는다고 주장하는 이단이라고 정죄하기 시작하였다'고 밝혔다. 루페르트 도이츠는 또한 그의 명성을 파괴한 다른 비판들에 대해서도 논박하였다. 이 사건들에 관한 루페르트 도이츠의 설명은 그가 이와 유사한 사건들을 여러 번 경험하였으며, 또한 아마도 알제르 리에지의 《성사론》(*De sacramentis*)에 자료를 제공하였던 교구사제들 가운데 일부를 잠재적인 청중들로 간주하였음을 드러내고 있다.

루페우트 도이츠의 주장은 전면적인 대립을 초래하였다. 이 전면적인 대립을 촉발시킨 계기는 루페르트 도이츠가 《신의 의지에 대하여》(*De Voluntate Dei*) 제 2권에서 안셀름 라옹에 반하는 자신의 견해를 표명한 것이었다. 이 같은 논쟁의 촉발은 1116년 9월 그를 이단 법정에 서게 만들었다. 물론 이 같은 제소가 그 자체로서 매우 심각한 것이기는 하였지만, 증거자료는 이 제소가 상당히 폭넓고 성체성사론 내지 예정론에 한정된 것이 아니라는 것을 보여주고 있다. 루페르트는 양체공존설 신봉자(impanationist)로 제소되었다. 양체공존설 신봉자는 그리스도의 몸과 피가 축성된 빵과 포도주를 변화시킴으로써가 아니라 빵과 포도주에 처음부터 '내재'함으로써 그 안에 존재한다고 주장하는 이들이었다. 자료들이 말해주는 바에 따르면, 루페르트 도이츠는 대수도원장 쿠노 지크베르크의 예기치 않은 개입을 통해 정죄됨을 피할 수 있었다.

그렇기는 하지만 알제르 리에지가 루페르트 도이츠에 대한 공격을 시작하였는지, 아니면 루페르트 도이츠가 안셀름라옹에 대한 공격을 시작하였는지의 여부, 즉 논쟁이 누구에 의해 촉발되었는지의 여부는 여전히 밝혀지지 못한 채 남아있다. 또한 이 논쟁이 무엇을 위한 것이었는지의 여부 역시 불분명하다. 그러나 여전히 분명해 보이는 것은 루페르트 도이츠는 물론이고, 그를 지지하는 자들이든 반대하는 자들이든 이 논쟁을 즐겼고, 또한 이를 합법적인 논쟁으로 이해하였다는 사실이다. 그러나 이 사건은 루페르트 도이츠 자신이 이단으로 정죄되기 시작할 즈음부터 '당혹스럽게' 전개되었다.

이 같은 사건들은 당시 양자 간의 활발한 의견교환이 이루어졌던 학계와 교계 간의 교류가 위험한 게임이 될 수도 있었음을 보여준다. 루페르트 도이츠는 논쟁자들에 반하여 교회와 연대하였고, 자신에 대한 논쟁자들을 그의 적으로 간주하는 등의 현명한 조치들을 통해서 이 같은 논쟁을 극복하였다.

루페르트 도이츠의 논쟁적인 경향은 그의 피소 경험에도 불구하고 고쳐지지 않았다. 말년에 그는 수도 참사회원, 유대인 등과도 논쟁을 벌였다. 루페르트 도이츠는 1128년 뮌스터에서 유대인 학자 헤르마누스와도 논쟁을 벌였다. 헤르마누스는 자신의 《대화록》(*De conversione sua*)에서 이에 대해 스스로 설명하였으며, 헤르마누스와의 대화 가운데 일부는 루페르트 도이츠의 《소선지자주해서》(*Commentary on the Minor*

Prophets)에도 반영되어 있다. 그는 일과 관련해 마인츠에 있는 국왕 로타르의 왕실에 머무는 동안 어떻게 처음 그리스도교도들을 만나 대화하기 시작하였는지를 설명하였다. 국왕 로타르 1세는 에크베르트를 수행원으로 두었으며, 에크베르트와 헤르마누스는 대화를 나누었다. 이는 카로링조 시기에 흔히 있었던 일로서, 왕실가문 또는 황실가문이 사상의 상호교류의 무대로 기능하였다는 사실을 보여주는 한 예이기도 하다.

개종자로서 열정을 가지고, 유대인 헤르마누스는 그가 어떻게 그리스도교도가 되었는지를 설명하였다. 신앙심을 가진 많은 남녀가 헤르마누스에게 그의 개종에 관해 이야기해달라고 요청하였으며, 그 또한 그가 어떠한 고뇌를 겪었던가를 충분히 이해할 수 있도록 성의를 다해 이를 설명하고자 노력하였노라고 밝혔다. 이것은 단순한 입장의 변화가 아닌 참된 참회의 결과였다. 헤르마누스는 '유대교의 영향을 여전히 받고 있었던' 어린 시절에 환상을 보았으며, 이 환상을 통한 언급은 흔히 한 개인에 대한 신의 특별한 '목적'을 드러내는 것으로 간주되었다고 이야기하였다. 헤르마누스는 종국적으로 자신을 개종으로 이끈 것은 유대교에 대한 그리스도교의 지적 우위에 대한 확신이라고 밝혔다. 유대인들은 성서를 자구적인 의미로 해독하였고, 그것은 곡식의 껍질과 마찬가지였다. 반면 그리스도교도들은 그것의 감미로운 내면의 알맹이를 취하였다. 루페르트 도이츠는 경우에 따라서 논쟁의 중심지가 되었던 리에지와 라옹, 그리고 그 밖의 곳에서도 계속해서 공개적인 논쟁에 참여하여 보다 많은 토론 기록들을 남겼다.

사상과 업적

루페르트 도이츠는 많은 글을 남긴 저술가였다. 우리는 지금껏 그가 어떻게 여러 해에 걸쳐 저술을 통해 자신의 견해를 꾸준히 밝혀왔는지를 고찰하였다. 그는 성서 주석서들과 《신의 말씀의 종국적인 승리에 관하여》(*De victoria verbi Dei*)(1123~24년), 《사물의 속성을 뛰어넘는 그리스도의 영광과 존엄》(*De gloria et honore Filii hominis super Matthaeum*)(1125~27년) 등과 같은 2부작들을 집필하였다. 또한 《성직자론》(*De divinis officiis*)(1109~12년)에서는 성체성사의 질료에 관해 그 자신이 참여하고 있던 논쟁도 다루었다. 《거룩한 삼위일체 및 신의 사역》(*De Sancta Trinitate et operibus eius*)은 1112~15년에 집필되었으며, 또한 그는 1114~16년에 요한복음서에 관한 주석서들도 집필하였다.

그의 주석집들이 가졌던 기념비적인 성격에도 불구하고, 루페르트 도이츠는 표준 주석학(*glossa ordinaria*)의 성장과 밀접히 결부된 인물로는 간주되지 않고 있다. 그의 주된 의도는 성서에 제시되어 있다고 생각하였던 '세 시대'를 설명하는 것이었다. 즉 성부의 시대(구약성서), 성자의 시대(신약성서), 그리고 현재로부터 종말에까지 이르는 역사를 포괄하는 성령의 시대가 그것이었다. 이 같은 루페르트 도이츠의 설명은 요하힘 피오레에 의해 더욱 깊이 있게(그리고 보다 논리적으로) 수용되었다. 이 같은 설명은 우리들로 하여금 이 땅의 3시기의 이행과정을 해명하려는 12세기의 사상적 문제를 다루도록 만든다.

《요한계시록 주해》(*Commentary on the Apocalypse*)는 전통적으로 교회와 초기 그리스도교의 종말의식에 대한 비유적 해석서로 이해되고 있다. 중세 수도승들은 영혼의 전투라는 친숙한 모티프로 인해 이 같은 설명을 선호하였다.

참고문헌

〈1차 사료〉

Ed. *Christianorum Continuatio Medievalis.*

Hermannus Judaeus, *Opusculum de conversione sua,* ed. G. Hiemeyer (Weimar, 1963).

〈2차 사료〉

J. van Engen, *Rupert of Deutz* (California, 1983).

(이영재, 한지환)

피터 아벨라르
(Peter Abelard 1079~1142)

생애와 시대

피터 아벨라르는 1079년 북 프랑스의 낭트 근교에서 태어났다. 그는 대학이 공식적으로 등장하기 이전에 인문학에 대한 관심이 점증하는 분위기 속에서 연구하고 가르친 '방랑하던 지식인들'의 동시대인들 중 한 명이었다. 피터 아벨라르는 당대에 때때로 '현자'라고 불렸다. 아벨라르의 제자들은 그를 따라 이리저리 방랑하였다. 아리스토텔레스가 제자들을 가르치며 거닐었던 것과 완전히 똑같지는 않았지만, 그럼에도 불구하고 이들은 '소요학파'라고 불릴 만하였다. 피터 아벨라르의 시대에 '학파'란 아마도 공인된 고전작가들의 주요한 저술들을 그의 제자들과 함께 '강독'하고 해석한 '대가'와 그 제자들의 모임 정도의 의미였을 것이다. 이러한 모임은 일정한 거처를 필요로 하지 않았다.

이 시기에 흔히 피터 아벨라르처럼 '방랑하던 지식인들'과 교사들은 종종 주교좌성당학교가 있는 도시들에 머물렀다. 왜냐하면 이곳에는 일군의 학자들과 새롭고 흥미로운 교사들을 따라 배움을 청할 잠재적인 학생들이 있었기 때문이었다. 이러한 방식으로 피터 아벨라르는 대략 1093년부터 1099년까지 로슈에서 로셀린 콩피뉴의 문하생으로 있었다. 그 이후 파리로 와서 윌리엄 샹포를 사사하였다. 그리고 피터 아벨라르 자신이 논리학을 가르치기 시작하였는데, 1108년에 이르러 그는 몽 생 주느비에브에 거주하였던 불운한 윌리엄 샹포의 가르침에 도전하게 되었고, 그 결과 윌리엄 샹포는 경쟁자로부터 벗어나 성 빅토르 성당 참사회의 일원이 되었다. 아마도 그는 이곳에서 보다 평화롭게 연구와 교육에 계속 전념할 수 있었던 것 같다.

당시 피터 아벨라르는 이 시기까지는 '성서연구(*studium sacrae scripturae*)'로 알려진 신학 연구에 논리학의 기법을 적용하고자 하였다. 성서연구 분야에는 이미 뛰어난 명성을 쌓은 교사들이 많았다. 1113년 이 새로운 학문분야를 연구하고자 피터 아벨라르는 유명한 두 수도승 랄프와 안셀름이 가르치고 있던 라옹의 유력한 신학학파를 찾아갔다. 자서전 《재난의 역사》(*Historia Calamitatum*)에서, 피터 아벨라르는 안셀름 라옹이 인상적인 교사일 것이라고 기대하며 약간의 외경심을 가지고 그곳에 갔다고 밝혔다. 그러나 피터 아벨라르는 안셀름 라옹이 마치 잎이 떨어진 나무와 같았다고 느꼈으며, 그의 가르침 또한 마치 열매가 없는 가지처럼 보였다고 밝혔다. 야심적이고 자신만만한 젊은 학자 피터 아벨라르는 곧장 자신이 성서를 강의하겠다고 밝히고, 어렵기로 유명한 에스겔서를 교재로 선택하였다. 피터 아벨라르는 학생들에게 깊은 인상을 주었다. 그는 1113~1114년경 라옹에서는 물론 파리에서도 이러한 강의를 행하였다.

1114년 즈음, 피터 아벨라르는 파리로 와서 노트르담 학교의 교수가 되었다. 그곳에서 그는 성당 참사회원 가운데 한 명이자 엘로이즈라는 질녀를 데리고 있던 풀베르의 집에 머물렀다. 아직 소녀였던 엘로이즈에 대해, 풀베르는 당대에는 예외적이게도 좋은 교육을 받게끔 배려하였고, 피터 아벨라르에게 이 일을 맡겼다. 엘로이즈는 높은 수준의 교육을 받았으나, 둘은 연인이 되었으며 1118년에는 아들도 태어났다. 피터 아벨라르는 분노한 풀베르 가족들에 의해 거세를 당하였다. 이 불명예스러운 사건은 피터 아벨라르로 하여금 학문에 진력케 하였다. 먼저 로셀린과의 논쟁이 벌어졌고, 1121년 수아송 공의회의 이단 판정에 대해서도 이의를 제기하게끔 하였다.

그는 로셀린과의 논쟁을 계속하였고, 실로 피터 아벨라르의 《지선자 신학》(*Theologia 'Summiboni'*)은 삼위일체의 삼위를 서로 다른 세 신들인 양 주장하는 '삼위삼체론적' 이단에 대한 입장을 피력하고자 저술되었다. 이는 로셀린이 1092년 수아송에서 정죄된 이유이기도 하였다. 피터 아벨라르는 이 점을 파리의 주교에게 보낸 서한에서 밝혔다. 그러나 《재난의 역사》에서, 그는 로셀린에 관해서는 전혀 언급하지 않은 채 자신의 제자들을 위해 무엇인가를 집필하고자 하였다고 밝히며 다른 주제를 제기하였다.

로셀린은 피터 아벨라르의 《지선자 신학》을 맹렬히 공격하였다. 그는 파리의 주교가 질책했던 문제를 다루고자 하였다. 주교 길버트는 피터 아벨라르로부터 논쟁을 제의하는 서한(서한 14)을 받았던 바, 이는 청중들 앞에서 공개토론을 하자는 것이었다. 수아송 공의회에 대한 당대의 기록은 존재하지 않는다. 연대기 작가 오토 프라이징은 알베릭 랭스와 로툴프 롬바르드가 피터 아벨라르에 대한 조사를 사주하였다고 주장한다. 오토 프라이징은 피터 아벨라르가 삼위일체의 삼위 간의 차이를 줄이거나 부인하는 사벨리우스주의자로 제소되었다고 설명한다.

로셀린이 1120년에 사망하자 그의 사상도 그 이후 중요하지 않은 것으로 간주되었다. 그가 제기한 문제들은 또 다른 문제들에 의해 묻혔다. 그럼에도 불구하고 피터 아벨라르를 정죄하고 그의 저작 《지선자 신학》을 불태우라는 상당한 정도의 압박이 있었다. 그는 불과 며칠간에 불과하였지만, 교황청 특사에 의해 생 메다드에 투옥되기까지 하였다.

이에 피터 아벨라르는 은둔하여 생 드니에서 수도승이 되었다. 그러나 그가 어디에 가든 논쟁이 촉발되었다. 1121년 더욱 격렬한 논쟁이 야기되었는데, 이는 생 드니의 '진위여부'에 대한 피터 아벨라르의 문제제기로 인한 것이었다. 피터 아벨라르는 샹파뉴 백 티보의 보호를 받아 도주하였다. 피터 아벨라르와 생드니 수도원 원장 쉬제르는 1122년에 화해하였다. 그러나 피터 아벨라르의 수도생활은 생 드니가 아니라 노장 쉬르 세느에 스스로 건립한 수도처에서 계속되었다. 대략 1125~1126년 아벨라르는 그 곳을 떠나 브리타니에 있는 생 길다스로 갔다. 그 수도처를 떠나면서 그는 그 곳의 이름을 '위로자 성령(*Paraclete*)'으로 개명하여 엘로이즈와 그녀가 이끌던 수녀공동체가 사용하도록 하였다. 이 수도처에서 엘로이즈는 일련의 서한들을 썼으며, 이에 대한 피터 아벨라르의 답신을 우리는 가지고 있다. 이 서한들의 진실성 여부는 혼재적인 필사전통 때문에 약간의 의문점이 있다. 그러나 서한들의 내용은 당시 있는 그대로의 양상들을 개연성 있게 말해주고 있다. 무엇보다 《재난의 역사》, 즉 '나의 어려움의 역사'가 이에 속한다. 형식에 있어서, 그것은 고전적인 위로서한들(*epistola consolatoria*)이었다. 현대인들에게는 생경한 이 서한들은 누군가를 위로한다는 공적 의도를 가지고 집필된 것으로서, 집필자의 어려움이 더욱 크다는 생각을 가지고 어려움에 처한 다른 사람을 위로하는 것이었다.

피터 아벨라르는 학교로부터 떨어져있을 수 없었다. 그는 대략 1133년에 파리로, 그리고 몽 생 주느비에브로 돌아갔다. 이곳에서 논쟁적인 인물인 아놀드 브레시아가 피터 아벨라르와 합류하였다. 피터 아벨라르는 1140년 상스에서 재차 이단으로 심문받았고 이에 로마로 상고하였으나, 교황 이노센트 2세는 그를 이단으로 정죄하였다. 그는 클루니에 은둔하였고, 그곳에서 피터 외경자가 그를 보호해주었다. 그리고 2년 후 클루니 수도원에서 타계하였다.

사상과 업적

피터 아벨라르의 논리학 저술들 가운데 《심화과정을 위한 논리학의 요소》(*Logica ingredientibus*)와 《변증법》(*Dialectica*)이 남아있으며, 이것들은 저술될 당시 이단의 경계를 넘나들고 있다. 《변증법》은 명백히 초기의 저술이다. 그것은 불행히도 12세기 논리학의 보다 전문적인 발달에 의해 오래지 않아 묻히게 되었다. 피터 아벨라르의 《지선자 신학》 혹은 신학에 대한 그의 일련의 저술들은 처음부터 논쟁의 여지가 있었고, 지금도 이 논쟁은 여전하다. 피터 아벨라르의 《강단 신학》(*Theologia 'Scholariun'*)은 1140년 상스 공의회에서 베르나르 클레르보와 그의 동료들에 의해 비판받았다.

그의 《존재와 무》(*Sic et Non*)는 권위 있는 전거들로부터 발췌된 서로 반대되는 구절들을 나란히 수록한 모음집으로서, 이는 학생들이 그것의 모순들을 해결하는 기량을 연마하도록 하기 위함이었다. 피터 아벨라르가 이 모든 저술들을 혼자 저술한 것은 아니었다. 그것들은 교본으로서 여러 학교에서 이미 사용되고 있었다. 교부들의 저술들에 대한 기존의 성서 주석집은 《존재와 무》와 《그리스도교 신학》(*Theologia Christiana*)의 기초가 되었으나 이들은 《지선자 신학》에는 나타나지 않았다. 이는 《존재와 무》가 피터 아벨라르가 이 같은 식의 도움을 받을 수 있었던 시기에 집필된 작품이라는 것을 보여준다.

피터 아벨라르는 이 작업의 발단을 제공하였고, 이를 통해 그는 (그의 시대에는 흔치 않게) 단어의 의미와 논쟁의 쟁점은 시대에 따라 바뀐다는 사실에 대한 이해를 드러내었다. 피터 아벨라르의 성서 주해집은 확실히 그 자체로서 사변적인 글들일 뿐만 아니라 그의 신학적 추론을 보여주고 있다. 여기서 우리는 수년 후 논쟁으로 성장하게 될 발달의 과정들을 확인하게 된다. 가장 초기의 '강의들'이 여기에 해당되었다.

그것은 유용한 해설적 주해의 도움을 받은 독해의 작업이었다. 그럼에도 불구하고 피터 아벨라르의 당대에는 이미 용어의 의미에 대한 간략한 설명 및 교부의 견해에 대한 설명과 관련해 전통적 주석 및 해설은 하나의 원문과 관련된 상충하는 견해를 전달하기에는 부적절하다는 것이 명백해졌다.

로마서 3장 25절과 26절을 연구하는 과정에서 안셀름 캔터베리의 '왜 신은 인간이 되었는가?(*Cur Deus Homo*)'라는 주제를 접하게 되자 피터 아벨라르는 많은 분량의 장문의 해석을 하였다. 피터 아벨라르는 그가 알고 있던 모든 주장들 및 주제 중심적 논쟁들과 교사와 학생 사이의 뜨거운 논쟁거리였던 주제들을 모두 제시하였다. 예를 들어, 그는 안셀름 캔터베리의 설명과 라옹 학파의 설명을 비교하였다. 라옹 학파의 관점은 사탄도 일정한 역할을 한다는 견해를 수용하였다. 아담이 낙원에서 추방되자 사탄은 인간들로부터 숭배의 대상이 되었으며, 따라서 인간이 신 앞에서 원래의 모습을 회복하고자 하다면 사탄과 싸워 이겨야 하였다. 그러나 피터 아벨라르는 사탄에게는 아무런 역할도 없다고 말하였다. 여전히 그는 안셀름 캔터베리의 설명을 선호하지 않았다. 그는 예수 그리스도는 필연적으로 고통을 당하고 악인과 나란히 수모와 죽음을 맞이해야 하였다는 주장의 정당성을 부정하였다. 신의 명예에 대한 손상을 어떻게 회복할 수 있겠는가? 신은 당신의 아들에 대한 그와 같은 대우에 분노할 수밖에 없었다. 피터 아벨라르는 그것이 이해될 법한 행위라고 생각하지 않았다. 신은 은총으로서 용서할 수 있었고, 그것만으로 충분할 것이었다.

그러나 피터 아벨라르는 신이 인간이 되었다는 것을 부정하고 싶지 않았다. 그러므로 그는 신이 그렇게 행동하였던 다른 이유를 찾았다. 그는 성육신을 인간의 창조라는 신의 사랑과 동일시하였다. 자신의 아들을 보낸 신의 선택은 신에 대한 인간의 입장을 영원히 변화시켰다. 그리스도는 인간에게 신을 제시한 것이며, 또한 그리스도는 인간에게 어떻게 완전한 삶을 살 수 있는가를 보여주고 있다. 피터 아벨라르는 이 '사랑의 모범' 이론을 보다 만족스럽게 여겼다.

피터 아벨라르의 가장 독창적인 저술인 《너 자신을 알라》(*Scito te ipsum*)는 당시 유행하던 자신을 알기라는 주제를 다룬 것이었다. 이것은 표제가 말해주듯이 종교에 대한 저술이 아닌 윤리학에 대한 저술로서, 여기서 피터 아벨라르는 특정한 행위가 항상 옳은지 그른지, 혹은 상황이 어떠한 차이를 만들어내는지에 대한 질문을 제기하였다. 그는 급기야 행위의 동기가 많은 변화를 일으킨다는 극히 정교한 분석을 내놓았다. 심지어 피터 아벨라르는 선한 동기로 이루어진 행위는 항상 선하다고 주장하였다. 설령 어떠한 사람이 그 자신을 속이고 있을지라도, 그가 올바르게 행동한 것이 선한 행위를 한 것이라고 단순하게 믿을 수 있는지에 대해 그는 의문을 제기하였다. 이와 관련해 피터 아벨라르는 무엇이 참된 의도인지에 대한 신의 판단이 중요하다고 믿었다. 선해 보이는 의도만이 아니라 외견상 보이는 것이 진실로 선한가와 관련해서는 안셀름 캔터베리의 영향력이 있었다. 그러므로 죄는 양심에 반하는 것으로 결론지었다. 이것은 아리스토텔레스의 윤리학이 서구에 알려지기 전까지는 매우 선구적인 추론이었다.

영향

피터 아벨라르는 당대의 혁신적인 학자의 한 예였으나, 그가 논리학 분야에서 이룩한 개척적인 성과는 이후 논리학 분야의 성장이 급속히 진전됨에 따라 곧 인멸되었다. 아마도 명백하고 설득력 있는 그의 강의에 매료되었던 일군의 학자들에 대한 지속적인 영향력을 배제한다면, 피터 아벨라르는 사후에 방대한 영향력을 발휘하지 못하였다.

참고문헌

〈1차 사료〉

Peter Abelard, *Opera Theologica, Corpus Christianorum Continuatio Mediaeavalis,* XI, XII, XIII

A. Landgraf, *Commentarius Cantabrigiensis in epistolas Pauli e scola Petri Abaelardi I, In Epistolam ad Romanos* (Notre Dame, 1937).

Peter Abelard, *Dialogue of a Philosopher with a Jew and a Christian,* trans. P.J.Payer (Toronto, 1979).

〈2차 사료〉

Michael Clanchy, *Abelard: A Medieval Life* (Oxford, 1997).

D. Luscombe, *Th School of Peter Abelard* (Cambridge, 1967).

John Marenbon, *The Philosophy of Peter Abelard* (Cambridge, 1997).

Constant J. Mews, *Peter Abelard* (Aldershot, 1995).

(이영재, 한지환)

윌리엄 콩쉐
(William of Conches 1080~1154)

생애와 시대

윌리엄 콩쉐는 1080년경 노르망디 지역의 콩쉐에서 태어났다. 그는 베르나르 샤르트르의 제자였으며, 존 솔즈베리의 스승이었다. 또한 그는 교과목을 간결하게 유지하기를 원하는 학자들과 교과목을 확장시키기를 원하는 학자들 간에 벌어진 논쟁으로서, 존 솔즈베리가 '코르니피치우스파'(Cornifician) 논쟁[114]이라고 묘사했던 것과 관련되어 있었다. 그러나 그는 일찍이 은퇴하여 샤르트르 학파에서의 이러한 격론에서 물러났다.

사상과 업적

윌리엄 콩쉐는 1120년경 젊은 교수로서 《철학》(*Philosophia*)과 그리고 프리키아누스 주석서, 보에티우스의 《철학의 위안》 주석서, 마크로비우스의 《키케로의 「스키피오의 꿈」》 주석서, 마르티아누스 카펠라[115]의 《혼인론》(*De Nuptiis*)주석서 등을 집필하였다. 그는 문학적

114) 코르니피치우스파는 수사학과 문법을 경시했던 학파다. 이들은 기존의 전통적인 대학의 교과목을 축소하고자 노력했으며, 이는 결과적으로 논쟁으로 이어졌다.

요소가 가미된 철학적 저술들을 선호하였다. 또한 그는 피터 아벨라르보다 문학적이었으나 아델라르 바쓰보다 논리적이진 않았다. 다른 한편으로 그는 당시에 널리 알려져 있던 플라톤적 사상을 수용하였다. 이는 칼키디우스의 《플라톤의 티마이오스 해설》과는 달랐지만, 당대의 지식인들이 접근할 수 있었던 유일한 것이었다.

윌리엄 콩쉐가 《철학》을 집필하게 된 것은 키케로와 성서, 양자를 근거로 하여 철학을 규명해보려는 의도에서였다. 그는 키케로의 철학 개념을 수용하여 '지혜가 결여된 유창한 화술은 그 자체로 위험한' 것이며, 또한 동시에 철학은 성서로부터 영감을 얻는다고 언급하였다. 그러니까 철학이란 가시적 사물과 비가시적 사물 모두에 대한 진정한 이해를 촉구한다는 것이다. 《철학》에서 그는 사물의 제1동인(*prima causa rerum*)부터 검토하기 시작하여 마지막에 상당한 분량을 할애하여 인류에 대한 주제를 검토하였다. 그는 삼위일체도 이러한 방식으로 검토하였다. 먼저 신에 대해 제기된 질문들을 예비적으로 검토한 다음 마지막에 삼위일체에 대해 검토하는 이 같은 서술방식은 후대의 피터 롬바르드와 토마스 아퀴나스에게서 확인할 수 있는 조직신학 작업과 거의 동일하였다.

그 후 윌리엄 콩쉐는 세상의 영혼(*anima mundi*)에 관한 주제를 검토하였다. 피터 아벨라르가 밝힌 바와 같이, 세상의 영혼에 대한 주제는 이단으로 빠질 수 있는 위험성을 내포하고 있다. 왜냐하면 범신론적으로 세상의 영혼을 성령과 동일시하는 것으로 비춰질 수 있기 때문이었다. 그러나 그는 범신론적이라는 비난을 전혀 개의치 않았다. 그리하여 그는

---

115) 마르티아누스 카펠라(Martianus Minneus Felix Capella); 로마 말기에 라틴어로 된 저작을 남긴 저술가이며, 7인문학 체계를 발전시킨 사람 중의 한 명이기도 하다. 그는 카르타고에서 법학자로서 활동했었던 것 같다. 또한 그는 신플라톤주의에 기반하고 있는 철학적인 견해를 갖고 있었으며, 그의 저작 대부분은 대화 형식을 취하고 있다.

세상의 모든 영혼은 신의 의지와 선함 즉 성령에 의해서 존재한다고 밝혔다. 그는 이에 못지않게 논쟁적이며 규명하기 어려운 문제들도 고찰하였는데, 세상의 영혼은 모든 살아있는 사물의 영혼과 함께 마치 두 개의 영혼처럼 있는 것인가? 와 같은 문제가 바로 그 예이다.

서유럽에 플라톤주의가 전달된 것은 요한복음의 첫 부분과 초기 그리스도교 저술가들 중 특히 대단한 영향력을 미치고 있었던 성 아우구스틴을 통해서였다. 이것이 12세기 초 플라톤의 저작 《티마이오스》와 관련된 새로운 논쟁에서 유래된 질료라는 것과 결부되었는데, 《티마이오스》에 세상의 창조에 관련된 흥미 있는 논의가 포함되어 있었다. 그리하여 윌리엄 콩쉐는 《철학》에 플라톤 사상과 그 밖의 전거들의 비교론적인 견해들도 검토하였다. 그는 후기 저술기에 칼키디우스의 《플라톤의 티마이오스 해설》을 해석한 《지고의 플라톤주의》(*Super Platonem*)를 집필하였고, 로마 문법학자 프리키아누스의 것에 관해서도 저술하였다. 또한 윌리엄 콩쉐는 《철학》에서 원소들(elements)은 어디에 있단 말인가? 와 같은 과학적 질문들도 검토하였다. 그에 따르면, 원소는 인간 육체의 구성원소로서 존재하지만 원소 입자들은 매우 작기 때문에 원소 그 자체로는 보이지 않는다. 그러니까 원소는 단일 미립자(*simplae et minimae particulae*)였던 것이다. 그 후 그는 자연 과학의 분야에 속하는 조수, 바람, 천둥, 혜성, 행성, 별 등과 그 밖에 프랑스인들과 영국인이 흥미를 보였던 모든 주제에도 깊은 관심을 갖게 되었다. 그러나 그는 자연과학분야에서 드러날 문화나 전통에 대한 모순점에 대한 별다른 이해를 갖고 있지 않았다. 이로 인해 그는 이 둘을 조합해 내는 데에는 어려움이 있었다.

윌리엄 콩쉐의 《자연철학론》(*Dragmaticon*)은 《철학》을 개작 내지 개요화한 것으로, 대학에서 은퇴한 이후 노르망디공의 가문에 머물렀던 시기에 집필되었다. 이 《자연철학론》은 백과전서적 범주에 속한다는 지적이 일부 제기되기도 하였다.

영향

윌리엄 콩쉐는 샤르트르의 성당 학교와 관련이 있는 일군의 학자들과 교류하였으며, 또한 그의 관심 분야는 이 학파 학자들의 관심들을 알려준다. 그 가운데 티에리 샤르트르[116], 길베르 포와티에 등의 관심은 샤르트르 학파와는 또 다른 영역으로 확대되었다. 샤르트르 학파는 수십 년 동안 보에티우스의 신학적 논술들에 대한 주석 작업을 시행하였다. 한편 《버질의 아이네이드 6권 주석서》도 윌리엄 콩쉐의 저술은 아니라 하더라도, 샤르트르 학파의 것임에는 분명하다. 이 저술에 베르나르두스 실베스트리스[117]는 '아이네이드'를 알레고리화 하였다. 또한 마크로비우스[118]는 버질을 철학자라고 밝혔으며, 풀겐티우스[119]는 《아이네이드》를 인생의 단계를 보여주는 거울로 인식하였다.

이시기에 중세 속어들은 학술적인 저작에 일부 사용되었다. 그러나 본격적으로 사용된 것은 속어의 어휘와 어법이 충분히 발달되었던 중세 말기에 이르러서였다. 윌리엄 콩쉐의 《자연철학론》은 15세기에 카탈로로 번역되어, 《불가타 철학 대전》(*Summa de Philosophia in Vulgari*)이란 제명으로 출간되었다. 이 《자연철학론》은 레이먼 럴에게 영향을 미쳤는데, 레이먼 럴은 13세기에 이미 학문적 저작의 서술 수단으로 카탈로니아를 활용하고 있었다.

---

116) 티에리 샤르트르(Thierry of Chartres, 12세기); 12세기경 샤르트르 대학과 파리 대학에서 활동한 철학자.

117) 베르나르두스 실베스트리스(Bernardus Silvestris, 1085~1178); 12세기경 스콜라 철학자로서, 샤르트르 학파였으며, 주저로 《우주론》 이 있다.

118) 마크로비우스(Macrobius, 5세기); 5세기경에 활동한 로마의 철학자이자 행정가이다. 베르길리우스를 완전한 수사학자로 찬양했으며, 문법과 철학에 대한 저작을 남겼다.

119) 풀겐티우스(Fabius Planciades Fulgentius, 5세기말~6세기초); 신화를 주제로 한 저작을 남겼다. 그의 저작은 중세 시대에 많은 영향을 미쳤다.

참고 문헌

〈1차 사료〉

William of Conches, *Dragmaticon,* ed. Ⅰ. Ronca, CCCM, 152(1997).

William of Conches, *Philosophia,* ed. G. Maurach(Pretoria, 1980).

Glosa super Boetium, ed. L.W.Nauta(Gröningen, 1999).

A translation of the *Dragmaticon is available: Dragmaticon: A Dialogue on Natural Philosophy,* trans. Ⅰ. Ronca and M.Curr in *Mediaval* Culture (Notre Dame, 1997), vol. 2.

〈2차 사료〉

R.W. Southern, *Medieval Humanism*(Oxford, 1970).

Bernardus Silvestris, *Commentary on the First Six Books of the Aeneid of Vergil,* ed. J.W. Jones and E.F. Jones(Lincoln, 1977).

(손채연, 옥상철)

베르나르 클레르보
(Bernard of Clairvaux 1090~1153)

생애와 시대

베르나르 클레르보는 1090년 디종 근교 귀족가문에서 태어났다. 베르나르 클레르보는 부모의 손에 이끌려 성당 참사회가 운영하는 학교에 보내졌으나, 1113년 새로이 건립된 수도원인 시토 수도원에 스스로 입회하여 수도승으로서 삶을 살기로 마음먹었다. 시토 수도회 수도승들은 '개혁적' 베네딕트 수도승들로서 보다 단순한 삶으로의 회귀가 그들의 이념이었다. 이들은 당시 수도원에서 행해진 삶보다 훨씬 단순한 삶으로의 회귀를 이상으로 삼았다. 즉 이들은 금욕적이고 참된 청빈을 실천하고자 하였다. 이 수도회의 다수의 수도승들은 기도와 독서에 전념했으며 세속 형제들(lay brothers)이 수도원에 필요한 부수적인 노동을 담당해주었다.

자신의 이상을 가지고 다른 사람을 감화시키는 베르나르 클레르보의 타고난 능력은 30여 명의 친구들과 친지들을 동참하게 만들었다. 이 개혁적 운동의 첫 번째 수도원인 시토 수도원은 빠르게 성장하였고, 일군의 분원들을 새롭게 출현시켰다. 이 분원들 중 하나였던 클레르보 수도원에서 베르나르 클레르보 자신이 2년 후 매우 젊은 나이로 수도원장이 되었다. 수도원장직의 과도한 업무로 인해 베르나르 클레르보는 병상에 눕게 되었다. 이 때 베르나르 클레르보는 베네딕트회 수도승이었던 친구

윌리엄 상티에리로부터 큰 도움을 받았다. 그는 베르나르 클레르보가 건강을 되찾도록 많은 시간을 함께 보냈다.

베르나르 클레르보는 그 이후로도 클레르보 수도원의 수도원장직을 유지하였으나, 그는 수도원의 울타리 안에만 머물지 않았다. 그는 위대한 순례자가 되었다. 일찍이 1128년 초 트루아 공의회의 행정 책임자로 일하였으며 새로운 성당기사단이 승인을 얻도록 도와준 이후, 베르나르 클레르보의 외교적인 기량은 전성기를 맞이하였다. 성당기사단은 그리스도교도들, 특히 성지를 순례하는 순례자들을 보호하는 데에 전념하는 수도승이자 군인으로서 창의적이고 새로운 유형의 수도회였다. 그들은 전통적인 그리스도교적 이미지들, 즉 그리스도의 병사의 이미지와 신과의 합일을 추구하는 순례자의 이미지를 결합한 살아있는 실체들이었다.

그는 1130년대에 교황의 선출과 관련해 심각한 논쟁이 일었던 시기에 합법적 교황직을 주장하였던 이노센트 2세를 변론하는 데에 전념하였다. 이 일은 시토 수도회에 많은 유익을 가져다주었다. 그리하여 교황청의 호의에 힘입은 시토 수도회의 특별한 위상은 1145년 유게니우스 3세가 즉위하자 더욱 강화되었다. 왜냐하면 유게니우스 3세는 당시까지 시토 수도회의 수도승이었기 때문이다. 비록 학문적인 논쟁에서 그가 피터 아벨라르의 적수가 아니었음에도 불구하고, 베르나르 클레르보는 1140년 상스 공의회에 제소된 피터 아벨라르에 대한 이단 사건을 심사하는 위원회의 대표로 모든 이들에 의해 추천되었다. 베르나르 클레르보는 클루니 수도원장인 피터 외경자에게 설득되어 제2차 십자군 운동을 설교하였다. 베르나르 클레르보는 먼저 이 일을 성공적으로 수행하였다. 이것이 자신의 보다 나은 판단과는 달랐을지라도 말이다. 왜냐하면 피터 외경자에게 말하였듯이, 그는 자신의 주된 과제가 그리스도교 사회의 영혼들을 보다 진지하게 그리스도에게로 나아가도록 하는 것이라 믿었기 때문이었다.

사상과 업적

베르나르 클레르보는 무엇보다도 '수도원적' 저술가였다. 그는 실천적인 영성의 분야에 주된 지적 관심을 가지고 있었다. 수도승들에 대한 가볍고 친근한 경고를 위해 《겸손과 오만의 걸음들》(*The Steps of Humility and Pride*)을 집필하였다. 이에 따르면 한 번 내리막길에 첫 걸음을 내디디면 그 다음은 한결 쉬워진다는 것이었다. 베르나르 클레르보는 몇몇 다른 저술들도 집필하였다. 예를 들어, 신에 대한 사랑(*De diligendo Deo*) 및 교훈과 그 시행 등의 주제를 다루었는데, 여기서 그는 경건한 그리스도교도가 반드시 지켜야 할 계명은 무엇이며, 어디서 약간의 유연성이 허용될 수 있는지와 같은 중요한 문제에 대해 논의하였다.

베르나르 클레르보는 또한 탁월한 설교자였다. 그의 설교는 지금도 상당한 분량이 남아있으며, 이는 장문이기는 해도 결코 지루하지 않다. 그의 가장 유명한 설교는 아가서에 대한 86편에 달하는 설교로서, 당시 구약성서의 이 짧은 본문에 대한 분석을 끝내지 못하였음에도 불구하고 이는 이후 널리 알려지게 되었다. 베르나르 클레르보는 성서 원본에 입각하여 사랑의 이념에 대한 천여 개의 성찰과 비교, 결합을 시도하였다. 그는 성서 원본에 매우 정통하였고, 이 때문에 그는 문장 속에서 인용하고 비유를 들 때마다 성서 원본의 언어를 즐겨 사용하였다. 성 아우구스틴과 라틴 교부들에게 있어서 그러하였듯이, 베르나르 클레르보에게 있어서도 설교는 성서해석의 가장 자연스러운 양식이었다.

《성찰론》(*On Consideration*)은 지금도 남아있는 베르나르 클레르보의 서한의 많은 부분들과 마찬가지로 그의 정치적 활동을 드러내는 한 표식이다. 베르나르 클레르보는 교황 유게니우스 3세가 교황청 법정에 재소된 사건에 관한 내용을 듣는 데에 대부분의 시간을 허용한다는 사실을 알게 되자 그를 위해 《성찰론》을 집필하였다. 베르나르 클레르보는 교황 그레고리 1세의 《사목지침》(*Regula Pastoralis*)을 모델로 삼아 유게니우스 3세를 위한 조화로운 삶의 원리를 발전시켰다. 이에 따르면 성찰적인 요소와 활동적인 요소가 마땅히 적당한 비율을 유지해야 하였다. 베르나르 클레르보는 이것이 공적인 인물들의 삶에, 특히 교회의 지도자들의 삶에 중요하다고 지적하였다.

그가 유게니우스 3세에게 《성찰론》 제 1권을 헌정한 이후, 제 2차 십자군 운동이 실패하였다는 소식이 전해졌다. 이에 베르나르 클레르보는 이 재난으로부터 얻을 수 있는 교훈을 그리스도교 사회에 제시하고자 《성찰론》의 나머지 부분을 저술하는 데에 진력하였다. 만약 신이 성전에서의 패배를 허용하였다면, 이는 신이 그리스도교도들의 신앙을 보다 강화시키려는 더 큰 목적을 가졌기 때문이었다. 마침내 베르나르 클레르보는 이 저술에서 교황전능권 이론을 발전시켰다. 이 이론은 말기 중세에 대단히 중요한 의미를 가지게 될 것이었다. 교황은 천상과 지상의 계서체제 내에서 모든 세속권력자뿐만 아니라, 교회 내의 다른 모든 이들보다도 더 우위에 있다는 것이 베르나르 클레르보의 주장이었다. 반세기 전 교황 그레고리 7세의 개혁운동의 결과에 이미 제시되었듯이, 이와 같은 사고의 경향은 교황청으로 하여금 16세기 종교개혁기에, 그리고 그 이전부터 반발의 원인이 되었던 교황수장제라는 교황의 위상에 대한 거대담론을 가지게 하였다.

영향

품성에 있어서 베르나르 클레르보의 카리스마적 자질은 그로 하여금 일찍부터 방대한 영향력을 가지게 하였고, 그 시대의 여러 주요한 사건들에 대한 그의 역할과 참여는 그의 저술을 널리 유포시켰다. 베르나르 클레르보가 적극 도왔던 교황의 현실적 위상의 강화추세와는 별도로,

그의 지적인 영향력은 주로 수도원적 영성의 영역에서 발휘되었다. 이 영역은 베르나르 클레르보의 주된 관심분야였으며, 그 자신도 이를 자신의 저술의 가장 중요한 부분이라고 믿었다.

참고문헌

〈1차 사료〉

Bernard Of Clairvaux, *Opera Omnia,* Ed. J. Leclercq, C.H. Talbot and H. Rochais (Rome, 1957-), 8 vols.

〈2차 사료〉

M. Clanchy, *Abelard: A Mediaeval Life* (Oxford, 1997).

G.R. Evans, *Bernard of Clairvaux* (Oxford, 2000).

A.H. Berdero, *Bernard of Clairvaux: Between Clut and History* (Grand Rapids, MI, 1996).

J. Leclercq, *A Second Look at Bernard of Clairvaux* (Kalamazoo, MI, 1990).

(이영재, 한지환)

안셀름 하벨베르그
(Anselm of Havelberg 1100~1158)

생애와 시대

안셀름 하벨베르그는 당대의 그리스 사상가들과 관계를 맺고 있었다는 점에서 예외적으로 중요한 인물이었다. 그는 라옹에서 랄프 라옹의 제자였으며,[120]학생 시절에 당대인들의 주 관심 분야였던 신학과 법학 관련 주제와 그 밖의 다양한 주제들에 관해서 풍부한 지식을 가지게 되었다. 또한 그는 프레몽트르 수도원[121]의 창시자 노르베르의 초기 추종자였다. 그는 1129년 하벨베르그 교구 주교가 되었고, 그 후 제국의 궁정에서 지내게 되었으며, 1135년 신성로마제국 황제에 의해 대사로 콘스탄티노플에 파견되었다. 이 일은 그로 하여금 그리스 정교회와 밀접하게 교류하게 한 계기가 되었다. 당대 학자들 가운데 그리스어 고전을 번역할 정도의 언어적 지식을 가진 학자들은 몇 안 되었는데, 그는 이들을 잘 알고 있었다. 그러한 인물로 제임스 베니스가 있었다.

---

120) 랄프 라옹; 안셀름 라옹의 동생이며, 1117년 형의 자리를 이어 교수가 되었다.

121) 프레몽트르 수도원; 1120년 노르베르 잔텐(Norbert of Xanten)에 의해서 설립된 수도원. 프레몽트르 수도원은 아우구스틴 규칙을 수용했으며 흰색 수도복을 입고 청빈과 가난한 사람들을 돌보는 것으로 유명했다. 이 수도원에서 추구하였던 운동은 유럽과 팔레스타인 지방으로 퍼져나갔다.

안셀름 하벨베르그가 콘스탄티노플에 머무르는 동안 그의 교구는 피폐해져 갔으며, 1149년 결국 주교직을 잃게 되었다. 콘스탄티노플에 대사로 가는 것은 제국 궁정과 교황청 모두의 신뢰를 받지 못할 정도로 위험한 일이었던 것이다. 이 일은 그가 황제 콘라드 3세와 교황청 사이에 있었던 불화의 희생자 중의 한사람이었음을 알려준다. 그 후 그는 교구로 다시 돌아와, 그리스도의 본을 따라 사도적 삶과 그리스도의 청빈(*paupertas Christi*)을 실천하는 삶에 집중하였다. 이 때 그는 자신이 추구하던 이상을 실천하는 프레몽트르 수도원 운동에 매료되어 프레몽트르 수도원 운동의 창시자 노르베르를 도왔다. 1152년 그는 황제 프레데릭 바바로싸의 신뢰를 다시 얻어 정치적 활동을 재개하였다. 1158년 그는 황제 수행원으로서, 밀라노 함락전쟁을 수행하던 중에 세상을 떠났다.

사상과 업적

안셀름 하벨베르그는 중요한 '초기 교회통합주의자'의 한 사람이었다. 그는 그리스 정교회의 그리스도교도들과 자리를 함께 하여, 그리스 정교회와 라틴 교회 간의 차이점과 보완 가능성에 관하여 논의하였다. 동유럽 그리스 정교회와 서유럽 라틴 교회는 1054년 교회 분열 이후 분리되어 있었다. 당시 교회 분열의 진정한 이유는 정치적이었지만, 이들 간에는 이미 교리적 불일치도 많이 존재하였다. 이 두 교회는 교회의 수장권에 관해 커다란 입장 차이를 보였다. 그리스 정교회는 교황이 서방의 라틴 교회뿐만 아니라 그리스 정교회의 수장 자격이 없다고 주장하고 있었다. 또한 이 두 교회는 성체성사시 발효 된 빵과 발효되지 않은 빵 중에 어느 것을 사용해야 하는가에 대해서도 의견차를 보였다.

라틴 교회와 그리스 정교회가 가장 첨예하게 대립했던 문제는 사도신경에 추가한 구절과 관련되어 있었다. 서유럽 라틴 교회는 카로링 왕조기에 사도신경이 의미하는 바를 보다 명확히 전하기 위해서 '성령은 성부로부터 유래되었다'는 사도 신경 원문에 '그리고 성자로부터(*Filioque*)'라는 구절을 추가하였던 것이다. 이에 대해 그리스 정교회는 신조에 구절을 추가하는 행위는 논쟁의 여지가 있으며, 설령 그런 행위에 신학적 오류가 없다고 하더라도 그 행위 자체를 용납할 수 없다고 완강히 주장하였다. 신조의 수정은 그 자체가 용납되지 않는 것이 때문에, 그리스 정교회는 그리스도에 의해서 전해진 신앙과 니케아 공의회에서 결정된 신조에 어떠한 것도 '추가'해서는 안 된다는 입장을 천명하였던 것이다. 안셀름 캔터베리는 《성령의 기원에 관하여》(*De processione Spiritus Sancti*)를 집필한 이후, 두 교회의 차이점을 줄이기 위해 처음으로 통역관을 통해서 그리스 정교회와 직접 논의하였다.

안셀름 하벨베르그가 콘스탄티노플에서 돌아온 이후 집필한 《대화록》(*The Dialogues*)은 3권으로 구성되었다. 그는 이 저술에 황제 로타르 치하에서 대사로서 콘스탄티노플을 방문 했던 상황을 서술하였다. 그는 터키 니코메디아의 대주교 니히테스[122]과 유익한 대화를 나누었으며, 외교적으로 총대주교 니히테스의 높은 학식에 경의를 표하였다. 또한 그리스 지식인들은 인문학과 성서에 조예가 깊다고 칭찬하였다. 그는《대화록》서문에 콘스탄티노플 대사가 교황 유게니우스 3세[123]를 만나 그리스

122) 니히테스 니코메디아(Nechites of Nicomedea, 12세기); 니코메디아의 대주교로서 그리스 교회와 라틴 교회의 차이에 관한 그리스 교회의 학문적 방향을 제시했던 인물이며, 안셀름 하벨베르그와 만나 교리에 관해 이야기를 나누기도 했다.

123) 유게니우스 3세(Eugenius III, 재위 기간 1145~53년); 교황 유게니우스 3세는 베르나르 클레르보의 제자로서, 시토회 수도원의 대수도원장으로 있다가 1145년 교황으로 선출되었다. 그러나 반대파의 저항과 로마 원로원을 인정하지 않는 태도로 인해 로마에서의 그의 입지는 불안정했다. 1147년 그는 파리에서 십자군 운동을 일으키려 했으나 실패하였다. 그렇지만 그는 라틴 교회와 동방 교회의 갈등을 좁히기 위해 많은 노력을 했다는 점에서 높이 평가받고 있다.

정교회를 변론하였다고 서술하였다. 그에 따르면, 그들은 성서적 전거들을 이용하여 라틴 교회와 차이가 있는 그리스 정교회의 교리와 전례들에 관해 다양한 해명을 하였다.

안셀름 하벨베르그는 《대화록》 1권에 피조물에 대한 신의 견해를 밝혔다. 여기서 그의 통합성을 주장하는 근본적인 입장을 취하였다. 그러니까 교회는 하나이며, 구세주도 하나이고, 구원에 관한 신적 의지도 오로지 하나였다. 그리하여 그는 창조에 대한 신적 의지 및 신의 계획에 대한 통합성을 주제로 검토하였는데, 이는 베르나르 클레르보가 막역한 외우 교황 유게니우스 3세에게 보낸 《성찰론》(*De consideratione*)와 동일하였다.

안셀름 하벨베르그는 《대화록》 1권에 아벨의 시대로부터 당대에 이르기까지 신앙과 일치하는 삶에 대해 검토하였다. 또한 그는 계시록의 일곱 봉인에 관하여 설명하였다. 그리스도의 도래 이후 교회는 일곱 시기를 거치는데, 원시교회의 시기, 박해의 시기, 이단의 시기, 거짓 형제들의 시기를 지나, 다섯 번째로 적그리스도의 도래에 대한 응징으로서, 제단 아래에서 울부짖는 성인들의 영혼들의 시기가 있으며, 그 후 수많은 환란의 시기가 오고 마지막에 천국의 시기가 있었다.

안셀름 하벨베르그는 당대의 새로운 쇄신 운동에 미혹된 사람들이 제기한 여러 다양한 경우들에 대해 신앙적인 해설을 해주었다. 그 같은 쇄신 운동 가운데 몇몇은 순박한 사람들을 오도하기도 하였다. 그리하여 그는 올바른 개혁을 성공적으로 이루기 위한 적절한 장소를 가지도록 격려하였다. 예를 들어서, 역사의 과정과 일치하는 한, 노르베르의 프레몽트르 수도원을 추가적으로 설립하는 일은 유익하고 고귀한 쇄신이라는 것이다. 또한 그는 당대의 유감스러운 경향에 대해 성서를 근거로 해석하였으며, 동시에 바람직한 다양성의 가치를 강조하였다.

한편 안셀름 하벨베르그는 하나인 그리스도의 몸이 하나의 성령에 의해 통치된다는 사실은 은총의 다양한 형태를 반영한다고 판단하였다. 그리하여 그는 이를 이해하기 쉽도록, 아벨의 제사에서 시작되어 시대의 흐름에 따라 바쳐진 다양한 제사를 신이 기뻐하였다고 설명하였다. 또한 그는 논쟁의 여지가 있던, 그리스도 이전 시기의 사람들(*antiqui patres*) 가운데도 구원이 있음을 주장하였다. 그에 따르면, 그리스도 이전 시기의 사람이 그리스도교의 신조를 몰랐다 하더라도 그리스도의 도래를 믿었던 사람들의 경우 구원의 대상에 포함되었다. 유일신에 대한 신앙은 다양한 방식으로 여러 시기의 신자들을 통해서 충실하게 승계되었다는 것이다.

영향

안셀름 하벨베르그의 저술은 동방 그리스 정교회와 서유럽 라틴 교회의 분열을 극복하기 위한 시도였다는 점에 그 의의가 있다. 한편 그의 저술은 요하임 피오레의 예언적 저술로 이어지는 선상에 위치한다.

참고 문헌

〈1차 사료〉

Anselm of Havelberg, *Dialogues,* Book Ⅰ, ed. G. Salet(Paris, 1966).

〈2차 사료〉

F. Petit, 'L'Ordre de Premontre de saint Norbert a Anselme de Havelberg', *La Vita Comune del Clero nei sec. xi e xii* (Milan, 1962).

F. Petit, *La spiritualite des Premontres aux xiie et xiiie siècles*(Paris, 1947).

(손채연, 옥상철)

아베로이스
(Averroes/Ibn Rushd 1126~1198)

생애와 시대

서구 라틴 사상가들은 이븐 루시드를 아베로이스라고 불렀다. 그는 이슬람의 지배를 받던 스페인의 코르도바에서 법률가, 재판관, 그리고 공직자로서 명망 있는 무슬림 가정 출신이었다. 그곳에서 그는 과학, 의학, 수학, 그리고 신학 및 법학과 관련해 양질의 교육을 받았다. 그가 이단으로서 정죄되고 추방당한 1190년 이전까지 오랫동안 그는 마라케슈 왕궁의 칼리프[124] 가문으로부터 풍족한 후원을 받았다.

사상과 업적

아베로이스의 뛰어난 철학적 담론은 그를 칼리프에게 추천되도록 하였다. 칼리프는 아리스토텔레스의 저작들이 이해하기 어렵고 번역물들도 별로 도움이 되지 않는다고 불편을 호소하였다. 그는 누군가가 아리스토텔레스의 저작들과 관련해, 그것을 보다 쉽게 읽고 활용할 수 있도록 그 내용을 요약하고 그 의도를 설명하는 작업을 행하여 주기를 희망

124) 무와히드(Muwahhid) 왕조의 칼리프 아부야쿠브 유수프 1세를 의미한다.

하였다. 그리하여 아베로이스는 1168/9년에 아리스토텔레스의 저작에 대한 주석서를 편찬하는 작업을 본격적으로 진행하게 되었다.

아베로이스는 아리스토텔레스에 대한 주석작업의 역사에서 중요한 위치를 점하고 있다. 아베로이즈의 주석작업의 관점은 13세기에 아리스토텔레스 자신의 과학적, 철학적 저술들과 함께 라틴어를 사용하는 서유럽 대학들에 소개되었으며, 그리하여 아리스토텔레스의 주요한 사상과 가르침은 당시 서유럽 대학들에 커다란 영향을 미쳤다. 아리스토텔레스에 대한 아베로이스의 주석은 아랍인들이 후기 플라톤주의로부터 추출한 아랍 사상들에 물들어 있었고, 따라서 이것은 기본적인 그리스도교 신조와 정면으로 상충되었다. 예를 들어 아베로이스는 제 1 동인인 신은 현세와 완전히 분리되어야 하며, 또한 현세사에 관한 한 여하한 섭리적인 개입도 행하지 않는다고 주장하였다. 이 같은 견해는 그리스도교에서와 마찬가지로 이슬람교에서도 생경한 견해였다. 동인들이 '실효적인 실체'이냐는 질문은 이슬람교에서도 오랫동안 논쟁되어온 주제였다. 그러나 이 주제는 그리스도교 신학 내에서 폭넓은 쟁점들과 결부되어 보다 복잡한 질문들을 제기하게 되었다. 아베로이스는 그의 무슬림 관점에 입각하여 코란을 비유적으로 주해함으로써 많은 난점을 피해갈 수 있었다. 그러나 여전히 해결되지 못한 쟁점들이 남아있었으며, 또한 특정한 주제들과 관련해 철학과 신학이 상호보완적인 관계인지, 혹은 명백히 상충적인 관계인지의 문제는 아리스토텔레스에 대한 그리스도교도들의 논쟁에 있어서도 여전히 핵심적인 문제였다.

영향

1255년 파리대학의 인문학부는 아베로이스의 주석서에 포함된 아리스토텔레스 연구의 쟁점들을 명백히 지적하였다. 그리하여 교황 알렉산더 4세는 알베르투스 마그누스에게 1256년에 완성될 《지성의 단일성에 관한 아베로이스에 대한 반론》(*On the Unicity of the Intellect against Averroes*)이라는 반론서를 집필하도록 하였다. 토마스 아퀴나스 또한 《이교도 대전》(*Summa Cantra Gentiles*)에서 불신자들에 대항하여 아베로이스의 가르침을 비판하였다. 1263년 교황 우르반 4세는 아베로이스의 견해에 대한 과거의 금지령을 재확인하였다.

한편 시제르 브라방은 아베로이스의 여러 견해들에 동의하였다. 그리고 토마스 아퀴나스 자신의 비판적 반론서(1270)에 대한 학문적 논쟁은 그의 아베로이즘적 견해의 오류들에 대한 공식적인 정죄와 폐기를 낳았으며, 이 같은 아베로이즘적 오류들을 주장하는 자들에 대한 파문을 초래하였다. 1277년의 정죄는 극히 엄격하여 아베로이즘을 대학가에서 여러 세대에 걸쳐 사라지게 하였다. 그러나 아베로이즘은 14세기에 접어들어 새로운 공감을 확보하기에 충분한 설득력을 가지고 있었다. 존 장당은 14세기에 다시 아베로이즘을 수용하였으며, 이는 그 이후로도 꾸준히 지속적인 영향력을 행사하였다.

참고문헌

〈1차 사료〉

Oliver Leaman, *Averroes and His Philosophy* (London, 1998).

〈2차 사료〉

Oliver Leaman, *Averroes and His Philosophy* (London, 1998).

Barry S. Kogan, *Averroes and the Metaphysics of Causation* (New York, 1985.)

(오두영, 한지환)

피터 롬바르드
(Peter Lombard 1100~1160)

생애와 시대

피터 롬바르드는 1100년경 롬바르디아에서 태어나 볼로냐 대학에서 공부하였고, 그 후 랭스 대학에서 공부하였다. 그는 1134~5년에 파리의 생 빅토르 수도원의 수도원장에게 보낸 베르나르 클레르보의 서신에 언급되었는데, 베르나르 클레르보는 피터 롬바르드가 랭스에서 하던 연구를 파리에서 계속하기를 바라며 그를 파리의 빅토리누스 수도회에 천거하였다. 그는 1133년 피사로 옮겨갔다. 이곳에서 그는 교황 이노센트 2세에게 깊은 인상을 심어 주었고, 또한 교황청의 학자들에게도 이름을 알렸다. 1136년 그는 파리 대학에서 연구하고 가르치게 되었는데, 이때에 그는 휴그 생 빅토르의 《성사론》(*De Sacramentis*)을 이미 알고 있었다. 1140년대 그는 노르트담 성당 참사회의 일원이 되었으며 1143~1144년경 이후 이곳 성당 학교에서 가르쳤다.

피터 롬바르드의 출생 가계는 잘 알려져 있지 않다. 그가 교회와 학교에서 고위직에 올랐다는 것은 전적으로 그의 학문적 탁월함 때문이었을 것이다. 그는 당대인들에게 널리 알려져 있었다. 1148년 그는 교황 유게니우스 3세의 명을 받아 개최된 랭스 공의회에 탁월한 신학자로 초빙되었으며, 1159년 파리의 주교로 임명되었다.

사상과 업적

피터 롬바르드에게 명성을 가져다 준 저작들은 1130년대 중반부터 1150년대 말까지 집필되었다. 그는 당대의 통상적인 방식으로 강의를 시작하였으며, 1138년 이전에 시편 주석서과 바울 서신 주석서를 집필하였다. 그의 《모음집》(*Collectanea*)은 1139년과 1141년 사이에 집필되었고 1155~8년 개고되었다. 아마도 그는 성서 전권을 주석했던 것 같다. 그러나 오늘날까지 전해지는 것은 시편 주석서와 바울 서신 주석서 두 편 뿐이다. 이 두 주석서들은 독창적인 저술은 아니다. 바울 서신 주석서는 길베르 포와티에[125]로부터 받은 영향이 두드러지며, 또한 훨씬 이전의 인물 플로루스 리옹[126]으로 부터도 적지 않은 영향을 받았다. 플로루스 리옹은 일찍이 모음집 형태의 《사도 바울 서신 주석서》(*Expositio epistolarum beati Pauli*)를 집필하였는데, 바울 서신에 대한 성 아우구스틴의 대부분의 중요한 주석들을 수록하였다.

피터 롬바르드의 주저이자 가장 성공적이었던 저작은 《명제집》이었다. 《명제집》은 그가 오랜 시간 강의한 것을 토대로 하여 1155년 이전 모음집 형태로 집필했으며, 1155년과 1158년 사이 동안에 개고되었다. 이 《명제집》은 신학적 문학의 영역에 크게 기여하였는데, 이 영역은 이미 형성되어 있기는 했으나, 12세기에 그에 의해서 표준적 참고문헌의 영역으로 확실히 성장하였던 것이다.

피터 롬바르드는 《명제집》의 집필 의도를 다음과 같이 설명하였다; 《명제집》은 고전적 명제들과 교부들의 견해를 관련 자료와 함께 학생들

---

125) 길베르 포와티에(Gilbert of Poitiers, 1076~1154); 샤르트르 대학의 참사회원이자 총장을 지낸 성서 주석가.

126) 플로루스 리옹(Florus of Lyon, 810~860); 9세기에 활동한 리옹의 부제이자, 신학자.

이 읽을 수 있는 모음집의 형태로 수집한 것으로서, 이를 통해 학생들은 모든 저자의 저술들을 직접 읽을 필요가 없도록 하였다. 그러나 《명제집》은 교부들의 경구집 이상이었다. 《명제집》은 조직 신학을 공부하는 중요한 교재였으며, 동시에 의미 깊고 혁신적인 모음집이었다. 12세기의 학자들이 그러했듯이, 그는 《명제집》을 집필하면서, 기존의 모음집들을 많이 활용하였다. 이 방식은 성서 주석서를 집필할 때도 마찬가지였다.

이보 샤르트르의 저술들과 피터 아벨라르의 《존재와 무》(*Sic et Non*), 《일반 주석》(*Glossa Ordinaria*) 등도 이 같은 방식으로 집필되었다. 피터 롬바르드가 직접 인용한 성 아우구스틴의 저작들로는 《그리스도교 교리》(*De doctrina Christiana*), 《교리요강》(*Enchiridion*), 《83개 명제 토론집》(*De diversis quaestionibus* 83), 《재론집》(*Retractationes*)등이 있었다. 그 밖에 그는 몇몇 새로운 자료들, 특히 부르군디오 피사의 소개로 알게 된 존 다마스쿠스의 저술들을 의도적으로 포함시켰는데, 존 다마스쿠스를 그리스인 대학자들 가운데 새로운 전거, 즉 중요한 그리스인 학자로 평가하였다.

《명제집》은 세부적인 구조에 있어서 12세기 중반에 점증하고 있던 관행, 즉 신학적 쟁점들에 관한 다양한 주장들을 특정 주제로 집단화함으로써 체계를 확립하려고 했던 학문적 관행을 반영하였다. 12세기 중엽 이후 공식적인 논쟁의 기법[127](*disputatio*)이 확고히 성장하였는데, 시몬트루나이[128]의 《논쟁집》(*Disputationes*)이 바로 그 대표적인 예이다. 이 논쟁

127) 논쟁은 중세 대학 강의의 한 부분으로, 학문 연구 분야에서 중요한 역할을 했다. 중세 시대 대학의 강의는 기본적으로 강독(Lectio), 물음(Quaestio), 논쟁(Disputatio)으로 구성되었다. 이 각각은 연계성을 가지고 있는 것으로, 학자들은 논쟁을 통해 자신의 논리와 주장을 더욱 정밀하게 발전시킬 수 있었다.

128) 시몬 트루나이(Simon of Tournai 1130-1201); 12세기 말에 활동한 파리 대학의

기법은 피터 롬바르드로 하여금 《명제집》에 수록할 자료들을 조직하는 데 도움이 되었다. 예를 들어 보기로 하자. '인간의 몸을 입은 그리스도는 신의 양자였던가 하는 질문에 대해, 그는 그리스도는 태생적으로 신의 아들이었지, 신의 양자가 아니었다'라고 해명하였다. 그는 자신의 주장들을 하나의 관점에서 재구성하였지만, 이 주장들이 다른 방식으로 전개될 수 있다는 사실도 인정하였다. 또한 그는 다양한 주제의 논리적인 전개와 더불어 성 아우구스틴, 성 제롬, 힐러리[129]와 성 암브로스 등을 근거로 보완적인 전거들도 제시하였다.

《명제집》에는 의미 있는 논점들이 많지 않고, 심지어 그것들이 사소해 보이는 것이라서 그것과 관련된 질문들 전체와의 균형과 조화를 염두에 둔 고찰은 어렵다는 것은 이미 예견된 바이다. 이 같은 어려움은 후일 토마스 아퀴나스가 《신학대전》(*Summa Theologiae*)의 서두에 밝힌 바 있다. 그러나 외견상 사소해 보이는 질문이 엄청난 함의들을 지닐 수 있었다. 그가 《명제집》 4권 1장 8절에서 다루었던, 구약 시대를 살았던 자들의 범죄에 대한 구제책으로 어떠한 것이 있었던가 하는 질문을 그 예로 들 수 있다. 당시로서는 할례가 세례의 일부 기능을 대신하고 있다고 답변하였다. 그러나 이 답변 역시 또 다른 질문을 제기하는데, 이를테면 할례를 받지 않는 여성들은 어떠한 구원의 수단을 가졌던가 하는 것이 그것이다. 그러니까 이 같은 질문은 인간의 구원을 위해서 무엇이 필요한가를 묻는 심오한 질문이었다.

피터 롬바르드는 《명제집》을 통하여 12세기 신학자들의 주관심사였

교수이며, 철학을 주로 가르치다가 이후에는 신학을 가르치는 일에 전념했다. 그는 아리스토텔레스의 저작을 활용했으나, 그의 사상은 정통 그리스도교의 교리를 크게 벗어나지 않았다.

129) 힐러리 포티에르(Hilary of Poitiers 300~368); 4세기경의 교부이며, 12권으로 된 《삼위일체론》 (De Trinitate)을 저술했다.

던 질문들과 그것의 잠재적인 함의들을 규명하고자 하였다; 인간의 의로움은 신앙을 통해서인가, 또는 선행을 통해서인가 아니면 할례(여성의 경우에 할례 받은 가계)를 통해서인가? 인간의 의로움은 신에 바치는 제사를 통해서도 이루어지는가? 또한 그는 《명제집》 4권 7장 2절에서 오로지 최고 사제들인 주교들이 견진성사[130]를 행할 수 있는 이유들에 관해 논하였다. 여기서 그는 이보 샤르트르와 그라티안의 교회법 모음집의 자료들을 활용하였으며, 《명제집》 4권 24장 1-16절에서 서임된 성직자들의 기능이 서로 어떻게 구분되는가 하는 주제들을 다루었다. 여기서도 피터 롬바르드는 사목적 기능의 구분에 수반된 보다 깊은 함의들에 대해서 설명하고 있다.

《명제집》은 논리의 체계적인 구분을 어떻게 할 것인가에 관련된 초기 스콜라사상의 방법론적 기법의 또 다른 성장의 한 단계를 명확히 제시하고 있었다. 복잡한 질문들을 다루는 가장 효과적인 방법은 우선 그 질문을 그것의 구성요소로 분석하는 것이다. 중세 학자들도 이 같이 하였다. 피터 롬바르드는 《명제집》 4권 1장 1절에 성사를 규명하기 위해 검토할 것을 다음과 같은 4가지 사항으로 분석하여 설명하였다: 첫째, 성사란 무엇인가? 둘째, 성사가 제정된 이유가 어디에 있는가? 셋째, 성사의 내용은 어떠한가? 넷째, 성사와 관련하여 구약의 법과 신약의 법 사이에 어떠한 차이가 있는가?

영향

《명제집》이라고 해서 논쟁으로부터 자유로울 수는 없었다. 《명제집》

130) 견진성사는 그리스도교 교회의 7성사 중 하나이며, 세례 다음에 행해지는 성사이다. 견진성사는 세례를 통해 그리스도교고가 된 신자가 믿음을 더욱 굳건히 하고 신의 은총을 받으라는 의미에서 행해진다.

역시 정통성과 저자에 관해 격렬한 논쟁이 있었다. 그러나 《명제집》은 중세 신학도들의 표준적 교재로 자리 잡게 되었으며, 이후 《명제집》은 중세 말기 내내 방대한 양의 주석적 연구의 대상이 되었다. 모든 교수 취임자들은 교수 경력과 훈련의 일부로 《명제집》을 주석하였는데, 이러한 유형의 자료들은 오늘날에도 많이 확인할 수 있다. 말기 중세에 집필된 《명제집》 주석서들은 신학적 가설들이 시간의 흐름과 장소에 따라 꾸준히 변화하였음을 반영하고 있다.

참고 문헌

〈1차 사료〉

Sentences(Rome, 1971), 4 vols; *Commentaries on the Psalms and the Pauline Epistles* PL 191.

〈2차 사료〉

J.-G. Bougerol, 'The Church Fathers and the Sentences of Peter Lombard', in Irena Backus(ed.), *The Reception of the Church Fathers in the West* (Leiden, 1997).

M. Colish, *Peter Lombard* (Brill, 1994), 2 vols.

Medieval Commentaries on the Sentences of Peter Lombard, ed. G.R. Evans (Leiden, 2001), Vol. 1.

(손채연, 옥상철)

존 솔즈베리
(John of Salisbury 1120~80)

생애와 시대

존 솔즈베리는 아마 16세기 '인문주의자'에 가장 가까운 12세기 인물일 것이다. 그는 영국에서 초등교육을 받게 되었는데, 이는 한 교구사제가 운영하는 '마을 학교'에서 친구들과 함께 공부하는 것이었다. 그러나 이 '마을 학교'의 교육 수준은 아마도 높지 않았던 것 같다. 그는 그곳의 '교사'가 그에게 점성술을 공부하도록 권하였으나 이를 따르지 않았다고 자랑스럽게 기록하고 있다. 아마도 이 '교사'는 남몰래 점성술에 빠져있었던 것 같다(《정치가론》 ii.28). 그리하여 다른 급우들은 '교사'의 영향을 받기도 하였다.

이 같은 여건 하에서도 존 솔즈베리는 학업에 정진하였다. 실제로 그는 지적인 삶에 대한 지속적인 열정을 키워나갔다. 그는 '영원한 학생'이었다. 그는 북부 프랑스, 특히 파리와 샤르트르(1135~1136년)에서 12년간 학생으로서 생활하였다. 그는 12세기 중엽의 위대한 학자들이었던 베르나르 샤르트르, 티에리 샤르트르, 피터 아벨라르, 길베르 포이티에 등의 가르침을 받는 것이 어떠한 것이었던가를 잘 설명하고 있다.

그리고 존 솔즈베리는 교회 정부의 세속사 담당 관리가 되었다. 그의 첫 번째 임지는 교황청 법정이었다. 교황청 법정의 관리인으로서, 존 솔즈베리는 교회사뿐만 아니라 세속사에 있어서도 정치의 중심에 있게 되었다(1148~1152년). 예를 들어 그는 자신이 참석하였던 1148년의 랭스 공의회에서의 경험을 기록하고 있다. 그는 여기서 자신의 은사 길베르 포이티에가 이단심문을 받았고, 또한 베르나르 클레르보가 길베르 포이티에를 정죄키 위한 예비적인 준비를 한 것 등에 대해 설명하였다.

이후 존 솔즈베리는 대주교 테오발드 캔터베리의 비서가 되었다. 이는 그를 국왕 법정과 교회 법정 간의 사법권에 관한 조정이 제도화되는 계기가 되었던 베켓 논쟁에 참여하게끔 하였다. 그는 대주교의 비서로서 토마스 베켓을 위해서도 일하였으며 사건들에 대한 보고서도 썼다. 말년에 이르러, 존은 샤르트르의 주교가 되었다(1176~1180년). 존 솔즈베리의 이 같은 경력은 다분히 당대의 전형적인 경력 패턴이었다. 당시 재능은 가졌지만 특별한 사회적 네트워크를 가지지는 못했던 이들이 학교에서 배움을 마치고 고위 사제직에 나아가고자 할 때, 일정기간 교회의 세속사 담당 직책을 통해서 두각을 나타내는 것이 그것이었다.

사상과 업적

존 솔즈베리의 대부분의 저술들은 본질적으로 자서전적인 것이다. 왜냐하면 그는 그 자신의 삶의 경험을 거듭해서 기술하였기 때문이다. 그중에서도 특히 그의 서한들은 자신의 삶의 경험을 직접적으로 반영하고 있다. 이 서한들은 두 개의 모음집으로 편찬되었다. 1집은 그의 후견인이었던 테오발드 캔터베리가 사망한 해인 1161년까지의 서한들을 수록한 것이다. 또한 존 솔즈베리는 피터 켈레와의 우정을 한평생 유지하였는데, 이 점은 그의 서한들에서도 충분히 확인된다. 다른 이들과의 우정에 관해서도, 극도로 의도적인 정교함을 가지고 집필하려는 노력이 요구됨을 문헌들을 통해서 자세히 기록하고 있다.

《교황청의 역사》(*Historia Pontificalis*)는 당대의 교황청 법정에 관한 존 솔즈베리의 회고담이다. 우리가 랄프글라베르에게서 확인하였던 것처럼, 《교황청의 역사》는 당대의 사건들에 대한 저자의 특별한 지식을 근거로 그 시기까지의 역사를 포괄하고 있다.

존 솔즈베리의 학구열은 결코 식지 않았다. 그러나 학구열 역시 약간의 자부심과 결부되었다. 그는 '당시 학자들이 학교에서 흔히 읽던(*moderni patres nostri in scolis lagere consueverant*)' 변증법적 논리와 관련된 모든 저작들에 대한 정통한 지식을 보여주고 있다. 존 솔즈베리의 《형이상학》(*Metalogicon*)은 '코르니피쿠스주의자들(Cornificians)'로 알려진 일군의 학자들에 대한 비판을 위해 집필되었다. 여기서 그는 자신의 학문에 관해 매우 자세하게 밝히며, 코르니피쿠스주의자들에 대해 그들이 오만하게도 고전적인 학문을 폄하하고 있다고 비난하였다. 이들 '새로운 학자 집단(*novi doctores*)'은 철학을 익힘에 있어서 적극적이지 못하고 태만하였다. 이들은 인문학의 모든 영역을 뒤바꾸어 놓고자 하였다. 존 솔즈베리는 이들이 16세기의 피터 라무스와 그의 추종자들이 소개하였던 일종의 개혁을 추구하였음을 보여 주려 하였다. 즉 이들은 학문의 필수과정을 지나치게 단순화하였다는 것이다.

《정치가론》(*Policraticus*)은 풍자적 요소를 지닌 정치이론에 관한 논저이다. 존 솔즈베리는 국가(*republica*)의 정당성을 변론하였다. 국가는 인체를 확대한 유기적 우주로서, 이 유기체 내에서 머리와 모든 지체들은 각각의 자리에서 서로를 위해 봉사하며, 유기체 전체의 복지를 위해 기능한다. 이는 자연이 제공하는 모델을 따른 것이며, 권력은 종국적으로 신으로부터 유래된 것으로 마땅히 존중되어야 하였다. 존 솔즈베리의 이 같은 사상의 출전은 플루타르크의 저술로 간주되는 《트라야누스 대전》(*Institutio Trajani*)이었다. 그는 이를 '군주'에 대한 자신의 사상의 정당성을 보장하는 고전고대적 근거로 사용하였다.

존 솔즈베리는 악하지만 합법적인 군주에 대해 설령 그가 불의하게 통치한다 하더라도 그에게 복속하여야 한다고 주장하였다. 찬탈자는 또 다른 문제이다. 왜냐하면 그는 비합법적인 방법으로 권력을 빼앗았기 때문이다. 존 솔즈베리는 전제자와 군주의 차이를 다음과 같이 설명하였다. 즉 군주는 앞장서서 법률을 지키며 국민들을 법률에 따라 통치하고, 국민들을 섬기는 하인으로 간주하는 자들이다. 반면 전제자는 자신의 신민들의 이익에 반하여 통치하는 자들이다(《정치가론》 Ⅳ, 1). 전제자는 비도덕적일 수 있으며 '무가치한 성직자'의 세속적인 유형으로서, 그리하여 그는 공공의 복지를 침해할 것이다.

실제로 군주는 교회로부터 세속적 정치권력이라는 '검'을 부여받는다. 이것은 12세기 이래로 여러 저술가들에 의해 끊임없이 제기되었던 주제였다.

영향

존 솔즈베리의 서한들은 중세 인문주의의 꽃으로 평가되고 있다. 왜냐하면 그것들은 인간의 위상에 대한 이론적인 규명이라는 측면보다는 아름다움에 대한 예리한 포착과 고전적 문헌들에 대한 '공감'이라는 측면에서 주로 이해되고 있기 때문이다. 그럼에도 불구하고 그의 저술들의 영향은 제한적이었다.

참고문헌

〈1차 사료〉

The Letters of John of Salisbury, ed. W.J. Millor and H.E. Butler (London, 1955; 2nd edn, Oxford, 1986).

John of Salisbury, *Historia Pontificalis,* ed. and trans. Marjorie Chibnall (Oxford, 1986).

John of Salisbury, *Policraticus,* ed. and trans. Cary J. Nederman (Cambridge, 1990).

John of Salisbury, *Metalogicon,* ed. J.B. Hall, CCCM, 98 (1991).

〈2차 사료〉

The World of John of Salisbury, ed. M. Wilks, *Studies in Church History, Subsidia* 3 (Oxford, 1984).

(이영재, 한지환)

힐데가르드 빙헨
(Hildegard of Bingen 1098~1179)

생애와 시대

힐데가르드 빙헨은 초기에 독일 지역의 디지보텐베르그의 수도원과 함께 있는 수녀원의 수녀였다. 그녀는 이 책에서 소개하고 있는 대부분의 사상가들과 마찬가지로 귀족 가문 출신이었다. 상당한 정도의 귀족적 가문이 아니고서는 저술가로서의 영향력을 행사 하는 것이 어려운 일이었기 때문이다. 힐데가르드 빙헨은 어린 시절부터 비전(visions)[131]을 보았다. 1141년 강렬한 빛이 힐데가르드 빙헨을 가득 감쌌으며, 그 후 그녀는 많은 사람들이 각고의 독서를 통해서만 깨우칠 수 있는 성서의 내용들을 신의 직접적인 계시에 의해 알게 되었으며, 10년 동안 저술에 몰두하여 마침내 《신의 길을 깨닫기를》(*Scivias*)[132]을 완성 시켰다. 힐데가르드 빙헨의 깨우침에 대한 극적인 전승에도 불구하고 그녀 자신은

131) 비전은 대부분 현실 세계가 아닌 다른 세계를 묘사하는 내용으로 되어 있다. 중세 시대에 비전은 신에 의해서 보게 되는 것이라고 받아들여졌다. 그리하여 비전은 수도원을 만들거나 순례를 떠나는 등의 현실적인 행동을 이끌어 내기도 했다. 그리고 대부분의 중세 비전은 라틴어나 지방 속어로 기록되었다.

132) 쉬비아스(Scivias)는 Scito vias Domini를 줄인 말이며, 그 의미는 '신의 길을 알라'이다.

신의 영감에 대해 특별한 주장을 하지 않았다. 또한 그녀는 학교에 다니며 자신의 주장을 펼 수 있었던 남성들에 비해 여성들의 교육 여건은 열악했음을 보여준다. 힐데가르드는 주로 독서를 통해서 깨달음을 얻었다. 그러나 그녀의 저술에는 학교 교육의 결여로 인한 지식의 한계가 반영되어 있었다.

1140년대 말엽 힐데가르드 빙헨과 몇몇 수녀들은 새로이 빙헨 수녀회를 결성하였으며,[133] 힐데가르드 빙헨이 설립자로서 초대 수녀원장을 맡았다. 교황 유게니우스 3세는 이 같은 소식을 접하고, 트리에 공의회(1147~8년)에서 빙헨 수녀원을 공식적으로 승인하였으며, 또한 그녀가 《신의 길을 깨닫기를》의 집필을 완성하도록 격려하였다.

1158년 경 힐데가르드 빙헨은 순회 설교 여행을 시작하였다. 이는 여성도 순회 설교를 할 수 있었다는 것을 알려준다는 점에서 흥미롭다. 이 시기 이 같은 점은 쟁점으로 부각되지 않았다. 당시 롤라드파 여성 설교가들은 여성이 이런 유형의 목회에 종사하는 것에 심각한 반대를 제기하지 않았던 것이다. 그녀는 쾰른과 트리에 지역에서 종말론을 주제로 설교했다. 그녀는 종말론을 설교하면서 급진적인 개혁을 주장하지 않았으며, 또한 천년왕국설을 주장하지도 않았다. 그렇다고 그녀가 재림 및 요하임 피오레가 주장했듯이 성령의 시대를 설교한 것도 아니었다. 그러니까 그녀는 인간의 행위에는 심판이 필연적으로 따른다는 지극히 전통적인 주제로 설교했다. 그렇기는 하지만 말년에 그녀는 논란에 휩싸이게 되었다.

133) 힐데가르드는 1140년 말엽 디지보텐베르그 수도원을 나와 1150년에 루베르츠베르그 수녀원을 설립했으며 그후 1165년에는 빙헨 수녀원을 설립했다.

사상과 업적

힐데가르드 빙헨은 특히 영성에 관심을 가진 저술가였다. 그녀는 다른 사람들에게 인간의 내면(*interior homo*)과 영혼을 훈련하는 법을 가르치는 일을 하였다. 그녀는 《신의 길을 깨닫기를》에 구원의 과정을 시기별로 밝혀놓았는데, 경우에 따라서 오류가 있는 확실하지 않은 라틴어를 사용하였다. 이는 그녀가 치열한 정규 교육과정을 거치지 않았음을 반영한다. 《신의 길을 깨닫기를》은 3권으로 구성되어 있는데, 각각 창조의 질서, 구속의 질서, 구원의 질서를 다루었다. 이같이 구분했다는 점에서 그녀는 휴그 생 빅토르의 영향을 받았던 것 같다. 휴그 생 빅토르는 《성사론》에서 구원의 과정을 창조의 시기, 관계 회복의 시기로 구분하고 있었다. 그렇기는 하지마는 《신의 길을 깨닫기를》은 구원의 과정을 삼위일체의 성부, 성자, 성령 각 위격의 작업으로 이해했던 지적인 작업을 보다 반영한 것으로서, 요하임 피오레의 저작들뿐만 아니라 루페르트 도이츠와 안셀름 하벨베르그에게서도 발견되는 12세기 삼위일체주의 신학에 보다 유사하였다.

힐데가르드 빙헨의 일련의 비전들은 예외 없이 '그리고 나는 하늘의 소리를 들었다'로 시작하였으며, 또한 알레고리로 구성되었고, 정당성을 말해주는 증거로써 성서의 구절들이 인용되어 있었다. 인용된 성서 구절들이 알레고리적 해석의 주제였던 것이다.

《신의 길을 깨닫기를》은 동물들, 약초들, 나무들, 보석들, 광물들을 활용한 간단한 치료약에 관한 저술이면서, 복합적인 치료제 처방에 관한 미완성 저술이기도 하였다. 중세의 이 시기가 낳은 '환상 문학' 가운데 《신의 길을 깨닫기를》과 같은 저작은 찾아보기 어렵다. 이처럼 힐데가르드 빙헨은 혁신적인 접근방법을 시도했다는 점만으로 충분히 주목할 만한 가치가 있다.

《신의 길을 깨닫기를》은 그리스도교 교리, 윤리학, 우주학, 치료법과 자연 과학에 대한 백과전서적 설명을 영성, 종말론, 적그리스도와 세계사의 목표와 서로 결부시킨 것이었다. 또한 그녀의 서신들, 두 성인의 전기 및 70여편의 기도송을 포함한 음악곡이 오늘날까지 전해진다.

영향

힐데가르드 빙헨은 광범위하게 읽힌 여성 신비주의자이다. 그녀는 폭넓은 대중적 영향력을 행사한 동시에 상당한 비판도 불러 일으켰다.

참고문헌

〈1차 사료〉

Hildegard of Bingen, *Scivias,* ed. and trans. C. Hart *et al., Classics of Western Spirituality* (New York, 1990).

Hildegard of Bingen, *On Natural Philosophy and Medicine,* selections from *Cause et cure,* trans. M. Berger(Cambridge, 1999).

〈2차 사료〉

F. Bowie, *The Wisdom of Hildegard of Bingen* (Oxford, 1997).

(손채연, 옥상철)

요하임 피오레
(Joachim of Fiore 1135~1202)

생애와 시대

요하임 피오레는 수도원 학자였다. 그는 1171년경 코라조의 베네딕트 수도원에 입회하여 아마도 1177년경 코라조 수도원의 원장이 되었을 것이다. 요하임 피오레는 베네딕트 수도원 공동체에 시토 수도원의 생활양식을 도입하고자 하였으며, 심지어 그는 코라조 수도원을 시토 수도원과 거의 유사하게 만들고자 하였다. 그러나 요하임 피오레는 시토 수도원의 엄격함에도 만족하지 않았다. 그리하여 그는 1192년 더욱 엄격한 플로렌스 수도원을 새롭게 설립하였다. 이 플로렌스 수도원은 1196년 교황 셀레스틴 3세의 승인을 받았으며, 1234년 교황 그레고리 9세는 이 수도원을 가톨릭교회의 가장 중요한 '기둥' 가운데 하나로 평가하였다.

사상과 업적

요하임 피오레는 정치적인 풍자를 포함한 '예언적 역사'를 집필하였다. 우주론적이고 종말론적인 성향을 가졌던 단테가 왜 요하임 피오레의 글에 공감하고 그것에 영향을 받았는지를 이해하기는 어렵지 않다. 요하임 피오레의 말년 또는 사망 직후에, 그 제자들에 의해 기록되었을 《비유록》

(*Liber figurarum*)은 단테에게 많은 영향을 미친 것으로 보인다. 그 저술에는 몇몇 비유적 상징들이 포함되어 있는데, 예를 들어 그는 개(dog)를 '새로운 시대'의 성직자의 상징으로, 그리고 원(circle)들의 배열을 삼위일체의 상징으로 그렸다.

요하임 피오레는 루페르트 도이츠와 안셀름 하벨베르크가 닦은 전통을 따랐다. 이 전통에 따르면 '시간의 흐름'과 연쇄적인 풍자적 비교 내지 대비가 구약성서와 신약성서의 내용과 결부되어 새로운 '시대'로 진행되었다. 구약성서는 성부의 시대로 해석되었고, 신약성서는 성자의 시대로 해석되었으며, 세 번째 시대는 성령의 시대로 해석되었다. 또한 성부의 시대는 율법의 시대로, 성자의 시대는 은총의 시대로, 성령의 시대는 사랑의 시대로 해석되었다.

요하임 피오레의 역사의 목적과 의미에 관한 탐구는 삼위일체론과 그 상징에 관한 그의 성찰과 밀접한 관련을 맺고 있다. 삼위일체론과 그것이 상징하는 바는 실제로 요하임 피오레의 역사서술과 불가분의 관계를 맺고 있었다. 그렇지만 역사는 합리적인 추론이 비교적 자유롭게 적용되는 영역인 데에 비해, 삼위일체의 교리는 그렇지 않았다. 요하임 피오레는 젊은 시절에 피터 롬바르드의 정통성을 문제 삼는 논쟁에도 참여했던 것 같다. 《시편주석서》(*Psalterium*)에서 요하임 피오레는 충분히 정통적으로 보였다. 그러나 요하임 피오레는 1215년 제4차 라테란 공의회에서 정죄되었다.

요하임 피오레의 인멸된 저작인 《존재론》(*De essentia*)은 아마도 그가 정죄된 중요한 원인이 되었던 것 같다. 이는 아마도 피터 롬바르드 자신의 삼위일체론과 그리스도론의 정통성이 논쟁의 대상이 되었던 1179년경 제3차 라테란 공의회 시기에 집필되었던 것 같다. 요하임 피오레는 피터 롬바르드가 삼위의 단일성을 지나치게 강조함으로써 삼위 간의 조화를 잃어버렸다는 입장을 취하게 되었다. 여기서 요하임 피오레 자신은 삼위의 '개별성'을 강조하였는데, 이는 삼위의 실체가 서로 구별된다는 입장에 가까운 것처럼 보였다.

요하임 피오레는 '신의 왕국의 역사성'에 관해 설명하였다. 《신약성서와 구약성서의 조화》(*Liber concordie novi ac veteris testamenti*), 《요한계시록 주석서》(*Expositio in Apocalypsim*), 《시편 주석서》(*Psalterium decem chordarum*)와 같은 요하힘 피오레의 다양한 저술들에 포함되어 있는 그의 논리적 체계가 항상 일관성을 가지고 있지는 않다. 그의 역사인식의 유형은 '7시기' 또는 '5시기와 7시기' 또는 '3단계' 등으로 다양하게 표현되어 있다. 요하임 피오레는 주장하기를, 세 번째 시대에는 이른바 영적인 사람들의 새로운 수도회가 설립될 것이라고 주장하였다. 그리하여 요하임 피오레의 사후 설립된 프란시스 수도회와 도미니크 수도회는 요하임 피오레가 자신들의 수도회의 설립을 예언하였고, 또한 요하힘임 피오레의 견해를 자신들이 행하는 새로운 '사역'에 대한 비난을 변론하기 위한 도구로서 강력히 주장하였다. 새로운 시대의 '영성'이라는 주제는 성사와 교황, 그리고 교회에 속하는 모든 것의 '영성화'를 위한 시도로 확대될 것이었다.

영향

예언자 요하임 피오레는 모방의 대상이 되었다. 《예레미야서 주석》(*Commentary on Jeremiah*)과 같은 요하임 피오레 추종자들의 저술은 그가 죽은 지 30년이 지나 집필되었는데, 신성로마제국의 황제 프레데릭 2세[134]에 대한 비난을 포함하고 있다. 시토 수도회의 수도승들은 바리

134) 호헨슈타우펜(Hohenstaufen) 왕조의 마지막 신성로마 황제(1215~1250)이다. 시칠리아 국왕의 자격으로 1212년 독일 국왕이 되었으며, 제6차 십자군을 일으켜서 예루살렘 왕국을 수립하고 예루살렘 국왕이 되었다, 십자군에 대한 미온적인 태도와

새인들과 동일시되었으며, 새로운 수도회들은 노아가 참된 교회인 노아의 방주로부터 날려 보낸 까마귀와 비둘기에 비교되었다. 요하임 피오레는 예외적으로 지속적인 영향을 미쳤다. 칼라브리아[135]의 일부 지역에서는 20세기 들어서조차 아서왕에 대한 기대와 마찬가지로 요하임 피오레의 '귀환'이 기대되고 있을 정도이다.

한편 사상가 요하임 피오레는 새로운 사조를 낳았는데, 말기 중세의 일탈자들과 종교개혁기의 몇몇 사상가들에 의해 수용되었다. 요하임 피오레의 가르침은 '진정한 교회의 비가시성' 교리로 더욱 정교해졌다. 그것은 현세 교회의 '가시적' 계서체제에는 큰 위협으로 간주되었다. 왜냐하면 가시적 계서체제는 방대한 기득권과 결부되어 있기 때문이었다. 교회는 부와 권력과 영향력을 '통제'함으로써 가시적인 교회제도를 유지하고 있었다.

참고문헌

〈1차 사료〉

Joachim of Fiore, *Concordia novi ac veteris testamenti* (Venice, 1519, reprinted 1964).

Joachim of Fiore, *Dialogi de prescientia Dei et predestinatione electorum*, ed. G.L. Podestà (Rome, 1995).

롬바르디아 정책 등으로 인하여 교황과 격렬히 대립하였다. 7~8개 국어에 능통한 인물로, 학예를 보호하고 1231년 선포된 멜피 헌장(the Constitutions of Melfi)을 비롯한 일련의 법령에 입각한 절대주의적인 통치를 하였다.

135) 이탈리아 남부를 차지하는 주(州)를 의미한다. 고대 로마시대에는 현재의 풀리아주 남부 아드리아해와 타란트만 사이에 있는 지방을 가리켰으나, 8세기에 이 지방을 롬바르드족이 지배하면서부터 비잔틴제국의 영토로서 남아있던 이탈리아 반도의 최남부 이오니아해와 티레니아해 사이에 있는 지방을 칼라브리아라고 일컫게 되었다.

Joachim of Fiore, *Enchitidion super Apocalypsim,* ed. E.K. Burger (Toronto, 1986).

Adversus judaeos, ed. A. Frugoni (Rome, 1957).

〈2차 사료〉

M. Reeves, *Joachim of Fiore and the Prophetic Future* (Oxford, 1977).

Stephen E. Wessley, *Joachim of Fiore and Monastic Reform* (New York, 1990).

Joachim of Fiore in Christian Thought, ed. C.C. West (New York, 1975), 2 vols

(오두영, 한지환)

V

고중세(2)

13세기 스콜라사상의 종합

마이모니데스
(Maimonides 1138~1204)

생애와 시대

모세 마이모니데스는 코르도바에서 태어났으며, 그곳에서 아버지로부터 교육을 받았다. 그의 아버지는 유대인의 구전 교훈서, 미쉬나와 그것의 권위 있는 초기 주석을 집대성해 놓은 경전 탈무드[136]의 대가였다. 그리하여 마이모니데스는 그리스도교 학자들과 유대교 및 이슬람 학자들 간에 지적 교류가 최고조에 달했던 시기에 무어왕조 지배하의 스페인에서 어린 시절을 보냈다. 또한 코르도바는 압바스 왕조시기에 고전 그리스와 중세 아랍의 학문의 중심지이기도 하였다.

1140년경 말 마이모니데스는 반유대인 박해를 피해 모로코의 페즈에 잠시 정착해 있었으며 그 후 카이로로 이주하였다. 카이로에서 그는 의사가 되어 가족을 부양하며 유대인 공동체의 중요한 지도자가 되었다. 따라서 그가 받은 다양한 교육은 이처럼 많은 여행과정을 통해 얻어진 것이다.

---

136) 탈무드는 미쉬나(Mishna)와 게마라(Gemara)로 구성되어 있다. 미쉬나는 글로 남겨진 율법과 구전으로 전해지는 율법을 기반으로 작성된 것이며, 게마라는 미쉬나와 달리 여러 의견들에 대한 해석과 설명을 기반으로 작성되었다. 이 둘은 작성된 시기도 각각 다르다. 미쉬나는 기원 전인 구약시대에 주로 작성되었고, 게마라는 기원후인 신약시대에 주로 작성되었다.

사상과 업적

마이모니데스의 첫 번째 저서는 그가 어렸을 때 작성한 논리학 논문이었던 것으로 여겨진다. 그러나 그가 성인이 되어서 작성한 논문에서는 내용적인 면에서 해석적으로 포함되어 있는 경우를 제외하고 아리스토텔레스 사상을 따르지는 않았다. 또한 그는 유대 사상에 지극한 애정을 갖고 있었다. 마이모니데스가 갓 성인이 되었을 때 미쉬나에 대한 주석, 쉬라이(Siraj)를 완성시켰으며, 또한 1180년경에는 탈무드 경전에 대한 해석을 완결하였다. 여기서 그는 유대인의 종교적인 신조와 규범적인 해석들을 보다 윤리적이고 철학적인 주석을 통하여 체계적인 방법으로 설명하였다. 이 저서는 당대의 그리스도교 신학에 있어서 피터 롬바르드의 주석서가 집필하게 된 것과 동일한 의도에서 집필되었다. 당대의 학자들은 점점 더 다양해지고 복잡해진 지식을 획득하는 데 도움이 될 요약집과 설명 자료집들을 필요로 하고 있었고 이에 부응하여 마이모니데스가 이 저서를 집필하였던 것이다. 유대 법에 관한 그의 저서 중에 아마도 가장 주목할 만한 것은 《모세 율법서》(*the Book of Commandments*)와 《지혜서》(*the Book of Knowledge*)이다.

《복잡한 쟁점들에 대한 지침》(*The Guide for the Perplexed*)은 신앙적인 갈등을 겪고 있는 유대인 식자층들을 위해 1190년 집필된 광범위한 철학서이며, 아마도 아랍어로 집필된 마이모니데스의 저서 중에 가장 중요한 것이다. 이는 독자들이 그리스 학문과 철학에 관해 상당한 지식을 이미 갖고 있었다는 것을 알려주고 있으며, 또한 그것이 상당히 필요한 지식이었다는 것을 암시하고 있다. 당대 라틴 서유럽에서 예찬되던 논증법은 마이모니데스의 저술에서도 확인된다. 한편 그는 신의 존재에 대한 증명, 신학적 언어의 속성, 인간 삶의 고유 목적 등과 같은 고전적인 철학 논제들도 검토하였다.

마이모니데스의 저술은 그것의 핵심 주제들을 통해서 중세 사상이 고대 말기의 로마적 및 그리스-그리스도교적 전통뿐만 아니라 유대교 전통의 산물이라는 점을 알려준다는 중요한 가치가 있었다. 물론 그에게서 그리스도교 사상가들에게서는 찾아 볼 수 없는 점들도 발견된다. 그는 철학자이자 신학자로서 유대인 독자들이 구약의 율법을 준수하는데 도움을 주고자 하였고, 그 결과 그의 철학 저서는 실용적인 색채를 띠고 있었는데, 이 같은 점은 당대의 라틴 사상가들에게서는 찾아 볼 수 없었다. 한편 라틴 사상가들은 신앙과 이성과의 관계, 즉 계시를 통해서 신에 대한 확신에 의해서만 이해할 수 있는 것과 이성적인 사고만으로도 이해할 수 있는 것들과의 관계를 규명하려고 노력하고 있었다. 반면에 마이모니데스는 《복잡한 쟁점들에 대한 지침》 권 I, II을 통해서 이 같은 구분이나 양자 간의 대립은 사회적인 공익을 근거로 한 이성적인 것들 사이에 존재한다고 주장하였다.

마이모니데스는 《복잡한 쟁점들에 대한 지침》 권 III에서 율법, 특히 토라[137)]에 관한 전반적인 설명을 한 후에, 십계명을 준수해야 할 이유들을 밝히고 마음을 신에게 고정시키고 율법을 준수하면서 살아가는 것에 대한 실천적인 방안들을 유명한 궁전에 관한 일화를 통하여 설명하였다. 일화에 따르면, 통치자는 궁전 안에 살고 신민들은 일부는 도시 안에, 일부는 도시 밖에 흩어져서 살아간다. 어떤 사람은 통치자가 사는 궁전으로 가려고 하고 또 어떤 사람은 궁의 문 밖에서 궁 안으로 들어가는 길을 찾고자 하는데, 그 과정에서 통치자를 만나려는 사람들은 새로운 시도를 해야 할 필요가 있다는 것이 마이모니데스의 생각이었다.

137) 토라는 구약 성서의 창세기, 출애굽기, 레위기, 민수기, 신명기를 말한다. 모세와 관련이 있기에 흔히 모세 5경이라고 불리기도 한다. 토라는 주로 신이 이스라엘 민족에게 준 율법을 그 핵심 골자로 하고 있다.

영향

마이모니데스는 알베르투스 마그누스와 토마스 아퀴나스에게 상당한 영향을 미쳤다. 그는 중세 유대인 지식인으로는 예외적으로 그리스도교 사상가들과는 달리 이슬람 수용적이었으며 또한 유대의 지적 전통을 소중히 보존하고자 했던 독특한 사상가이다. 그는 이성적인 범주 내에서 사회의 공익이 되는 것조차 상당한 불일치가 있다는 점을 규명해내었다.

참고문헌

〈1차 사료〉

The Book of Commandments, trans. Charles B. Chaval (London, 1967).

The Book of Knowledge, trans. Moses Hyamson (New York, 1974).

Ethical Writings of Maimonides, ed. Raymond L. Weiss and Charles Butterworth (New York, 1983).

Guide of the Perplexed, trans. Schlomo Pines (Chicago, 1963).

〈2차 사료〉

J. Haberman, *Maimonides and Aquinas: A contemporary Appraisal* (New York, 1979).

M. Kellner, *Maimonides on Human Perfection* (New York, 1990).

I. Dobs-Weinstein, *Maimonides and St. Thomas on the Limits of Reason* (New York, 1995).

Maimonides: a Collection of Critical Essays, ed. JA Buijs (Notre Dame, 1988).

B. Z. Bokser, *The Legacy of Maimonides* (New York, 1950).

(손채연)

성 프란시스 아씨시
(St. Fransis of Assisi 1181~1226)

생애와 시대

토마스 첼라노에 따르면, 성 프란시스는 1206년 산다미아노 교회에서 그리스도로부터 '프란시스야, 가서 교회를 수리하여라'는 말을 들었으며, 그 이후로는 오직 신의 일에 몰두하게 되었다. 프란시스의 삶의 목표는 부를 포기하고 그리스도가 사도들에게 본을 보이고 가르친 복음적 삶의 방식을 그대로 모방하는 삶의 실천에 있었다.[138] 그리고 이 같은 삶의 방식을 따르고자 하는 탁발 수도사들에 대해서도 권면의 글을 남겼다. 당시 사도적 삶이란 순회 설교사를 그 이상으로 하고 있었다. 이에 프란시스는 이 순회 설교사의 삶을 살았으며, 또한 이를 자신의 추종자들에게도 권면하였다.

성 프란시스와 초기 추종자들은 마침내 프란시스 수도회 설립을 교황

---

138) 성 프란시스의 전기로는 1. 토마스 첼라노가 집필한 두 편의 《성 프란시스 전기》, 2. 프란시스의 초기 추종자들이었던 레오, 루피노, 안젤로가 공동 집필했던 《세 동료가 전하는 이야기》(The Legend of Three Companions), 3. 성 보나벤투라가 집필했던 《대 전기》가 있다. 이들 가운데 《세 동료가 전하는 이야기》에 생생한 프란시스에 대한 묘사와 표현이 잘 담겨 있으며, 프란시스 운동의 초기 양상에 대한 이야기도 포함되어 있고, 특히 프란시스 자신의 《권면》도 여기에 실려 있다.

으로부터 구두로 승인받게 되었다. 그리하여 프란시스 수도회는 회칙을 마련하게 되었는데, 이를 1209년 교황 이노센트 3세로부터 구두로 승인받았다. 그러나 이 회칙은 보완된 형태로 1223년 교황 호노리우스 3세에 의해 교황령으로 공식 승인받게 되었다. 탁발수도사들은 당시 무엇보다도 순회 설교에 힘을 기울였다. 이를 위해 프란시스회 수도사들은 일정한 설교사 교육을 이수해야만 했다. 프란시스회 수도사들이 모두 설교를 할 수 있었던 것은 아니었다. 설교는 적절한 자격을 갖추고 이를 교회로부터 인정받은 수도사들의 역할이었다. 우리는 이를 1223년의 프란시스회 규칙 9항에서 확인할 수 있다. 이에 따르면, 프란시스회 수도사들은 주교가 허락한 교구 내에서, 그리고 프란시스회 총원장의 검증을 받은 다음 순회 설교사의 역할을 수행하였다.

사상과 업적

프란시스회가 행했던 이 새로운 유형의 설교는 당대 종교적 의식의 발달을 가리키고 있다는 점에서도 의의가 있다. 성 도미닉과 성 프란시스가 복음의 확립과 전파를 각각의 소명으로 삼았던 이 시기에 설교의 기법도 부활하였다. 성 아우구스틴이 여러 시간에 걸쳐 청중을 감동시키는 설교를 행하는 등의 위대한 교부들의 설교 이후로는 오랜 기간 동안 수도원 구성체들조차 식사 시간에 교부들의 기도문과 다른 저술들을 낭송하는 것으로 만족하고 있었다. 물론 몇몇 예외적인 경우도 있다. 안셀름 캔터베리는 《비유》(*Similitudines*)라는 설교집을 집필하였으며, 베르나르 클레르보는 성 아우구스틴에 비교될 정도로 카리스마와 뛰어난 문장력을 갖춘 설교를 하였다. 그렇기는 하지마는 설교가 대폭 증가한 것은 12세기 말엽 알랭 릴[139]이 어떻게 설교할 것인가에 관한 편람을 출간하고, 그리하여 1230년대 설교에 대한 실천적 조언의 제공이 큰 관심을 끌게 된 이후였다.

설교를 위한 다양한 조언이 모색되던 시기에 토마스 콥햄[140]과 피터 칸토[141]는 설교사들을 위한 글들을 집필하였다. 1220년 경 프란시스는 미덕의 함양과 악덕의 배제에 관한 권면집을 집필하였다. 이 권면집은 그 형태와 의도에 있어서 피터 칸토의 《성무일도》(*Verbum Abbreviatum*)와 매우 유사한데, 아마도 스승 피터 칸토의 《성무일도》를 본으로 하여 집필된 것 같다. 피터 칸토는 조언의 유형을 강론(*lecto*), 논박(*disputatio*), 예증(*predicatio*) 등의 세 가지로 구분하였으며, 토마스 콥햄도 이와 같은 방식을 따랐다. 그러나 토마스 콥햄은 《프롤로그》에서 보다 분명하게 설교를 수사학의 일부로 간주하였다. 토마스 콥햄은 설교를 논쟁을 하기 위한 것이 아니라 사람들의 심성에 감동을 주기 위한 것으로, 정교한 논리보다는 삶에 유용한 가르침을 제공하기 위한 것이라고 생각하였다.

프란시스회의 수도사들은 중세 말기 설교 역사에서 두드러진 위치를 점하게 되었다. 그러나 정작 프란시스 자신이 설교에 관하여 남긴 글은 많지 않다. 한편 프란시스의 것으로 알려진 《권면》(*admonitions*)에 대해

---

139) 알랭 릴(Alain Lille 1128~1202); 12세기 말 프랑스에서 활동한 신학자이며 철학자. 그는 시토 수도원의 스도승으로서, 보에티우스의 영향을 많이 받았으며, 또한 철학과 종교의 관계에 대해 신비주의적 이성주의를 견지하였다. 그의 신비주의는 피타고라스 철학과 신플라톤주의를 혼합한 것으로서, 우주를 수학적 비율에 의해 조합된 것으로 파악하였다. 동시에 그는 이성만을 추구하는 비그리스도교도들을 비판하였다.

140) 토마스 콥햄(Thomas of Chobham ?~1327); 12세기 말부터 13세기 초까지 활동하였던 영국의 신학자. 그는 영국에서 태어나 파리에서 교육을 받았으며, 솔즈베리의 부주교(Subdean) 재직 시기에 옥스퍼드 대학에 보들리안 도서관을 설립하였다. 또한 그는 고해자를 위해 집필한 《참회》 에 교회법과 신학 및 실천의 종합을 시도하였다.

141) 피터 칸토(Peter Canto ?~1197): 피터 영창자(Peter the Chanter)라고도 알려진 신, 구약성서의 주석서를 남긴 신학자. 그는 프랑스 랭스 대학에서 교육을 받은 후 파리로 가서 1183년 노트르담 성당의 영창자가 되어 피터 영창자라는 이름을 얻게 되었다. 1196년 그는 랭스 대학의 학장이 되었고, 그 다음해에 사망하였다.

서도 약간의 의문이 제기되었다. 《권면》은 프란시스의 구두 진술을 비서가 받아 기록한 글로서, 이는 당시 관행적 일이었다. 이를테면, 토마스 아퀴나스도 한 번에 여러 명의 비서들에게 각각 다른 주제에 관한 구두 진술을 받아 기록 하도록 하였다. 이점에서 프란시스는 토마스 아퀴나스에 지적 정교함에 차이가 있었던 만큼, 그의 구두 진술을 비서들이 얼마나 엄격히 받아 기록하였던가, 또는 얼마나 많은 수정을 가했던가 하는 점에 불분명하였던 것이다.

성 프란시스는 《권면》에서 교리들과 영적 삶의 영위에 관한 부분은 자신이 직접 구두로 진술하였다고 밝혔다. 그러니까 《권면》과 같은 실천적 조언을 위한 글에 신학이 내재되어 있었던 것이다. 예를 들어 보기로 하자. 프란시스의 《권면》 7항의 '선행이 지식보다 우선한다'는 지적은 신앙심을 가지는 것 못지않게 올바른 삶의 영위가 구원에 필요하다는 가르침을 깨우치고 있다. 또한 《권면》 2항은 '사물에 관한 지식의 나무를 먹고 사는 자, 또한 스스로의 의지대로 행하는 자는 신이 자신을 통해 말하고 이루어낸 선한 행위보다 자신의 행위를 더욱 높다고 주장하는 자이다'라는 창세기 2장 16-7[142)]을 인용함으로서, 지식의 열매만을 추구하는 것, 자신의 의지대로 행위하는 것은 명백히 악에 속한 것임을 지적하였다.

끝으로 프란시스는 《태양의 찬가》(*Canticle of Brother Sun*)를 통해서 모든 피조물의 창조주에 대한 예찬을 노래하였으며, 또한 1226년 임종에 즈음하여 《유언》(*The Testament*)도 남겼다. 《유언》이 전하는 바에 따르면, 프란시스는 구두 승인되었던 1209년 회칙이 수정되기를 원하지 않았던 것 같다. 그러나 이 회칙은 복음서의 몇몇 구절과 소수의 조항들만으

142) 창세기 2장 16-7절; 여호와 하나님이 그 사람에게 명하여 이르시되, 동산의 각종 나무 열매를 네가 임의로 먹되 선악을 알게 하는 나무의 열매는 먹지 말라. 네가 먹는 날에는 반드시 죽으리라 하시느니라.

로 이루어진 지나치게 단순한 것이었기 때문에 결국 보완 수정을 거쳐 프란시스 수도회의 공식적인 회칙으로 제정되기에 이르렀다.

영향

성 프란시스는 청빈하고 단순한 삶을 실천하였으며, 자신의 추종자들에게도 이 같은 삶을 실천할 것을 권면하였다. 프란시스가 사망한 이후 첨예하게 제기되었던 그리스도의 청빈에 관한 논쟁은 여러 세대에 걸쳐 가톨릭 교회에 내분을 가져올 정도였다. 그러나 이 논쟁은 청빈에 대한 가톨릭 교회의 '공식' 입장도 널리 알리는 계기가 되었다. 또한 이 논쟁은 그리스도적 삶의 단순성을 실천하지 않았던 가톨릭 교회에 대한 많은 비판을 불러일으키기도 하였다. 이는 또한 16세기 종교개혁의 상황을 형성하는 데에도 영향을 미쳤다.

그리스도적 청빈 논쟁을 전체적으로 검토하는 일은 앞으로의 관제이다. 청빈 논쟁과 관련하여 여기서는 단지 피터 올리비를 일별해 두는 것이 도움이 될 듯하다. 피터 올리비는 1247-48년 남부 프랑스에서 태어나, 1259~60년 경 프란시스 수도회의 수도사가 되었다. 그는 파리 대학에서 학창 시절을 보내고, 1270년 경 부터는 나르본 대학과 몽펠리에 대학에서 교수생활을 하였다. 피터 올리비는 《빈곤한 이웃에 대한 논고》(*Tractatus de usu paupere*)를 통해서 복음적 청빈을 주장하였는데, 이는 그 후 여러 해에 걸쳐 그의 복음적 정통성을 논쟁거리로 만드는 일이 되었다. 예를 들면, 그는 1270년대 말엽에 열렸던 특별 위원회에 소환되어, 복음적 청빈에 관한 자신의 입장을 설명하여야 했다.

또한 피터 올리비는 《완전한 복음에 관한 질문들》(*Questiones de perfection evangelica*)을 통해서 다양한 신앙적 주제들을 검토하였다. 그가 검토했던 주제들 즉 명상 생활의 중요성과 교육과 서약의 기능, 특히 청빈, 정결, 순명 서약 등은 다분히 통상적인 것들이었다. 단지 그는 복음에 관한 서약들에 있어서 논리적 일관성을 끝까지 추구하였다. 그리하여 피터 올리비는 교황, 또는 주교라 하더라도 청빈 서약을 반드시 실천해야 한다고 주장하였다. 그에 따르면, 청빈한 삶이 부유한 삶보다 더 고귀한 것이기 때문이었다. 이로 인해 피터 올리비의 논지는 마침내 교회의 정죄 대상이 되었다. 이 같은 일화에서 우리는 성 프란시스의 주장과 그의 추종자들이 추구했던 진정한 교회의 모습에 대한 진지한 관심이 얼마나 충격적 영향을 미쳤던가를 뚜렷이 확인할 수 있다.

참고문헌

〈1차 사료〉

Francis and Clare, trans. R.J. Armstrong and I.C. Brady (London, 1982).

Thomas of *Chobham, Summa de commendatione virtutum et extirpatione Vitiorum,* ed. F. Morcnzoni, *Corpus Christianorum Continuatio Medievalis,* 82B (1997).

〈2차 사료〉

J Moorman, *St. Francis of Assisi* (London, 1963).

Francis and Clare, trans. R.J. Armstrong and I.C. Brady (London, 1982).

Petrus Olivi, *De usu paupere,* ed. D. Burr (Perth and Florence, 1992).

(손채연)

로버트 그로쓰테스트
(Robert Grosseteste 1170~1253)

생애와 시대

처음에 단순한 삶을 추구하던 탁발 수도회가 어떻게 도미닉 수도회와 같은 학문적인 수도회로 되었을까? 그렇게 되기까지 13세기 이후 두 탁발 수도회(도미닉 수도회와 프란시스 수도회) 간의 경쟁이 보다 증가하고 있었다는 것도 일부 영향을 미쳤다. 이 두 탁발 수도회들은 대학에서도 학장 자리를 놓고 서로 경쟁을 했었을 정도였다. 실제로 13세기 탁발수도회는 대학에 상당한 영향을 미쳤다. 탁발 수도회에 지적으로 뛰어난 신학자들이 많이 있었기 때문에, 대학의 세속 교수들의 학문적 견해나 가르침 등은 흔히 논리가 부족한 것으로 여겨졌으며, 또한 그 중요성도 간과되었다. 이러한 점은 로버트 그로쓰테스트에게서 확연히 드러나 있는 바이다. 그는 프란시스 수도회에 처음 입회할 때부터 자신이 프란시스회의 수도사이면서 동시에 학문적 탐구를 병행할 수 있다는 것에 대단히 흡족해하였다.

로버트 그로쓰테스트는 1170년 경 태어난 것 같다. 그의 생애는 50세 이후 학자로서의 삶에 대한 것만 알려져 있다. 그렇다고 해서 그가 비교적 늦은 나이인 50세에 학자가 되었다고 보기는 어렵다. 그 역시 다른 학자들이 거쳤던 과정과 동일한 과정을 거쳐서 학자가 되었다.

또한 그는 파리 대학이나 옥스퍼드 대학에서도 공부 하였던 것 같다. 그로쓰테스트는 처음에 세속 학교들에서, 그리고 대학이 막 형성되던 1225년에 옥스퍼드 대학에서 학자로서의 명성을 얻게 되었으며, 그 후 1235년까지 그는 프란시스회 수도사로서 지속적으로 명성을 떨쳤다. 후베르트 수도사의 그로쓰테스트 전기 《생애》에 따르면, 그로쓰테스트는 친절하고 온화한 성품을 지닌 인물이었다. 1235년 그는 링컨의 주교가 되었으며 그 후 그는 18년 동안 링컨의 주교로 있다가 1253년 그곳에서 생을 마감하였다.

사상과 업적

로버트 그로쓰테스트는 창의적이고 또한 실험적이었다. 그는 누구도 시도하지 않았던 그리스 고전의 번역 작업을 완성시켰으며, 또한 아리스토텔레스에 대해서 그리고 성서학 분야에서도 당대 최고로까지 검증하였다. 그의 검증 작업에서 토대가 되었던 것은 성 제롬을 통해 알게 된 오리게누스와 《표준 주석서》(*glossa ordinaria*) 및 피터 롬바르드의 바울서신 주석서 등이었다. 또한 그는 박식가였다. 그는 성서 주석서는 물론, 창세기를 공부하는 과정에서 제기된 광학, 광선, 천문학, 기상학, 조류의 변화 등과 같은 '과학적 주제'에 관한 글도 집필하였다. 그의 《창조론》(*Hexaemeron*)은 아마도 1225년 이후 집필되었다. 이미 6일간의 창조이야기를 과학적 주제들을 탐구하는 토대로 활용하는 전통은 확립되어 있었고, 그는 이 전통에 따라 대 바실리우스를 토대로 과학적 주제들을 탐구하였다. 이 전통은 우리가 이미 검토한 바와 같이 성 암브로스에게서 확인되며, 14세기 헨리 랑엔스타인[143]에게서도 확인되는 바이다.

143) 헨리 랑엔스타인(Henry of Langenstein 1325~1397); 14세기 인물로 자연철학자이

로버트 그로쓰테스트의 《창조론》 '서문' (*Proemium*)은 거의 독자적인 저술이다. 그는 이 저술에 파울리누스에게 보낸 성 제롬의 서신 53을 주석하였다. 그로스테스트는 이 서신을 신, 구약 성서 전체에 대한 제롬의 주석서 서문으로 간주하였는데, 서신에 제롬의 성서 번역의 목적이 밝혀져 있었기 때문이었다. 이 서신에 따르면, 제롬은 파울리누스에게 성서 연구를 도와줄 좋은 선생을 찾으라고 하였다. 성서를 읽는 자가 성령으로부터의 직접적인 가르침을 깨닫지 못한다면 자신에게 도움을 줄 선생의 가르침이 반드시 필요하기 때문이었다. 그러니까 모든 학문은 그것을 익히려면 좋은 선생을 필요로 하다는 것이다.

로버트 그로쓰테스트는 《6일간의 창조론》(*On the Six Days of Creation*)의 본문에 '새로운' 학문에 대해 서술하였다. 그는 아리스토텔레스 《분석론 후서》에 근거하여 각각의 학문은 독특한 주제와 주요 원칙들을 지니고 있다고 밝혔다. 또한 그는 무에서부터의 창조도 주장하였다. 이 같은 주장은 아리스토텔레스의 과학적 저서들이 서유럽에 알려지게 됨에 따라 사물의 기원에 대한 문제들이 재차 논의되었기 때문에 제기되었는데, 사물의 기원에 대한 문제는 이미 12세기에 플라톤의 《대화》를 탐구하는 과정에서 제기되었다. 그는 《6일간의 창조론》에서 빛이 창조된 시점에 관한 전거들 간의 모순점들을 검토하였으며, 또한 창조의 이야기를 통해 널리 알려져 있던 천사들이 창조된 장소에 관한 문제도 검토하였다. 한편 그는 점성술과 천문학의 관계를 보다 명확히 구분하였다. 그는 점성술이란 신뢰성이 없는 '악마의 속임수'라고 분명히 밝혔다. 그리하여 그는 그런 '모호한 지식'과 관련된 주제를 배제하고, 매우 실질적인 여러 과학적 주제들, 이를테면 《물리학》(*Physics*), 《빛에 관하여》(*De Luce*)및 《공간에

며 신학자이자 수학자. 그는 독일에서 태어나 파리 대학에서 수학하였고 그곳에서 교수가 되었다. 그러나 그의 파리 교수 생활은 교황 계승에 따른 교회 대분열로 인해 종식되었으며, 그 후 비엔나 대학에서 교수 생활을 계속 하였다.

관하여》(*De Sphaera*)등의 저서들을 집필하였다. 당대에 학교에서 모세의 십계명에 관한 논쟁이 활발히 진행되고 있었다. 그는 《법률의 실효화에 관하여》(*De cessatione legalium*)에 모세의 십계명이 그리스도의 재림으로 폐지되는가에 대해 검토하였다. 여기서 핵심쟁점은 그리스도가 태어난 이후에도, 이를테면 신법의 시대에도 모세의 법이 지속적으로 준수되어야 하는가에 대한 것이었다. 그리하여 그는 십계명에 관한 《십계명론》(*De decem madatis*)을 집필하게 되었다. 그는 '사랑은 실행하는 것'이라고 파악하였다. 실천하는 사랑이야 말로 성서에 담긴 의미들을 알려주는 확실한 단 하나의 안내자였던 것이다. 《십계명론》을 통해서 그는 신과 이웃 모두에게 바치는 '사랑'의 중요성을 널리 일깨우고자 하였던 것이다.

로버트 그로쓰테스트는 원시 교회의 유대적 경향에 관한 논쟁을 최초로 재구성하고자 했던 독창적인 인물이었다. 그가 논쟁에 참여했던 시기에, 그러니까 1235년 링컨 주교가 되기 이전에 《갈라디아서 주석서》(*Expositio*)를 집필하였는데, 그가 그리스어를 익힌 것이 1230년 경 이후이고, 이 주석서에 그리스 사료들이 반영되어 있다는 것을 감안한다면, 그 집필 시기는 1230년대 초반인 것 같다.

로버트 그로쓰테스트는 이 주석서에 존 다마스쿠스[144)]의 《정통 신앙에 관하여》(*De fide orthodoxa*)와 관련된 주제를 검토하였으며, 또한 놀랍

---

144) 존 다마스쿠스(John of Damascene 676~749); 그리스 교부이며 교회학자. 그는 칼리프 시기에 부유한 그리스도교 가문에서 태어났으며, 아랍인들의 관용정책으로 고위 관직을 지낸 아버지의 직책을 물려받아 관리로 지내다가 관용정책이 폐기된 후에 예루살렘 수도원에 입회하여 사제가 되었다. 그는 정통 교리를 수호하고 극심한 성상 논쟁에서 성상의 정당성을 끝까지 주장하였다. 그의 대표 저서 《지혜의 원천》(Font of Loisdom)은 내용상 철학, 이단, 정통 신앙의 세 부분으로 나뉘어져 있으며, 이중에 정통신앙에 관한 것이 가장 널리 알려져 있다. 그는 정통 신앙에 관하여 교회의 가르침 곧 하느님과 창조, 인간론, 그리스도론, 마리아론, 성인 공경과 성화 공경, 구원론, 종말론 등 총 100장에 걸쳐 다루었다. 《지혜의 원천》은 그리스 정교회에서 서 유럽 라틴 교회 성 토마스 아퀴나스의 《신학대전》에 버금가는 저서로 수용하였다.

게도 요한 크리소스톰의 설교집 및 테오필락트 불가리아[145]의 《교리 해설서》(*Catena*)와 관련된 내용도 검토하였다. 이는 그가 진취적이었다는 점과 동시에 그의 그리스어에 대한 이해의 수준도 알려주고 있다. 요한 크리소스톰의 설교집이 16세기에 가서야 라틴어로 번역되었으므로, 아마도 여기서 활용된 것은 그리스어로 번역된 요한 크리소스톰의 설교집이었을 것이다. 반면에 테오필락트 불가리아 《교리 해설서》는 그리스 교부들의 교리 해설서 《주석집》(*Expositio*)과 참고서에 수록된 것을 직접 활용했을 가능성이 매우 높다.[146]

로버트 그로쓰테스트의 《색인집》(*Tabura*)은 성서와 교부들에 관한 색인 목록이며, 여기에 일부 세속 학자들과 이슬람 사상가들도 포함되어 있다. 《색인집》 '신론', '창조론' 등의 9개의 주제 내지 영역에 따라 구분되어 있다. 이 저술의 집필 의도는 독자적인 체계표들을 활용하여 많은 문헌들에 대한 총체적인 색인목록을 제공하려는 데에 있었다. 그리하여 이 저술은 12세기 말엽과 13세기 초엽의 문헌 참고서로 분류되었다. 하지만 이 저술에 활용된 상징적 용어들은 그로쓰테스트에 의해 직접 창안된 것들이다.

로버트 그로쓰테스트는 명백한 모순점을 제거하기 위한 가장 좋은 방법은 사용된 언어를 면밀히 분석하는 것이라고 보았다. 이 같은 방법론은 피터 칸토의 《연설의 비유에 관하여》(*De tropis loquendi*)에서도 확인되었다. 또한 그는 당대의 언어 및 논리를 검토하던 학자였다. 그리

145) 테오필락트 불가리아(Theophylact of Bulgaria 1055-1107); 그리스 정교 신학자. 그는 학자로서 명성을 얻어 비잔틴 황제 미카엘 7세의 아들, 콘스탄틴 두카스의 스승으로 지내다가 1078년경 오흐리드(Ohrid) 총 대주교를 맡아 불가리아로 갔다. 그는 요한 크리소스톰의 설교집의 영향을 많이 받은 성서 주석학자로서, 복음서와 사도행전 및 바울 서신 주석서 등 많은 주석서를 남겼다.

146) L. Rizziro, 'Robert Grosseteste, Jean Chrysostom et l'expositor Graecus(=Theophylact) dans le Commentaire Super Epietolam ad Galatas', RTAM 59 (1992), 166-209.

하여 그는 아리스토텔레스의 《분석론 후서》의 소개로 제기된 도전적 문제들을 규명하고자 언어와 논리학을 연구하게 되었다. 《분석론 후서》는 존 솔즈베리도 아주 소수만이 이해할 것이라는 평을 남겨 놓았을 정도로 난해한 저서이다. 《분석론 후서》의 특징은 논증법의 가능성을 제시하였다는 점에 있었다. 논증법은 본래 유클리드가 활용한 방법론이었으며, 그리하여 엄격히 말하면 기하학에만 적용되었던 것으로서, 자명성을 각 주제의 주요 원칙들로 정하고 그 원리들에 입각하여 논증의 과정을 구축함으로써 이와 마찬가지로 대등하게 신뢰할 수 있는 그 밖의 진리까지 추론하는 방법론이었다. 유클리드의 논증론 모델은 바로 이 방법론을 활용하여 구축되었다. 아리스토텔레스는 《분석론 후서》에 따르면, 진정한 '주제' 내지 '학문'분야'를 구성하는 특징적 요소는 독자적 제 1 원칙을 소유하는 것이라고 밝혔다.

또한 로버트 그로쓰테스트는 중세의 지적 탐구 전반에 걸쳐 전거와 원전 분석을 해독하는 습관을 재구성하려는 시도를 하였는데, 이는 《서한집》 (*Florilegia*)을 개념적 형태로 독해하는 것과는 판이하게 구분되는 방식이었다.[147]

영향

로버트 그로쓰테스트가 수용했던 아리스토텔레스의 저술과 사상은 중세 대학에 소개되어 이후 성서 연구에 관한 새로운 접근을 가능하게 하였다. 특히 그의 자연과학에 대한 관심은 창조과정을 신학적 사유와도 접목시켰고, 또한 로저 베이컨에게 커다란 영향을 미쳤다.

---

147) M. A. Rouse and R. H. Rouse, *'Authentic witness; approaches to medieval texts and manuscrips'* (Notre Dame, 1991).

참고문헌

〈1차 사료〉

Grosseteste, Hexaemeron, ed. R.C. Dales, S. Gieben, *Auctores Britannici Medii Aevi,* (London, 1982).

De cessatione legalium, ed. R.C. Dales and E.B. King, Auctores Britannici Medii Aevi, (London, 1986).

De decern mandatis, ed. R.C. Dales and E.B. King, *Auctores Britannici Medii Aevi* (London, 1987).

Robert Grosseteste, *Expositio on Galatians,* ed. J. McEvoy and *Glosses on the Pauline Epistles,* ed. R. Dales, R. McEvoy et al, Corpus Christianorum Continuatio Medievalis, 130 (1995).

Commentary on the Posterior Analytics, ed. P. Rossi (Florence, 1981).

〈2차 사료〉

R-W. Southern, *Robert Grosseteste* (Oxford, 1986).

(손채연)

로저 베이컨
(Roger Bacon 1214~1292)

생애와 시대

로저 베이컨은 1214년 혹은 20년경 영국에서 태어났으며, 옥스퍼드 대학에서 공부를 하였고 1245년경 파리 대학에서 가르쳤다. 그는 파리 대학에서 과학과 형이상학에 관한 새로운 아리스토텔레스의 저서를 가르친 최초의 인물이었다. 1250년 경 그는 프란시스 수도회에 입회하여 수도사가 되었으며, 1257년 옥스퍼드로 다시 돌아와 프란시스 수도회에서 생활하면서 로버트 그로쓰테스트의 글들을 공부하였다[148]. 이는 그가 그로쓰테스트의 영향을 받았음을 드러내는 것이며, 뿐만이 아니라 옥스퍼드에서의 그로쓰테스트의 삶도 가장 가까이에서 접할 수 있었다.

로저 베이컨은 이러한 경험으로 인해 그로쓰테스트가 탐구하였던 과학적 주제들에 대해 뚜렷한 관심을 보였다. 그는 그로쓰테스트를 비판적으로 검토하여 자신이 그로쓰테스트보다 앞서있다고 확신하였지만, 사실상 그로쓰테스트를 활용하였다. 1267년경 그는 과학적 주제들에 관하여 집중적으로 집필하였다. 그러나 1280년대 이후 그의 행적은 어디에서도 확인되지 않는다. 이는 그가 주장한 '오류로 의심되는 새로운 학설들

148) R. W. Southern, *Robert Grosseteste* (Oxford, 1986), p. 14.

(suspected Novelties)'로 인해 비롯된 결과인 것 같다[149].

사상과 업적

로저 베이컨은 대표작 《대작》(*Opus Majus*)을 1267년 경 집필하여, 이 《대작》을 후기 저작들과 마찬가지로 교황 클레멘트 4세에게 보냈다. 이는 그가 교황의 격려와 후원의 도움으로 자신의 저서 《대작》을 알리기 위해 취해진 조치였다. 이 저서가 교황에 의해 어떻게 평가되었는지에 관한 기록은 발견되지 않았다. 그는 《세 번째 저서》(*Opus Tertium*)도 역시 교황 클레멘스 4세에게 보냈다. 또한 그는 1292년 자신의 생애 마지막 해에 《신학 연구개요집》(*Compandium Studi Theologiae*)을 집필하였다. 이 《신학 연구개요집》은 그의 주장들의 요약집 형태를 취하였다. 로저 베이컨은 이 저서의 서문에 이 저서를 교황 클레멘트 4세의 요청으로 집필된 것이라고 밝히고, 그러한 요청을 받아 기쁘게 생각한다고 밝혔다.

로저 베이컨은 학문에 대한 가장 객관적인 견해를 제시하기 위하여 《세 번째 저서》에 학문의 목적에 대해서 검토하였다. 또한 그는 《철학의 유용성》(*utilitas philosophiae*)에 철학이 믿지 않는 자를 설득하여 회심하게 한다는 점에서 철학의 가치와 이점은 신학에 있다고 밝혔다. 한편 그는 철학 분야 가운데 사물과 원소들의 기원에 관한 학문들이 특히 탐구되지 않았음을 지적하였으며, 지질학과 야금술을 그 예로 들었다. 그로 인해 인류, 동물, 식물 등에 기원을 둔 학문은 모두 알려지지 않았다는 것이다.

그 후 로저 베이컨은 학문의 구성 원소들을 체계화하여, 철학적 영역에서 초보자들을 위한 백과전서적인 저서를 집필하고자 하였다. 그는

149) *Analecta Franciscana* 3 (1897), p. 360.

상당히 치밀하고 범위도 확장된, 학문적 구성원소의 지도를 완성하였다. 이 지도에 원소들의 관련성이 여실히 드러나도록 원소들은 다수의 학문 복합체 내에 위치되어 있었다. 그러나 이 패턴 작업은 본질적으로 지적 효용성이 적었다. 그의 계통 분류법이 자의적이고 산만했기 때문이었다.

로저 베이컨이 《세 번째 저서》에서 실제적으로 검토했던 것은 학습방법들이었다. 그는 인간 이해력의 속성은 보편 원칙으로부터 개별 원칙으로 나가는 것이며, 따라서 구체적인 쟁점들을 살펴보기 위해서는 보다 넓은 영역을 살펴볼 필요가 있다고 파악하였다. 그리하여 그는 동일하게 근본적으로 작동하는 물질들 속에서 많은 것들을 분류해 내었다. 그는 본질적으로 동일한 근본적인 문제들에 대해서 서로 다른 방법으로 접근하였다는 것이 더욱 정확한 표현일 것이다. 그러나 당시의 다른 사람들은 이와 같은 것을 알지 못하였다. 또한 그는 사람들이 종교적 차원에서 타락하는 다양한 방식들도 검토하여, 신앙에 관해 알려진 모든 오류들을 체계적으로 정리하고, 그러한 오류들을 논박할 방법을 제시하였다. 이 같은 주제에 대한 검토는 토마스 아퀴나스에게서도 확인된다. 토마스 아퀴나스는 정통 그리스도교를 따르지 않았던 사람들의 특징적 오류들을 정리하고 그 오류에 대응하는 방법들에 관해 설명을 하였다. 이를 통해 토마스 아퀴나스는 오류에 빠진 사람들을 다시 올바른 방향으로 인도하고자 하였다.

그러나 로저 베이컨은 오류들의 보다 깊은 원천들을 지적하였으며, 또한 잘못된 지적 태도들에 대한 반성을 촉구하였다. 그러니까 빈약한 권위에 의존하고, 오래 유지되어 왔던 잘못된 관행을 따르고, 무지한 대중들의 견해들을 따르는 것 등의 잘못된 지적태도가 사람들을 오류에 빠지게 하는 근본적인 원인이라는 것이 로저 베이컨의 주장이었던 것이다.

로저 베이컨은 토마스 아퀴나스가 마찬가지로 모순적 쟁점들이 당시 확산되고 있다는 것을 애석해 하였다. 그러나 이러한 모순점들을 확립된 체제 내로 편입시키고 있었던 토마스 아퀴나스와는 달리 로저 베이컨은 모든 것을 버리고 성서 연구로 다시 돌아갈 것을 제안하였다[150]. 그리하여 그는 성서와 도덕적 교훈서 등의 책들이 비교훈적인 오비드의 고전시 보다 훌륭한 교본이라고 주장하였다. 한편 그는 생전에 문법학 및 의미론의 견고한 중세적 토대였던 언어와는 별개의 것으로서, 언어학의 중요성을 예외적으로 주장하였다[151]. 아마도 그는 존경하는 스승, 그로쓰테스트가 그리스어 습득을 통하여 이룩해 놓은 성과로 인해 자신은 스승이 했던 것처럼의 언어 습득은 시도하지 않았던 것으로 여겨진다.

로저 베이컨이 갖고 있던 또 하나의 탐구 주제는 경험적 증명이었다. 이 주제는 매우 도전적인 것이었는데, 하나의 개념을 창조 세계의 체계 내에서 검증해 보았을 때, 그것이 단지 증명될 수 없다는 것 때문에 무효화 할 수는 없다는 것이 여전히 일반적인 전제였기 때문이었다. 그러나 그는 과학적 실험을 단행하였으며, 또한 실험의 결과에 의해 입증되지 않는 주장들을 무효화하였다. 이 같은 사실은 개념이나 형상을 신뢰하지 않았던 당대의 질서체계에서 실로 충격적인 것이었다. 당대의 지식에 대한 총체적인 질서체계는 개념들이나 형상들을 그것들의 특정한 예시들보다 더욱 실체적으로 간주하고 있었는데, 이 개념이나 형상들은 변경되고, 퇴화되고, 결점들을 갖고 있었다. 그러니까 창조 세계에서 물체를 가지고 실험하는 행위는 본질적으로 신뢰할 수 없는 물질들을 토대로 검증하는 것이어서, 실험의 결과로 이성적인 추론을 뒤집을 수는 없었던 것이다. 또한 그는 신앙의 참 모습을 입증하는 증거들 즉 '그리스도교의 징표들'과 관련된 인식들도 밝혔으며, 실험적인 학문 작업들 전부와 그

150) *Opus Tertium,* p. 54.

151) *Opus Maius*, Part III, *Opus Tertium*, p. 56.

밖의 기적들을 주술적인 것들에 대한 세밀한 비교 검토도 하였다.

영향

로저 베이컨의 자연과학에 대한 관심은 사물의 기원을 밝히고자 하는 노력으로 이어졌다. 또한 그는 과학적 실험을 통해 창조세계를 이해하고자 노력하였다. 그는 사물의 본질과 의미를 중시했던 스콜라 학자들의 태도에서 벗어나 실험과 관찰을 통한 경험적 접근을 강조하였다.

참고문헌

〈1차 사료〉

Roger Bacon, *Opus Maius,* ed. J.H. Bridges (London, 1900), vol. 1.

Roger Bacon, *Compendium of the Study of Theology,* ed and trans, Thomas S. Maloney, *Studien und Texte zur Geistesgeschichte des Mittelalters* (Leiden 1988).

Roger Bacon, *Opus Tertium, Opera,* Rolls Series, ed. J.S. Brewer (London, 1857).

Roger Bacon, *Opera Hactenus Inedita* (Oxford, 1920-40), vols 1-16.

Roger Bacon, *Moralis Philosophia,* ed. E. Massa (Verona, 1953).

Roger Bacon, *The Greek Grammar,* ed. E. Nolan (Cambridge, 1902).

〈2차 사료〉

Roger Bacon and the Sciences: Commemorative Essays, ed. J. Hacket (London and New York, 1997).

P. Kibre, *Studies in Mediaeval Science* (London, 1984).

The Life and Works of Roger Bacon: An Introduction to the Opus Maius, ed. H. Gordon Jones (London, 1914).

S. E. Easton, *Roger Bacon and His Search for a Universal Science* (London, 1952).

(손채연)

성 보나벤투라
(St. Bonaventure 1217~1274)

생애와 시대

성 보나벤투라는 1217년 경 이탈리아 비테르보 근교 바뇨레아에서 태어났으며, 10대 후반 무렵 프란시스 수도회의 수도사가 되었다. 1245년 이전까지 파리 대학의 학생으로 있으면서 그는 알렉산더 헤일스[152)]의 지도를 받으며 공부했다. 그 후 1248년 그는 파리 대학의 신학부에서 강의하기 시작했다. 이 시기 파리 대학의 지배권을 놓고 세속 성직자 교수들과 수도 성직자 교수들 간에 경쟁이 있었다. 당시 세속 성직자 교수들은 프란시스 수도회와 도미닉 수도회의 수도 성직자 교수들을 대학에서 제명시키고자 하였다. 그러나 교황청은 수도 성직자 교수들을 지지하였고, 1256년 교황 알렉산더 4세는 프란시스 수도회의 보나벤투라와 도미닉 수도회의 토마스 아퀴나스를 교수로 받아들일 것을 파리

152) 알렉산더 헤일스(Alexander of Hales 1185~1245); '논박할 수 없는 박사'(Doctor Iraragabilis)라고 불렸던 프란시스 수도회의 교수이자 신학자. 그는 성 아우구스틴주의자였던 것으로 보이며, 그의 교리는 보나벤투라에게 영향을 미쳤다. 주요 저작으로 《신학대전》과 《규율 해설》(*Expositio regulae*)의 일부와 피터 롬바르드의 《명제집》 주석, 《수사가 되기 전에 해야 할 질문들》(*Quaestiones disputatae antequam esset frater*), 《변론》(*Quodlibeta*)등이 있다.

대학에 지시하였다. 이후 그는 프란시스 수도회의 총원장이 되었고, 1273년 알바노의 주교로 되었으며, 뒤이어 추기경이 되었다. 그는 1274년 리옹에서 생을 마감하였다.

사상과 업적

성 보나벤투라가 활발한 저술활동을 했던 주요 기간은 학생을 가르쳤던 1250~59년 사이의 기간과 파리 대학에서 논쟁이 있었던 1267년부터 그가 사망 할 때까지였다. 1250~55년 그는 피터 롬바르드의 《명제집》 주석서를 집필하였고, 1255~57년 《개요집》(*Breviloquium*)을 집필하였으며, 1257년 《삼위일체의 신비에 관하여》(*De mysterio Trinitatis*)와 《그리스도에 대한 지식》(*De scientia Christi*)을 집필하였다. 그 후 1259년 《신에게로의 영적인 여정》(*The Ininerarium mentis in Deum*)을 집필하였다.

1267~68년 보나벤투라는 다양한 《강의록》을 제공하였으며, 또한 파리 대학에서 세미나를 개최하기도 하였다. 1273년 그는 《천지창조 담론집》(*Collationes in Hexaemeron*)을 집필하였다. 그도 역시 당대인들을 분열시킨 논쟁에서 벗어나 있지 않았다. 파리 대학에서 특정한 아리스토텔레스의 사상에 관해, 특히 아베로이스주의자들의 해석에 관해 이미 13세기에 치열한 논쟁이 있었고, 그 결과 몇몇 특정 견해들이 1270년과 1277년에 정죄되었다. 이 논쟁에 있어 가장 치열했던 쟁점은 아리스토텔레스 사상이 함의하고 있는 세상의 영원성에 관한 것이었다. 이는 그리스도교의 정통 교리에 전적으로 대치되었는데, 그리스도교는 성서를 근거로 하여 신에 의해 창조된 세상을 유한한 것으로 간주하고 있었기 때문이었다. 그는 이 주제를 《명제집에 대한 주석서》(*Commentary on the Sentences*)에서 검토하였고, 또한 창조에 대한 주석서 《6일간의 창

조》에서도 검토하였다.

새로이 알려진 아리스토텔레스 사상의 대응에 있어서 보나벤투라와 특히 도미닉 수도회 일부 신학자들이 서로 입장을 달리하고 있었다. 보나벤투라는 그것의 함의들을 견제하고 심지어 그것과 거리를 두려고까지 했던 반면 도미닉 수도회 신학자는 아리스토텔레스의 사상을 적극적으로 수용하여 종합을 이루어 내려고 모색하였다.

보나벤투라는 사고와 저술이라는 두 가지 양상을 결합시키려고 하였다. 그러나 당대에 이 두 가지 양상은 하나는 영적이고 명상적인 것으로, 다른 하나는 이성적이고 학문적인 것으로 구분되어 있었다. 이 같은 태도는 안셀름 캔터베리에게서도 확인되는데, 단지 안셀름 캔터베리는 절실한 대학인이라는 맥락에서 이와 같은 태도를 반드시 유지해야할 필요는 없었다. 일부 프란시스회 수도사들은 이 같은 태도를 지지하였다.

보나벤투라는 《신에게로의 영적인 여정》의 서문에 은둔지로가서 명상을 하였으며, 또한 그곳에서 인간의 영혼이 신을 이해하고 만날 수 있는 다양한 방식을 깨닫게 되었다고 밝혔다. 그는 십자가에 달리신 그리스도의 형상을 한 날개달린 세라핌의 환영을 보았던 성 프란시스의 기적을 떠올리며, 그것이 바로 신과의 합일과 명상을 의미하는 것이라고 파악하였다.

보나벤투라는 6개의 날개를 지닌 세라핌[153]의 이미지를 영혼이 구원을 받기 위해 거쳐야 하는 6단계를 설명하는 것으로 활용하였다. 여기서 그는 영혼의 인지력을 감각적 인지력, 영적인 내적 인지력, 자기 초월적 인지력 등의 3가지로 구분하였다. 또한 신은 처음이자 마지막이므로, 신을 이해하는 방법이 두 가지였다. 그러니까 종국적으로 신에게로 다가

153) 세라핌(Seraphim); 천사 중 가장 높은 지위를 가진 천사로서, 보통 치천사라고 불린다. 이 천사는 인간의 모습을 하고 있으며 세 쌍 즉 6개의 날개를 가지고 있다.

가는 방식이 6가지가 되었다. 그렇기는 하지만 신이 6일간 세상을 창조하고 그 후 일곱 번째 날 휴식을 취한 것처럼, 인간도 명상을 통해 이 6가지의 방법을 단계적으로 모두 성찰한 후에 드디어 신을 만나 영원한 안식을 얻을 수 있었다.

보나벤투라의 이 같은 방식의 해명은 안셀름 캔터베리의 영향을 많이 받았다. 보나벤투라는 안셀름 캔터베리의 견해를 수용하여 행복은 신 즉 지고의 선을 향유하는 것이라고 설명하였으며, 또한 안셀름 캔터베리의 신에게로의 '들림'에 대해서도, 그것이 의미하는 바는 인간이 사물을 통해 신을 이해하지만, 그렇더라도 인간은 보다 발달된 영적 인식론적인 토대를 갖고 있어야 신을 이해할 수 있다는 것이라고 밝혔다.

그 후 보나벤투라는 《생명의 나무》(*The Tree of Life*)를 집필하였다. 여기서 그는 영원히 솟는 샘물로부터 물을 제공 받고 있는 생명의 나무를 묘사하였는데, 이 샘물에서 흘러나온 물은 4개의 지류를 가진 웅장하고 활력이 넘치는 강이 되어, 전체 교회의 정원에 물을 공급한다. 한편 생명의 나무에 12개의 가지가 뻗어 있는데, 12개의 가지 모두에 잎과 꽃과 열매가 풍성하게 달려 있다. 잎들은 질병 치료제들이며, 가지의 꽃들은 신을 향한 열정의 표현이었다. 그는 《생명의 나무》를 통하여 그리스도의 탄생과 겸손함, 그리스도의 권위의 고결함과 오롯한 경건함 등을 알리고 있었다.

또한 보나벤투라는 성 프란시스 전기 《대 전기》(*Legenda Maior*)도 집필하였다. 보나벤투라는 이 《대 전기》를 집필하기 위해 프란시스가 태어난 곳, 성장한 곳, 사망한 곳을 모두 방문하였다. 그리하여 그는 자선을 베푸는 관대함을 지니고 있던 프란시스의 어린 시절에 대해서도, 또한 성인이 된 이후의 생애에 대해서도 생생하게 서술할 수 있었다.

영향

성 보나벤투라는 프란시스 수도회에서 가장 위대한 박사로 간주되고 있으며, 또한 그의 가르침에 대한 뛰어난 주석가들도 많이 등장하였다. 그러한 인물 가운데 프란시스회 총원장을 역임한 알렉산더 알렉산드리아와 캔터베리 주교 매튜 아쿠아스파르타가 있다. 14세기부터 16세기까지 보나벤투라에 대한 연구가 다소 약화되는 듯하였으나, 교황 식스투스 6세가 로마 대학에 '성 보나벤투라 연구'과정을 개설한 이후 보나벤투라에 대한 연구가 활발해졌으며, 또한 잉골스타트 대학, 잘쯔부르그 대학, 발렌시아 대학 등지에서도 성 보나벤투라가 연구 되었다.

참고문헌

〈1차 사료〉

Bonaventure, *Breviloquium,* trans. E.E. Ncmmers (St Louis and London 1947).

Bonaventure, *On the Eternity of the World,* selections, trans. P.M Byrne (Marquette, Wl, 1964).

Bonaventure, *The Soul's Journey into God,* trans. E. Cousins (London, 1978).

Les six jours de creation, trans. M. OziJou (Paris, 1991).

〈2차 사료〉

Francis and Bonaventure, ed. Paul Rout (London, 1996).

J.G. Bougerol, *Saint Bonaventure: études sur les sources de sa pensée* (Northampton, 1989).

Celebrating the Mediaeval Heritage: A Colloquy on the Thought of Aquinas and Bonaventure, ed. David Tracey (Chicago, 1978).

(손채연)

알베르투스 마그누스 (Albertus Magnus 1192~1280)

생애와 시대

알베르투스 마그누스는 1192년 혹은 1200년 독일 지역 스와비아의 한 기사 집안에서 태어났다. 아마도 그는 울름의 주교좌 성당학교에서 혹은 그 지역의 성직자에게서 기본적 교육을 받았던 것 같다. 그는 어린 시절 아저씨가 있는 이탈리아 롬바르디 지방으로 갔으며, 그곳 파두아 대학에서 인문학을 공부하였다. 당시 재능 있는 젊은이들의 관심사는 탁발수도사가 되는 것에 있었다. 따라서 그에게 있어서도 중요했던 것은 단지 도미닉 수도회와 프란시스 수도회 중에 어떤 수도회를 선택하여 입회하는가를 결정하는 것이었다. 알베르투스 마그누스는 요르단 색소니[154)]가 여행 중 이탈리아 파두아 대학에서 뽑은 유망한 제자들 중 하나였다. 요르단 색소니는 자신이 뽑은 10명의 신입생 중 두 명은 독일 백작들의 아들들이었다고 전하였는데, 이 두 명 중에 한 명이 알베르투스 마그누스였다는 것이 거의 확실하다. 그 후 1223년 알베르투스 마그누스는 도미닉 수도회에 입회하여 수사가 되었다.

154) 요르단 색소니(1190~1237); 도미닉 수도회 원장으로 그는 도미닉회의 회칙도 정비하고 도미닉회도 성장시키는데 많은 기여를 하였다. 또한 그는 신학적인 논문과 서신들을 남겼다.

한편 13세기는 대학이 철저히 제도화되어 가고 있던 시기였다. 이 시기 도미닉 수도회는 대학들의 제도화 과정에서, 그리하여 대학들이 학문적 토론의 온상으로 되어 가는 과정에서 주도적인 역할을 담당하였다. 12세기에 대학에서 학생들은 주요 문헌들에 관한 지식을 다소 비공식적으로 획득하고 있었다. 이를테면 존 솔즈베리는 사회적 분위기에 따라 선생을 자신이 직접 선택하고 자신에게 맞는 책들 역시 자신이 택하였다. 이 같은 일을 막기 위하여 도미닉 수도회는 일종의 공식 강의 요강을 만들어 내었다.

이 강의 개요집에 포함된 학문의 범위도 13세기 그 범위가 확장되었다. 보에티우스에 의해 알려진 아리스토텔레스의 저서들은 이미 개요집에 포함되어 있었으며. 여기에 12세기에 알려진 아리스토텔레스의 논리학에 관한 저서 《범주론》, 《해석론》 등이 추가되었다. 이는 논리학에 관한 보다 수준 높은 저술들의 출간을 고무하여, 《구 논리학》(*logica vetus*)에 이어 《신 논리학》(*logica nova*) 이 출간되었으며, 새로운 주제를 다룬 《최신 논리학》(*logica moderna*)도 출간되었다. 또한 13세기에 자연과학에 대한 아리스토텔레스의 저서들도 그것에 대한 이슬람 사상가들의 주석서와 함께 서구에 알려지기 시작하였다. 그러나 대학에서 이들의 도전적 주장들을 기존의 그리스도교적 사상 체계 속에 통합하고자 했을 때 상당한 혼란이 야기되었다.

아비세나[155]의 아리스토텔레스 《영혼론》(*On the Soul*) 주석서 서문

155) 아비세나(Avicena 980~1037); 아랍 철학자이며 중세 라틴세계에서도 권위있는 의학자. 그는 아리스토텔레스에 플라톤 철학을 가미하여 이슬람 신앙을 해석하였다. 그리하여 그는 이슬람의 전통적 견해인 무로부터의 창조설을 부정하고 신플라톤주의의 유출설을 받아들여 우주를 신적 존재의 자연스런 반영으로 해석하였다. 또한 그는 신을 모든 존재의 원인이며 스스로 존재하는 필연적이고 보편적인 우연이라고 주장하였다. 이러한 그의 철학은 서유럽사회에도 영향을 주어 영혼의 본성에 대한 문제와 존재 및 본질의 관계에 대한 논쟁을 불러일으켰다. 또한 그는 토마스 아퀴나스에게도 영향을 주었다.

은 단지 아리스토텔레스의 글을 주석해 놓은 것이 아니라 이슬람의 관점에서 인간의 영혼에 관한 주제를 새롭게 해석해 놓은 것이다. 그렇기는 하지마는 아비세나의 주석서는 그리스도교 사상가들의 관심을 끌었고, 아비세나의 주석서가 라틴어로 번역되었다. 여기에 이 주석서를 톨레도의 추기경에게 바치는 글도 포함되었다. 아비세나의 주석서가 라틴어로 번역되었다는 사실은 인간의 영혼에 대한 주제의 중요성을 강조한 그리스도교적인 해석들을 재확인해 주었으며, 또한 이슬람 사상가 아비세나에 대한 번역작업이 추기경의 요청으로 시행되었다는 것도 알려준다.[156]

또한 13세기 대학에서 인문학 학위 뿐 아니라 그 보다 높은 석사 학위도 수여되었다. 1274년 파리 대학은 의학부 지망생들에게 인문학 학위를 취득한 후 5년 반 동안 의학 수업을 받아야 한다고 규정해 놓았다. 석사 학위는 연구 학위가 아니라 보다 높은 단계에서 의학, 법학 혹은 신학 과목을 가르치는데 요구되는 학위였다. 석사 학위 과정도 역시 강의 요강을 갖추기 시작하였다. 이 시기 파리 대학의 의학부에서 실시되던 교육의 토대는 라틴어로 번역된 의학서 및 이슬람의 전통을 통해서 전해진 그리스 의학 이론이었다. 히포크라테스의 《명언집》(*Aforismi*)은 11세기에 필사되어 있었으며, 또한 갈렌[157]에 관한 것은 아랍어 번역본이 활용되고 있었다. 그리하여 13세기 의학부 강의요강에 아비세나의 의학 자료 모음집이 선호되었고 여기에 테오필루스[158]의 《소변론》과 《의학》(*ars*

156) *Avicenna Latinus, Liber de Anima,* ed S. Van Riet (Leiden, 1972).

157) 갈렌(Galen 130~200); 소아시아 페르가몬에서 태어난 로마시대의 의사로서 실험 생리학의 창시자이며 실험과 관찰을 토대로 해부학적 지식을 남겼다. 그의 의학적 권위는 16세기 《혈액 순환의 원리》를 작성한 하비의 도전을 받기 전까지 중세 내내 유지되었다.

158) 테오필루스(Theophilus); 그의 삶과 경력에 대해서는 알려진 바가 없다. 그러나 11세기에 집필된 그의 《소변론》(*On Urines*)은 고대 비잔틴의 소변에 관한 지적 전통을 총체적으로 요약한 것으로 중세 의학 발달에 많은 영향을 미쳤다. 또한 그는 그리

medicina) 모음집도 추가되었다[159].

그렇기는 하지만 도미닉 수도회가 오직 학문적인 것에만 영향력을 행사했던 것은 아니었다. 그들은 설교사들이었고 성사를 드리는 자들이었으며, 심지어 대중적인 평판도 있었던 자들이었다. 빈센트 보배가 바로 그러한 인물이었다.

빈센트 보배는 1184년에서 1194년 사이에 태어나 도미닉 수도회 수도사가 되었으며 1220년경 파리 대학에서 수학하였다. 그는 1229년경 보배로 왔으며 그 이후 프랑스 왕 루이 9세와 가까워져서 왕실 가족들에게 수업과 설교와 강연을 하는 등, 왕실의 총애를 받았던 것으로 보인다. 빈센트 보배는 가장 방대한 중세의 백과전서, 《대 성찰집》(*Speculum maius*)의 저자이다. 그는, 카씨오도로스가 그러했듯이, 당시 지적 수준이 하락하는 것을 우려하고 있었다. 수세기 내내 백과전서가 집필되었던 동기 중의 하나는 아마도 가치 있는 유산을 지켜내고 보존하기 위한 간절한 열망이었다. 또한 교육에 활용되던 백과전서도 당대의 필요에 맞게 내용을 수정하였다. 빈센트 보배가 직접 백과전서 《대 성찰집》 집필하게 된 이유가 바로 학문이 쇠퇴하고 교육은 침체되었기 때문이었다.

《대 성찰집》은 1250년 대 말엽 완성되었다. 그 즈음 파리 대학의 대학인들은 새로이 알려진 아리스토텔레스에 대해 열광하고 있었다. 그러나 빈센트 보배는 대학인들과 그 강조점을 달리하였다. 빈센트 보배는 지적인 것 보다는 정신적인 것을 우선시하여, 자신의 《대 성찰집》을 무지, 탐욕, 허약 등에 대한 3가지[160]의 구제책으로 제공하였던 것이다. 빈센

스 정교의 수도승을 지내기도 한 인물이기도 한데, 이는 의사이며 철학자였던 당대의 전통을 반영하고 있다.

159) P. Kibre, Studies in Mediaeval Science (London, 1984).

160) 빈센트 보배는 이 세 가지에 대해 다음과 같이 설명하였다. 첫째, 인간에 내재된 신의 이미지를 손상시키는 것은 무지이며, 둘째, 인간에 내재한 신성성을 파괴시키는

트 보배는 《대 성찰집》을 천상과 피조 세계를 다룬 '본성(*naturale*)'편, 아담과 이브의 창조에 대한 이야기부터 그 이후의 역사를 연대기적으로 검토한 '역사(*historiale*)'편, 7인문학과 그 외의 학문적 연구에 관한 주제들이 포함되어 있는 '학설(*doctrinale*)'편 등의 세 부분으로 구성하였다.

한편 알베르투스 마그누스는 1228년경 힐데스하임, 프라이부르그-임-브라이스가우, 레겐스부르그, 스트라스부르그 등 독일의 여러 도미닉 수도회에 수도사 출신의 교수로 있다가 1241년에 신학 공부를 위해 파리 대학으로 보내졌다. 그는 1245년 신학 교수가 되었고, 1245년에서 1248년 까지 파리 대학의 도미닉 신학부 학장을 지냈다. 그 이후에 탁발 수도사들이 학장들이 되는 추세가 지속적으로 이어졌다. 그의 강의는 인기가 있었다. 토마스 아퀴나스도 그의 강의를 들었던 그의 제자였다. 그는 제자였던 토마스 아퀴나스에게 다음과 같은 최고의 찬사를 표하였다: "여러분들은 토마스 아퀴나스를 우직한 황소라고 부르지만 나는 세상 전체에서 토마스 아퀴나스의 견해를 주목하게 될 때가 반드시 올 거라고 확신합니다."

1248년 알베르투스 마그누스는 독일에 새로 설립된 퀼른 대학의 교수로 갔으며, 그와 함께 토마스 아퀴나스도 갔다. 1254년 그는 네덜란드에서 헝가리까지 걸쳐있는 튜톤 교구의 교구장직도 맡게 되었다. 교구장이라는 높은 지위에 있었음에도 불구하고 그는 지속적으로 겸손의 본을 보였다. 실제로 그는 교구 전체를 거의 맨발로 방문하는 것으로 널리 알려져 있었다. 그는 걸어 다니며 좋아하는 자연을 탐구하고 그것의 역사를 집중적으로 검토하여 그 결과들을 글들에 반영하였다.

1256년 알베르투스 마그누스는 이탈리아 아냐니에 있던 교황청의

것은 탐욕이고, 셋째, 신체의 질병을 일으키는 것은 허약함이다. 그리고 신체적 질병에 대한 실제적인 치유법은 운동이다.

추기경위원회에서 탁발수도회를 변론하게 되었다. 이때 그는 교황 측 사람들에게 깊은 인상을 주었던 것 같다. 그 후로도 그는 교황청에 계속 있으면서 신약을 강의하였으며, 또한 아베로이스의 주장들을 반박하는 토론의 의장직도 맡았다. 1259년 그는 도미닉 수도회 학교에 필요한 표준 교과 과정을 편성하는 일을 맡았고, 1260년 레겐스부르그 주교가 되었다. 주교직을 원하지는 않았지만, 그는 이를 소명으로 받아들였다. 그는 의도적으로 부유한 주교로서의 삶과 거리를 두었으며, 교구를 다닐 때에 그러했듯이 주교구도 맨발로 걸어 다녔다. 1261년 교황 알렉산더 4세가 사망하자 그는 자신의 사목적 삶도 끝을 낼 때라고 여기고 주교직에서 물러나 비사목적인 삶으로 다시 돌아갔다.

1261년 알베르투스 마그누스는 도미닉 수도회에 의해 독일어를 사용하는 사람들에게 십자군을 설교하도록 파견되었다. 그 후 그는 오랜 기간 뷔츠부르그와 스트라스부르그에서 교육에 전념하다가 1271년 쾰른으로 다시 돌아왔다. 그는 제자 토마스 아퀴나스가 사망한 이후까지 생을 유지하다가 1280년 생을 마감하였다.

사상과 업적

알베르투스 마그누스의 시기는 학문의 세계에서 가장 중요한 변화가 일어난 시기였다. 그는 이미 오랜 기간 학자로서의 활발한 삶을 살아왔었던 터라, 아리스토텔레스의 저서들이 막 소개되었을 때부터 아리스토텔레스에 대해 깊은 관심을 가지게 되었다. 그리하여 그는 당시 알려져 있던 아리스토텔레스의 모든 저서들을 주석하였다. 이 주석 작업은 아리스토텔레스의 저서들도 새로이 확장된 강의 개요에 포함시켜 학교에서 사용하도록 하려는 의도에서 이루어졌다. 그는 완벽을 기하기 위해 아리스토텔레스가 제공하지 않은 주제들, 이를테면, 매 길들이는 법 등에 관한 것도 다양한 자료들에서 찾아 포함시켰다. 그는 아리스토텔레스가 집필한 연금술에 관한 논문을 찾아 활용하려고 했지만 찾을 수가 없었다. 그리하여 그는 연금술에 관한 한 12세기 이슬람 학자 아비세나의 금속의 형질변화 가능성에 관한 소논문 《연금술의 본질》(*De Anima in arte alchemiae*)것과 심지어 아비세나의 것인지 의심스러운 것까지 활용하였다.

《연금술의 본질》은 보통의 금속을 금으로 바꿀 능력을 갖고 있다고 알려진 '철학자의 돌'[161)]을 대중적으로 탐색하게 만든 중요한 저서이다. 그러나 알베르투스 마그누스는 이와는 다른 차원에서 연금술에 관심을 보였다. 그는 '금속에 존재하면서 금속의 형질을 변화시키는 직접적이고 결정적인 요인'들이 될 수 있는 것을 밝히고자 하였다. 그의 또 하나의 연구 주제는 '거리를 둔 행위'였다. 그는 한 물체가 다른 물체에게 영향을 주는 것은 직접 접촉하는 방법을 통해서인데, 그렇다면 거리를 두고 한 행위도 다른 물체에게 영향을 미칠 수 있을까? 하는 것에 대해 검토하였다. 이 같은 인과론은 13세기에 아리스토텔레스를 연구하는 학자들이 해명하고 있었던 중요한 주제였으며, 특히 이에 관한 것을 아베로이스를 통해서 이해하고 있던 학자들에게 있어서 그러하였다.

인과론은 중세 내내 지속적으로 수용되었다. 이에 따르면, 사물에는 그것에 작동하는 궁극인, 형상인, 작동인이 있으며, 또한 이는 성부, 성자, 성령과 동일하였다. 이 외에 신이 무에서 부터 창조한 질료인도 존재한다. 그러나 새로이 소개된 아리스토텔레스에 대한 연구가 진전되자, 이 같은 인과론의 틀이 매우 복잡하게 얽혀버렸다. 한편에서 세상의 영속성에 관한 것과 같이 복잡한 주제를 인과론으로 규명하였으며, 다른

---

161) 철학자의 돌; 전설 속에 존재하는 물질로서 일반 금속을 금으로 바꾸는 능력을 가지고 있으며 사람들을 젊게 할 수 있는 능력이 있는 것으로 여겨져 왔다. 따라서 서양 연금술과 관련하여 최고의 가치를 지닌 물질로 간주된다.

한편에서 인과론을 단순하게 철학과 결부된 것으로 간주하였다. 예를 들어 보기로 하자. 물리학에 관한 글을 집필하면서 알베르투스 마그누스는 한 공간이 현실에서 실제적으로 존재할 수 있는가를 검토하였다. 그는 한 공간에 서로 다른 사물들이 들어가고 나가는 경우에 그 공간은 여전히 같은 공간일 수 있는가? 공간은 그 공간에 머물고 있었던 사물들과는 무관한 하나의 실체인가? 공간은 그 공간에 있던 물체들을 단순히 보관만 하는 보관소 같은 곳일까? 등의 문제를 제기하였던 것이다[162].

새로이 도입된 저서들을 이해하고, 강의 목록에 포함시킬 강의 교재들을 찾고 학생들에게 당시 확립된 교육 전반에 관해 소개하는 등의 작업은 다음 세대를 위한 기초를 세우는 것이라는 점에서 불가피한 일이었다. 그렇기는 하지만 알베르투스 마그누스는 단지 강의 목록에 포함된 교재들을 찾아 하나로 통합하는 작업만 한 것은 아니었다. 그는 이 후 사람들이 관심을 가지고 다루게 될 근본적인 주제들에 대해서도 언급하였다. 12세기에 개인이 가진 인류라는 종의 특징보다는 한 개인의 고유한 인성에 더욱 관심을 기울이기 시작하였다. 고대부터 12세기 이전까지 지속적으로 강조되었던 것은 전형적 인간상이었다. 이를테면, 훌륭한 왕은 다른 훌륭한 왕과 유사점이 상당히 많아야 하고, 또한 그러한 왕이 훌륭한 왕으로 예찬되었다. 그리스도교도 내지 선한 시민에 대해서도 전형적 상이 확립되어 있었다. 그러나 알베르투스 마그누스는 개인의 고유한 인성을 검토하여, 《명제집》 주석서에 개인의 개념을 구명하였다. 또한 그는 《피조물 대전》(*Summa de creaturis*)에서도 이 주제에 관해 검토하였다. 여기서 그는 한 개인을 개체화 하여 독립된 개체로 여기지 않고는 개인에게 발견되는 것이면서도 인류라는 종의 특징으로는 여겨지지 않는 것을 찾아내기가 어렵다고 결론지었다.

---

162) Albertus Magnus, *Opera Omnia, Physica*, IV, tract, I.c.2, p. 202.

알베르투스 마그누스는 모든 사물은 그것이 속한 종의 특징들을 예외 없이 띠고 있다고 파악하였다. 이런 식의 접근방법은 인간도 동물의 한 종에 속한다는 점을 강조하고 있다는 점에서 그는 인간이 다른 동물들 중의 하나에 불과한 것은 아니라고 주장하는 그리스도교적인 시각을 잃지 않으면서도, 실제적으로는 아리스토텔레스를 따라 인간을 일종의 동물로 간주하고 있었던 것이다. 그리하여 그는 인간의 특성들과 불안정성 등을 인간 이외의 동물들의 것들과 비교 검토하였다.

알베르투스 마그누스는 1258~62년경에 《동물론》(*De animalibus*)을 집필하였다. 그는 오래 걸으면서 자연을 관찰하는 것을 좋아하였기 때문에 자연스레 동물과 야생 생물 일반에 관해 어린 시절부터 줄곧 관심을 가져 왔었다. 그리하여 그는 특정한 생물들, 예를 들면 다람쥐, 족제비, 쥐 등과 같은 동물에 관해 최초로 서술하였다. 또한 그는 어류와 설치류 일부도 최초로 분류해 내었다. 이 같은 자연학문에 대한 관심으로 인해 그는 어느 정도까지 근대적인 행위를 수행하였는데, 예를 들면 그는 껍데기가 두 개 있는 조개를 가지고 실험을 하였던 것이다. 한편 그는 민간약제를 활용한, 태운 개의 머리, 올리브 오일, 개의 지방 등을 의학적 치료제들도 제시하였다.

영향

알베르투스 마그누스는 아리스토텔레스의 저서들을 주석하면서 아리스토텔레스의 과학적 저술들을 그리스도교적 지적 전통의 일부로 종합하였다. 그의 이와 같은 지적 모색이 토마스 아퀴나스에게도 많은 영향을 주었다. 또한 알베르투스 마그누스는 성서의 계시적 진리와 철학 및 자연 이성을 구분하였는데 이 같은 시각은 14세기 마이스터 에카르트의 신비주의 사상에도 많은 영향을 미쳤다.

참고문헌

〈1차 사료〉

Albert Magnus, *Summa Theologiae,* ed. D. Diedley, *Opare Omnia* (Aschendorff, 1978).

Albert the Great, *Man and the Beast.* trans. J. Scanlon (New York, 1987).

Albert the Great, *The Book of Secrets* (Oxford, 1973).

〈2차 사료〉

S. M. Albert, *Albert the Great* (Oxford, 1948).

Albert the Great, Commemorative Essay, ed. F. J. Kovach and W. Norman Shahan (Tulsa, 1980).

Albert the Great and the Sciences: Commemorative Essays. ed. J. A. Weisheipl (Toronto, 1980).

J. A. Weisheipl, *Thomas Aquinas and Albert His Teacher* (Toronto, 1980).

H Wilms, *Albert the Great.* trans. A. English (London, 1933).

Astrik L. Gabriel, *The Educational Ideas of Vincent of Beauvais* (Notre Dame, 1956).

(손채연)

토마스 아퀴나스
(Thomas Aquinas 1225~1274)

생애와 시대

토마스 아퀴나스는 1225년경 남부 이탈리아 아퀴노 지역의 부유한 집안에서 태어났으며, 그의 학교교육은 몬테카시노의 베네딕트 수도원에서 1230년경 시작되었다. 이후 그는 38년 나폴리 대학으로 옮겨 갔는데, 그가 40년대 초엽 도미닉 수도회의 수도사가 된 것도 이곳에서의 일이었다. 그의 가족들은 토마스의 도미닉 수도회 입회 결정을 격렬히 반대하였다. 왜냐하면 그들은 토마스가 몬테카시노 대 수도원의 원장이 되기를 기대하였기 때문이었다. 이에 그들은 2년 후 도미닉회가 토마스를 파리로 보내기로 하자, 그를 도중에 납치하여 1년 동안 감금하기도 했으나, 결국 토마스의 결심을 꺾지 못하고, 그의 도미닉회 입회 결정을 수용할 수밖에 없었다.[163)]

토마스는 1246년 마침내 파리에 도착하여 알베르투스 마그누스를 사사하기 시작했는데, 이즈음 알베르투스는 당시 새롭게 소개되고 있던 아리스토텔레스의 과학 저술들을 그리스도교적 전통으로 종합하고자 하

163) 토마스 아퀴나스의 생애에 관한 간략한 소개로는, 박은구, "성 토마스 아퀴나스의 정치사상(1)" 《숭실사학》 28 (2012) pp. 391-98을 참고할 수 있다.

는 방대한 학문적 과제를 수행하고 있던 터였다. 1248년 알베르투스와 토마스는 함께 쾰른으로 이주하여, 이곳에서 4년 동안 토마스는 알베르투스의 지도하에 '종합화' 연구에 전념하였다.

1252년 이들은 다시 파리로 돌아왔는데, 이때부터 토마스는 자신의 독자적인 교수 경력 쌓기 시작하였다. 이는 알베르투스와 토마스 역시 당시 파리 대학이 안고 있던 최대의 쟁점, 즉 탁발수도사 교수들의 학내 지위에 관한 논쟁으로부터 자유로울 수 없었음을 시사하고 있다. 재속성직자 교수와 학생들이 1229년 3월 파업을 일으킨 바 있는데, 1231년 이들이 대학에 복귀했을 때는 이미 2명의 도미닉회 소속 수도사 교수가 강의를 담당하는 상황이었다. 이 같은 사태에 대해 프란시스회나 도미닉회에 속하지 않았던 재속성직자 교수들은 1230년대와 40년대 내내 불만을 쌓아가고 있었던 것이다. 그런데 탁발수도사 교수의 실제 숫자는 10여 개의 잠재적 교수직 가운데(이 가운데 3석은 노트르담의 참사회 의장을 포함한 참사회 위원들에게 할당되고 있었다) 소수에 불과 하였다. 정작 이들이 점했던 교수 숫자는 전체의 단지 일부에 지나지 않았던 도미닉회 2명, 프란시스회 1명만을 유지하는 정도였다. 그러나 이 탁발수도사 교수들이야말로 보다 생산적이고 성공적인 교수 집단임이 분명해지게 되었다.

한편 탁발수도사 교수들은 교황청의 후원을 받고 있으며, 또 교황청의 정책을 지원하고 있다는 의심을 점점 더 받게 되었다. 물론 파리 대학은 1215년 교황청의 특허를 받은 교황청 직속기관으로서 다양한 특권들을 누리고 있었다. 그러나 여전히 대학은 교황의 감독권에 대해 민감한 반응을 드러내곤 하였다. 이 같은 상황에서 토마스가 도착하여 도미닉회의 두 번째 교수직을 차지하려 하자, 이는 그를 해묵은 대학 논쟁의 중심으로 내몰 수밖에 없었다. 토마스는 그가 파리대학에 돌아와서 일하고자 했던 도미닉회의 교수직이 더 이상 유지되기 어렵다는 사실을 발견하였다. 도미닉회에 할당된 교수직이 1석으로 줄어들었기 때문이었다. 이에 토마스도 대학논쟁으로 인해 촉발된 팜플렛 전투에 참여하게 되었는데, 이 시기에 집필된 것이 그의 《피터 롬바르드의 명제집 주석서》 및 《진리론》이었으며, 이 저작들이 당대의 논쟁 주제들에 대한 토마스 아퀴나스의 최초의 실질적인 저술 활동이었다.

토마스 아퀴나스는 1256년 파리 대학의 신학부 정교수가 되어, 1259년까지 그 곳에서 활동했는데, 이 시기에 그의 《이교도 대전》도 집필되기 시작하였다. 그러나 그는 1260년 이탈리아 나폴리 대학으로 돌아왔으며, 1261~64년에는 교황 우르반 4세의 교황청 법정이 있었던 오르비에또 대학에 머물렀고, 1265~68년 동안에는 그가 로마에 머무르며 그곳에 도미닉 수도회의 연구기관을 설립하라는 임무를 수행하기도 하였다. 당시 이같은 연구기관은 수도회의 관할구역 내에서 교수를 따라 이리저리 옮겨 다니곤 했는데, 그러니까 이러한 연구기관은 일반학교(*studia generalia*)가 아니라 교구학교(*studia provincialia*)에 해당된다고 하겠다.

토마스 아퀴나스가 로마로 파견될 때 그는 겨우 40세였다. 그래서 그는 자신의 임무를 거의 스스로 해결하여야만 했다. 아마도 그는 학생들에게 다양한 주제들에 관한 분석 방법을 제시하는데 활용되었던 논쟁식 학습과정에서 대응(*responsio*)을 담당하는 학사조교의 도움을 받기는 했던 것 같다. 그리고 성서에 관한 주석을 읽어주는 역할을 담당했던 강사의 도움을 받기도 했던 것 같다. 그러나 아마도 그 이상은 아니었을 것이다. 한편 토마스는 연구기관의 학습방법과 제도에 있어서, 그가 알베르투스를 사사하며 쾰른과 파리 대학에서 익혔던 정형화된 논쟁의 모델을 따르고자 했던 것처럼 보인다. 그는 텍스트에서 추출된 주제들에 대한 강의 및 토론교육 모두를 이 논쟁의 모델에 포함시켰다. 바로 이 시기에 그가 교회와 국가의 관계에 대해 저술했던 유일한 책인 《군주정부론》

(*De Regimine Principatum*)이 집필되었다.

1269~1272년 기간은 토마스 아퀴나스가 파리에 머문 세 번째 시기인데, 이 때 그는 아베로이스주의자(Averroist)와의 논쟁에 참여하게 되었다. 이 기간에 토마스는 《아리스토텔레스의 형이상학에 대한 주석서》라는 자신의 주요 저작과 몇몇 《성서 주석집》들도 집필하였다.

《신학대전》(*Summa Theologiae*)의 집필은 1266년부터 시작되었다. 그러나 토마스 자신이 이를 완성하지는 못했다. 《신학대전》의 II부는 그가 두 번째로 파리대학의 평의원직을 맡았던 시기 즉 평의원 교수기(Regent Master 1269~72)의 산물이며, 《신학대전》의 그 이후 부분은 그가 완전히 절필단계에 이르렀던 1273년 12월 6일 이전에 주로 나폴리에서 집중적으로 집필되었다.

이 시기 토마스 아퀴나스는 엄청난 생산성과 더불어 과로로 점철된 생활을 하였다. 그는 쉬지 않고 집필과 교육과 기도의 생활을 이어갔다. 베르나르 귀[164)]의 증언에 따르면, 토마스는 조그만 독방에서 서너명의 비서들에게 여러 주제에 관하여 받아 쓸 다양한 내용들을 동시에 구술하곤 했으며, 심지어 구술 도중에 잠이 드는 경우에는 잠꼬대로조차 구술을 멈추지 않을 정도였다. 이 같은 과로로 인해 상당한 변화가 그에게 정신적, 신체적으로 일어나고 있었음이 분명해 보인다. 《신학대전》 I부와 II부 간의 현저한 차이도 이 점에서 비롯되었다고 설명되기도 한다. 마침내 토마스 아퀴나스는 자신이 지금까지 집필한 모든 것이 무가치하다는

---

164) 베르나르 귀(Bernard Gui 1261~1331); 이단심문관. 1279년 도미닉 수도회에 입회하여,1290년까지 몽펠리에 대학에서 신학을 연구했으며, 1307년 교황 클레멘트 5세에 의해 툴루즈 종교재판소의 이단심문관으로 임명되어 주로 알비파의 확산을 방지하는 역할을 담당하였다. 1324년 주교가 되었던 그는 《이단심문관편람》(*Practica Inquisitionis Heretice Pravitatis*)이라는 주요 저술을 남기기도 하였다.

인식에 불현듯 사로잡혀, 그 이후로는 내내 집필 작업을 재개할 수 없게 되었다. 토마스 자신의 계획에 비추어 볼 때 집필되지 못했던 부분들은 결국 그의 추종자들에 의해 최종적으로 완성되었다. 토마스 아퀴나스는 1274년 2월 나폴리를 출발하여 리옹 공의회에 참석하러 가는 도중에 페싸노바 근교의 시토회 수도원에서 세상을 떠났다.

사상과 업적

토마스 아퀴나스는 자신이 속했던 도미닉 수도회로부터 공식적인 학습교재들을 만들라는 명을 받았다. 그래서 그의 저작은 여러 측면에서 당시 그가 속했던 수도회인 도미닉회의 입장을 잘 정리해주고 있다. 그의 삶은 12세기 말엽과 13세기 초엽을 지배했던 개척적인 지적 활동의 궤적들을 잘 보여주고 있다. 그가 제시하였던 견해가운데 "토마스주의적" 분석 내지 "관점"이라 불리는 많은 요소는 그의 업적에 대한 재고평가에 해당한다. 즉 토마스는 이를 통해 그의 스승 알베르투스가 이룩한 초보적 수준을 넘어서서 당시 새롭게 소개된 아리스토텔레스와 중세 서유럽의 유서 깊은 그리스도교적 학문 전통을 종합적으로 수립하였던 것이다.

무엇보다도 큰 어려움은 새로운 문헌들을 어느 정도로 믿어야 할 것인가 하는 기준 설정의 문제였다. 유서 깊은 문헌들조차 여전히 이러한 논란으로부터 자유롭지 못했다. 토마스 아퀴나스는 교회의 교부들(*patres ecclesiae*)이라고 언급하지 않고, 단지 교회의 박사들(*alii doctores ecclesiae*) 내지 성스러운 박사들(*sancti doctores*)이라고만 언급했는데, 이는 그에게 있어서 "교부"란 초대교회의 몇 세기에만 한정된 인물이 아니었기 때문이었다. 또한 그는 상당한 전거들이 다소 신뢰하기 어렵다는 사실 및 적어도 이점에서 견해가 다양할 수 있다는 사실을 인정하였다.

예를 들면, 토마스는 《그리스인들의 오류에 대한 반론》(*Contra Errores Graecorum*)의 서문에서, '교부들의 저작에 포함되어 있는 몇몇 진술들은 그 진위가 의심스럽다. 따라서 이는 오류를 유발할 수 있다'라고 명시적으로 경고하였다. 그리고 이같은 문제를 해결하기 위해서, 그는 먼저 불확실한 요소가 무엇인가를 해명하고자 했으며, 그밖에도 이처럼 의문이 제기될 수밖에 없는 진술들조차 어떻게 신앙의 변론에 활용될 수 있는가를 제시하고자 하였다. 토마스는 이 같은 가능성을 유지하기 위해서 "비관련성 *adiaphora*"의 개념, 즉 그리스도교도가 이러한 진술들 가운데 일부를 수용할 수도 또는 수용하지 않을 수도 있는 선택의 여지를 가지는, 중립적 비관련성의 개념을 조탁해내게 되었다. 요컨대 그는 "신앙과 관련된 사항이 아닌 경우, 인간은 다양한 견해를 가질 수 있다"고 생각하였던 것이다(*Quodlibeta* XII.a.26 ad 1).

토마스 아퀴나스는 교리란 가설이 논쟁을 통해 검증된 이후에야 비로소 '공식적으로' 인정될 수 있다는 사실을 잘 알고 있었다. 그러니까 교부라 하더라도 그의 견해가 정당한 공론화의 절차를 교회 내에서 충분히 거치지 않은 채 집필하는 경우, 그도 여전히 오류를 범할 수 있다고 생각하였다. '전통적인 박사와 성직자-지식인들은 신앙에 관한 오류들을 논박하는데 너무나 몰두했기 때문에, 그들 스스로가 역설적이게도 정반대되는 오류에 빠졌던 것처럼 보인다'고 토마스는 밝혔던 것이다(*Evang. Ioannis* I lectio7 n.174). 토마스는 당시로서는 다소 이례적이게도 보에티우스의 《삼위일체론》과 《실체의 양태론》(*De hebdomaddibus*)에 대한 해제집을 냈는데, 이 책들은 특히 샤르트르 학파[165]를 중심으로 12세기

165) 샤르트르 학파; 11세기 초 풀베르 주교가 부임한 이후 샤르트르 성당학교는 서유럽의 가장 활발한 지적 중심지로 성장하였다. 이슬람 학문과 과학적 지식을 수용하였던 샤르트르 학파는 12세기에 중세 인문주의의 요람으로 성장하였으나, 이 같은 위상은 12세기 말기부터 파리대학에 그 자리를 물려주게 되었다.

중엽의 20~30여년 동안 널리 통용된 강의교재였으나, 당시로서는 새로이 소개된 아리스토텔레스의 저작으로 인해 다분히 주된 관심으로부터는 멀어진 것들이었다. 뿐만 아니라 그는 위디오니소스의 《신명론》(*De divinis nominibus*)에 대한 해제집도 집필하였다.

새로운 아리스토텔레스와 그의 아랍인 추종자들을, 이미 불안정해진 당시 서유럽의 지적 풍토에 접목시키는 작업은 예측할 수 없는 상황을 초래하였다. 토마스는 그러나 이 난제에 용기 있게 도전하였다. 그는 아리스토텔레스의 《해석론》, 《분석론 후서》, 《물리학》, 《천체론》, 《생성과 소멸론》, 《기상학》, 《영혼론》, 《지각론》, 《기억과 회상론》, 《형이상학》, 《니코마쿠스 윤리학》, 《정치학》 등에 대한 해제집을 집필하였다. 이처럼 아리스토텔레스를 깊이 있게 연구함으로써, 그의 사상의 심원한 주제와 가설들에 대하여 해박한 지식을 가지게 되었던 토마스 아퀴나스는 이를 자신의 동료들에게도 전파하였다. 이 같은 작업은 예를 들면, 사물의 본성을 규명하기 위해서는 그 사물이 무엇을 위한 것인가라는 목적론적 문제제기가 필요하다는 인식을 당대인들도 공유하도록 만들었으며, 또한 이 목적론적 태도는 아리스토텔레스의 가설들 가운데 신앙심 깊은 그리스도교도로서는 단순히 그대로 수용하기 어려운 부분들에 관한 경각심도 가지도록 만들었다. 예를 들어서, 아리스토텔레스의 《정치학》은 인간을 정치적 '동물'로 간주하였다. 그러나 이와는 달리 성 아우구스틴은 자신을 진정한 의미에서 신 및 영생의 축복을 받은 영혼의 소유자들과 결합된 삶을 살도록 피조된 '오직 사회적인 동물'일 따름이라고만 인식하였다. '정치'는 지배 및 관리의 제도들과 결부될 수밖에 없으며, 이는 인간의 타락 이후 단지 범죄에 수반되는 결과들을 규제하고, 약자를 강자로부터 보호하기 위해서 필요할 따름이었다. 이 같은 견해의 차이는 해결되지 않으면 안 되었다. 13세기 이후 정치사상의 주제들에 관해 집필하고자 했던 모든 사상가들은 성 아우구스틴의 견해든 아리스토텔레스의 견해든 어느 하나를 택할 수밖에 없는 딜레마로부터 자유로울 수 없었다.

토마스 아퀴나스가 주석을 집필했던 《원인론》(*Liber de causis*)은 실제에 있어서는 이름을 알 수 없는 무슬림 편찬자의 글이다. 그러나 당시에는 이것이 아리스토텔레스의 저작으로 알려져 있었으며, 파리 대학의 교과과정으로도 채택되고 있었다. 토마스 자신은 프로클루스에 대한 윌리엄 뫼벡[166]의 새로운 번역본을 통해서, 이것이 아리스토텔레스의 저술이 아니라 프로클루스(Proclus)의 《신학적 요소들》[167]로부터 나온 것임을 잘 알고 있었다. 한편 토마스는 주변의 논쟁에 대해서도 무관심하지 않았다. 이를테면 모든 지성은 단일 지성이라는 견해에 대해서는 《아베로이스주의자의 단일 지성론에 대한 반박》을 집필하였다. 여기서 비록 명시적으로 이름을 밝히지는 않았지만, 시제르 브라방[168]의 견해를 토마스는 주로 논박하였다.

이 같은 논쟁의 여러 요소들을 체계적으로 종합하고자 했던 《신학대전》은 1266~1268에 집필이 시작되었다. 토마스 아퀴나스는 집필 의도를 학문적으로 비교적 성숙한, 그러나 신학자로서는 초보자들인 신학도들에게 유용한 지침서를 제공하려는데 있다고 밝혔다. 그리하여 그는

---

166) 윌리엄 뫼벡(William of Moerbeke, 1215~86); 벨기에 출신 도미닉 수도사로서 고린도 대주교를 지냈다. 아리스토텔레스의 그리스어 저작들을 라틴어로 번역한 인물로서, 중세 서유럽의 가장 중요한 번역가로 평가되고 있다.

167) 프로클루스(Proclus)의 《신학적 요소들》; 434년 콘스탄티노플의 대주교가 되었던 프로클루스는 네스토리우스 등에게도 영향을 미쳤던 '두 속성을 가진 한 분 그리스도(One Christ in two natures)'라는 네오플라톤주의적 신학사상으로 유명하다.

168) 시제르 브라방(Siger Brabant, 1235~82); 파리대학의 철학자. 아베로이스주의적이었던 그의 아리스토텔레스 연구는 13세기 그리스도교 사상에 심대한 영향을 미쳐, 신학과 철학을 구분하는 결과를 낳았다. 그는 1277년 정죄되어 투옥당했다. 졸저, 《서양 중세 정치사상 연구》 (2001), pp.473-495 참조.

현상적 파생적인 질문들을 배제하고 논쟁들을 체계적으로 파악함으로써, 신학도들이 당대의 신학적 탐구라는 숲을 스스로 헤쳐 나가는 길을 찾는데 도움을 주고자 하였다. 토마스는 《성서》 그 자체는 물론 《롬바르드의 명제집》 역시 당대의 복잡다기한 신학사상들을 체계적으로 파악하도록 만드는 조직신학의 교재가 될 수는 없다고 생각하였다. 《신학대전》의 무엇보다도 중요한 편성 원리는 모든 사물이 신으로부터 유래되었으며(*exitus*), 또한 모든 사물이 신에게로 다시 회귀한다(*reditus*)는 명제였다.

토마스 아퀴나스의 《반이교도 대전》(*Summa contra Gentiles*) 역시 매우 체계적으로 신학에 접근하였다. 그러나 이 책에서는 다양한 유형의 비그리스도교도들이 주장하는 신앙에 관한 잘못된 가르침과 오류들을 교사가 어떻게 바로 잡을 수 있을까 하는 문제로부터 그의 논의가 시작되었다. 사실 여기서 우리는 도미닉 수도회야말로 이단들을 논박하기위해 설립된 설교사 수도회였음을 기억해 두는 것이 좋을 듯하다. 토마스는 모든 유형의 오류들을 검토하였는데, 그것을 주장하는 (또는 역사적으로 주장했던) 인물에 따라서가 아니라, 그것이 신학적 주제들에서 점하는 위상에 따라서 이 오류들을 구분하고 편성하였다. 한 예를 들어보기로 하자. 그는 악을 '특별한 무엇'으로 간주하는 이단 유형들을 검토하였다. 이를 테면 그노시스파, 마니교도, 카타르파와 같은 이원주의자들에 대한 검토가 특히 여기에 속한다. 이 경우에 있어서도 토마스는 모든 행위의 의도는 항상 선하다는 제1 원리를 주장하였다. 그런데 만약 행위의 결과가 악인 경우, 이 악은 의도와는 무관하게 발생한 것이었다(III. iv).

토마스에 따르면, 악이 존재하지 않는 악에 의해서 발생될 수는 없었다. 왜냐하면 악은 존재하지 않기 때문이었다. 존재하지 않는 무엇이 존재하는 무엇을 발생시킬 수는 없기 때문에, 결국 악도 선한 무엇에 의해 발생될 수밖에 없었다(III.x). 그러니까 악도 반드시 선에로 돌아갈 수밖에 없었다. 악은 그 자체로서는 존재할 수 없었다. 왜냐하면 악은 본질을 가지고 있지 않기 때문이었다. 본질은 반드시 실체 속에 거하는데, 모든 실체는 그 자체로서 선일 수밖에 없었던 것이다(III. xi). 특히 마니교도와 카타르파가 가르치는 요소였던, 모든 악들의 근본이 되는 지고한 악이란 존재하지 않았다. 지고한 악이란 개념상 모든 선과의 유대를 완전히 배제하고 있는데, 그러나 이는 우리가 앞서 입증했듯이, 악이라 하더라도 결국 선한 무엇으로부터 발생되기 마련이었다(III. xv). 모든 사물의 목표는 종국적으로 선에로 귀결되었다(III. xvii).

요컨대 신의 섭리는 모든 사물을 지배한다. 그러나 신의 섭리가 이 세상의 결함을 방지하거나 악을 중단시키지는 않는다. 현세의 결함은 제1 능동인이 설령 결함을 가지고 있지 않다 하더라도, 제2 능동인으로부터 발생될 수 있다. 다시 말해서 창조주인 신 자신이 오류를 범하는 것이 아니라, 그의 수단들이 완전하지는 않기 때문이다(III. lxxi). 그러니까 신의 섭리는 우연을 배제하거나 필연을 남용하지 않는다. 이는 태양이 비치면 나무가 자라고 그리하여 열매를 맺게 되지마는, 이때도 경우에 따라서는 나무가 잘 자라지 못하고 그리하여 열매를 맺지 못하는 수가 있는 것과 다를 바 없다(III. lxxii)고 그는 생각하였다.

신의 섭리가 선택의 자유를 배제하지는 않는다. 이는 우주와 천체가 인간의 의지와 선택을 결정하는 유일한 원인이 되지는 않는 것과 같다(III. lxxxv). 바로 여기에 모든 사물은 무오류한 인과의 법칙에 따라 필연적으로 발생한다고 주장하는 스토아사상가들의 견해에 우리가 동의하지 않는 이유가 있다(III. lxxiii)고 토마스는 밝혔던 것이다.

토마스 아퀴나스는 《군주정부론》에서 겔프(the Ghelf)와 기벨라인(the Ghibelline) 가운데 겔프에 우호적이었다. 겔프 즉 교황권주의자들은 교황전능권 이론을 주장했던데 비해, 기벨라인은 모든 현세권이 신으로부터 그리고 신민의 동의를 통해서 유래되었으므로, 교황의 정신적 권한이라 하더라도 현세사에 관한 한 신민의 동의가 마찬가지로 있어야 한다고 주장하였다. 그러니까 이들은 선명하게 대비되어 양립되기 어려웠던 나름의 이론으로 상호 적대적인 입장을 취하고 있던 터였다. 이 같은 반목으로부터 고통스러운 과정을 통해서나마 '각각의 영역에 대한 분리지배'라는 해결책에 이르렀던 것이 1122년의 보름스 화약(Concordat of Worms)[169]이었다. 보름스 화약에서 이들은 마침내 현세사와 정신사의 병존을 인정하고 또한 이를 분리해서, 국가가 현세사를 그리고 교회가 정신사를 각각 지배하기로 하는 실용주의적 합의에 이르게 되었던 것이다.

영향

토마스 아퀴나스가 세상을 떠난 1270년대 중엽 파리 대학에서는 아베로이스주의(Averroism)[170]가 유행하였다. 1270년 스티븐 땅삐에르[171]가 아베로이스주의적 13 명제에 대해 내렸던 정죄는 사실상 실효성이 없었다. 그리하여 땅삐에르는 1277년 다시 219 명제를 아베로이스주의적인 것으로 정죄하였다. 이러한 조치는 부분적으로는 시제르 브라방과 보에티우스 다키아[172]를 겨냥한 것이었다. 그러나 토마스의 몇몇 견해들 역

169) 보름스 화약(Concordat of Worms); 교황 그레고리 7세와 신성로마제국 황제 하인리히 4세 간에 주교임명권을 놓고 1075년 일어났던 서임권 투쟁은 '카노싸 굴욕'(1078)과 같은 유명한 일화를 남기며, 마침내 보름스 화약에 의해 타협을 통해서 종식되었다.

170) 아베로이스주의 또는 아베로이즘(Averroism); 스페인의 이슬람교도 아베로이스(IbnRushd, 1126-98)의 사상이 13세기 서유럽 특히 파리대학에 전파되면서 형성된 철학사조. 졸저, 《중세정치사상》, pp. 69-72, 481-496 참조.

171) 스티븐 땅삐에르(Stephen Tempier); 13세기 후반 파리교구의 주교로서 성 토마스 아퀴나스의 도움을 받아, 당시 파리대학에 유행하고 있던 아베로이즘을 정죄하고 시제르 브라방과 보에티우스 다키아를 투옥함으로써, 서유럽 그리스도교 세계에서 아베로이즘을 현저히 약화시키는 역할을 하였다.

172) 보에티우스 다키아(Boethius of Dacia); E. 질송, 《중세철학사》 (서울, 1999),

시 여기에 포함되어 있었다. 이는 토마스가 기울였던 각고의 노력이 오직 영혼의 안식에 필요한 가르침을 확실하게 제시하려는 데 있었다는 점임을 감안한다면 충격적인 사실이다. 또한 이 사실은 이 시기가 저술가들에게 얼마나 위험한 시기였던가 하는 점도 여실히 드러내고 있다.

토마스 아퀴나스는 자신의 가르침을 즉각적으로 영향력 있게 만들 만한 제자를 가지지 못하였다. 그의 사후 반세기가 지나자 '아우구스틴주의의 부활'이라고 부를만한 지적 사조조차 형성되었다. 이는 무엇보다도 토마스에게는 결코 우호적이지 않은 지적 풍토로의 변화를 의미하였다. 그렇기는 하지마는 14세기 초엽에 이르러 토마스의 저작은 도미닉 수도회의 '공식적' 견해로 수용되었으며, 16세기에 와서는 그의 중요성이 더욱 증대되었다. 종국적으로 보아 토마스 아퀴나스의 중요성은 이루 다 말하기조차 어려울 정도이다. 단지 흥미로운 점은 이 같은 평가가 토마스가 살았던 시기에 그가 이룩한 업적에 의해 나온 것이라기보다는, 토마스의 사후에 특히 16세기 때부터 그가 도미닉 수도회의 영웅이 됨으로써 비로소 이루어졌다는 사실이다.

참고문헌

〈1차 사료〉

Opera (Rome, 1952-).

Summa Theologiae (Oxford, 1964-).

〈2차 사료〉

B. Davies, *The Thought of Thomas Aquinas* (Oxford, 1992).

Leo J. Elders, *The Philosophy of Nature of St. Thomas Aquinas: Nature,*

---

pp. 533-53 등 참조.

Universe and Man (Frankfurt, 1997).
A. Kenny, *Aquinas* (Oxford, 1980).
Ed. N. Kretzmann and E. Stump, *The Cambridge Companion to Aquinas,* (Cambridge, 1993).
J. A. Weisheipl, *Friar Thomas D'Aquino* (Oxford, 1975).

(박은구)

시제르 브라방
(Siger Brabant 1240~1284)

생애와 시대

시제르 브라방은 13세기 사상가들 가운데 어느 탁발수도회에도 가입하지 않았던 일군의 사상가 내지 대학 교수집단을 대표하고 있다.[173] 그는 1240년대에 태어났으며, 1255~1260년 경에 파리 대학의 인문학부 학생이 되었는데, 이 시기 파리 대학에서는 아리스토텔레스의 철학적 저술들에 대한 새로운 종합적 소개가 활발하게 진행되고 있었다. 그리하여 아리스토텔레스 사상에 대한 이슬람 학자들의 주석과 토론의 종합화 작업이 전통적인 그리스도교적 가설들에 대해 도전하는 것이 당시의 지적 상황이었다. 1210년의 파리주교좌 사제회의의 결정에 따라 인문학부 교수들은 자연 및 자연과학에 관한 아리스토텔레스의 저작들에 대한 주석 작업이 금지되었으며, 이 같은 금지결정은 1250년대 초엽까지도 여전히 그 효력이 유지되고 있었다.

그러나 마침내 일어난 대학인들의 지적 저항운동으로 인해 이 금지조항은 위기에 처하게 되었다. 새로운 학문 소재들이 가졌던 지적 매력이

173) 라틴 아베로이스주의(Latin Averroism)에 관해서는, 주 178 및 F. 코플스톤, 《중세 철학사》 (서울, 1988), pp.552-560 등 참조.

너무나 컸기 때문에 이를 쉽게 외면할 수 없었기 때문이다. 이에 1252년 파리대학의 '영국인단'[174]은 공식적으로 아리스토텔레스의 《영혼론》을 강의교재 목록에 포함시켰다. 그런데 이 조치는 예견되었던 바대로 많은 논쟁을 불러일으키는 사건이 되었다. 이 같은 상황에서 당시 파리 주교였던 스티븐 땅삐에르(Stephen Tempier)는 《영혼론》으로부터 나온 13조항의 이단적 명제들을 정죄하였던 것이었다.[175]

그렇다면 아리스토텔레스의 자연과학적 저작들에 대한 탐구에는 어떤 위험이 수반되어 있었을까? 이를 파악하기 위한 한 방법이 당대에 있어서 철학이란 무엇이었으며, 또한 그것이 어떻게 지식의 다른 분야 특히 오늘날 우리가 '신학'이라고 부르는 학문분야와 결부되었던가 하는 문제를 제기하여, 그 결과를 철학자의 역할에 대한 새롭고도 전체적인 조망을 가지고 분석해내는 작업일 것이다. 바로 이것이 토마스 아퀴나스가 《신학대전》을 통해서 해명하고자 했던 으뜸가는 질문의 하나이기도 했다. 사실 이와 같은 문제의식은 당대인들로 하여금 철학의 영역과 성격을 보다 명확히 하고, 그 내용과 방법론에 대한 사고 역시 보다 깊이 하도록 도움을 줄 것이었다.

시제르 브라방이라는 이름이 중세 지성사에서 처음으로 확인된 것은 1266년 파리대학의 '피카르디인단'에서 였다. 그는 새로이 소개된 아리스토텔레스 연구에 너무나 몰두했던 나머지, 그의 사상은 심지어 당시 파리대학의 동료들에게 조차 신앙의 고결함을 심각하게 위협하는 것처럼 보일 정도였다.

174) 중세 파리대학은 주로 4개 지역단(nation)으로 구성되었다. 즉 프랑스인단, 노르만인단, 피카르디인단, 영국-독일인단이 그것인데, 이들 4개 지역단을 대표하는 학감(proctor)이 파리대학의 총장(rector)을 선출하였다.

175) 이에 관하여는, 주 177 및 질송, 《중세철학사》 특히 555-564 참조.

사상과 업적

시제르 브라방은 "합리적" 접근방법을 선호하는 연구자들의 리더라는 명성을 얻게 되었다. 그런데 반대자들이 보기에 이는 그리스도교의 정통성을 위험에 빠뜨리는 것처럼 보였다. 아마도 이는 실제로도 정통적 그리스도교에 위협적이었을 것이다. 왜냐하면 이성이란 그리스도교 신앙을 변론하는 명제들과 조화를 이루는 만큼이나 쉽게 아리스토텔레스의 명제들과도 조화를 이루곤 하였기 때문이다. 시제르 브라방은 새로운 사상들을 비교하고 평가함에 있어서 이성의 거침없는 활용을 적극 변론하였는데, 이는 신앙에 관해 확립되어 있던 견해들이 함의하는 바와는 무관하게 추진되기 마련이었다.

아마도 1260~1270년 기간에 시제르 브라방은 자신의 《자연론》(*Quaestiones in Physicam*)을 집필하였다. 여기서 시제르가 논의했던 질문 즉 피조물이 자신의 존재와 다른 본질을 가질 수도 있는가 등의 화두는, 토마스 아퀴나스 사후 점점 더 많은 논쟁을 불러 일으키고 있었다. 시제르는 이 화두에 관한 토마스 아퀴나스의 가르침이 결코 명확하지 않다고 주장하였던 것이다.

시제르 브라방이 표방했던 위험이 어떠한 것이었기에, 그에 대하여 1270년대에 거듭 정죄가 내려질 정도였을까? 4가지 중대한 오류를 시제르가 범했다는 것이 이같은 정죄의 이유였다. (1) 신의 섭리에 관한 견해. (2) 이 세상의 영원성에 관한 견해. 시제르에 따르면 이 세상은 항상 존재하였기 때문에, 신이 시간에 맞추어 그리고 무로부터(*ex nihilo*) 세상을 창조한 것은 아니었다. (3) 인간 지성의 단일성에 관한 견해, 시제르는 모든 인류가 공유하는 하나의 지성이 있다고 주장하였다. 이는 아리스토텔레스의 《영혼론 430a17~23》에 대한 아베로이스의 논의에 그 근거가 있었다. (4) 도덕적 자유에 관한 견해 등이 여기에 해당되었다.

영향

당대인들은 시제르 브라방의 영향을 매우 위험한 것이라고 생각하였다. 그러나 장기적으로 볼 때 그의 사상이 과연 많은 영향을 미쳤던가 하는 점은 다소 의문스럽다.

참고문헌

〈1차 사료〉

Siger of Brabant, *On the Eternity of the World,* trans. Lottie H. Kendzierski (Marquette, 1964).

Siger of Brabant, *Quaestiones in Metaphysicam,* ed. W. Dunphy (Louvain, 1981).

Siger of Brabant, *Quaestiones in tertium De Amima,* ed. B. Bazan (Louvain, 1972).

Ed. A. Marlasca, *Les quaestiones super librum de causis de Siger de Brabant,* (Louvain, 1972).

〈2차 사료〉

F. Steenberghen, *Maitre Siger de Brabant* (Philosophes Médiévaux, 21;1977).

Ed. N. Kretzmann 등, *The Cambridge Histry of Later Medieval Philosophy* (1982), pp.611-622.

P. Gauthier, "Notes sar Siger Brabant", *Revue des Sciences Philosophigues et Théologigues,* 67 (1983), pp.201-232; 68 (1984), pp.3-49.

(박은구)

둔스 스코투스
(Johannes Duns Scotus 1265~1308)

생애와 시대

스코틀랜드 출신의 요하네스 둔스 스코투스는 1277년경 덤프리의 수도원에 들어간 이후, 아마도 1281년 프란시스 수도회에 입회했던 것 같다. 그러나 둔스 스코투스가 사제로 서품된 것은 1291년 링컨 교구에서의 일이었다. 그러니까 둔스 스코투스가 성직서임을 받았던 년도를 당대의 관행에 비추어 적절한 연령대의 일이었다고 추정한다면, 아마도 그의 출생 년도는 1265~66년경으로 보아 무방할 것이다. 그러나 그가 성직서임을 받았던 장소가 스코틀랜드가 아니라 잉글랜드였다는 사실은 약간의 설명을 필요로 할 것 같다. 13세기 중엽 잉글랜드 교구에서는 일련의 변화가 연쇄적으로 일어났다. 이에 따르면 초기에는 스코틀랜드 프란시스회 수도사들에게 독자적인 교구권이 인정되었다. 그러나 후기에 와서 이는 다시 잉글랜드 교구의 일부로 편입되었던 것이다.

아마도 1288년경 옥스퍼드에서 신학 공부를 시작했던 둔스 스코투스는, 1288~89년에 피터 롬바르드의 《명제집》에 대한 주석 작업을 했던 것 같다. 이는 당시로서는 대학인이 마땅히 이수해야 할 일반적인 교과과정의 일부였다. 이로 미루어 볼 때 그가 1300년 옥스퍼드대학에 있었다는 사실은 분명해 보인다. 또한 둔스 스코투스는 1301~02년경 잠시나마 케임브리지 대학에도 있었던 것 같다. 그러나 1302~04년경 그는 파리 대학으로 다시 대학을 옮겨갔다. 그리고 여기서도 그는 《명제집》에 대한 주석 작업을 계속하였다.

1303년 둔스 스코투스가 파리 대학에 재직하고 있던 시기에, 그는 다른 동료들과 함께 추방령에 처해졌다. 왜냐하면 당시 프랑스 군주 필립 4세는 교황 보니파키우스 8세를 교회의 대 공의회에 제소하고자 했는데, 이 같은 군주의 노력에 대하여 둔스 스코투스를 비롯한 일부 대학인들이 동의하지 않았기 때문이었다. 1304년 대학으로의 복귀를 허락받았던 그는 《명제집》에 대한 주석 작업도 마침내 완성할 수 있게 되었다. 그리하여 그는 같은 해에 파리대학 프란시스 수도회의 평의원 교수직(Regent Master)에도 오르게 되었는데, 이 결정은 그의 직책에 관한 논쟁을 불러일으키기도 했다. 한편 1306~1307년경 둔스 스코투스는 《자유토론집》(*Quodlibetal Questions*)을 집필했는데, 이는 토론자가 제기하는 여하한 주제의 질문에 대해서든 자유롭게 토론하는 형식의 글이었다. 뿐만 아니라 그는 쾰른 대학의 1307년 기록에도 교수(*lector Coloniae*)로 기재되어 있다. 그러니까 쾰른 대학은 둔스 스코투스에게 4번째 대학이 되는 셈이다.[176)]

사상과 업적

둔스 스코투스는 42~43세라는 비교적 단명한 삶을 살았다. 그럼에도 불구하고 그가 널리 알려진 사상가의 대열에 오를 수 있었던 이유는 어디에 있었을까? 이 질문에 대한 한 답변을 우리는 그의 상대방이 매우

176) 둔스 스코투스의 생애와 저작에 관해서는, 질송, pp. 623-36; 코플스톤, pp. 601-11 등 참조하기 바람.

탁월한 인물이었다는 점에서도 찾을 수 있다. 돌이켜 보면 역사상 격렬하게 전개된 논쟁이야말로 참여자들을 유명하게 만드는 지름길이 아니었던가? 둔스 스코투스의 경우에도 논쟁의 주체들을 널리 유명하게 만들었다는 점에서, 그 양상은 마치 다음 세기에 일어났던 팜플렛 전투의 결과들과 크게 다르지 않았다. 그는 헨리 겐트[177]를 인용하고 또 논박하였다. 일단 주목을 끌게 되자, 둔스 스코투스는 논지의 정교함으로 인해 광범위한 존경을 받게 되었으며, 그리하여 섬세한 박사(*doctor subtilis*)라는 칭호도 얻게 되었다.

둔스 스코투스의 이와 같은 명성은 무엇보다도 프란시스 수도회의 역할에 힘입은바 컸다. 마침내 둔스 스코투스의 명성은 그의 견해에 동의하지 않고 심지어 반대했던 사람들에게 있어서조차 부인하기 어려운 무엇이 되었다. 그의 영향을 받아 후일 스스로 뛰어난 사상가로 성장한 인물을 우리는 두 사람 들수 있다. 피터 아우레올리[178]와 윌리엄 오캄(William of Ockham)이 그들인데, 피터 아우레올리는 프랑스인 프란시스회 수도사였으며, 윌리엄 오캄은 영국인 프란시스회 수도사였던 것이다. 둔스 스코투스는 사실상 거의 모든 당대의 화두들에 대해 영향을 미쳤는데, 특히 신의 단일성과 통합성에 관한 논의 및 신의 존재 그 자체를 입증하는 증거들에 관한 논의, 그리고 이 같은 논의가 신의 완전성에 대하여 가지는 함의에 관한 분석 등은 심대한 영향을 미치게 되었다.

---

177) 헨리 겐트(Henry of Ghent, d. 1293); 1280년대 파리대학에서 활발하게 활동했던 재속성직자 출신의 신학자. 그는 '장엄한 박사'(*Doctor Solemnis*)로도 불리는데, 이는 그가 전통적 아우구스틴주의와 아리스토텔레스의 결합을 진지하게 추구하고 또 상당한 성과도 이루었기 때문이다.

178) 피터 아우레올리(Peter Aureoli, d.1322); 14세기 초엽 파리에서 활동했던 프란시스 수도회 소속의 아리스토텔레스주의 신학자. 스콜라사상의 해체에 기여한 인물로 평가되고 있다. 그에 관해서는 질송, pp.652-657 ; Kretzmann, pp. 369-371, 490-491 등 참조하기 바람.

둔스 스코투스는 피터 롬바르드의 《명제집》에 대해 적어도 두 권(하나는 옥스퍼드 대학 시기, 다른 하나는 파리 대학 시기)의 주석서를 집필하였다. 여기서 그는 존재의 지평에 있어서 '무한한 사물'이 있을 수 있는가 하는 질문을 제기하였다. 요컨대 그는 제1 동인에 대하여 《물리학 VIII.x, 266a, 24-266b,6》에서 표명된 아리스토텔레스의 논지를 적극 수용하여 발전시켰다. 그렇다고 해서 둔스 스코투스가 신의 존재에 관하여 이 같은 유형의 증거에만 관심을 가졌던 것은 아니었다. 그는 신의 존재(Book I, Dist. 2.i.2)에 관한 논쟁 전체를 재검토하여, 보다 어려운 질문이었던 '신의 존재는 그 자체로서 인지되는가' 라는 문제까지 규명하고자 했다. 신이 존재한다는 점은 자명한 사실이라는 견해에 동의했던 그는 존 다마신[179]과 안셀름 캔터베리(Anselm of Canterbury)의 주장을 자신의 논거로 활용하였다. 존 다마신은 신의 존재에 관한 지식이란 본성적으로 모든 사물들 속에 이입되어 있다고 주장했으며, 안셀름 캔터베리는 그 이상의 큰 것을 생각할 수 없는 가장 큰 존재는 그 자체로서 인지된다고 주장하고 있던 터였다. 결론적으로 둔스 스코투스는 이들 두 사상가의 견해를 오류라고 지적하였다. 자명한 사물이란 부정될 수 없는 무엇인데, 구약성서 시편의 예에서 보듯이 어리석은 사람은 그 마음에 신이 없다고 부정하고 있기 때문이라는 것이었다. 요컨대 신의 존재란 부정될 수도 있기 때문에, 따라서 그것이 자명하지는 않다는 것이 그의 지적이었다. 여기까지는 둔스 스코투스도 토마스 아퀴나스와 크게 다르지 않았다.

---

179) 존 다마신(John Damascene, 655-750); '교회박사'(Dotor of the Church)로 알려진 그리스 신학자. 8세기의 성상파괴논쟁에서 성상의 효용을 적극 변론했던 인물로 유명하다. '다마스쿠스인 요한' 또는 'John of Damascus'로도 표기된다. 그에 관해서는 질송, pp. 138-141; D. Sahas, 《*John of Damascus on Islam*》 (Leiden, 1972) 등 참조.

둔스 스코투스는 자명함(self-evidency)이란 무엇인가에 대해서도 규명하였다. 그에 따르면 자명한 개념이라고 해서 '인지'의 원인이 되는 요소를 배제하는 것은 아니었다. 그러나 '명제의 자명함을 주장하는 모든 원인은' 본원적으로 명제의 자명함이 표명되는 관계의 일부여야 하며, 또한 이 같은 관계에는 자명한 사물 내지 사물의 자명함도 포함되어야 한다고 그는 생각하였다. 이 점에서 그는 아리스토텔레스의 《분석론 후서》와 《물리학》의 영향을 드러내고 있는데, 이는 둔스 스코투스가 유사한 질문을 안고 씨름했던 12세기 저술가들로서는 접할 수 없었던 전거들도 활용했음을 드러내고 있다.

그렇기는 하지마는 여전히 둔스 스코투스에게는 스스로 외경했던 다마신과 안셀름의 견해를 해명해야 할 과제가 남아 있었다. 존 다마신의 논지의 경우, 이는 인간에게 본성적으로 부여된 인식력이 우리들로 하여금 피조물의 존재로부터 신의 존재에 관한 추론으로 나아가게 한다는 점을 가리키고 있다고 달리 해석할 수 있었다. 따라서 신에 관한 지식은 자명한 것이라기보다는 추론에 의한다는 지적이었다. 또한 안셀름의 경우에 있어서도, 그가 자신의 명제를 자명하다고 실제로 주장한 것은 아니라고 지적하였다. 안셀름은 섬세하게 그리고 중요한 점에서 차이가 있는 다른 무엇을 주장하였다고 해석하였다.

그러니까 둔스 스코투스는 신의 존재 증명에 관한 문제에 의미 깊은 기여를 한 중세 사상가 가운데 한 사람이다. 그는 신의 존재 특히 유일신의 존재를 입증하고자 했다. 왜냐하면 자신의 논거가 다수의 신의 존재를 입증하는데 활용될 수도 있을 것이기 때문이었다. 둔스 스코투스 역시 신의 단일성은 신앙의 문제이지 증명될 수 있는 성격의 문제가 아니라고 주장하는 자들이 있다는 사실을 잘 알고 있었다. 그는 신의 '절대적' 속성을 지성(intellegence)과 의지(will)의 보유라고 생각하였다. 그는 일찍이 성 아우구스틴과 보에티우스가 드러냈던 인식, 즉 피조물에 있어서는 한 단순한 성향에 불과한 것이 신에게 있어서는 본질을 이룬다는 견해를 수용하였던 것이다.

인간은 신을 본성적으로 인지할 수 있는가? 다시 말해서 인간 지성은 그것이 이해할 수 있는 사물과의 비유를 통해서가 아니라면 다른 어떤 방식으로 '신은 무엇인가에 대하여' 이해를 가질 수 있을까? 이에 대해 둔스 스코투스는 피조물의 지성이 신의 실제적 모습에 대한 직관적 내지 '직접적' 인지를 현세에서 할 수는 없다고 믿었다. 그러나 동시에 그는 인간 정신이 신에 관한 개념들을 가질 수는 있는데, 그것도 '단순히 비유를 통하는 방식이 아니라' 그야말로 '적정한 방식을 통해서' 인간의 신에 관한 개념들이 조탁될 수 있다고 주장하였다.

둔스 스코투스의 저작으로는 《논쟁집》(*Disputationes*)과 《자유토론집》 그리고 《파리 대학과 옥스퍼드 대학의 강의록 모음집》(*Collationes Parisienses et Oxonienses*) 등이 있으며, 그밖에도 둔스 스코투스의 저술이라고 추정되는 《형이상학적 질문들에 대하여》, 《제1 원리론》(*Tractatus de Primo Principio*) 등의 저술이 현재 남아 있다. 뿐만 아니라 그는 《정식집》(*Theoremata*)과 같이 형이상학과 인식론 그리고 행위와 윤리에 관한 이론 등의 다양한 주제들에 대해서도 많은 글을 남기고 있다.

참고문헌

〈1차 사료〉

Duns Scotus, *Opera Omnia,* ed. C. Balic (Vatican, 1950).

Duns Scotus, *God and Creatures: The Quodlibetal Questions,* trans. Felix Alluntis and Allan B. Wolter (Princeton, 1975).

Duns Scotus on the Will and Morality, trans. Allan B. Wolter (Washington, DC, 1986).

〈2차 사료〉

B.M. Bonansea, *Man and His Approach to God in John Duns Scotus* (London, 1983).

A. Broadie, *The Shadow of Scotus: Philosophy and Faith in Pre-Reformation Scotland* (Edinburgh, 1995).

M. Sylwanowicz, *Contingent Causality and the Foundation of Duns Scotus' Metaphysics* (Leiden, 1996).

A. Wolter. *The Philosophical Theology of John Duns Scotus* (Ithaca, N.Y. 1990).

(박은구)

단테 알리기에리
(Dante Alighieri 1265~1321)

생애와 시대

이탈리아 플로렌스에서 태어난 단테 알리기에리는 9살 소년이 되던 해에 자신보다도 약간 더 어렸던 꼬마소녀 베아트리체 포르티나리(Beatrice Portinari)를 보고 필이 꽂혔다. 그리고 9년이 지난 다음 단테는 베아트리체를 다시 만나 어린 시절의 '사건'에 관해 이야기하였다. 9년 전 그녀를 처음 본 순간 사랑에 빠졌노라고… 단테의 이러한 고백을 들었던 베아트리체는 그로부터 다시 9년 경이 지나 그녀의 나이가 25세 될 즈음인 1290년 세상을 떠났다. 베아트리체는 단테가 아닌 다른 사람과 결혼했는데, 결혼한 바로 그해에 그녀는 세상을 떠났던 것이다. 이처럼 단테의 생애에 거듭해서 일어났던 9년 주기의 사건은 그에게 커다란 충격을 주었다. 상심에 빠졌던 단테가 그녀에 관한 기억을 추슬러 1294년 펴냈던 시집이 《새로운 삶》(*Vita Nuova*)이었다.

이 같은 사랑에도 불구하고 단테 자신은 베아트리체와의 결혼을 기대하거나 심지어 원하지도 않았다. 그러니까 베아트리체에 대한 단테의 사랑은 이른바 '궁정적 사랑 courtly love'으로서, 이는 12세기 이래로 형성되어 온 일종의 풍속이었다. 이 풍속의 한 특징이 취할 수 없는 숙녀를 '이상화하는' 행위였는데, 사랑하는 여인의 미소나 호의를 얻기 위해

용감무쌍한 과업을 수행하거나 커다란 미덕을 베푸는 일 등이 여기에 속했다. 이를테면 이는 아더 왕의 전설에 나오는 란슬롯과 기네비르의 세계였던 셈이다.[180] '사랑하는 여인'은 앞날의 부인으로서 인식된 것이 아니라 고귀한 행적을 가능케 하는 영감으로서 간주되고 있었다. 단테에게 있어서도 베아트리체는 지고한 시적 정서를 불러일으키는 영감이었으며, 이 같은 영감의 결정체가 《신곡》(*Divina Commedia*)이었다.

젊은 시절 단테는 애정행각에서 뿐만 아니라 정치활동에 있어서도 극적인 반전을 경험하였다. 도시국가였던 플로렌스는 파당적 전투와 통치구조의 위기가 반전에 반전을 거듭하던 곳이었다. 1284년에는 플로렌스의 모든 귀족가문이 특권을 박탈당하는 일이 발생했다. 이때 귀족가문은 지정된 '길드'에 가입함으로써만 자신들의 특권을 다시 회복할 수 있었는데, 단테는 이 같은 격변의 상황 하에서 새로이 형성된 도시정부 체제의 일원으로서 시정에 참여하게 되었다. 그리고 일단 정치활동에 발을 내딛자 단테는 매우 적극적으로 이에 빠져들었다.

그러나 1300년 초 단테가 가담하였던 교황권주의파는 블랙 겔프와 화이트 겔프로 분리되었다. 그리고 블랙 겔프는 교황청의 중재를 요구하였다. 그런데 이 같은 상황은 뜻밖에도 프랑스 군주의 동생이었던 샤를르 발로아[181]가 플로렌스 시정에 개입하는 외부 세력의 간섭을 초래하

---

180) "아더왕의 전설"(the Arthurian legend)은 6세기 초 앵글로-색슨족의 브리튼 정복에 맞섰던 켈트족의 영웅을 모델로 가공되었던 대표적인 중세 전승문학의 하나이다. 아더왕의 12기사 가운데 하나였던 란슬롯(Lancelot)과 후일 자신의 조카 모드레드와 재혼했던 부인 기네비르(Guinevere) 역시 중세 내내 무훈담과 로망스의 주제로 회자되었다. 이에 관한 고전적 연구로는 R. Loomis, 《*The Arthurian Literature in the Middle Ages*》(1959)이 있다.

181) 샤를르 발로아(Charles of Valois, 1284-1325); 그는 1312년 로마에서 아비뇽 교황청의 특사들에 의해 신성로마제국의 황제로 대관되었다. 그러나 단테가 기대했던 것과는 달리 이탈리아의 평화와 질서회복에 실패했으며, 황제가 된 이듬해 시에나

였다. 결국 단테를 포함한 화이트 겔프는 반교황적 활동으로 피소되어 모든 재산을 박탈당했으며, 또한 플로렌스 시로부터도 추방당하게 되었다. 그 이후 단테는 19년 동안이나 향수병에 시달리며 슬프고 외로운 노년을 보내다가 끝내 고향에 돌아오지 못하고 세상을 마감하였다. 아마도 이 같은 경험이 단테로 하여금 당시와 같은 교황수장제 정부의 주장을 잠재우기 위해서는 황제의 보호가 불가피하다는 견해를 구체화하도록 하였을 것이다. 1310년 황제 하인리히 7세[182]가 이탈리아 원정에 나섬에 따라, 단테도 고향 플로렌스로 돌아갈 것을 기대하였던 것 같다. 실제로 황제 하인리히는 플로렌스를 포위한 적도 있었다. 그러나 그의 갑작스런 죽음으로 인해 군사적 정복은 물거품이 되고 말았다. 그리하여 1315년에는 단테에게 내려졌던 정치적 판결이 재확인되었으며, 마침내 그는 라벤나에서 말년을 마감하고 말았다.

사상과 업적

단테의 사상은 특히 두 가지 요소 즉 당시로서는 예외적으로 폭넓었던 그의 독서 범위에 의해서, 그리고 그가 익혔던 학문분야 가운데 그의 관심을 끌었던 특정한 주제들에 관해서 주로 형성되었다. 단테는 다양한 주제와 인물들에 관하여 관심을 가졌고 자신의 견해를 표명하였다. 예를 들어서, 단테는 우선 《신곡》의 1부에서 버질(Virgil)을 자신의 동반자로 취급하였으며, 희미하게나마 그 밖의 여러 고전 작가들도 언급하였고, 또한 보에티우스, 빅토르 학파[183] 궁정적 연애문학, "브리타뉴의 문

근교에서 병사하였다.

182) 하인리히 7세(Henry 7, of Luxemburg, 1269-1313); 발로아 백작은 필립3세의 차남이며 필립4세의 동생이었다. 자신은 신성로마제국의 황제가 되지 못했으나, 그의 아들은 프랑스 군주 필립6세(1328-50)가 되었다.

물"(*Matiere de Bretagne*)[184] 등에서 확인되는 설화전통에 대해서도 나름의 견해를 피력하였다. 단테의 모든 저술은 그가 토마스 아퀴나스를 읽은 이후에 집필된 것이었기 때문에, 중세의 학문적 전통에 관해서도 그는 상당한 이해를 가지고 있었다. 단테가 가졌던 이 같은 종합의 정신이 중세 저술들에 담겼던 학설융합주의에 관하여 전례 없는 질문을 제기하게 된 근거였다.

《새로운 삶》은 일종의 연애담이다. 단테는 여기서 제9시, 베아트리체를 처음 만난 후 9년 만에 받은 그녀의 시선과 목례 등 아홉 숫자와 관련해서 그가 받았던 정서적 충격들을 묘사하였다. 그러나 여기에는 문장 기법의 의도적인 채택과 상징의 의도적인 활용 등이 포함되어 있으며, 또한 그 밖에도 연인의 단순한 자서전적 범주를 훨씬 뛰어넘는 다양한 요소들로 교직된 이야기가 서술되어 있다. 이를테면 《새로운 삶》에는 단테가 어두운 숲속에서 길을 잃고 방황하는 경험에 관하여 얘기하는 대목이 나오는데, 아마도 이는 절망적인 사랑에 관한 이야기일 뿐만 아니라 이단사상에 관한 이야기도 포함되어 있는 듯하다.

《신곡》은 이탈리아어로 집필되었으며, 이는 단테의 저작들 가운데서도 가장 중요한 저술로서, 그 내용은 지옥에서부터 연옥을 거쳐 천국에

---

183) 빅토르 학파(the Victorines)는 윌리엄 샹포에 의해 1108년 설립된 수도참사회의 일군의 학자들과 그 학풍을 가리킨다. 이들은 전통적인 아우구스틴주의 신학을 토대로 스콜라주의 및 신비주의를 종합하고자 했다. 이들의 사상은 프란시스 수도회와 중세 말기 신비주의에 많은 영향을 미쳤다. 대표적인 인물로는 Hugh St. Victor, Andrew Wigmore, Thomas Gallus 등이 있다.

184) "브리타뉴의 문물"(Matter of Brittany)은 오늘날 영국 해협과 비스케이만 사이에 있는 프랑스 북서지역인 '브리타뉴' 지방의 독특한 역사 문화 전승 등을 반영하고 있다. 6세기 초기 앵글로-색슨족의 침입에 의해 이곳으로 밀려난 켈트족 브리튼인들에 의해 개척된 이 지역은 중세 내내 프랑크 왕국, 샤를마뉴 대제, 노르만 침입, 윌리엄 정복왕, 앙쥬가 등과의 복잡다기한 관계를 맺으며, 독특하고 풍요로운 문화를 발전시켰다.

이르는 순례자의 여정에 관한 이야기이다. 이 순례의 여정을 단테는 혼자서 가지 않았다. 여정의 첫 2막 동안 단테는 고전 시인 버질과 동행하였다. 버질의 동행은 그리 낯선 일이 아니었다. 왜냐하면 버질 자신이 《아에네이드》(Aeneid)[185] VI에서 지옥으로의 여정을 묘사한 적이 있었기 때문이다. 그래서 버질은 이 여정에 관한 한 해박한 안내자로 자연스럽게 선택될 수 있었던 것같다.

흔히 인용되는 문구, 즉 '지옥으로 내려가는 길은 쉽다'(*facilis est descensus Averni*)도 이 책의 첫 번째 문장으로써, 이는 지옥으로 내려가는 길은 쉽지만 그곳에서 다시 벗어나기는 매우 어렵다는 사실을 경고하기 위함이었다. 동행자와 함께 여행하는 기법을 통해서 단테는 그와의 대화를 자신이 바라보는 것들을 설명하는 수단으로 활용하였다. 또한 베아트리체는 연옥편의 마지막 부분에서 등장하는데, 이는 다른 한편으로는 버질이 단테를 떠나는 장면이기도 하였다(Canto xxvi). 단테가 천국의 입구에 이르게 됨에 따라, 그리스도교도가 아니었던 버질로서는 더 이상 단테와 동행할 수 없었기 때문이었다. 이제 베아트리체가 동행자의 자리를 대신하게 되었고, 이점에서 그녀의 이름은 많은 의미를 가지게 되었다. 베아트리체는 단테가 이제 막 들어가려고 하는 왕국에서 거주하게 될 '축복받은' 영혼이었던 것이다.

단테의 우주는 중세 사상가들이 상상해 왔던 지형의 세계였다. 그것은 초자연적 지평으로부터 시작되었으며, 그것의 배경도 초자연적 요소에 의해 설정되었다. 신은 사물의 유일한 제일 원리로서, 이는 삼위 즉 아버지 아들 그리고 성령으로 구성된 유일신이었다. 이 신으로부터 창조가 유래되었는데, 그렇다고 해서 그가 사물을 만들어야 할 필요가 있었던

185) 버질의 《아에네이드》에 관해서는 R. Jenkins, 《*Classical Epic: Homer and Virgil*》 (London, 2007) 등 참조.

것은 아니었다. 신은 그 자체로서 완전한 존재였다. 단지 신은 관대하기 때문에 우주를 창조하였다. 그로 인해 만들어진 피조물은 신의 영광을 반영하고 있을 뿐만 아니라, 또한 그를 사모하며 사랑하게 될 것이었다. 이 피조물의 세계를 통해서 인간은, 오늘날의 눈으로 볼 때 초자연과 자연 간의 경계 내지 신학과 과학 간의 경계를 넘어서게 되었다. 중세 사상가들 역시 이들 간의 경계를 모르지는 않았다. 그렇기는 하지만 중세 사상가들은 그들의 신학적 내지 과학적 탐구에 있어서, 그리고 분명 시의 세계에 있어서, 이 같은 경계를 굳이 넘나들지 말아야 할 이유를 알지 못했던 것이다.

신은 무로부터 모든 사물을 창조하였다. 이 점을 재확인해 두는 것은 중요한 일이다. 왜냐하면 플라톤의 《티마에우스》에서 신은 마치 기존의 질료와 형태들을 가지고 이들을 혼합하여 '사물의 피조'를 조탁해 내는 장인과 유사한 존재로 묘사되고 있었기 때문이다. 또한 사물들에는 의심할 여지없이 공인된 계서체제가 있었다. 무생물이 최하위 단계를 이루며, 다음으로 생명은 가지고 있으나 움직임은 없는 식물체가 그 위 단계를 이루고, 그리고는 생명을 가지고 있고 움직임도 있는 동물체가 그 다음 단계를 이루며, 끝으로 합리적 영혼을 가진 인간과 순수히 합리적인 정신만으로 구성된 천사가 최상위 단계를 이룬다는 것이었다.

지옥은 지구의 중심에 가까운 땅 아래 있었다. 그리고 지구는 4 원소 즉 땅, 물, 공기, 그리고 불로 구성되었는데, 이들은 인간의 건강을 위해서 반드시 그 균형이 유지되어야 할 중세 의학의 4 체액(피, 점액질, 담즙, 울혈)에 해당하는 요소이기도 했다. 지구를 중심으로 7 행성이 돌고 있는데, 각각의 행성은 투명한 공간을 동에서 서로 24 시간 만에 회전하였으며, 동시에 각각의 행성계는 서에서 동으르 주전원(epicycle)을 이루며 자전하였다. 태양이 지구를 가장 가까이서 회전하고, 그 너머에 행성들이 회전하며 궤도를 이루는 공간이 있었고, 다시 그 너머에

제 9천(*primum mobile*)이 있었는데, 이 9천 너머에 있는 수정계가 바로 천국이었다. 그런데 이를 다시 엄격히 말한다면 9천 너머에는 아무것도 존재하지 않았다. 왜냐하면 우리가 '무엇 너머'라고 얘기할 때 이는 공간적 관계를 함의 하는데, 사실 천국은 인간의 시간과 공간을 초월해서 존재하기 때문이었다.[186)]

그렇기는 하지마는 단테의 우주론은 기계론적인 것과는 거리가 멀었다. 단테는 지옥에도 아름다움이 있을 수 있다고 생각하였다. 사실 지옥

186) 단테의 "천상도"

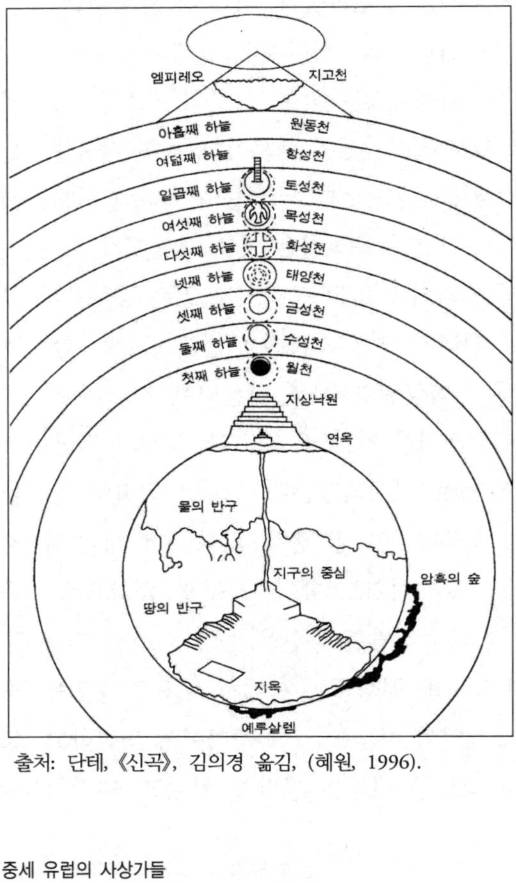

출처: 단테, 《신곡》, 김의경 옮김, (혜원, 1996).

도 신이 창조한 피조물의 일부인 만큼, 그곳에도 아름다움이 있는 것이 오히려 당연한 일이라고 그는 생각하였던 것이다. 한편 연옥은 비교적 새로운 내세 개념의 일부였다. 연옥은 대체로 12세기 참회제도가 고안해 낸 내세 개념이었다. 이는 대부분의 보통 사람들에게 내세에 관해 설명해야 할 사목적인 필요에 부합하는 개념이었다. 즉 보통 사람들은 분명 종교적으로 성화된 상태에서 죽음을 맞지는 않지만, 그렇다고 해서 이들을 단숨에 지옥에 떨어질 운명이라고 간단히 치부하기도 어려웠던 것이다. 당연히 대부분의 보통 사람들은 천국에 대한 희망을 가지기를 원했다. 그러니까 연옥 교리는 이 보통 사람들에게 죽음 이후의 세계에서 자신들의 죄에 대하여 부과될 형벌을 다 채우지 않고도 정화될 수 있는 가능성을 제시해주고 있었던 셈이다.

《신곡》은 아마도 중세 비전문학(vision literature)의 장르가운데 가장 탁월한 작품일 것이다. 이는 희극인 동시에 비극이며, 또한 풍자문학인 동시에 치열한 철학적 신학적 사유의 소산이기도 했다. 《향연》(*Convivio*)은 단테류의 논집으로서, 이는 베아트리체의 영감에 의해 여전히 많은 영향을 받았던 지혜와 선에 관한 평론집이다. 이에 따르면 신성한 철학의 영혼은 사랑이며, 그것의 논리적 아름다움이 도덕률이었다. 또한 고귀한 지적 영혼과 이성의 힘을 가진 피조물의 비유적 의인화가 바로 아름다운 여인이었다.

1320년에 집필된 《제정론》(*Monarchia*)은 단일 세계정부에 관한 단테의 견해를 담고 있다. 《제정론》은 40 여권 이상의 복사본이 만들어졌으며, 아마도 신성로마제국의 황제 루드비히 4세의 이론가들 역시 이를 활용하였을 것이라고 알려져 있다.[187] 뿐만 아니라 이 책이 라틴어로 집

187) 황제 루드비히 바바리아(Ludwig IV, Bavaria)와 그의 이론가(마르실리우스, 오캄 등)들에 관해서는 졸저, 《중세정치사상》 pp.74-93, 296-303 등 참조.

필되었다는 사실 역시 의미가 없지 않다. 아마도 이는 단테가 《제정론》을 그 중요성이 지속적으로 유지되는 견실한 '학문적' 저작으로 간주되기를 바랐다는 의미로도 해석될 수 있는 것이다. 단테는 《향연》에서 적합한 언어의 사용에 관하여 여러 장에 걸쳐 논의한 바 있다. 이에 따르면 라틴어는 극히 영속적인 언어로서 추론적인 개념들을 담기에 적절한 언어이며, 끈임 없이 변화하는 자국의 속어와는 달리 보다 아름다운 언어였다. (이점에서 단테는 잘못된 믿음을 가지고 있었다. 왜냐하면 그는 라틴어가 고전기 이래로 거쳐 온 다양한 변화와 성장의 과정에 대하여 오늘날 우리들이 알고 있는 바와 같은 전체적인 이해는 가지고 있지 못했기 때문이다).

그렇기는 하지마는 단테가 자신의 라틴어 저술을 단지 학문적이며 교양을 갖춘 독자계층만을 염두에 두고 집필한 것은 또한 아니었다. 단테의 라틴어 저술은 일반인들에게도 감동을 줄 수 있는 재미있고 수사적인 글이기도 했다. 그는 결코 이론가들만을 위해 《제정론》을 집필하지는 않았던 것이다. 오히려 단테는 《제정론》이 황제에 의해 지배되는 세계정부를 실체적으로 출현시키는 정치적 영향력을 가질 수 있기를 기대하였다. 끝으로 얼마나 많은 학문적 검토가 《제정론》의 토대를 이루고 있는가 하는 문제는 명확한 답변을 제시하기가 매우 어려운 질문이다. 그러나 이점을 기억해두는 것은 참고가 될 듯하다. 즉 단테는 《향연》에서 법률적 견해들에 관한 자신의 해박한 지식을 확연하게 제시하면서도 정작 그 자신은 법률가들을 좋아하지 않았다. 단테는 법률가들을 탐욕적인 권력 브로커들로 간주하였던 것이다. 그리하여 비록 다양한 법률적 아이디어들이 자신의 세계정부 구상의 토대를 이루는 요소였음에도 불구하고, 법률사상에 관한 한 단테는 《제정론》에서 극히 간략한 언급 이외에는 아무런 명시적 검토도 남기지 않았다.

영향

단테는 《신곡》에서 스페인의 이슬람사상가 아비세나와 아베로이스를 연옥에 위치시켰으며, 이단으로 정죄되었던 아베로이스주의자인 시제르 브라방을 토마스 아퀴나스와 마찬가지로 천국에 위치시켰다. 이는 단테가 그리스도교적 인문주의의 한 위대한 원천임을 감안한다면 다소 논란의 여지가 있어 보인다. 아마도 이는 아리스토텔레스주의와 이슬람사상에 대한 단테의 깊은 이해를 반영하고 있다는 정도로 해석하는 것이 적절할 듯하다. 그렇기는 하지만 단테의 《제정론》은 전편에 흐르고 있는 그의 완강한 반성직자주의 내지 반교황권주의적 정치의식에도 불구하고, 기본적으로는 죽은 자에 대한 만가 성격의 문헌으로 간주되고 있다. 왜냐하면 당대의 정치 현실에 비추어 볼 때 단테가 반박했던 교황주권의 문제와는 별도로, 그가 변론했던 세계국가(제국) 내지 보편적 통치권(제권) 역시 이미 주검의 상태였다고 평가되고 있기 때문이다.[188)]

참고문헌

〈1차 사료〉

Dante Alighieri, *Vita Nuova,* trans. W. Anderson (Harmondsworth, 1964).
Dante Alighieri, *Monarchia,* ed. and trans. Prue Shaw (Cambridge, 1995).
Dante Alighieri, *The Divine Comedy,* ed. A. Mandelbaum (Berkeley, CA, 1980-2).
G. Bocaccio, *The Life of Dante,* trans. V.Z. Bollenttino (New York, 1990).

---

188) 《제정론》의 영향에 관해서는, 이희만, “단테의 「제정론」에 관한 연구”, 《숭실사학》(1992), pp.141-177; 졸저, 《중세정치사상》 pp. 63-66 등을 참조하기 바람.

〈2차 사료〉

G. Rafta, *The Complete Danteworlds; A Reader's Guide to the Divine Comedy* (Chicago, 2009).

J. Mede, *Reading Dante; The Pursuit of Meaning* (Lenham, 2007).

W. Anderson, *Dante the Maker* (London, 1980).

P. Boyde, *Philomythes and Philosopher: Man in the Cosmos* (Cambridge, 1981).

Mazzeo, *Mediaeval Cultural Tradition in Dante's Comedy* (New York, 1960).

D. Sayers, *Further Papers on Dante* (London, 1957).

(박은구)

레이먼 럴
(Ramon Llull 1233~1315)

생애와 시대

레이먼 럴은 중세적 기준에서 볼 때 학문의 세계에 뒤늦게, 그리고 궁정적 환경으로부터 발을 들여 놓았다는 점에서 예외적인 학자에 속한다. 왜냐하면 당시에는 학자적인 삶 즉 지식인의 삶을 성직자의 삶과 동일시하는 전통이 매우 강했기 때문이다. 마요르카[189] 출신이었던 레이먼 럴은 성인이 되자 궁정인 내지 시인으로서 자신의 경력을 시작하였다. 그러나 그가 1265년 경 그리스도의 환상을 본 다음 회심하여, 자신이 '이 세상에서 최고의 저작을 남기라'는 신의 소명을 받았다고 깨달은 이후에는, 그의 삶의 방향도 크게 바뀌게 되었다. 아마도 이는 그가 프란시스회 수도사의 설교에 의해 큰 감동을 받은 경험이 계기가 된 듯하다. 이 '사건' 이후 레이먼 럴은 가정과 현세적 물질 등을 모두 포기하고 순례의 길에 나서게 되었으며, 또한 끊임없는 학문적 정진의 길에 들어서게 되었다. 반아베로이스주의적이었던 레이먼 럴은 동방의 언어들에 대한 연구를 격려하고 그 중요성을 널리 전했으며, 또한 의학에 대한 깊이 있는 지식과 관심으로 인해서 그 자신이 널리 알려지게 되었다.

189) 마요르카(Majorca), 서부 지중해의 스페인령 발레아레스 군도 가운데 가장 큰 섬.

뿐만 아니라 그는 적어도 한 차례 이상 북아프리카 지역의 선교사로도 활동했다고 추정되며, 아마도 한 때는 파리 대학에서 강의도 담당했던 것 같다.

사상과 업적

'이 세상에서 최고의 저작'을 남기기 위해서 레이먼 럴은 특히 많은 양의 글을 집필하였다. 그는 당시 대부분의 중세 지식인들이 수용했던 일반적인 학문적 전달방식과는 다른 형식과 스타일을 보다 진취적으로 실험하였다. 사실 그는 처음부터 그리스도교 신앙을 입증하는 새로운 방법과 새로운 논리를 발견하고자 한다고 밝히고 있었다.

레이먼 럴은 신비주의적 저술들을 집필하고 연금술에 깊은 관심을 보였으며, 철학적으로는 그리스도교적 네오플라토니즘(Christian Neoplatonism) 성향을 분명하게 보여주고 있다. 그는 1299년 파리 대학 시절부터 자신의 대표작이 될 《철학의 제일 원리》(*Principia Philosophiae*)를 집필하기 시작하였다. 레이먼 럴의 핵심 주장은 철학과 신학 사이에는 근본적인 조화가 있다는 생각이었다. 철학은 신 그 자체인 제일 원인의 결과이며, 철학은 그것을 통해서 인류가 신학적 지식을 얻는 수단 내지 거울이었다. 따라서 철학과 신학의 원리들을 검토하여 이들이 서로 여하히 일치하는가 하는 점을 알아보는 것은 바람직한 지적 모색이라고 그는 판단하였던 것이다.

그리하여 레이먼 럴은 철학을 흰색의 원으로 표기하고 그 안에 다른 학문의 모든 영역들이 내포되는 일종의 벤 도표(Venn diagram)[190]와

---

190) 벤 도표(Venn diagram)는 1880년 John Venn(1834-1924)이 고안해낸 집합 도식으로서, 이는 원으로 집합과 명제간의 이론적 관계를 드러내는 도식이다. 오늘날도 이는 집합과 확률이론, 논리학, 통계학, 언어학 및 컴퓨터 과학에 널리 활용되고 있다.

도 유사한 도식을 고안해 내기도 하였다. 또한 그는 아리스토텔레스의 《범주론》에 관해서도 이를 10개의 범주가 아니라 9개의 범주로 수정할 것을 제안하였다. 우리는 사물에 관하여 그것이 무엇인가, 그것이 어디로부터 유래되었는가, 그 이유는 어디에 있는가, 그것의 크기는 어떠한가, 그것은 어떠한 종류의 사물인가, 그것은 언제 그리고 어디에 있는가, 그것은 어떻게 그와 같이 되는가, 끝으로 그것은 어떠한 집단에 속하는가 등과 같은 범주적 질문을 제기하게 된다는 것이 레이먼 럴의 견해였다.

레이먼 럴은 라틴어가 아닌 지방 언어(속어)를 철학적인 저술들에 활용하는 개척적인 시도로서 상당한 량의 저작을 카탈로니아어로 집필하였다.[191] 당시 대부분의 구어체 속어들은 그 어휘와 구문들이 매우 느리게 성장하고 있었기 때문에, 치열한 사고를 담기에 적합한 정교한 언어적 수단에는 여전히 이르지 못하고 있던 터였다. 《블랑케르나》(Blanquerna)는 레이먼 럴의 카탈로니아어 신앙고백서라 하겠는데, 여기서는 그 자신이 궁정 광대 내지 구애자 즉 블랑케르나로 의인화 되었다. 또한 레이먼 럴은 자신의 저술 《사랑하는 자와 사랑받는 자》에서 1년 365일을 하루도 거르지 않고 부르는 노래, 그리고 사랑의 역설이 두드러지게 묘사된 고전적인 시가를 선보이기도 했다. 이 가운데 한 두 편의 시가에서는, 근본적으로 프란시스회 수도사가 가질 법한 '신을 향해 올라가는' 류의 영성을 저자의 독특한 서정으로 소화한 노래의 운치를 충분히 느낄 수 있다. 예를 들어 보기로 하자.

다수의 사랑하는 자가 오직 한 사람의 연인을 사랑하기 위해 모인다.
그 연인은 이들 모두를 풍성한 사랑가운데 거하게 만든다.

---

191) 카탈로니아어(Catalan)는 스페인 동남부 연안지역인 카탈로니아 지방 사람들이 쓰는 언어로서, 바르셀로나를 주도로 하고 있는 이 지방은 오늘날도 독립의 염원을 유지할 정도로 고유하고 강력한 문화 전통을 가지고 있다.

이들 모두는 각자가 그를 소유하며,
그에 대한 생각으로 인해 즐거워한다.
그가 겪는 고난이 이들 모두에게 기쁨을 가져다 주었다.[192)]

사랑은 마치 대해와도 같다.
바람이 불어 파도가 일고, 항구도 해안도 없는 대해...
참된 사랑을 베푼 그는 이 대해에서 소멸되었다.
그리고 그와 함께 그의 고통도 사라졌다.
그리고 그가 성취한 사역이 시작되었다.[193)]

영향

레이먼 럴은 1311년 경 자신의 《자서전》(*Vita coetana*)을 직접 집필하였다. 그리고 그가 세상을 떠난지 16년이나 지난 시점인 1332년에 레이먼 럴의 저작이라고 주장된 《증언집》(*Testamentum*)이 새롭게 등장하였다. 그러나 이는 아마도 카탈로니아 출신으로 런던에 거주했던 또 다른 연금술사의 저작일 것으로 추정되고 있다. 레이먼 럴은 오늘날도 로마법 주석학자 및 카탈로니아 문학의 원천으로 널리 알려져 있으며, 1857년 복자로 선언되었고, 지금도 프란시스회 제3수도회에서는 6월 30일을 '레이먼 럴 축일'로 지키고 있다.

---

192) Ed., R. C. Petry, *Late Mediaeval Mystics* (London, 1957), pp. 157.
193) 앞의 책, pp. 157 이하.

참고문헌

〈1차 사료〉

Ramon Llull, *Opera in Corpus Christianorum Continuatio Medievalis*; Ed., A. Bonner, *Selected Works of Ramon Llull* (Princeton, 1985), 2 vols.
Ramon Llull, *Principia Philosophae,* ed., F. D. Reboiras, (1993).

〈2차 사료〉

A. Bonner, *The Art and Logic of Ramon Lull* (Leiden, 2007).

J. Hillgarth, *Ramon Lull and Lullism in Fourteenth-Century France* (Oxford, 1971).

M. D. Johnston, *The Spiritual Logic of Ramon Llull* (Oxford, 1987).

M. D. Johnston, *The Evangelical Rhetoric of Ramon Llull: Lay Learning and Piety in the Christian West around 1300* (New York, 1996).

Ed., R. C. Petry, *Late Medieval Mystics* (London, 1957).

(박은구)

VI

말기 중세 14~15세기

신비주의, 헌정주의, 공의회주의

마이스터 에카르트
(Meister Eckhart 1260~1328)

생애와 시대

에카르트는 자신의 전 생애를 충직한 도미닉 수도사로 살았다. 그는 1260년 경 독일의 투링기아 호헤임에서 출생하였고, 소년 시절에 에르푸르트의 도미닉 수도회에 입회하였다. 1277년 에카르트는 짧은 기간이나마 파리의 도미닉 수도회 학교(*Studium*)에서도 생활하였다. 또한 그는 1280년경까지 알베르투스 마그누스와 함께 쾰른에서도 연구하는 기간을 가졌던 것 같다.

또한 에카르트는 1293년에도 파리 대학에서 《명제론》을 강의하였다. 더욱이 그는 1294년에서 1300년까지 에르푸르트 도미닉 수도회의 원장직을 맡았으며 동시에 투링기아 전역의 도미닉 수도회의 대리원장직도 겸임하였다. 1302년 에카르트는 파리 대학으로 돌아와서 가르치는 일에 전념하는 교수가 되었다.

그리고 1303년부터 1311년까지 에카르트는 작센 교구에서 생활했으며, 1310년에는 투토닉 교구도 관리하였다. 그후 1314년까지 에카르트는 다시 파리에서 활동하였다. 1314년부터 생애 말년에 이르기까지 에카르트는 도미닉회 수녀원과 베긴회 등에서 설교자 및 조언자로 활동하였다. 베긴회는 당시 '세속인' 여성들로 결성된 새로운 수도단체였다.

그렇기는 하지만 에카르트는 이처럼 훌륭한 활동경력과 일시마나 누렸던 높은 명성에도 불구하고, 그 생을 스스로 가졌던 신학적 견해로 인해 감옥에서 마감할 수 밖에 없었다. 1326년 종교재판이 열려 에카르트의 견해에 대한 광범위한 심문이 진행되었는데, 여기서 법정은 범신론적 내지 비규범론적[194] 논제들 150개 명제들을 에카르트에게서 발견하였다. 이에 에카르트는 1327년 교황청 법정에 이를 제소하였다. 그리하여 교황청 특별위원회는 에카르트의 견해들 가운데 '사물의 현상'에 관해 이단적이라고 다소 추상적으로 정죄되었던 에카르트의 28개 명제를 재심리하게 되었다.

사상과 업적

1290년대 에카르트는 자신의 첫 번째 독일어 저작이었던 《분별력에 관한 조언들》(*Counsels on Discernment*)을 저술하였다. 또한 에카르트는 1302년 경 자신의 파리에서의 논쟁들에 관해서 집필하였다. 그러니까 그는 전통적인 학문 분야들과 더불어 혁신적인 방법들 모두에 관하여 뚜렷한 기여를 하였다.

에카르트의 시기에는 라인랜드지역에서 새로운 흐름의 신비주의가 형성되었다. 힐데가르드 빙헨의 신비주의가 베긴회에 의해 승계되었다. 이 베긴회는 흔히 신분이 낮은 여성들로 구성된 일종의 '수도공동체였다'. 베긴회는 일반적으로 도미닉 수도회 내지 프란시스 수도회와 가까운 곳에 공동체를 마련하였다. 베긴회는 전통적인 수도원 조직으로부터 다소 떨어진 곳에 그 자신들의 공동체를 마련할 수밖에 없었다. 왜냐하

194) 비규범론적(antinomian)이란 의미는 그리스도교도는 신의 은혜로서 모든 도덕률에서 해방되어 있다고 주장하는 사람을 가리킨다.

면 전통적으로 수도원은 여성들에 관한한 신분이 높은 여성들과 고위직 여성들에게만 개방되는 경향이 있었기 때문이다. 이점에 있어서는 메키틸드 막데부르그(Mechthild of Magdeburg)[195]가 그 중요한 일예이다.

에카르트는 이 같은 수도 단체들에 대한 조언활동을 통해서 영성에 관한 자신의 고유한 이념과 관행들을 발전시켰다. 그는 그리스도교도들에게 내적인 변화를 추구하도록 촉구하였다. 마이스터 에카르트는 명상적 생활에 관한 자신의 설교에서 마르타에 관하여 논하기를, 그녀의 결점에도 불구하고 마르타는 고귀한 성품과 이타적인 근면성이라는 덕성을 지닌 인물이었다. 마리아는 진정한 의미에서 마리아가 되기까지는 사실상 마르타였다. 그녀가 그리스도의 발아래 앉아 있을 때는 충분히 마리아는 아니었다. 당시 그녀는 이름만 마리아였지 본성이 마리아가 된 것은 아니었다. 마리아는 이웃에게 봉사하는 법을 배워야만 했다. 에카르트는 루가복음 2장 49절에 나오는 영원한 생명에 관한 설교에서, 이 텍스트를 '나는 내 아버지의 일을 하여야 한다'와 '모든 성인들의 삶의 목표'가 우리들에게 바로 이것이라고 가르쳐주고 있다. 즉 우리는 말씀을 전해야 한다는 것이다.

> 영혼 속에 숨겨져 있는 비밀의 언어... 한 사람이 완전히 사로잡혀 있지 않다면, 그의 정신이 정결해 진다. 이때 신은 관리자가 된다... 그리하여 신은 정제된 지성 속에 자리잡게 된다. 인간의 능동 지성은 그것이 부여받은 바를 이웃들에게 전달할 수 없다. 신이 능동 지성을 대신하여 작동할 때, 인간은 다양한 사상들 혹은 많은 형상들을 이해하게 된다... 그리하여 모든 선을 향한 인간의 재원들이 특정한 지점을 향해 일시에 합쳐지게 된다.

---

195) 메키틸드 막데브르그(대략 1207년∽82/94년)는 아마도 작센가문의 귀족으로 출생하여, 12세에 성령으로 인한 첫 번째 환영을 보았으며, 1230년경 집을 떠나 베긴회에 합류하였던 중세의 신비주의자였다.

물론 여기에는 역설이 포함되어 있으며, 이 역설들은 쉽게 오해될 수도 있다. 에카르트는 의미 깊은 영성적인 무엇을 의미했던 것 같다. '신에 대한 모독적 행위 속에서도 신에 대한 예찬이 깃들 수 있다.' 그러나 이 같은 지적 역시 충분히 이단적이라고 읽힐 수 있는 견해이다. 실제로 이 같은 논리는 교황 요한 22세의 칙서에서 정죄된 명제들 가운데 하나였다. 이와 유사한 위험성은 에카르트의 부정 신학(negative theology)에 대한 사랑에도 내재하여 있었다. 심지어 에카르트는 아우구스틴의 《삼위일체론》의 가르침 즉 인간의 기억, 의지 및 이해를 인간 영혼의 삼위일체에 대한 이미지와 결부시킨 해석은 제쳐두도록 조언하고 있다. 오히려 에카르트는 인간이 신을 알지 못했던 단계에서 처음 그리스도를 발견했을 때 가지게 되는 새로운 인식만을 강조하였다. 에카르트가 집필한 저술들 가운데는 열정과 우매함의 위험한 결합이라고 할만한 요소들이 다분히 있었다.

에카르트의 《신의 위안》, 《비움의 영성에 관하여》, 《담론》 등은 에카르트의 저술들로 평가되어 지금도 널리 알려져 있다. 그러나 이러한 저술들은 그 출처가 불분명하며 그리하여 이들은 에카르트의 명성을 어려움에 빠트리기도 한다.

참고문헌

〈1차 사료〉

Meister Eckhart: A Moden Translation, trans. P. B. Blaken (New York and London, 1941).

Meister Eckhart, *Selections,* ed. H. Backhouse (London, 1992).

Meister Eckhart, *Selected Treatises and Sermons,* trans. J. M. Clark and J. V. Skinner (London, 1994).

〈2차 사료〉

C. F. Kelley, *Meister Eckhart on Divine Knowledge* (Yale, 1977).

B. McGinn, *Meister Eckhart and the Beguine Mystics* (New York, 1994)

S. E. Ozment, *Homo Spiritualis* (Leiden, 1969).

F. Tobin, *Meister Eckhart, Thought and Language* (Philadelphia, 1986).

(이영재)

토마스 브레드워다인
(Thomas Bradwardine 1295~1349)

생애와 시대

토마스 브레드워다인은 13세기 말엽 치세스터 혹은 서썩스(Sussex)에서 출생하여, 1321년 옥스퍼드 대학교의 벨리올 칼리지 교수가 되었다. 1326년 브레드워다인은 인문학 박사가 되었고 머턴 칼리지의 교수가 되었다. 1325년과 1326년의 그는 학감(Proctor)으로 있었는데, 이 시기는 교도소시설 이전에 대해 도시와 대학 간의 논쟁이 일어났던 때였다.

학감으로서 대학의 사법적 직무를 수행했던 브레드워다인은 교회가 옥스퍼드 교구의 부주교와의 첨예한 교회법정 소송에 참여하게 되었다. 이는 자율적 제도인 대학 학생들에 대한 교회의 사법적 권위의 한계에 관한 논쟁이었다. 이 사건은 법정으로 옮겨가서, 대학이 주교구의 간섭을 배제하는 자율성을 확보하게 되었다. 그리하여 이 사건은 옥스퍼드 대학의 미래에 매우 중요한 의미를 가지게 되었다. 토마스 브레드워다인은 이 옥스퍼드 대학의 교수로 재직하는 동안 예지와 자유 의지에 관해서뿐만 아니라 베이콘소르프(Baconthorpe)와 공적인 논쟁에도 참여하였다.

토마스 브레드워다인은 1335년에 옥스퍼드를 떠나 더램의 주교 리차드 뷰리(Richard de Bury)에게로 갔다. 리차드 뷰리는 위대한 장서수집가로서 《필리오비블론》(*Philobiblon*)의 저자이며 브레드워다인의 후견자가 되었던 인물이다. 사실 리차드 뷰리는 그로쓰테스트가 주교로 재직했을 때 그러했던 것처럼 자신의 주변에 일군의 학자들을 두기를 좋아했던 것 같다. 그러니까 브레드워다인은 리차드 주변의 그러한 학자들 가운데 한 사람이었던 셈이다. 뷰리는 14세기 초엽 치세스터 주교좌성당에서 재임한 적이 있는 만큼, 그와 브레드워다인과의 우의는 어린 시절로부터 시작되었다. 리차드 뷰리의 주교 학자들 가운데는 홀콧(Holcot)을 포함하는 머턴 학파들도 다수 포함되어 있었다. 그들은 저녁마다 논쟁을 벌이는 관행을 가지고 있었던 것 같다.

1337년 브레드워다인은 런던의 생 폴 성당의 주임사제가 되었다. 그리하여 리차드 뷰리가 사망했던 1345년까지 토마스 브레드워다인은 그의 대리인 역할을 하였다. 토마스 브레드워다인은 군주 에드워드 3세의 고해사제로 임명되었으며, 1346년에 크레시 전투로 알려져 있는 영국의 프랑스 원정에 참여하였고, 마침내 그는 1348년 캔터베리의 대주교가 되었다. 1349년 토마스 브레드워다인이 사망한 것은 흑사병 때문이었다.

사상과 업적

브레드워다인이 집필했던 대부분의 수학, 논리학 및 자연 철학에 관한 저술들은 그가 옥스퍼드대학에 재임했던 시기에 이루어졌다. 이 가운데 《사변 기하학》(*Geometria speculativa*)와 《비율론》(*Tractatus de proportionibus*)이 널리 알려져 있으며, 특히 사변 기하학은 의미심장한 것이었다. 1350년까지 옥스퍼드 대학교 학칙에 따르면 수학 교과과정에는 주로 보에티우스의 《산수》, 유클리드의 《기하학 원리》 가운데 권 1~6 《평면기하》와 《알고리즘》(*Algorismus*) 및 사크로보스코의 《천체론》(*De Sphaera*) 등이 포함되어 있었다. 유클리드가 중세 대학의 교과과정으로 채택된 것은 비교적 늦게 이루어졌다. 그렇기는 하지만 유클리드의 영향은 대단히 컸다. 그로쓰테스트는 로저 베이컨과 마찬가지로, 유클리드의 저술없이는 자연 철학이 이해될 수 없다고 밝힐 정도였다.

또한 유클리드의 독특한 증명 방법론은 많은 주목을 받았는데, 문제는 이 방법론이 다른 주제들에 관해서도 적용될 수 있는가 하는 점이었다. 이는 가능할 수 있는 것처럼 보였다. 왜냐하면 이 논증 방법론은 자명한 진리에 입각하여 필연적인 결론에 이름으로써, 일반적인 삼단논법적 주장이 제기하는 단순한 가능성을 따르는 것보다 명백히 더 나아 보였기 때문이었다.

브레드워다인은 당대의 대부분의 지식인들과 마찬가지로 유클리드 증명 방법론의 정교함에 영향을 받았다. 그리하여 그도 유클리드의 증명 방법론과 아리스토텔레스의 《분석학 후편》을 밀접히 결부시켰다. 《분석학 후편》 1장 2절의 정신을 수용하여 그는 '직접' 명제들, 함의, 혹은 제 1 원리들을 대 전제와 가설 등과 동일하게 사용하였다. 그러나 이같은 방법론상의 발전은 논리학의 단순한 '가능성'에 관한 논지만큼 크게 발전하지는 못했다.

토마스 브레드워다인은 새로운 기하학적 공리를 입증하고자 특별한 노력을 기울였다. 《사변 기하학》은 그가 《비율론》을 집필하기 이전인 아마도 1320년에 저술되었다. 당시로서는 사변 기하학이 단순한 해석만이 아니라 새로운 명제들을 기술했다는 점에서 매우 특별한 것이었다. 그것은 독자가 유클리드를 이미 알고 있을 것이라는 것을 전제하지는 않았지만, 이것이 단순히 유클리드를 소개하는 기초적인 소책자였던 것은 아니었다. 브레드워다인은 확신에 찬 기하학자였으며, 유클리드의 32개 명제를 자신의 단지 다섯 개의 명제로 정리하는데 성공하였다.[196)]

---

196) G. Molland, *Mathematics and Mediaeval Ancestry of Physics* (Aldershot, 1995).

그것은 새로운 주제들로서 오각형의 별과 오페론의 과정 등이었다. 브레드워다인은 유클리드와 아리스토텔레스 모두 출발점 내지 영감으로 활용하여 비례의 개념과 비율의 개념들로 발전시켰다. 사실 아리스토텔레스는 중세 사상가들에게 잠재해 있던 수학적 관심을 일깨우는 많은 주제들을 소개하였다. 우리가 이미 알베르투스 마그누스에게서도 살펴본 것처럼 진공의 속성, 운동의 속력, 한 물체 안의 열의 크기 및 비율 등도 이 같은 예의 일부이다.

브레드워다인의 《비율론》은 기계론에 관한 저술이다. 이는 제랄드 브러셀의 《운동론》(*Liber of Motu*)을 근거로 하였다. 여기서 브레드워다인은 아리스토텔레스의 힘과 시간과 거리 간의 관계에 대한 이론들을 규명하였다. 그는 이점에서 수학적 비일치성을 발견하였다. 그리하여 브레드워다인은 수학적 원리들을 활용하여 이들 다양한 변수들을 하나의 운동이론으로 결합하는 새로운 방법론을 개발하였다. 그는 '순간' 속력의 개념으로 아리스토텔레스의 '완결된 변화'라는 개념을 대체하였다. 아리스토텔레스는 속력이 운동자의 힘과 움직여진 사물의 힘 간의 비율에 따라 변화한다고 주장한 바 있었다.

그리고 아베로이스는 움직이는 힘에 저항력을 감안해야만 한다는 새로운 견해를 추가하였다. 아베로이스에 따르면 하늘에서의 움직임이 시간을 필요로 하는 만큼, 따라서 이는 움직이는 힘에 대한 저항력이 존재한다는 것을 입증하고 있다고 간주하였다. 브레드워다인의 통찰력의 열쇠는 여기에서 '동력들'이 변화하는데 얼마만큼의 시간이 걸리는가에 관한 질문을 검토하는 것이었다. 그는 여기에서 평균 속력에 따라 획일적인 가속을 나타내는 한 법칙을 고안해냈다. 하나의 수량은 두 개의 다른 수량들 간의 관계의 측면에서 정의할 때 유용성을 가지게 될 것이다. 이는 기초 수학 이상을 함의하는 물리학 법칙에 관한 최초의 언급이 될 수 있는 주장이었다.[197] 토마스 브레드워다인은 '인간이 선택을 받고

안받는 것은 자신의 의지나 노력에 달려있는 것이 아니라...'(로마서 9장 16절) 특히 인간의 선한 행위와 관련하여 신에 대한 인간의 의존성을 강조하는 것으로 해석하였다. 여기서 그는 과연 이 인간이 어떤 선한 행위를 행할 수 있는가 라는 사상의 함의에 깊은 관심을 가지게 되었다. 그리하여 그는 인간이 행동하려는 것을 어떻게 결정하는지에 관해 은총의 조화, 인간의 자유 의지 및 신의 예정론에 대한 성 아우구스틴 시기의 펠라기우스 논쟁을 당대에 재현하는 일에 가담하였다. 이같은 작업은 마침내 브레드워다인으로 하여금 《신적 동기》(*De causa Dei*)를 저술하도록 만들었다. 그 밖에도 이 주제에 관하여 토마스 브레드워다인의 저술로 알려져 있는 예정론에 대한 저술과 미래의 개연성에 관한 저술 등이 지금도 알려져 있다.

브레드워다인의 《신적 동기》는 그가 옥스퍼드 대학을 떠난 후 1344년에 탈고되었다. 이 저작에 표현되어 있는 그 자신에 근거해 그를 일종의 14세기의 펠라기우스 논쟁에 '결정론자'로서 자리매김하고자 하는 시도가 여러 차례 있어왔다. 그리하여 토마스 브레드워다인은 아마도 위클리프와 머지않아 루터에게도 영향을 미쳤을 '초기 종교개혁가'의 한 사람으로 평가되기도 한다. 이러한 담론 안에서 연관된 일군의 주제들이 그를 자리매김하였다. 예를 들어 신의 주권, 신의 예지와 의지, 자유 의지와 필연성, 예정론과 예지설, 및 단지 은총을 통한 의로움 등이다.

자유 의지와 필연성에 관한 그의 견해를 표명함에 있어서 브레드워다인은 한편으로는 과거와 현재의 구분, 다른 한편으로는 현재와 미래에 대한 구분 등 이른바 '오캄주의자적' 구분법을 따르지 않았다. 이 점이 브레드워다인에게만 특별한 것은 아니었다. 이것은 아리스토텔레스의 《분석론》의 말미에서 결과적으로 보에티우스의 주석서에서도 표명된

197) Crosby. p. 12.

문제였다. 이는 이런 의미에서 당시 현재적으로 일어나는 사건이 신에게는 이미 과거에 알려져 있었기 때문에 그것이 미래의 개연성만은 아니라는 의미에서, 미래에 일어날 사건이라 하더라도 어떤 의미에서는 그 자체가 절대적인 것일 수 있다는 생각이 제기되어 있었다. 미래에 관한 진술은 단지 개연적 의미에서 만이 진실 될 수 있다. 왜냐하면 이같은 진술은 아직 오지 않는 시간에 일어날 일들에 관한 것이기 때문이다.

브레드워다인은 이 같이 유서 깊은 난제를 다룸에 있어서 고전적 지식의 영향을 받았으며, 신의 전지전능함을 믿는 그리스도교도들에게 또한 특히 중요했던 신의 주권성에 관한 자신의 입장을 계속해서 유지하였다. 당시에는 절대적인 것이 미래에는 개연적인 것일 수 있다는 것이다. 신에게 과거에 알려진 것을 현재의 일어나는 일이라고 하는 것이 신은 이미 오래전에 알고 있었던, 그래서 더 이상 '미래의 개연성'이라고 할 수 없다는 의미에서, 브레드워다인은 아마도 신의 예지는 어떠한 경우에도 자유 의지와 갈등을 일으키지 않고, '필연적'일 것임을 입증하고자 하였다. 신은 언제나 그자체로서 자유이다. 그래서 그에게는 강제가 존재하지 않는다. 따라서 인간은 신에 의해 영감을 받아 판단을 내리지만, 인간은 그것이 신에 의한 것인지를 깨닫지 못하기 때문에 인간의 입장에서 느낄 때 자유롭게 행동하는 것이다.

브레드워다인은 또한 종교개혁 논쟁이 제기되었을 때 매우 중대하게 될 신학적 주제에 대해서도 성찰하게 되었다. 브레드워다인은 예정이 신의 의지에 의하여 정해진 그리하여 거저 주어진 선물인가 또는 예정이 인간의 고유한 선행에 의해 얻어진 것인가의 문제를 탐구하였다. 브레드워다인은 예정을 거저 받은 선물이라고 간주하였다. 왜냐하면 만일 예정이 한 개인의 실질적인 선행들을 통해 얻어지는 것이라면, 이는 예정을 불확실한 무엇으로 함의하는 것으로서, 이는 신적 사역이 아니었기 때문이었다.

이 같은 논리적 역설의 사목적인 함의는 충분히 명확하다. 브레드워다인은 그가 속했던 시기에 있었던 두 사상적 조류를 모두 따르지 않았다. 한 집단은 '카인주의자들'이라고 불렸던 이들로서 이들에 따르면, 인간은 너무나 치명적 범죄를 저질렀기 때문에 용서를 구할 자격도 없다는 입장을 취했으며, 또 다른 집단은 '유다주의자들'로 불렸던 자들로서 이에 따르면, 인간이란 너무도 많은 범죄를 저질렀기 때문에 용서될수 없다고 믿었던 집단이었다. 카인주의자와 유다주의자가 가졌던 공포는 모두가 브레드워다인이 보기에는 신의 선함과 자비를 무시하는 것으로 보였다. 브레드워다인은 무엇보다 인간에게는 회개가 필요하며 이 회개를 통하여 은총과 의로움을 얻을 수 있다는 견해를 드러냈다. 그러나 우리가 잘 알고 있는 것처럼 이같은 그의 견해에는 다양한 함의를 가지게 되었다. 단지 한 가지 예를 들어 두기로 하자. 문제는 인간이 참회를 자발적으로 하면, 이와 함께 신의 은총이 인간의 선택을 확인하게 되는가? 아니면 신의 은총이 반드시 먼저 있어야 하며 심지어 인간의 참회 결정조차 신의 도움에 의한 것인가라는 문제이다.

영향

토마스 브레드워다인이 사상사의 흐름에서 일반적으로 가지는 명성은 매우 분명하다. 초서의 캔터베리에 실린 '수녀의 사제에 관한 이야기'에서조차 토마스 브레드워다인을 보에티우스와 성 아우구스틴에 견주어 평가하고 있다. 그의 《비율론》은 14세기와 15세기에 파리 대학 그리고 유럽 전역에서 광범위하게 수용되었다. 브레드워다인은 비엔나 대학과 14세기 말엽의 프라이브르그 대학의 참고도서 목록에서도 뚜렷이 확인된다.

참고문헌

〈1차 사료〉

Three Logical Treatises Ascribed to Thomas Bradwardine, ed. L. Nielsen, N. J. Green-Pedersen and J. Pinborg (Copenhagen, 1982).

Thomas Bradwardine, *Tractatus de Proportionibus: Its Significance for the Development of Mathematical Physics,* ed. and trans. H. Lamar Crosby (Madison, WI, 1955).

〈2차 사료〉

G. Leff, *Bradwardine and the Pelagians* (Cambridge, 1957).

G. Molland, 'The Geometrical Background to the "Merton Schllo"', *Mathematical and the Medieval Ancestry of Physics* (Aldershot, 1995).

H. A. *Obermann, Archbishop Thomas Bradwardine: a Fourteenth Century Augustinian. A Study of his Theology in its Historical Context* (Utrecht, 1957).

(이영재)

윌리엄 오캄
(William of Ockham 1285~1347)

생애와 시대

윌리엄 오캄은 어린 시절에 프란시스회 수사였으며, 1306년 그는 윈체스터 교구의 사우스워크의 부제로 서임되었다. 그리고 그는 1309년부터 1315년까지 옥스퍼드 대학의 신학부 교육을 받았다. 그리고 오캄은 《성서》(1315-17년)와 《명제집》(1317년-19년)에 대한 강의도 하게 되었는데, 이는 당시의 관행에 비추어 예외적인 일은 아니었다. 그러나 오캄은 대학 내의 정치적인 원인으로 인해 평의원 교수(Regent Master)가 되지는 못했으며, 그리하여 그는 아마도 정교수가 되는 경력을 쌓을 수도 없었다. 그리고 그 이후 수년 동안 오캄은 런던에서 생활하여 프란시스 수도회의 학교에서 가르치며 자신의 '철학적·신학적' 저술들을 집필하였다.

당시 옥스퍼드 대학교의 총장은 완강한 아퀴나스주의자였던 존 루터렐(Lutterell)이었다. 그는 옥스퍼드 대학의 요청에 따라 링컨 교구의 주교에 의해 해직되었다. 그 후 존 루터렐은 윌리엄 오캄의 치열한 경쟁자가 되었다.[198] 1322년 루터렐이 영국을 떠나도록 허락을 요청하는

198) F. Hoffmann, 'Die erste Kritik des Ockhamismus durch den Oxforder Kanzler Johannes Lutterell', *Breslauer Studien zur historischen Theologie, Neue Folge Band IX* (Breslau, 1941), pp. 1ff.

군주 에드워드 2세에게 보낸 편지가 상당 수 남아 있으며, 그러나 루터렐의 요청은 승인되지 않았다. 대학 내부의 학문적 논쟁을 대학 외부로 확산하여 옥스퍼드 대학의 명성을 실추시키지 말라는 훈계를 들었다. 그럼에도 불구하고 1323년 루터렐은 아비뇽을 방문하는 것을 허락받았다. 여기에서 그는 오캄을 고소하였다.

아비뇽에서 그는 교황 요한 22세에게 윌리엄 오캄이 이단적인 교의를 전파한다고 주장하였다. 교황 요한 22세에게 루터렐은 오캄의 저술에서 나오는 56개 명제 목록을 제출하였다. 이에 교황 요한 22세는 1324년 아마도 오캄에게 자진해서 출두하여 스스로를 해명하도록 지시하였다. 교황은 1328년 특별 위원회를 구성하여 오캄이 《명제집》 주석서에서 확인되는 그의 주장들을 검증하도록 하였다. 그리하여 루터렐이 제기했던 오캄의 제소문이 이어 1328년 이후 2년 동안 준비된 두 개의 정죄 판결 근거가 되었다. 그렇기는 하지만 윌리엄 오캄에 대한 정죄 판결이 실제로 내려지지는 않았다. 단지 오캄의 명제 56개 가운데 51개 명제가 심사의 대상으로 남아있었다.

한편 윌리엄 오캄이 자신의 문제를 해명하기 위해 아비뇽에 머무르는 동안, 그는 프란시스회의 청빈 논쟁에도 참여하게 되었다. 당시 프란시스 수도회는 그리스도와 그의 사도들이 사적 소유를 가졌던가 하는 문제를 놓고 내부적인 분열을 겪고 있었다. 프란시스 수도회의 총원장이었던 미카엘 세세나(Michael of Cesena)는 다수를 대표하였고 또한 그는 프란시스의 헌장에서 교황 요한 22세의 간섭을 배제하고자 하였다. 1324년 요한 22세가 반포한 '형평의 문제에 관하여'(*Quia quorundam*) 교서에서 그는 자신이 앞서 복음적인 청빈에 관하여 반포한 교서(*Inter nonnullos*)를 받아들이지 않는 자들을 이단으로 규정하였다. 이에 프란시스회의 미카엘 세세나가 당시 아비뇽에 머무르고 있는 오캄에게 이 문제에 대해 검토해 주도록 요청하게 되었다. 이에 따라 오캄은 요한 22세의 판결방법이 이전 교황들의 그것과 다르다는 것을 확인하게 되었고, 결국 오캄은 프란시스 수도회 총원장 세세나를 변론하게 되었다.

이러한 논쟁의 와중에서 교황은 프란시스회의 전체 총회를 소집하였고 거기에서 신임 총원장을 선출하도록 명령하였다. 그러자 미카엘 세세나는 아비뇽을 떠났다. 그러자 1328년 오캄도 몇몇 다른 동료들과 함께 미카엘을 따랐으며, 이들은 1314년 그 정당성이 논쟁의 대상이었던 선출로 황제직에 오른 루드비히 바바리아에게로 피신하였다. 한편 교황 요한 22세는 이미 1324년 황제 루드비히 바바리아를 파문한 터였다. 왜냐하면 루드비히 바바리아는 1314년의 선거에 무슨 일이 있었는가를 알아보고 그 정당성을 판단하고자 했던 교황의 심문을 거절하였기 때문이었다. 이로 인해 루드비히는 1327년 이탈리아 원정을 감행하였던 것이다.

이에 프란시스 영성파는 뮌헨에 모여 교황 요한 22세에 대한 반론을 모색하기 시작하였다. 이것이 당대적 상황하에서 윌리엄 오캄이 황제와 교황 간의 권력 투쟁에서 유력한 지도자가 된 이유였다. 교황 요한 22세는 1328년 당시 뮌헨의 프란시스회 영성파를 파문하자, 프란시스 수도회 역시 그 뒤를 따라 이들을 파문하였다. 그러나 영성파는 프란시스 수도회의 공식 인장을 가지고 있었으며, 1342년 미카엘이 죽자 이제는 오캄이 이 공식 인장을 맡아 관리하게 되었다. 한편 윌리엄 오캄은 여전히 뮌헨에 머물며 청빈론, 교회와 국가의 각각의 권력의 문제 및 신의 주권 아래서 교회와 국가 간의 관계에 관한 저술에 관하여 집필활동을 계속하였다.

그러나 1347년 황제 루드비히 4세가 죽자 후견자를 잃게 된 오캄은 교황과의 화해를 시도했으며, 자신이 맡아 하는 공식 인장을 되돌려 줌으로써 수도회와의 화해를 시도하였다. 이 같은 화해의 과정에서 그는 '황제라 할지라도 교황을 파면할 권한을 가지고 있지 않으며', 교황에 대한 순복을 확인하고 자신이 지금까지 가르쳐 온 것들 가운데 옥스퍼드 대학시절 저술한 초기 저술들을 제외하고는 많은 것들이 이단적인 것임을 인정한다고 고백하였다. 물론 이 마지막 서한이 자신이 직접 집필한 것인가 또는 단지 서명만 한 것인가 하는 점은 밝혀져 있지 않다. 아무튼 윌리엄 오캄은 그 이후 오래지 않아 세상을 떠났다.

사상과 업적

윌리엄 오캄의 저술들은 자연스럽게도 주요 주제들을 중심으로 다양한 영역으로 이루어졌다. 첫 번째 영역은 그가 1317년부터 1319년 사이에 《명제집》에 대해서 그가 행했던 강의안(*reportatio*) 내지 강의 사본이다. 두 번째 영역은 아리스토텔레스의 《소피스트의 궤변》, 《페리헤르메네아스》(*Perihermeneias*) 그리고 《명제집》 주석서 개정판에 대한 1321년에서 1323년 사이에 집필된 해설서와 주석집 등이 그것이다. 그리고 세 번째 영역은 1324년 집필된 것들로서 《논리학 대전》과 《미래적 개연성에 관한 신의 예정과 예지론》이 지금도 남아있다. 또한 물리학과 양적 문제에 관한 몇 권의 저술들도 남아있다. 끝으로 1324년 이후에 집필되었던 《정치학 전집》(*Opera Politica*)은 오캄이 자신의 관심을 정치적 문제들로 전환했던 때 저술된 것이다.

베너(P. Boehner)는 '윌리엄 오캄의 모든 저술의 핵심적인 원리들'을 다음과 같이 구분하였다.[199] 모순적인 요소가 전혀 없는 모든 사물들이 신에게 있어서는 가능하다(*Quodlibeta* Ⅵ, q.6). 신은 부차적 원인을 통해 무엇이든 창조할 수 있다. 다시말해 피조 세계의 법칙을 통해 신은 무엇이든 즉각적으로 그리고 직접적으로 만들 수 있다(*Quodlibeta*

199) P. Boehner, *William of Ockham,, Philosophical Writings : A Selection* (New York, 1964) pp. x ix ff.

VI, q.6). 신은 참나무를 직접 창조할 수도 또는 도토리 열매로부터 창조할 수도 있다. 신은 어떤 실체든 그 자체로 직접 창조할 수도 있고 또한 모든 다른 실체들과 구별할 수도 있다(*Reportatio* II,qq.19ff).

어떠한 진술이든 그것이 자명한 것이든 혹은 '계시적인' 것이거나 또는 경험을 통해 인정되든, 또는 관찰을 통해 증명된 명제에 입각한 이성적 추론의 결과가 아닌 경우에는 여하한 것도 진리로 간주되어서는 안되었다(e.g. *Ordinatio* d.30, q.IE). 베너는 '오캄의 면도날'이 가지는 진정한 의미를 모든 사물은 그것이 가능한 최소한의 단계로 행해져야만 한다. 그렇지 않은 경우 이는 예외없이 불필요하게도 보다 많은 단계가 포함되었다는 원리이다.

윌리엄 오캄은 신에 관한 명제의 경우 대부분이 '증명될 수' 없다고 판단하였다. 그것은 단지 자명한 사실로 제시되거나 혹은 계시나 관찰을 통해 이행될 따름이다 라고 그는 지적하였다. 이 같은 예의 하나가 신의 존재 그자체에 관한 것이었다. 윌리엄 오캄은 이 명제에 관한 한 둔스 스코투스의 논지를 수용하였다.

둔스 스코투스가 입증하고자 했던 명제의 하나가 '신은 유일한 능동인이다'. 그러나 능동적 인과론의 무한 연장은 불가능하기 때문에, 따라서 '신이 모든 것보다 반드시 선재하여야만 한다'는 추론이었다. 윌리엄 오캄은 스코투스의 이와 같은 견해를 더욱 정교하게 손질하였다. 그는 인과론 개념을 활용하여 거의 모든 사물의 원인이 되는 '그릇'으로 간주하였다. 그리하여 이 같은 인과론 개념은 논리적 연쇄라기보다는 그것의 저장소에 해당하였다. 이것이 '인과의 연쇄'와는 달리 이 주제를 해석하는 오캄의 시각으로서 이는 결코 아리스토텔레스의 인과론의 논리를 단순히 활용한 것이 아니었다.

윌리엄 오캄은 스코투스의 논리를 적극 수용하여 신의 일부 속성들은 '필연적인 것' 이라고 간주하였다. 왜냐하면 우리는 필연적 속성이 없는 신을 신이라고 할 수 없기 때문이다. 이를테면 신의 지적 본성이 그 한 예이다. 오캄은 모든 피조물들을 예외없이 개연의 결과로 이해하였다. 어떠한 피조물도 '필연적인 것' 일수는 없었다.

윌리엄 오캄의 윤리학은 행위의 선함과 악함을 오직 그 사물에 대한 신의 의지의 결과이다 라는 가설들을 중심으로 하고 있다. 이를 근거로 신은 원하는 바와 명하는 바가 본성적으로 선하기 때문이다. 그리하여 선을 바라는 합리적 피조물의 일은 신의 의지에 대한 순복에 있었다.

오캄은 신은 한 인간으로 하여금 자신을 사랑하지 않도록 만들 수도 있으며, 심지어 피조물로 하여금 자신을 미워하도록 만들 수 도 있었다. 그러나 그것은 일종의 역설이 될 것이었다. 한 피조물이 신을 사랑하지 말라는 명령을 따르는 경우 그것은 신에 대한 순복이 될 것이었다. 그러니까 그것은 신의 사랑에 입각한 행위일 수 있었다. 결국 이는 논리적으로는 가능하다 하더라도, 윤리적으로는 불가능한 명제일수 밖에 없었다. 요컨대 윤리적 규범이란 명제가 아니라 신의 명령에 속하는 일이었다.

1328년부터 오캄은 정치학 특히 교회 정치에 관한 논쟁적인 저작들을 집필하게 되었다. 우리는 대학 내의 실천적인 견해가 정치적 영역에로 이행되는 경우 제기되는 주장들이 대학 내의 논쟁의 한 극단적인 형태를 취한다는 사실을 흔히 보게 된다.

1332년과 1334년 사이 어느 시기에 윌리엄 오캄은 《90일간의 저술》(*Opus nonaginta dierum*)을 집필하였다. 이 방대한 저술은 '청빈' 논쟁에서 제기된 쟁점들을 균형있게 제시하고자 한 것이었다. 이 청빈 논쟁은 1279년에 반포된 교황 니콜라스 3세의 교서(*Exiit qui seminat*)를 계기로 심각한 새로운 국면으로 치닫고 있었다. 교황 니콜라스 3세는 그리스도와 사도들의 청빈이 사도적인 신앙의 소산의 일부라고 주장하였다. 그리고 교황 요한 22세는 1320년대 연이어 교서들을 반포하였다. 이에 따르면 당시 탁발수도회의 활동의 근거가 되었던 이론 즉 자신들은 교황이

'소유한 재산을 단지 사용만 한다'라는 견해를 반박하였다.

그리하여 토마스 첼라노와 오캄이 청빈논쟁에 대한 이견이 발생했을 때 그들이 반대해 왔던 교서의 논지에 관심을 가지는 것은 오히려 당연한 것이었다. 오캄은 자신의 비판을 '소유권'으로부터 그것에 대한 '사용권'을 구분하려는 시도에 초첨을 맞추었다. 《90일간의 저술》에서 오캄은 원죄이전에 아담과 이브가 향유하였던 무구한 상태는 어떠했던지에 관한 유서깊은 문제를 해명하고자 했다. 교황 요한 22세는 창세기의 기록을 근거로, 아담과 이브는 땅, 물고기, 새와 그 밖의 것들에 대한 소유권을 가지고 있다고 제시하였다. 따라서 이같은 소유권은 태생적인 것이었으며 또한 신이 승인한 권리라고 밝혔다.

윌리엄 오캄은 1334년 《프란시스 수도회에 보낸 서한집》에서 아비뇽에서 지낸 4년이 자신에게는 교황을 '관찰하는' 기간이었다고 말하였다. 오캄이 그러한 고위 직책을 가진 교황과 같은 인물이 이단이 될 수도 있다는 것을 결코 믿으려 하지 않았다고 밝히었다. 그러나 그가 일단 교황의 이단성을 확인한 이후에는 결코 교황과 타협하지 않았다고 밝혔다. 오캄은 교황 요한 22세의 사상이 이단에 물들었다고 주장하였다. 오캄은 더 용기있게 심지어 교황 요한 22세가 교황이 아니라고 주장하게 되었다. 이는 황제의 지위 합법성에 대한 교황청의 반론과도 관계가 있었던 것 같다. 왜냐하면 교황 요한 22세는 신성로마 제국 황제 루드비히 4세의 선출을 잘못된 것으로 비난하였기 때문이었다. 이 같은 교황과 황제 간의 대립은 매우 심각한 문제였다. 심지어 이 같은 대립은 요아힘 피오레의 적그리스도에 관한 담론에 공감을 불러일으킬 정도였다.

윌리엄 오캄은 교황의 전능권과 교황의 무오류설 등이 강력하게 제기되던 시기에 교회 정치에서 매우 중요한 몇몇 문제들을 제기하였다. 만약 어떤 교황이 이단에 빠질 수 있다면, 교황청 그 자체도 지금까지 주장되어 왔던 바와 같은 정도의 신적 보호를 표방할 수는 없을 것이었다.

또한 교황직은 자체로 보여지는 바만큼 높은 고위직도 아니었다. 그리하여 또다른 문제, 즉 군주와 황제의 경우 파문당한 그들에게 자신들의 신민이 복종의 의무를 지지 않는 만큼, 이단에 빠진 교황에게 반드시 순복해야하는가 하는 문제도 제기되었다.

《교황 요한 22세의 오류들》에서는 교황이 이단에 빠지거나 혹은 신앙에 관하여 오류를 범하는 일이 가능한가의 문제를 제기하였다. 이는 또 다른 유서깊은 문제에 관하여 야기된 최근의 논쟁 즉 교황은 진정 베르나르 클레르보가 '전능권'이라고 불렀던 권한을 실제로 가지는가 하는 문제에 관한 것이었다. 오캄은 이를 단숨에 부정하였다. 1338년 후반 내지 그 이후에 오캄은 요한 22세의 승계자였던 교황 베네딕트 12세에 대해서도 완강한 전투를 계속하였다.

《교황 베네딕트 12세를 반박함》 권 2(Book Ⅱ)에서 오캄은 당대의 논쟁을 하늘나라의 신이 바라 볼때 그것이 어떠할 것인가 하는 점을 제기하였다. 오캄의 논점은 설령 교황 베네딕트의 이 문제에 대한 견해가 옳다고 하더라도, 그가 이 전능권을 가지는 것은 그 전능권을 만든 신의 의사에 부합하지 않는다는 것이었다. 진리란 교황이 전능권을 주장하기 이전부터 진리였다. 설령 교황이라 하더라도, 한 인간의 선언이 그것을 진리로 만드는 것은 아니다. 오캄은 성서에 인간의 믿음에 관한 신성한 지침들이 제시되어 있다는 것을 주장하였다. 교황에게 동의하지 않는 사람이 문제가 아니라 성서의 가르침을 위반하는 사람은 누구든 그가 바로 이단이었다. 물론 오캄의 이 같은 견해는 16세기 종교개혁의 논쟁에서 방대한 영향을 수반하게 될 중대한 원리였다.

뿐만 아니라 윌리엄 오캄은 구원에 필요한 것이 무엇인가라는 마찬가지로 중요한 문제도 다루게 되었다. 어떤 사람이 이단임을 인식한 사람은 오캄과 그의 동료 수도사들이 그러했던 것처럼 자신의 구원을 이루기 위해 분리하여야 한다고 주장하였다. 오캄의 「대화집」(Ⅲ, 소논문, 1,

권 3)은 구원에 꼭 필요한 것으로 수용된 저술들에 관한 토론을 담고 있다.

8장에서는 교회의 전체 공의회도 오류를 범할 수 있는가 라는 문제가 검토되었다. 교회의 전체 공의회들은 매우 중요하였다. 오캄에 따르면 모든 공의회는 각각 성령에 의해 인도되었던 것으로서 고유한 의미를 가지고 있었다. 모든 공의회에는 인간의 합리적 추론과 성서 해석의 전통이 함께 작용하였다. 그리고 11장에서는 구원에 꼭 필요한 것은 무엇인가 라는 질문과 성서해석의 문제에서 지속적으로 제기되어 온 성서와 연관되어 있었던 특정한 해석도 검토하였다. 예를들면 '성서의 기록 가운데 몇몇은 그것의 일차적이고 자구적인 의미가 항상 동일하게 구원에 필요한 것은 아니다와 같은 주제를 오캄은 살펴보았다.'

윌리엄 오캄은 교황의 권한의 한계에 관한 질문의 정치적 함의들을 규명하는데도 많은 힘을 기울였다. 그의 《교황의 권한》은 가계라는 소규모 공동체와 촌락이라는 중간 규모의 공동체, 그리고 도시라는 더욱 큰 공동체 간의 관계를 아리스토텔레스주의적인 기본이론으로 설명하였다. 오캄은 아리스토텔레스의 6가지 정부형태에 관하여 묘사하였다. 여기에서도 오캄은 아리스토텔레스의 결론을 따르지는 않았다. 오캄의 논리에 따르면 교회의 관리를 위한 최선의 형태는 단일 통치자 체제였다. 단일한 최고의 정부가 공동 선을 이룬다.[200] '왜냐하면 이 같은 정부 형태가 통합과 조화를 보다 용이하게 촉진하기 때문이다.'

윌리엄 오캄은 최고의 권위를 가지는 세속정치 권위는 어디에서 기원하는가의 문제를 제기하였다. 과연 이것은 신으로부터 직접 유래하는가? 오캄은 이 주제를 '두개의 칼' 문제에 관한 논쟁을 검토하는 맥락에서 다루었다. 당대의 한 입장에 따르면, 교황은 현세사와 교회사 모두에서

200)「교황의 전능권에 관한 개요」 IV.x.iii

사물에 관한 완전한 권한을 가지고 있었다. 따라서 모든 정치 권력은 교황으로부터 유래되어야 했다. 성 베드로는 하늘과 땅 모두의 통치권이라는 열쇠를 부여받았다. 윌리엄 오캄은 이같은 논지를 반박하고 여기에 포함된 일련의 오류들을 표명하였다. 윌리엄 오캄의 저술들은 그 주제가 서로 중복되고 있다. 왜냐하면 이들은 그의 망명시절에 제한된 근거를 가지고 진전시킨 논점들에 의해 집필된 저술들이기 때문이다.

영향

한 사상가가 어떻게 논쟁적인 이론가가 되었던가 하는 질문은 언제나 흥미로운 주제이다. 윌리엄 오캄은 명료하고 합리적인 논리를 근거로 신앙이라는 깊이있는 진리를 주장하였던 것 같다. 정치적 담론은 오캄의 후기 저술들이 담고 있는 초점과 그것이 가지게 된 명성 모두에 영향을 미쳤다. 14세기와 15세기의 '유명론주의' 운동은 일반적으로 '오캄주의적'이라고 불리워진다.

오캄의 정치적 담론은 그 자신이 속했던 시기의 격렬한 정치적 상황에 영향을 받았다. 오캄은 자신의 의사에 따라 의도적으로 정치 이론가가 된 것은 아니었다. 그러나 그는 교회와 국가 간의 권력 균형이라는 문제에 중요한 재료가 되었고, 그는 자신이 속했던 시대의 논쟁에 많은 영향을 주었다. 그러나 윌리엄 오캄의 정치적 저술들은 그를 '알려지게' 만들었고, 이로 인해 그는 정치적 저술이 아니었다면 가지지 못하였을 영향력도 가지게 되었다. 그의 사상은 그 이후 다양한 지적 사회적 운동들로 지속적으로 유지되었다.

참고문헌

〈1차 사료〉

Ockham, *Opera Philosophica et Theologica* (St Bonaventure, NY, 1974).

Ockham, *Compendium Errorum Joannis pape XXII, Opera Politica,* ed. H. S. Offler (Oxford, 1997).

Ockham, *Quodlibetal Questions,* trans. A. Freddoso and F. E. Kelly (Yale, 1991), 2 vols.

Ockham, *A Letter to the Friars Minor and Writings,* ed. A.S. McGrade and J. Kilcullen (Cambridge, 1995).

P. Boehner. *William of Ockham, Philosophical Writings* : A Selection (New York, 1964).

〈2차 사료〉

Marilyn McCord Adams, *William Ockham* (Notre Dame, 1987), 2 vols.

F. Hoffmann, 'Die erste Kritik des Ockhamismus durch den Oxford Kanzler Johannes, Lutterell', *Breslauer Studien zur historischen Theologie, Neue Folge Band IX* (Breslau, 1941), pp. 1ff.

(이영재)

발두스 우발디스
(Baldus of Ubaldis 1327~1400)

생애와 시대

법률을 대학의 학문적 영역으로 확립하는 대부분의 개척적인 작업은 12세기와 13세기에 이루어졌다. 그러나 이보 샤르트르와 그라티안 그리고 그 이후 세대에 속하는 법률학자들의 지속적인 기여 역시 중요한 것이었다. 발두스 우발디스는 1327년 페루지아에서 의사의 한 아들로 출생하여, 페루지아에서 수학하였고 피사에서도 공부하였을 것이다. 발두스는 로마법을 바르톨루스 사쏘페라토(Bartolus of Sassoferrato)에게 수학하였으며, 교회법에 관해서는 페트루씨우스(Petruccius)에게 가르침을 받았다.

발두스 우발디스는 이를 나위없는 14세기의 가장 위대한 법률가들 가운데 한 인물이다. 그는 1351년경부터 페루지아에서 가르쳤다. 발두스의 법률학 전공 교수로서의 경력으로는 페루지아, 피사(1357년~8년), 플로렌스(1359년~64년), 다시 페루지아(1365년~76년), 파두아, 그리고 또다시 페루지아 그리고 1390년부터 파비아 대학 등을 거쳤다. 그는 14세기 중엽과 말엽의 이탈리아에서 대표적인 교회법학자 겸 로마법학자가 되었다. 한편 발두스는 페루지아에서 도시공화정 체제의 전담 변호인이라는 관직도 맡게 되었다. 또한 발두스는 때때로 황제에게 파견된

페루지아 대사직을 맡기도 하였다. 교회의 대 분열이 발생할 당시에는 그가 페루지아에서 가르치고 있었다. 그러나 그는 이를 계기로 파두아 대학으로 옮겨가서 이곳에서 1400년 사망할 때까지 활동하였다.

사상과 업적

발두스 우발디스의 '법률적 견해'는 일찍부터 많은 사람들의 주목을 받아왔다. 실제로 그의 《조언》(*consilia*)은 중세의 다른 어떤 법률자들의 그것보다도 많이 남아있다. 바르톨루스 사쏘페라토의 《조언》 가운데 일부는 정부, 정치학 및 공법과 같은 정치적 문제들에 관한 것이다. 그의 충고는 실용적이고 사건 중심적인 정치 이론이었다. 사실 바르톨루스는 정치 사상에 관한 논술들을 저술하지 않았다. 그의 정치 사상은 그의 법률 저서들을 토대로 재구성된 것이다. 그렇기는 하지마는 바르톨루스는 당대의 중요한 정치적 학문적 주제들에 관하여 많은 관심을 가지고 있었다.

한편 발두스 우발디스는 다수의 실질적 부분들로 구성된 법률적 영역에 관한 고유한 권한을 가지는 하나의 '유기체'라는 법인체의 개념을 만들어 이를 본성적 정치적 인간이라는 아리스토텔레스의 개념과 결부시켰다.[201] 그는 교황과 황제를 보편적 주권을 가진 정부로 간주하였으며, 또한 이들의 하위제도로 지역적 영토주권을 가지는 왕국 및 도시 공화국을 설정하였다. 여기에서 법률 학자들은 무엇보다도 원리를 주목하였다. 왜냐하면 황제의 실질적 권한이 로마법에 따라 제정될 수 있는 보편적 권한에 관한 주장과 일치하지 않았기 때문이다.

---

201) J. Canning, *The Political Thought of Baldus de Ubaldis* (Cambridge, 1987), p. 197.

1355년 신성로마제국 황제 카알 4세가 이탈리아를 방문하자, 그곳의 도시 국가들은 황제를 오히려 환영하였으며 또한 그로부터 도시의 자유와 도시국가 체제의 합법성을 보장하는 특권들을 구입하고자 하였다. 이 사건은 무엇보다도 황제의 주권을 도시국가들에 대한 지배의 권한이 아니라 그것의 정당성을 부여하는 권한으로 만들었다.[202)]

교황청의 주권론이 그 이전 두 세기 동안 보다 적극적으로 개진되었다. 교황청의 교황전능권 주장은 12세기 중엽 베르나르 클레르보의 《성찰론》(*De Consideratione*)에서 밝힌 이후로 줄곧 교황청에 의해 적극적으로 수용되고 발전하게 되었다.

도시 공화정의 주권은 정치적 주권 아래에 있는 '지방적' 자율성을 부여하였다. 여기서 발두스는 모든 도시 국가를 구성하는 시민들이 그들 나름의 법률 제정 활동을 할 수 있는가의 문제도 제기하였다. 이는 결국 '모든 사람이 각자 나름의 법률을 제정할 수 있는가'의 문제를 제기하게 되었다. 발두스는 그들의 관습이 명백하게 다른 경우가 아니라면, 그들의 법률을 만드는데 통치권자(*princepts*)로부터 승인이 필요하다는 입장을 취하였다.[203)]

발두스 우발디스는 '동의' 이론을 주장하였다.[204)] 이에 따르면, 법률의 제정은 설령 묵시적이라 하더라도 그것에 동의하는 시민들에 의해 만들어진다는 것이었다. 조합인들로 구성된 법인들 즉 시민, 단체, 공동체, 집단 등과 같은 시민단(*populus*)은 도시 및 길드 정부의 시기에는

---

202) J. Canning, *The Political Thought of Baldus de Ubaldis* (Cambridge, 1987), p. 19.

203) J. Canning, *The Political Thought of Baldus de Ubaldis* (Cambridge, 1987), pp. 93.

204) J. Canning, *The Political Thought of Baldus de Ubaldis* (Cambridge, 1987), p. 100.

널리 알려져 있던 개념이었다. 현자 집단(*sanior*)과 대중 집단(*melior pars*)이라는 개념 역시 널리 알려져 있었다. 로마법 주석학자들은 법인체가 다수의 개별된 인간들로 구성된 집단과 동시에 개념적 인간이 추상적 지적인-단일 개체라는 허구적 '개념'간의 딜레마를 규명하고자 노력하였다.

예를 들어 아쿠르시우스(Accursius)같은 로마법 주석학자들(Glossators)은 가공의 주권적 개체에 관한 후자적 개념에 동의하지 않았다. 이들에 따르면 '법률적 단위'란 무엇보다도 현장에서 권리와 의무를 행사하는 인간들이라는 것이었다. 발두스 자신은 신비스러운 집단(*corpus mysticum*)을 대안적인 모델로 인정하였다. 발두스의 이같은 대안은 교회학적 함의를 가진 것으로서, 왜냐하면 교회는 비가시적인 것이며 따라서 가시적인 제도 교회의 위계체제에 속하는 유력한 상위 권력자에 의해 보다 용이하게 감독될 수 없었기 때문이었다.

참고문헌

〈1차 사료〉

초기의 인쇄본은 많이 있으나, 발두스의 저작물에 대한 최근의 비평적인 판본은 없다.

〈2차 사료〉

J. Canning, *The Political Thought of Baldus de Ubaldis* (Cambridge, 1987).

R. N. Swanson, *Universities, Academics and the Great Schism* (Cambridge, 1979).

B. Tierney, *Foundations of the Conciliar Theory* (Cambridge, 1955).

(이영재)

존 위클리프
(John Wyclif 1329~1384)

생애와 시대

존 위클리프는 1350년대 옥스퍼드 대학에서 교수생활을 시작했던 것 같다. 존 위클리프의 논리학에 관한 첫 저술들은 1361년부터 1371년 사이의 기간에 집필되었는데, 당시 그는 이미 명성을 얻고 있었다. 존 위클리프는 자신의 견해를 논박할 수 있는 학자를 찾을 수 없을 정도로 옥스퍼드 대학의 대표적인 학자이었다. 당시에는 학자들 간의 가장 뜨거운 논쟁거리가 교황청이 아비뇽에 머무름으로 인해 발생되었던 교회의 대 분열을 어떻게 이해할 것인가 하는 주제였다. 이같은 상황은 위클리프로 하여금 상당한 기간동안 현저하게 급진적 견해들을 발표하면서도 교회의 정죄를 받지 않는 여건을 마련해 주었다. 사실 교회는 내부적 분열들로 인해 존 위클리프의 견해를 심각하게 검토하기가 어려운 상황이 되었다.

그렇기는 하지마는 존 위클리프는 정치와 논쟁에 깊이 발을 들여 놓게 되었다. 아마도 위클리프는 1371년(1372년) 군주에게 조언을 하기 시작했던 것 같다. 1376년에는 존 곤트(John of Gaunt)의 요청에 의해 위클리프가 런던으로 가서 위캐함(Wykeham)[205]과 선린 의회(the Good Parliament)를 반박하는 설교도 하였다. 그리고 위클리프는 1377년 런던 주교에 의해 자신의 견해를 해명하도록 소환되었다.

그러나 위클리프는 군주(에드워드 3세)가 죽고 리차드 2세가 왕위를 승계하는 상황에서 런던으로부터 피신했는데, 이같은 피신이 크게 문제되지도 않았다. 한편 교황 그레고리 11세가 1377년 반포한 교서는 위클리프의 19개의 오류를 지적하였고 당시 이 교서가 런던에도 알려지게 되었다. 1378년 영국 교회 내에서 그를 정죄하려는 시도가 있었지만 이는 성공적이지는 못하였다. 한편 1378년은 위클리프가 《성서의 진리에 관하여》(*De veritate Scripturae Sacrae*)와 《교회론》을 집필하였으며, 또한 1379년은 군주권과 교황권을 각각 독자적으로 검토했던 《군주의 직무》와 《교황의 권한》을 계속해서 집필하였고, 또한 《성체성사》(*De Eucharistia*)도 이 해에 완성하였다.

1380년 옥스퍼드 대학 위원회는 성체성사에 관한 위클리프의 가르침을 논의하기 위해 구성되었다. 위클리프는 마침내 1380년 대략 50세의 나이에 옥스퍼드에서 퇴출당했으며, 1381년부터 루터워스 교구사제관에 은둔하여 그의 생애 말년을 보냈다.

그렇기는 하지마는 위클리프의 은둔이 그에 관한 논쟁을 종식시키지는 못하였다. 1382년에는 도미닉 수도회의 심의 위원회가 위클리프의 견해들 가운데 10개 명제들을 정죄하였다. 이에 위클리프의 추종자들은 이같은 결정을 정치적인 것이라고 보고 런던을 떠나기로 하였다. 위클리프는 저술 활동을 활발히 하여 1382년 그의 《삼위론》(*Trialogus*)을 완성

---

205) 윌리엄 위캐함(William of Wykeham, 1320년-1404년); 영국 햄프셔의 위캐함에서 농민의 집안에서 출생. 윈체스터 학교에서 교육받았고, 영국 왕 에드워드 3세의 건축 일에 참여하여 윈저 성의 대부분을 설립하였다. 1366년 윈체스터 주교가 되었고 1367년 영국의 대법관직에 오르며 1382년 윈체스터 칼리지를 설립하였다. 그는 존 곤트와 논쟁을 벌였고, 그는 영국에서 가장 부유한 자가 되었으나 그가 얻은 부의 대부분은 그가 후원하였던 학교로 보내졌다.

하였고, 그가 사망하였던 1384년에 《복음적 사역》(*Opus Evangelicum*)도 탈고하였다.

사상과 업적

존 위클리프의 가르침과 그것에 대한 교회당국의 반응은 지금까지 우리가 고찰해온 중세 저술가 내지 대학인이 어떻게 교회 정부와 갈등에 빠지게 되었던가를 보여주는 한 예이다. 존 위클리프의 견해는 논쟁거리가 되었는데 그 이유는 부분적으로 위클리프가 대학인으로서 공개적인 논쟁에 참여하였기 때문이다. 사실 옥스퍼드 대학은 교회 정부에 대한 불만과 도전의 유서깊은 핵심적 무대였다.

리차드 피츠랄프[206], 토마스 브래드워다인 및 토마스 버킹햄도 당대의 논쟁에 참여하였다. 리차드 피츠랄프는 '롤라드파의 성자'로서 알려지게 되었으며, 강론 모음집과 탁발수도회를 반박하는 저술들을 남겼으며 이는 일종의 새로운 신도 공동체를 지향하는 무엇이었다. 존 위클리프의 《그리스도의 청빈론》(*De pauperie salvatoris*, 1350년~1356년)에서 우리는 그리스도의 청빈에 관한 위클리프의 사상을 뚜렷이 알 수 있다.

존 위클리프의 명성은 그의 도전적인 태도에서 기인한 것이기도 하였다. 우리가 잘 알고 있듯이 중세 시기에는 어떠한 이의제기도 허용되지 않았다.[207] 중세에는 표현의 자유나 새로운 견해 등이 소중하게 여겨지

206) 리차드 피츠랄프(Richard Fitzralph, 1300-1360); 1315년경부터 옥스퍼드에서, 1325년 이전에는 벨리올의 교수로서, 1332년부터 1334년까지 옥스퍼드 대학의 총장으로서, 1335년에는 리치필드의 학장으로 활동하였던 인물이다.

207) 유용한 일반적인 논의를 위해서는, John Guy 'Perceptions of Heresy, 1200-1550', in *Reformation, Humanism and 'Revolution'*, ed. G. J. Schocher (Washington DC, 1990), pp. 39-61를 보시오.

는 시기가 아니었다. 중세에는 흔히 새로운 견해를 비정통적인 논리로 간주하였으며, 또한 이 시기는 새로운 견해가 받아들여질 것인지 혹은 기존의 정통 교회에 부합될 것인지 하는 점이 초기 단계에서는 불분명하였다. 전체적으로 교부학적 방법이 전체 공의회라는 매개체를 통해 작동되고 있었으며, 논쟁이 일어났을 때 올바른 신앙이 무엇인가를 결정하는 교회 심의위원회를 통해 적용되고 있었다. 그러므로 4세기에 니케아-콘스탄티노플 신조가 만들어진 것이 이와 같은 상황의 산물이었다.

그러나 보편적 교회 위원회 시기는 이미 오래전 과거의 일이 되었다. 왜냐하면 그리스 정교회와의 분열 이후 보편 교회의 교회 위원회를 소집하는 것이 더 이상 불가능해졌기 때문이다. 일련의 라테란 공의회들은 12세기에서 13세기에 개최되었고, 그리하여 적어도 로마 교회의 주교들은 한 자리에 모일 수 있었다. 이처럼 교회의 대분열이 일어났고 주교의 권위를 회복하고자 했던 공의회주의 운동이 난항에 부딪쳤던 시기 즉 교회의 지도력이 논쟁의 대상이 되었던 시기에는 위클리프와 같은 사상가를 심의하는 일이 더욱 어려운 과제일 수밖에 없었다.

위클리프는 형이상학적 주제에 대한 강의로부터 교수직을 시작하였다. 위클리프는 온건한 '실재론적' 입장을 시종일관 추구하였다. 위클리프에 따르면, 존재하는 만물은 신이 영원 전부터 이미 '아는' 일종의 '지적 존재'였다. 위클리프는 실제로 존재하는 모든 사물은 예외 없이 그것의 '원형적'(ideal)인 존재가 있다고 생각하였다. 이 원형적 존재는 그 본질에 있어서 영원히 신 앞에 '존재하였다.' 이 같은 위클리프의 견해에는 맹아적인 근본주의가 처음부터 내재되어 있었다. 그리하여 이 점은 그가 성서 연구에 몰두함에 따라 더욱 뚜렷이 표면화하게 되었다.

일찍이 1371년부터 1373년 즈음에 이미 위클리프는 옥스퍼드 대학 내에서 새로운 견해들을 주장하기 시작하였다. 위클리프의 시간과 존재에 대한 견해는 존 켄닝햄(John Kenningham)에 의해 공격받았다. 존 켄닝햄은 강력한 논쟁적 경쟁자로서 이후 가르멜수도회 소속의 옥스퍼드 신학부의 교수가 되었다. 존 켄닝햄은 위클리프가 성서의 높은 권위의 근거를 그 역사성에 두고 있기 때문에, 근자에 집필되어 역사성이 없는 다른 저술들은 오류의 가능성이 높다고 주장하는 것에 대해 비판을 가했다.[208)]

존 켄닝햄은 바빌론의 유수기(BC. 597년- 538년) 이후 소크라테스, 플라톤, 아리스토텔레스 및 피타고라스가 살아있듯이, 사사기가 쓰인 이후로도 많은 유명한 시인들이 있었다고 주장하였다. 그러나 이 시인들은 오늘날 철학자들이 그러한 것과는 달리 아무런 중요성도 지니지 못하다고 켄닝햄은 밝혔다. 켄닝햄에 따르면 역사성, 연도가 문헌의 중요성을 반드시 보장하지는 않는다고 주장하였다.

그러나 존 켄닝햄 스스로 오래 지나지 않아 고백했듯이, 이는 존 위클리프가 실제적으로 가진 사상과는 다른 것이었다. 정작 위클리프는 과거, 현재, 미래 모두가 신에게 동시적으로 있다 하더라도, 그러나 여전히 과거, 현재 및 미래는 신에 의해 구별되어 인지된다는 기본원리를 가지고 있었다. 위클리프는 신이 인지하는 모든 것은 반드시 존재한다고 생각하였다. 그리하여 신의 눈으로 볼 때 과거의 일은 존재했던 것이고, 미래의 일 또한 '존재하는' 무엇이다.[209)] 존 위클리프는 '역사성'이 진리와 그 권위의 근거임을 주장하였다고 알려져 있다. 그래서 위클리프는 '역사성'을 신의 영원성과 동일시 한 것처럼 이해되었다. 그러니까 성 아우구스틴은 역사성을 '시간의 흐름'을 가리키는 것으로 해석하였던 반면, 위클리프는 '역사성'을 '영원성'을 가리키는 것으로 인식하였

---

208) *Ingressus Fr. J. Kynyngham Carmelita contra Wicclyff, Fasciculi Zizaniorum,* ed. W. Waddington Shirley, Rolls Series (1857), pp. 4-5.

209) *Ingressus Fr. J. Kynyngham Carmelita contra Wicclyff, Fasciculi Zizaniorum,* ed. W. Waddington Shirley, Rolls Series (1857), p. 9.

다.[210] 사실 위클리프는 다른 많은 '진리들'도 같은 방식으로 해석하였다. 즉 그 영원성을 주장하였다. 그러니까 나는 앉는다와 같은 현재적 시제의 모든 진술들은 비성서적 진술의 요소를 가지고 있다는 것이었다.[211]

위클리프는 역사성을 진리의 근거(*causa veritatis*)라고 주장하였다. 위클리프에 따르면 수도원의 오래된 특허장 혹은 공증인의 문서가 최근의 그것보다 법률가들에게 확실한 전거가 된다고 주장하였다. 물론 위클리프도 일반적으로 우리가 '역사성'을 정당함의 근거로 설명하지는 않는다는 켄닝햄의 지적을 부인하지는 않았다. 사실 로렌스(Laurence) 성인도 젊고 건강했을 때 순교당했던 만큼, 그의 죽음이 '연로함'(Antiquity) 때문은 아니었다.[212] 그런데 켄닝햄의 주장은 반드시 실제와는 일치하지 않는 비유에 근거를 둔 특허장에서부터 유래된 것이었다.[213] 그렇다 하더라도 위클리프는 이같은 논쟁의 중심에서 벗어나고자 하지는 않았다. 위클리프에 따르면 특허장의 유효성을 변론하는 일이 신학자의 과제는 아니라고 언급하였다. 신학자는 오히려 성서가 애초에 어떠했으며 오늘날 그것이 어떠한 실효를 가지며 또한 앞으로 성서가 어떠할 것인가 등과 같은 문제들, 즉 성서가 과거로부터 현재, 미래에 이르기까지 어떻게 유지되고 지배적이 되어야 하는가를 연구해야 할 것이었다.[214]

존 켄닝햄은 당대의 논쟁의 토대를 명제의 원리(*principale propositum*)로 이해하였다. 다시 말해서 성서의 전체가 진정한 진리의 말씀인가 하는 것이었다.[215] 예언자 아모스가 예언자가 아니었다는 주장(아

---

210) *Acta... Wyclif, Fasciculi Zizaniorum* p. 15.
211) *Acta... Wyclif, Fasciculi Zizaniorum* p. 15.
212) *Acta... Wyclif, Fasciculi Zizaniorum* p. 17.
213) *Acta... Wyclif, Fasciculi Zizaniorum* p. 18.
214) *Acta... Wyclif, Fasciculi Zizaniorum* p. 15.

모스 7장 14절)에 관해 논의하였다. 교황 그레고리 1세에 따르면 아모스는 자신에 관하여 스스로 예언자가 아니라고 밝혔을 때, 그것이 아모스에 대한 진실된 증언이라고 주장하였다. 뿐만 아니라 아모스는 예언자가 되고자 하지도 않았다. 왜냐하면 예언자로서 그는 진리를 말하고 있어야만 하였기 때문이었다. 그러나 물론 그것이 그가 예언자가 아니었음을 의미할 수 있다. 이같은 점은 아모스가 스스로 밝힌 바에 따라 예언자가 아니라고 말했기 때문에 예언자가 아니었다. 문제는 그가 어휘들, 즉 상징을 말하고 있는 것인지 아니면 어휘들이 의미하는 어떤 것을 말하고 있는지 이다.[216] 이것이 바로 그러한 역설을 해결하는 독특한 중세적 방식이었다.

성서에 관한 위클리프의 견해는 극단적인 근본주의임을 암시하였다. 성서는 신의 말씀이 담겨있는 형태이다. 그리하여 성서는 신이 표명한 예시이며 실제로 기록적인 문서로 쓰여지기 이전부터 존재하였다. 위클리프는 성서를 너무도 가벼이 취급하는 당대의 풍조를 애석해했다. 위클리프는 '성서만으로' 이성(*locus*)과 모든 전거의 원천이 될 수 있다는 입장을 취했다. 교황들이 반포한 법령들은 '인정법'(mannis law)이다. 존 위클리프는 '감성에 의존하는' 해석을 비유적 해석으로 간주하고 이를 반대하였다.

그러나 위클리프의 엄격한 근본주의가 실제로 성서의 자구적인 의미를 주장하는지는 명확하지 않다.[217] 위클리프 스스로는 켄닝햄에게 왜 성서가 매우 빈번히 수사적인 어법들과 비유적인 형식의 대화 및 특히 여러 시기에 걸쳐 사용하는 이유를 해명해 주도록 요청하였다. 이에 대

215) *Acta...Wyclif, Fasciculi Zizaniorum* p. 20.

216) *Acta...contra ideas Magistri Johannis Wyclif, Fasciculi Zizaniorum* p. 24.

217) *Acta...contra ideas Magistri Johannis Wyclif, Fasciculi Zizaniorum* p. 28.

하여 켄닝햄은 때로는 확실성 (요한 3장 18절)을 드러내기 위하여 영원성을 가리키는 어법, 예를 들면 '나는 아브라함이 태어나기 이전부터 존재했다'(요한 8장 58절), 그리고 때로는 번역자의 선호에 따라 그와 같이 표현된 적도 있음을 인정하였다.[218] 말년에 이르러 위클리프는 오직 성서(*sola scriptura*)의 원리에 점점 더 경도되었던 것 같다. 존 위클리프가 보기에는 무엇보다도 성서에 명시적으로 기록되지 않은 것 및 성서에 대한 추론적인 해석이 반그리스도적 가르침이라고 보였기 때문이다.

위클리프는 1375년에서 1376년에 《성서의 총체적 이해》(*Postilla super totam bibliam*)를 완성하였다. 초대 교회의 가난과 겸손에 대해 역설하였으며, 성서를 당대적 규범으로 해석하고자 하였다. 《세속의 통치론》(*De civili dominio*, 1376년~8년)은 더욱이 가난에 대한 강조가 포함되었다. 여기에서 위클리프는 통치권과 은총에 관한 그의 이념들을 상설하였다. 《교회론》(1378년)에서는 오늘날까지도 상당히 혁명적으로 보이는 교회론을 제시하였다. 위클리프는 분노가 커져감에 따라 더욱 더 논쟁적이 되었다.

적어도 1370년대 중엽 이후 위클리프의 교회론이 정치적인 문제가 되었다. 위클리프는 권력과 권력의 남용에 많은 관심을 가지게 되었다. 그에 따르면 '주권'은 누구도 이 땅의 원죄적 상태에서 다른 사람에 대하여 요구할 수 없으며, 또한 소유할 수도 없는 무엇이었다. 뿐만 아니라 위클리프는 세속 정부든 교회 정부든 이 땅의 '정부'들의 법령과 조치의 정당성의 문제를 깊이 고민하게 되었다.

또한 위클리프는 그리스도가 자신의 추종자들에게 모든 세속적인 지배권을 행사하지 말도록 금지한 만큼 따라서 모든 성직자의 세속적 권력

218) *Acta...contra ideas Magistri Johannis Wyclif, Fasciculi Zizaniorum* p. 31.

의 행사는 정당하지 않다고 주장하였다. 그는 이같은 권력의 행사를 타락한 것으로 간주하였다. 이점에서 위클리프의 견해는 적어도 12세기 말엽의 왈도파 운동 이후 강력하게 내려오는 한 전통을 반영하고 있었다. 사실 왈도파는 위클리프 훨씬 이전에 성직자의 부패와 과도한 사제권에 도전하였다. 마침내 위클리프는 '무가치한 사제'의 문제도 제기하였다. 이 문제는 교부시기에 이미 심지어 부패한 사제들조차 신의 은총의 통로로 사용될 수 있다는 것을 인정하는 것으로 해결되었던 문제였다. 위클리프는 만약 사제가 악한 생활을 영위한다면, 이는 그의 성사 집례권을 박탈해야한다고 생각하는 몇몇 신학자들의 견해를 소개하였다.[219)]

왈도파가 그러했던 것처럼 위클리프주의자들은 특히 교회의 '성직자 집단'(ministry)에 많은 관심을 기울였다. 위클리프주의자는 그것을 영적 직책으로 이해하였다. 다시 말해서 현세적 일들이 아니라 신에 대한 성찰을 주된 업무로 하는 자들이었다. 사제는 그리스도의 대리자로서 평신도들을 신의 말씀으로 양육하는 자들이었다. 그러니까 사제에게는 교리를 설명하는 일이 무엇보다 중요한 직무이었다. 사제는 은총의 영역에서 일반인들을 현저하게 능가하는 한 모델이었다. 위클리프주의자들은 세속군주들의 이해관계를 위하거나 재화를 추구하기 위해서가 아니라 신의 계명에 따라 선택된 사제여야 한다고 판단하였다.[220)] 그러니까 잘못된 동기에 의해 세워진 거짓 사제는 탐욕과 세속적인 쾌락에 빠지는 자들이며 성직매매를 추구하고 무엇보다도 권력을 추구하는 자들이다.[221)]

---

219) *English Wycliffite Sermons,* vol. 4. p. 114.

220) *English Wycliffite Sermons,* vol. 4. p. 115.

221) *English Wycliffite Sermons,* vol. 4. p. 115.(원문에는 페이지가 나와 있지 않다.)

위클리프와 그의 추종자들은 이른바 '공동체 집단'(sects) 특히 수도원 공동체를 공격하였다. 이들은 수도원 공동체들을 일반 그리스도교도들에 대한 우월한 명령을 부과하는 집단으로 간주하였다. 이 공동체 집단들은 그리스도교 사회를 분열시키고 더 나아가 그리스도의 가르침의 통합성을 저해하는 자들이었다. 이들에 따르면 진정한 의미에서 '공동체 집단'은 단지 두 유형뿐이었다. 그리스도의 공동체인가 세속적 인간들의 공동체인가가 그것이다. 또한 위클리프는 세속적 공동체 집단을 세분하여 수도승, 참사원 및 탁발수도사들을 여기에 포함시켰다. 위클리프는 다양한 수도원 공동체의 확산을 교회내의 논쟁과 분열의 확대와 사실상 동일시하였다.

위클리프주의자들이 비난하였던 '종교적 공동체 집단'의 또 다른 특징은 그것의 짧은 역사성이었다. 많은 수도원 공동체들이 새롭게 만들어졌다는 사실은 무엇보다 그것이 인간이 만들어낸 제도임을 말해주고 있다고 해석되었다. 사실 사람들은 그리스도가 아니라 지도자로 군림하는 인간을 따르게 되었다. 또한 이는 인간의 구원에 필요한 '조건들'에 있어서 그리스도의 가르침 이외에 새로운 인간적 요소들이 추가되고 있음을 의미한다. 다른 한편으로 이는 새로운 유형의 노예제도도 만들고 있었다. 왜냐하면 이들은 몇몇 수도원 공동체들을 분리시켜 이들로 하여금 나머지 수도원 공동체를 관리하도록 하였다. 이를테면 몇몇 수도원 공동체는 복식의 규제와 같은 불필요한 '조건들'을 반드시 준수하도록 하였다.

성체성사 논쟁(1380년~81년)에서 위클리프의 강력한 경쟁자였던 W. 바턴(William Barton)은 옥스퍼드 대학으로 하여금 위클리프의 가르침에 대한 공식적인 정죄를 하도록 설득하였다. 바턴은 이를 위해 12명의 신학박사들로 구성된 '특별 위원회'를 만들었다. 이 위원회는 앞서 언급했듯이 위클리프를 대학 밖으로 추방하였다.

영향

위클리프는 옥스퍼드 대학의 학문 활동 가운데 성서 연구를 핵심적인 연구로 자리잡게 한 매우 중요한 인물이었다. 그 이후 위클리프의 명성은 아마도 루터워스에서의 그의 말년의 활동들로 인해 점점 더 대중적인 운동과 결부되었다. 그의 비서 J. 퍼베이(John Purvey)는 위클리프의 가르침을 대중적 운동으로 확산시키는데 크게 기여하였다. 니콜라스 헤레포드, 필립 렙톤 및 J. 아스톤 등도 역시 위클리프의 사상을 사회적으로 전파했던 중요한 인물들이었다. 이들 가운데 렙톤은 아우구스틴회 수도승이었으며, 그밖의 사람들은 재속 성직자들이었다. 또한 이들 모두는 J. 퍼베이를 예외로 한다면 위클리프가 옥스퍼드 대학 재직시절에 만났던 자들로서 위클리프로부터 개혁적 열정을 크게 영향 받았다.

위클리프는 아마도 처음부터 교회개혁을 시도하지는 않았던 것 같다. 그러나 위클리프의 주장은 적어도 왈도파 이래로 누적되어온 유서깊은 반성직자주의, 반제도권 주의적 사고와 일치하였다. J. 퍼베이는 방대한 재산이 교회에 해악을 끼치며, 교회의 고유한 사역을 방해한다는 주장을 대중들에게 설득력있게 전파하였다. 그에 따르면 교회 개혁은 세속정부에 의해서든 또는 필요한 경우에는 강제적으로든 반드시 이룩해야 될 기본 과제였다.

존 위클리프는 성서의 당대적 자국어 작업을 적극 고취한 인물로도 평가된다. 위클리프는 《복음적 사역》에서 그는 가장 단순한 사람조차 그 자신의 단순성에 따라 복음의 가르침을 배울 수 있어야 한다는 점을 강조하였다. 모든 그리스도교들은 자신의 신앙을 변론하는데 필요한 성서 지식을 반드시 가져야 한다는 것이었다. 위클리프의 많은 저술들이 요한 후스가 있던 프라하에 전파되었다는 사실은 보헤미아의 후스파들도 위클리프의 사상의 영향을 받았다는 사실을 말해주고 있다.

참고문헌

〈1차 사료〉

Anne Hudson, *English Wycliffite Writings* (Cambridge, 1978).

English Wycliffite Sermons, ed. Anne Hudson and Pamela Gradon (Oxford, 1983-96), 5 vols.

〈2차 사료〉

Anne Hudson, *The Premature Reformation* (Oxford, 1988).

Anthony Kenny, *Wyclif* (Oxford, 1985).

Anthony Kenny, *Wyclif in His Times* (Oxford, 1986).

John Guy, 'Perceptions of Heresy, 1200-1550', in *Reformation, Humanism and 'Revolution'* , ed. G. J. Schocher (Washington, D.C. 1990), pp. 39-61.

J. A. Robson, *Wychlif and the Oxford Schools* (Cambridge, 1961).

E. H. Robertson, *John Wycliffe : Morning Star of the Reformation* (Basingstoke, 1984).

(이영재)

피에르 다이이
(Pierre D'Ailly 1350년~1420년)

생애와 시대

피에르 다이이는 주로 파리 대학에서 활동하였다. 피에르 다이이의 삶을 말해주는 연대들이 지금도 몇몇 남아 있다. 피에르 다이이는 1364년부터 78년까지 나바르 칼리지에서 수학했으며, 1367년 인문학 학사가 되었고, 그 이후 1368년에서 69년 동안 처음으로 신학 연구를 시작했으며 또한 인문학(*artes*) 과목들을 가르쳤다. 피에르 다이이는 1374년 파리 교구 사제회의에서, 1377년에는 나바르 칼리지 등에서 설교하였다. 1378년부터 1384년 기간은 대 분열이 격화되었던 시기로서 파리 대학에서도 치열한 논쟁이 진행되는 시기였다. 이 시기의 파리 대학 교수들 가운데에서도 특히 피에르 다이이는 보편 공의회 사상을 적극 변론한 이론가였다. 피에르 다이이의 '사탄 르바이어단에게 보낸 서한'(*Epistola diaboli Leviathan*)에서 피에르 다이이는 교회의 소집을 방해했던 사탄의 글을 공격하였다. 마침내 1381년 5월 파리 대학의 4개 학부(프랑스, 노르망디, 피카르디, 영국단)가 함께 모여 파리 대학의 공식적 견해를 합의하고자 하였다.

이 모임에서 파리 대학은 교회 공의회의 소집을 지지하기로 결정했으며, 또한 피에르는 이같은 대학의 견해를 교황청 법정에서 대변해 주도록 선출되었다. 그러나 피에르 다이이는 2차 대표단에는 포함되지 못했고, 그리하여 1384년 그는 나바르 칼리지의 학장으로서 파리로 귀환하게 되었다. 피에르 다이이는 1389년부터 95년까지 파리 대학의 총장이 되었다.

1395년 피에르 다이이는 르 페이의 주교로 선출되었고, 이후 1397년에는 캄브라이의 주교가 되었다. 1398년에서 1403년까지 파리 대학은 교황에 대한 대학의 순복을 철회하였는데, 피에르는 주로 그의 교구에서 설교와 집필을 통해 여전히 논쟁에 적극 가담하고 있었다. 1407년부터 1408년에는 프랑스가 교황 베네딕트 13세와 그레고리 12세에게 파견한 대표단에 피에르 다이이도 참여하여 그 일원이 되었다. 이에 피에르 다이이는 교회의 대 분열을 종식시키기 위해 교황청의 적극적인 개입을 요청하였다.

이러한 노력이 성공하지 못하자, 피에르 다이이는 충성을 자신의 보편 공의회로 옮기게 되었다. 공의회에서 그는 통합된 교회라는 미래에 대한 많은 희망을 발견하였던 것이다. 그리하여 피에르 다이이는 1409년 피사 공의회에 참석하였다. 그리고 1411년에는 피에르 다이이가 추기경으로도 서임되었다. 피에르 다이이는 교황 요한 24세 치서에서 열정적인 주석가로 1415년 2월 초까지 활동하였으며, 콘스탄스 공의회가 열리자 여기서도 중요한 역할을 담당하였다. 한때 피에르 다이이는 차기 교황으로도 회자되었으나 교황으로 즉위하지는 못하였다.

사상과 업적

피에르 다이이는 새로운 길(*via moderna*)이라는 인식의 방법이 형성되는 시기에 저술하였다. '전통적 길'(*via antiqua*)은 '실재론주의적' 방법론으로서, 이는 오캄이 아퀴나스의 사상에서 몇몇 명백한 예외들을 지적한 이후 다소 주변적인 방법론으로 평가되었다. 피에르 다이이는 《개념과 불가해론》(*On Concepts and Insolubles*)의 저자로서, 이 책은 아마도 그가 20대 초엽에 집필했으며 지금도 남아 있다. 이 책은 당대의 매우 중요한 두 가지 쟁점에 관한 저술이다. 첫 번째 쟁점은 '크레타 섬의 거짓말쟁이 유형'의 의미론적 역설에 관한 글로서, 여기에는 R. 스트로드, G.리미니 및 W. 헤이쯔베리 등이 이같은 작업의 주역이었다. 1320년대 이후 이같은 의미론적 역설들에 관한 새로운 저술들이 집필되었다.

13세기와 14세기에는 외견상 역설이었던 아모스서 7장 14절에 관하여 특별한 논쟁이 제기되었다. 왜냐하면 예언자 아모스는 성서에서 '나는 예언자가 아니다'고 명시적으로 밝혔기 때문이다. 다양한 주석들이 이에 관해 제시되었다. 이를 테면 설령 참된 예언자라 하더라도 그가 말하는 모든 것이 반드시 예언은 아니기 때문에, 따라서 그가 나는 예언자가 아니라는 성서의 기록은 예언자 아모스가 여기서는 예언을 한 것이 아니었다 라는 설명이 제기되었다. 이같은 설명에도 불구하고 표면상의 모순이 완전히 해결된 것은 아니었다. 불가해론 즉 이같은 역설에 관한 또 다른 견해는 나는 선지자가 아니다와 같은 고백을 사실상 특정한 설명이라고 보기는 어렵다는 논리였다. 왜냐하면 예언자 아모스의 고백은 사실상 어떤 의미를 가지지 않는다는 것이다.

유명론은 보편적으로 통용되는 공통 개념 내지 실체는 존재하지 않는다고 주장하였다. 이같은 유명론적 입장의 문제는 인간 정신의 공통적인 보편 지식의 존재를 입증하기가 매우 어렵다는 점에 있었다. 그리하여 유명론자들은 피에르 다이이가 설명했던 두 번째 쟁점 즉 정신적 언어(mental language)의 개념에 많은 관심을 가지게 되었다. 오캄과 그의 추종자들은 정신적 언어의 '용어'를 단지 '개념'으로, 정신적 언어들로 구성된 '문장들'은 판단이라고 이해하였다. 그리하여 정신적 언어는 인간의 사상과 실재 세계 사이의 관계에 관한 것이라고 규정하였다.

피에르 다이이는 매우 충직한 대학인이기도 하였다. 피에르 다이이는 파리 대학의 총장 블랑샤르(Blanchard)가 교수 자격증(*Iicentia docendi*)과 관련된 수수료를 부과한 데 대하여 명백히 비난하였다. 이 수수료는 일찍이 1172년 이후 유지되어온 일종의 관행이었으나, 교황 알렉산더 2세가 이를 '부패한 관행으로' 규정하고 금지하였다. 그런데 블랑샤르 총장은 이 수수료를 부과하였을 뿐만 아니라 제도화하기도 하였다. 블량샤르 자신은 규정들을 어기는 대학인들에게 벌금을 부과하는 규칙까지 새로 만들고자 하였다.

그리하여 피에르 다이이는 1386년 파리 대학의 총장이 돈을 받고 학위를 판매한다고 비난하는 두 개의 글을 집필하였다. 피에르 다이이는 주장하기를, 돈은 모든 악의 뿌리인데 오늘날에는 이 뿌리가 모든 곳 심지어 파리 대학처럼 외경스러운 조직에까지도 뻗쳐있다고 주장하였다. 이같은 문제제기는 두 가지 논쟁을 초래하게 되었다. 첫 번째는 '지식이라는 거저 받은 선물' 및 학위를 돈을 받고 판다는 반론에 관한 것이었다. 두 번째는 돈을 받고 지식과 학위를 파는 것이 정당하다는 주장이 이단이다는 반론에 관한 것이었다.[222] 피에르 다이이는 파리 대학의 총장을 해칠 뜻은 추호도 없으며 단지 정당한 명분을 구하고 보존하려는 것이 자신의 유일한 희망이라고 밝혔다.[223]

피에르 다이이의 이같은 문제제기는 그 이후 돈을 매개로 교수 자격을 수여하고 받는 것이 종교적인 직책의 수수로서 따라서 성직매매에 해당한다는 중요한 논쟁을 수반하였다. 피에르 다이이의 반대론자들은 총장이 교수 자격을 수여하는 대가로 돈을 받는 것은 조금도 잘못되지 않았

---

222) A. Bernstein, *Pierre d'Ailly,* p, 198.

223) A. Bernstein, *Pierre d'Ailly,* p, 198.

다고 판단하였다. 반면에 피에르 다이이는 이를 신법과 자연법 모두의 위배라고 완강히 주장하였다. 그에 따르면 교수 자격증을 수여하는 권한의 활용은 예언자가 예언권을 행하는 것과 크게 다르지 않았다.

피에르 다이이는 두 번째 텍스트에서도 '진리가 모든 것을 이긴다'(*Super omnia vincit veritas*)와 유사한 쟁점들을 규명하고자 하였다. 그러나 여기서는 파리 대학 총장이 가진 고유한 특권과 총장직에 수반된 성직록의 문제들도 다루게 되었다. 만약 총장이 성직록을 가지고 교수 자격증을 수여하는 경우, 그가 성직록 이외의 수수료 이득을 추구하고 있음을 드러내고 있다고 주장하였다. 이같은 경우 총장은 부정직한 자이며 일종의 범죄자로 규정하였다.

피에르 다이이의 신학적 저술들은 그가 신학부 학생시절 초기에 경험했던 교회 대 분열기에 제기되었던 쟁점들을 규명하는 일에 집중되어 있다. 교회 대분열이 제기했던 쟁점들은 정치사상의 핵심적 축이었던 교회와 국가 간의 관계라는 주제를 거듭해서 제기하였다. 피에르 다이이는 신법에 무지한 자가 교회를 관리하는 것이 정당한가 및 '사탄 르바이어단에게 보낸 서한' 등과 같은 쟁점들을 규명하고자 하였다. 15세기 초엽 그는 《보편 공의회의 문제》(1403년)와 《유용한 명제들》과 같은 보다 원숙한 정치적 저술들을 집필하였고, 이는 그의 시대의 공의회주의자 입장으로 전환하는 것을 보여주었다.

참고문헌

〈1차 사료〉

Pierre d'Ailly, *Insolubilia,* trans. Paul Vincent Spade (Dordrecht, 1980).

Pierre d'Ailly, *Concepts and Insolubles: An Annotated Translation*, ed. P.V. Spade (Dordrecht, 1980).

〈2차 사료〉

A. Bernstein, *Pierre d'Ailly and the Blanchard Affair* (Leiden, 1978).

P. Guenée, *Between Church and State: The Lives of Four French Prelates in the Late Middle Ages,* trans. A. Goldhammer (Chicago, 1987).

Francis Oakley, *The Political Thought of Pierre d'Ailly: The Voluntarist Tradition* (Yale, 1964).

(이영재)

장 제르송
(Jean Gerson 1363~1429)

생애와 시대

장 제르송은 1363년 샹파뉴 지방의 아르덴네스에서 태어났다. 장 제르송의 소년기 학교 교육은 아마도 인근에 있던 지역 수도원의 수도원 학교에서 시작된 것 같다. 그리고 그는 랭스 지방의 생 레미 수도원 본원의 부속 학교로 옮겨지게 되었다. 그리고 1377년에는 파리의 나바르 칼리지로 옮겨 갔는데, 장 제르송은 이곳에서 초기 프랑스 인문주의라는 새롭고 유력한 사조를 접하게 되었다. 장 제르송이 피에르 다이이를 처음 교수로서 만났던 것도 이곳에서 였다.

장 제르송은 전 생애를 파리 대학의 지식인으로 살았다. 1381년 그는 인문학 학사가 되었으며 1387년에는 신학부 학사가 되었고, 또한 그는 다른 사람들과 마찬가지로 성서와 롬바르드의 《명제집》에 관한 강의를 하였다. 1394년 그는 신학 박사가 되었으며 1383년부터 1384년 동안 그는 프랑스의 지역 출신 학생들의 결사체였던 프랑스 '지역단'의 학감(Proctor)으로 지냈다.

중세 말기에 대학인과 국왕 정부 내지 황제 정부 간의 밀접한 관계는 이 책에서 충분히 이야기 한 바와 같이 많은 저술가에게서 뚜렷하게 확인된다. 장 제르송에게 있어서 파리 대학은 매우 중요한 삶의 영역이었다. 당시 파리 대학은 중세 교회의 핵심적 위치를 점하고 있었으며, 또한 왕실 법정과도 밀접한 관계를 유지하고 있었다. 프랑스 군주들은 파리 대학을 특별히 보호하였는데, 왜냐하면 그는 파리 대학으로부터 국가 행정적 조치와 관련된 조언을 구하였으며 이곳의 신학자들을 자신의 개인적 고해 사제로 삼고 있었기 때문이었다. 장 제르송은 1393년 이후 브르군디 공의 궁정사제가 되었다.

당시 대학이 교회의 대분열을 종식시키는 방법을 논의하기 위하여 종교적 학문적 회의체를 소집하는 것은 조금도 이상한 일이 아니었다. 사실 장 제르송은 교회의 대분열을 종식시키기 위하여 그가 할 수 있는 모든 일을 해야 한다고 스스로 판단하고 있던 터였다. 파리 대학은 일반적으로 국왕 자문위원회에 대표자를 파견하였다. 장 제르송은 파리 대학 총장의 대리인과 그 수행원들에게 프랑스어로 된 서한을 남겼다. 여기서 그는 파리 대학을 '군주의 딸이며, 지식의 원천이고, 또한 신앙의 빛'이라고 묘사하였다. 파리 대학은 '프랑스 왕실에 입양된' 군주의 딸이기 때문에, 군주는 지금까지의 '관행에 따라' 왕실의 보호를 제공해야만 한다고 요청하였다.[224)]

장 제르송은 일찍부터 그의 예외적인 학문적 재능을 인정받았다. 이점에서 피에르 다이이의 후원은 장 제르송에게 '많은 관심을 가지도록 하는데' 중요한 요소였던 것 같다. 1388년 24세의 나이로 장 제르송은 대학이 아비뇽 교황에게 파견했던 특별 위원회의 일원이 되었다. 그리하여 그는 도미닉 수도사 장 드 몽종(Jean de Monzon)에 대한 파리 대학의 정죄 이유를 해명하는 위원회의 역할의 일부를 담당하였다. 이 위원회는 과제를 성공적으로 수행하였다. 그리하여 장 드 몽종은 1403년까지 파리 대학에서 추방되었다.

---

224) *Contre Charles de Savoisy*, Oeuvres, VI. 7 (Paris, 1966), pp. 326-7.

1395년 장 제르송은 피에르 다이이가 대주교로 취임함에 따라 파리 대학의 총장직을 맡게 되었다. 파리 대학의 총장으로서 장 제르송은 1398년 교황에 대한 지속적인 순복을 주장하였지만 그러나 결과적으로 교회의 대 분열을 종식시켜야 한다는 명분에 따라 주교, 사제, 그리고 대학의 관리자들이 모인 종교회의에서 파리 대학은 교황에 대한 순복을 철회하기로 결정하였다. 이 결정은 실효적이지 못했으며 장 제르송은 이에 대해 실망하였다. 그리하여 장 제르송은 1399년 파리 대학을 떠나 부르게스로 은둔하였으며 여기에서 그는 일 년 이상 거주하였다.

비록 장 제르송이 1399년 말 파리 대학으로 돌아오기는 했지만, 1400년 2월 다시 그는 파리 대학의 총장직을 사임하는 자신의 이유를 밝히게 되었다. 장 제르송은 국왕 법정이 자신의 견해를 오도했으며 파당적인 행태를 취한다고 비판하였다. 당시 장 제르송은 강제적 심문을 받고 있었다. 그리하여 장 제르송은 자신의 종교적 임무들을 충실히 수행할 수 없는 상황이었다. 이때 집필된 그의 서한은 대학 내의 분쟁으로 겪은 괴로움과 비애를 선명하게 보여주고 있다.

뿐만 아니라 장 제르송은 파리 대학의 학문적 기준이 떨어지고 있다고 믿었다. 왜냐하면 마땅히 갖추어야 할 정도의 지적인 능력을 가지지 못한 무지한 학생 후보자들에게도 대학의 총장으로서 학위를 주어야 했기 때문이었다. 장 제르송은 올바른 신앙을 가지는데 잠재적으로 장애가 되는 신학적 견해들조차 듣고 이를 인정해 줄 수밖에 없었기 때문이었다. 장 제르송은 자신이 온건한 교리를 설교할 때조차, 신도집단이 이에 대해 무관심하고 수용적이지 않음을 깨닫게 되었다.

1400년 장 제르송이 파리로 돌아온 일은 개혁을 완수하고자 하는 용기 있는 행동이었다. 장 제르송은 피에르 다이이와 나바르 칼리지에 보낸 서한들에서 자신이 이루고자 했던 개혁을 설명하였다. 이는 신학적 탐구들이 다시 한번 온전한 집중력을 가지게 하고, 주변적 논쟁의 성향을 배제하고자 하는 노력이기도 했다. 또한 이는 성서에 대한 연구 및 안셀름 캔터베리, 베르나르 클레르보, 리차드 생 빅토르, 보나벤투라 및 토마스 아퀴나스와 같은 인물들에 대한 연구로 되돌아가고자 하는 노력이기도 했다.

장 제르송은 대분열을 종식시키기 위한 활동을 지속하였다. 이로 인해 그는 강론을 준비하는 시간조차 줄여야 할 정도였다. 그렇기는 하지만 장 제르송은 대학이 교회의 분열을 종식시키는데 반드시 협력해야 할 책무를 지고 있다는 가설들을 가졌던 자답게 마땅히 이같은 과제를 대학이 해야 할 일로 간주하였다. 1403년 장 제르송은 파리 대학의 대표단으로서 6명의 다른 교수들과 함께 아비뇽으로 가서 교황에게 요청하였다.

그리하여 장 제르송은 1409년/1410년에 피사에서 열렸던 논쟁이 분분했던 피사 공의회에서 선출된 새로운 교황 알렉산더 5세의 정당성을 변론하였다. 대분열을 종식시키고자 했던 한 방안이었다. 그러나 이같은 조치는 실패하였다. 왜냐하면 기존의 '교황들' 모두가 사임을 거부했을 뿐더러, '피사 공의회'에서 선출된 교황 알렉산더 5세조차 1410년에서 1415년에 요한 23세에 의해 대치되었기 때문이다. 교황 요한 23세는 1415년 콘스탄스 공의회를 소집하여 교회의 대분열을 영원히 종식시키고자 하였다. 그러나 1415년에는 교황 요한 23세조차 돌연 콘스탄스 공의회를 떠났다. 이같은 상황에서도 장 제르송은 교회의 평화를 회복하고자 했던 갈등의 해결자의 역할을 마다하지 않았다.

1415년 제르송은 마침내 파리를 떠났다. 콘스탄스 공의회의 결과 그가 프랑스로 복귀하는 것이 어떠한 상황 하에서든 안전하지 못했기 때문이었다. 당시 프랑스의 권력은 브르군디 공작이 차지하고 있었다. 그는 오스트리아로 가서 일시적으로나마 비엔나 대학에서 생활하였다. 1419년 그가 프랑스로 되돌아 온 것은 사실이었지만, 그러나 그는 리옹에 10년이나 머물렀으며 이곳에서 그는 생애의 종말을 맞이하였다.

1415년부터 1429년 사이의 기간 동안 집필한 글들에서 그는 후스파 논쟁의 결과들에 관해서도 상당한 영향을 미쳤다.

사상과 업적

장 제르송은 1389년에 장 드 몽종에 반박하는 글을 집필하였다. 몇몇 강론들을 제외한다면 초기 장 제르송의 저술들은 오늘날 하나도 남아 있지 않다. 총장으로 재임했던 시기 이후에 일련의 연설문과 혹은 의학부, 법학부 및 인문학부를 졸업하는 졸업생들에게 행한 연설문이 지금도 남아 있다.

브르게스에 체류하는 동안 제르송은 사유보다는 활동을 하였다. 그는 속어로 일반민(*simples gens*)을 위한 저술을 하였다. 여기에는 《명상의 산》(*Mountain of Contemplation*)과 같은 종교적인 저술들과 십계명, 유혹들 및 지옥에 떨어질 중대한 범죄 행위와 사소한 오류 등에 관한 저술들이 포함되었다.

장 제르송은 학자였던 동시에 신비주이자이기도 했다. 그의 《사변적 신비 신학론》(*De mystica theologia speculativa*)은 이 땅에서의 삶의 여정에서 한 인간이 어떻게 신에게로 되돌아오게 되는가 하는 주제를 규명하였다. 그렇기는 하지만 여전히 장 제르송의 영성은 지적인 것이었다. 그는 영혼의 다양한 본성적 경향들을 분석해 냈다. 그런데 이들(신으로부터 직접적인 깨우침을 받은 단순 지성, 및 전제들로부터 결론들을 추론해 내는 영혼의 인지적 본성, 신체적 감각을 활용하는 영혼의 경향인 감성적 본성, 선을 욕구하는 영혼의 본성적 경향을 가리키는 즉 양심, 그리고 합리적 본성과 감각적 경향) 모두가 범죄로 인해 그 본질을 상실했다고 주장하였다.

1409년에 로마와 아비뇽 모두의 교황청들로부터 일군의 추기경단이 이탈하여 피사 공의회의 소집을 요구하게 되자, 장 제르송은 이같은 추기경들의 '전례가 없는' 특별한 요구를 변론(apologia)할 필요를 느꼈다. 그리하여 이들을 변론하고자 집필한 것이 《신학의 위안》(*De consolatione theologiae*)이었다. 문학적인 유형에 있어서 장 제르송의 《신학의 위안》은 보에티우스의 《철학의 위안》을 모델로 하였다. 사실 《철학의 위안》은 정치적 위기가 재고되었던 시기에 집필되었다는 점에서 단순한 모델 이상의 의미깊은 선례가 되었다. 장 제르송은 자신의 '신학의 위안'을 신의 평화(*pax dei*)를 제도화해야 한다는 주장으로 결론지었다. 장 제르송은 자신의 이 책을 순례자들을 위한 지침서라고 스스로 밝혔다. 《신학의 위안》은 '성서에 기록된 모든 것은 우리를 교훈하기 위한 것입니다' 로마서 15장 4절에 대한 자신의 견해를 설명하는 것으로 시작하였다.

《신학의 위안》에서 나오는 대화 당사자들은 저자와 의인화된 '신학'이 아니라, 볼루케르(Volucer)와 모니쿠스(Monicus)라는 저자가 설정한 가공의 인물이었다. 볼루케르는 주장하기를, 내가 콘스탄스 '전체 공의회'에 참석하였다고 주장했던 볼루케르는 어쩌면 제르송 자신을 대변하는 인물로 설정된 듯하며, 또한 동시에 모든 그리스도교 신도들을 대변하는 인물일 수도 있었다. 그리고 다른 한 대화자인 모니쿠스는 '수도승' 내지 성직자를 가리키는 인물로 설정된 듯하다. 여기에서 장 제르송은 수도원적 삶이 완성도를 높이는 유일한 길이라고는 전혀 믿지 않았다. 이와 유사한 태도를 우리는 제르송의 《복음의 조언과 완덕의 상태》(1400년경)에서도 여실히 발견할 수 있다. 제르송의 주된 사상은 사도적 삶은 모든 그리스도교 신자들에게 열려있다 라는 신념이었다. 따라서 순례자는 신에게로 나가고자 노력하는 모든 그리스도교들 다름 아니었다.

참고문헌

〈1차 사료〉

Gerson, *Oeuvres complètes*, ed. P. Glorieux (Paris, 1960-73), 10 vols.

〈2차 사료〉

D. Catherine Brown, *Paster and Laity in the Theology of Jean Gerson* (Cambridge, 1987).

J. G. Burrows and M.S. Burrows, *Jean Gerson and the De Consolatione Theologiae* (Tübingen, 1991).

S. E. Ozment. *Homo Spiritualis: A Comparative Study of the Anthropology of Johannes Tauler, Jean Gerson and Martin Luther (1509-16) in the Context of Their Theological Thought* (Leiden, 1969).

G. H. M. Posthumus Meyjes, *Jean Gerson, Apostle of Unity: His Church Politics and Ecclesiology,* trans. J. C. Grayson (Leiden, 1999).

(이영재)

니콜라스 쿠사
(Nicholas of Cusa 1401~1464)

생애와 시대

니콜라스 쿠사는 네덜란드의 데벤터 공동생활 형제회에서 교육을 받았다. 니콜라스 쿠사는 1416년 하이델베르그 대학으로 옮겨갔으며, 1418년에는 교회법을 연구하기 위하여 파두아 대학으로 옮겨갔다. 파두아 대학은 과학적 탐구의 중심지이기도 해서, 이 이유만으로도 충분히 매력적인 장소였다. 니콜라스 쿠사는 1423년 교회법 박사학위를 취득하였고, 이후 로마로 갔다가 1425년 다시 독일로 돌아와서 그 이후 1년 동안 쾰른에서 신학을 공부하였다. 당시 니콜라스 쿠사는 트리에르에서 받은 성직록으로 생활하였다. 이 시기에 니콜라스 쿠사는 히메릭 반 덴 벨데(Hymeric Van den Velde) 지도하에 아퀴나스의 저작들을 연구할 수 있었다.

니콜라스는 쾰른의 주교좌성당의 참사원 법률 문서를 준비했으며, 이 직무를 통해 추기경 지오르다노 오르시니의 인정을 받아 추기경 보좌직을 맡게 되었다. 지오르다노 추기경은 인문학자적 성향을 가진 인물로서 그는 니콜라스에게 포기오 라키올리니와 안토니오 로쉬와 같은 인문주의자들을 소개하였다.

니콜라스 쿠사는 이같은 공식적인 학문적 토대로 인해 1437년 바젤 공의회의 소수파를 지지하는 잘 훈련된 교회 법률가로서 소환되었으며 이는 극히 자연스러운 결정이었다. 그리스 정교회 사제들은 그리스 정교회와 라틴 가톨릭 교회의 통합을 논의하게 될 페라라 공의회에 참석하도록 초청되었다.

그러나 니콜라스는 1438년 이같은 공의회 운동과 결별하고 교황청의 입장을 충실히 변론하였다. 그러니까 니콜라스 쿠사의 생애는 교회 대분열의 시기로부터 16세기 르네상스의 선구자들 가운데 한 사람이었던 존 후스의 처형기에 이르는 꽤 긴 시기였다. 우리가 잘 알고 있듯이 존 후스는 보헤미아의 종교개혁의 선구자였다.

사상과 업적

교회론적 입장에서 볼 때 니콜라스 쿠사는 일종의 '공의회주의자'였다. 그는 그리스도의 몸에 관한 매우 독특한 견해를 가지고 있었다. 이를테면 그는 그리스도의 몸 즉 교회를 그 구성원들에 의해 반드시 민주적으로 운영되어야 했던 '단체'로서 당대의 공동체 조직(*Universitas*) 내지 길드에 견주어 이해하였다. 통합성(Unity)은 니콜라스 쿠사의 교회론적 정치적 저술과 신학적 저술의 주된 사상이었으며 동시에 핵심적 주제였다. 그는 신을 완전한 통합체로서 간주하고, 이 통합체는 모든 사물을 포괄하며 모든 사물을 하나로 만드는 요소였다. 니콜라스 쿠사의 《가톨릭 교리의 조화》(*De concordantia Catholica,* 1432년-1433년)라는 저술은 그가 바젤 공의회에 참석한 이후 집필한 저술이었다. 《가톨릭 교리의 조화》에서 니콜라스 쿠사는 교회의 모습을 일종의 신성한 우주로 제시하였다. 신성한 우주로서의 교회에서는 은총이 그리스도로부터 모든 인류에게 흘러나왔다. 교회의 계서제 내에서는 교황, 주교 및 사제 모두가 일정한 역할을 담당하며, 주교들은 교황이 그러한 것과 조금도 다를바

없이 베드로의 승계자들이었다. 니콜라스 쿠사에 따르면 교황은 전체 공의회에 대한 책임을 지는 존재였다. 그리하여 공의회의 동의가 있어야 했다. 그러니까 교회법에 대한 복속은 결코 맹목적인 요구가 아니었던 것이다. 이 저술은 니콜라스 쿠사의 학문적 위상을 높이고 그의 명성을 널리 알리는데 크게 기여하였다.

니콜라스 쿠사의 통합성에 대한 열정은 더욱이 다른 주제들에서도 뚜렷이 확인된다. 그는 《그리스도교도의 평화》(*De pace fidei*)에서 종교적인 다원주의 내지 '다종교 간의 대화'에 관해서도 집필하였다. 니콜라스 쿠사는 모든 종교가 근본적인 조화에 일부를 이룬다고 생각하였다. 그리스도교와의 합일은 단지 그리스도와 삼위일체와 교회를 인정만 하면 될 것이었다. 니콜라스의 이같은 지적은 물론 그 자체로서 의미있는 해결책이었다. 그러나 그것의 보다 큰 의미는 무엇보다도 이같은 쟁점을 해결하고자 하려는 시도 그 자체에 있었다.

《타자가 아닌 존재로서의 신》(*De li non aliud*)와 《무지에 대한 가르침》(*De docta ignorantia*)에서 니콜라스 쿠사는 위디오니소스, 프로클루스, 에리게나 및 에카르트 등의 전통을 이어받아 집필하였다. 이 저술들에서 밝힌 그의 주장은 빈번히 일관성이 결여되어 있으며 논리적 비약도 있다. 그러나 여기에는 탁월한 개념과 비전들이 포함되어 있었다. 예를 들어 나콜라스는 지구가 움직인다는 가설을 처음 제기했으며, 신은 모든 것의 중심이며 한계를 측정할 수 없는 우주와 같다는 초기 중세에 이따금식 확인되는 개념을 니콜라스 쿠사도 드러내고 있다.

아마도 니콜라스가 이와 같은 견해를 가지게 된 것은 마이스터 에카르트의 영향인 것 같다. 마이스터 에카르트는 이같은 신을 여섯 번이나 언급한 만큼 이를 선호하였다. 니콜라스 쿠사는 역설적 표현도 마다하지 않았으며, 당대의 학문 방법론이라는 틀을 타파하기를 선호하였다. 그는 문헌 속의 대화체 양식의 표현을 즐겨 활용했는데, 이같은 맥락에서 등장하는 대화자인 성 유스틴 세다지움 수도원장은 플라톤의 《파르메니데스》를 정통한 학자로 알려진 인물이었으며, 한편 니콜라스 자신은 위디오니소스에 관한 담론을 즐겨 활용하였다. 니콜라스의 이같은 류의 사고 방식은 신비주의로부터 결코 멀리 떨어져 있지 않았다. 니콜라스 쿠사의 사상에서 우리는 오늘의 헌신(*devotio moderna*) 운동의 여러 요소들을 확인할 수 있다. 오늘의 헌신 운동은 내면적 생활에 관한 체계적인 영성론이라기 보다는 다분히 일시적으로 시대를 풍미했던 일종의 감성적 신비주의였다.

참고문헌

〈1차 사료〉

Nicholas of Cusa, *The Catholic Concordance,* ed. and trans. P. E. Sigmund (Cambridge, 1991).

Nicholas of Cusa, *Unity and Reform : Selected Writings,* ed. John Patrick Dolan (Notre Dame, 1962).

Nicholas of Cusa on God as Not-Other, trans. J. Hopkins (Minneapolis, 1979).

Nicholas of Cusa, *Of Learned Ignorance,* trans. G. Heron (London, 1954).

〈2차 사료〉

On Interreligious Harmony, ed. J. E. Biechler and H. Lawrence Bond (Lewiston, NY, 1990).

J. Hopkins, *A Concise Introduction to the Philosophy of Nicholas of Cusa* (Minneapolis, 1978).

(이영재)

가브리엘 비엘
(Gabriel Biel 1420~1495)

생애와 시대

가브리엘 비엘은 스파이에르에서 태어났으며, 그가 하이델베르그 대학 인문학부에 재직하고 있을 때 사제가 되었고, 또한 이 하이델베르그 인문학부에서 9년간 가르치며 생활하였다. 1442년/3년에 가브리엘 비엘은 잠시 에르푸르트에 간 적이 있으며, 1451년에는 다시 에르푸르트로 돌아가서 이곳에서 신학을 공부하게 되었던 것 같다. 가브리엘은 이 과정에서 전통적인 방식과 새로운 방식 모두를 익히게 되었다. 그리하여 가브리엘 비엘은 1474년 즈음에는 신학 교수 자격증도 취득하게 되었다.

비엘은 대략 1460년에서 1484년에 이르는 기간에 가톨릭 교회 내에서 상당한 명성을 얻게 되었다. 그는 인격의 형성을 중요한 교육의 역할로서 간주하였던 공동생활 형제회에 소속되었다. 1468년까지 비엘은 라인가우 지역의 마리엔탈에 있는 공동생활 형제회의 분원에서 생활하였다. 또한 가브리엘 비엘은 1471년에는 라인강 상류지역의 공동생활 형제회의 총원장이 되었다. 그리고 마인쯔에서는 그가 주교좌성당의 설교사로서 일했으며, 이 시기의 설교들은 오늘날 《마인쯔 설교집》시리즈로 남아 있다. 이같은 설교사로서의 직무는 가브리엘 비엘로 하여금 그 지역의 교회 정치에 관여케 했으며, 이로 인해 그는 한동안 마인쯔로부터 도피

생활을 하기도 하였다.

1484년 비엘은 투빙겐 대학의 신학부에 새로운 교수로 임명되었다. 그런데 이곳은 전통적 방식과 새로운 방식, 그리고 중세 인문주의가 두루 공존했으나, 여전히 전통적인 학문 방법론이 보다 지배적인 학풍을 이루고 있던 터였다. 비엘은 1485년부터 1489년까지 투빙겐 대학교의 총장으로 재직했으며 아인지델에 있는 성 베드로 형제회로 은퇴하여, 1495년 그가 세상을 떠날 때까지 그곳에서 머물렀다. 이 형제회는 세 '신분' 즉 귀족, 성직자 및 도시민 모두의 대표들이 함께 생활하였던 특별한 수도회 공동체였다.

사상과 업적

가브리엘 비엘의 《사도적 순복에 대한 변론》(*Defensorium obedientie apostolice*, 1462년)이라는 저술은 그가 마인쯔에서 주교좌성당 설교사로서 재직한 시기에 벌린 논쟁의 산물이었다. 가브리엘 비엘은 교황청이 선택한 대주교가 제기한 비판에 반론을 폈다. 이 시기는 공의회주의가 쇠퇴하던 시기였다. 15세기 초반에 전체 공의회가 소집되었으나, 그것이 실효를 거두지는 못하였다. 1460년에 교황령 '범죄에 관하여'(*Bull execrabilis*)는 교황의 수위권에 대한 도전적 시도들을 종식시켰다. 전체 공의회는 그 이후 반교황적 도전을 중단하였고, 이는 1518년 파리 대학이 '범죄에 관하여'에 반론을 제기하기까지 그대로 유지되었다. 이 교황령에 대한 이같은 반론은 시기적절한 것이 아니었으며, 따라서 실효적이지도 못하였다. 우리는 이를 1520년 반포된 루터에 반하여 제정된 교황령 '그리스도의 십자가의 고난'(*Exurge domine*)에서 확인할 수 있다.

가브리엘 비엘은 피에르 다이이와 장 제르송에 비해 보다 현실적인 입장을 취했다. 즉 그는 교황의 특권들을 변론하고자 했던 교회법학자들의 이론과 가설들에 대해 훨씬 더 전통적인 태도를 가졌다. 가브리엘 비엘 자신도 교회법을 활용하였으며, 그리하여 그는 '우리 모두의 어머니인 가톨릭 교회가 보편적 진리라고 규정하고 인정할 교리는 성서에 기록된 바와 마찬가지로 외경되고 준수되어져야 한다'고 까지 주장하였다.

그렇기는 하지만 가브리엘 비엘은 가톨릭 교회의 권위가 무엇보다도 그것의 통합성에 달려있다고 믿었다는 점에서 니콜라스 쿠사와 크게 다르지 않았다. 그리하여 가브리엘 비엘은 로마 교황청의 수장권이 교회의 통합성을 보존하는데 핵심적 요소라고 확신하였다. 오직 성 베드로만이 이같이 우월한 사목적 과업을 위탁받았던 만큼, 성 베드로 만이 자신의 후계자들에게 이를 물려 줄 수 있었다. 가브리엘 비엘은 베르나르 클레르보의 교황 전능권 이론에 동의하였으며 또한 이를 실제로 활용하였다. 가브리엘 비엘은 교황의 권위란 오직 가톨릭 교회를 더욱 높이기 위해서만 사용된다고 주장함으로써 교황권을 제한하였던 것으로 보인다. 교황의 권한은 절대적이거나 무조건적인 권한은 아니지만, 그럼에도 불구하고 교황은 성서를 해석하는 권위를 교회로부터 위임받았다고 그는 생각하였다. 가브리엘 비엘의 이같은 논리는 다소 어색한 그러나 교황 수장권의 균형을 위한 보완책이었다. 그러나 여기서 중요한 점은 무엇보다도 그것이 교황 수장권의 균형을 위한 모색이라는 사실이다.

또한 가브리엘 비엘은 미사의 규칙이 규명되어야 하는 이유에 관해서도 설명하였다. 《미사 규칙에 대한 해설》은 미사 전례의 의미에 대한 다양한 스콜라적 논쟁을 소개하는 해설들로 시작하였다. 여기에 우리는 가브리엘 비엘이 피터 롬바르드의 《명제집》 주석서에서 보여준 높은 수준의 균형잡힌 논리를 구사하는 탁월한 학자였음을 발견하게 된다. 가브리엘 비엘은 무엇보다도 '상충하는 논리들의 균형'을 유지하는데 전력을 다하였다.

영향

가브리엘 비엘은 윌리엄 오캄의 한 뛰어난 추종자였다. 또한 그는 루터에게도 상당한 영향을 미쳤다. 그럼에도 불구하고 가브리엘 비엘은 충분히 모든 집단들로부터 일정한 거리를 유지하고 그들 모두로부터 외경의 대상이 되었던 중립적인 학자였다. 그리하여 그의 저술은 16세기 격렬한 논쟁의 와중에서도 다양한 집단들로부터 진지하게 읽혀졌다.

참고문헌

〈1차 사료〉

Gabriel Biel, *Canonis Missae expositio,* ed. H. A. Oberman and W.J. Courtenay (Wiesbaden, 1963).

Gabriel Biel, *Defensorium oboedientiae apostolicae,* ed. Heiko A. Oberman, D. E. Zerfoss and W. J. Courtenay (Cambridge, MA. 1968).

Gabriel Biel, *Quaestiones de justificatione,* ed. C. Feckes (Aschendorff, 1929).

Gabriel Biel, *Collectorium circa quattuor libros Sententiarum,* Prologue q.2.a 1.Bed. W. Werbeck and U. Hofmann (Tübingen, 1973), 4 vols.

〈2차 사료〉

H. A. Oberman, *The Harvest of Medieval Theology* (Cambridge, MA, 1963).

(이영재)

VII

중세 동방 정교회

정통주의의 성장

성 그레고리 팔라마스
(St. Gregorius Palamas 1296~?)

생애와 시대

14세기 비잔틴의 신비주의 영성가 그레고리 팔라마스는 1296년 소아시아의 귀족가문에서 태어났다. 오스만투르크의 침략으로 인해 콘스탄티노플로 이주한 그레고리는 젊은 시절 안트로니코스 2세 팔레올로고스(Andronic II paleologue) 황제의 궁정에서 자랐다. 그레고리는 대략 20세까지 3학과 4학을 포함한 세속학문을 공부했고, 아리스토텔레스에 대해서도 상당한 수준으로 연구하였다.

1316년 그레고리는 콘스탄티노플의 저명한 수도사들과의 교류를 통해 마음에 품었던 수도생활의 열망을 이루기 위해 황제의 미래약속도 거부하고, 수도사가 되기로 결심했다. 부친이 사망하자 모친과 두 자매 그리고 많은 하인들은 콘스탄티노플의 여러 수도원으로 보내고 자신은 두 형제와 함께 성산 아토스[225]로 떠났다. 그는 이곳에서 20년 동안

225) 그리스 아토스 반도 서쪽에 위치한 산으로 5세기에 처음으로 수도사가 온 이래 11세기에는 180여개의 수도원이 세워졌으며, 13세기에 라틴인들의 정복과 15세기 투르크 족의 침략이 이어졌으나 이후 동방정교회의 영성이 풍부하고 장엄한 성 크리소스톰 성찬예배와 예수기도 가득한 곳으로 알려지며 정교회 수도원 운동의 메카로 자리 잡았고 '성산'으로 불리게 되었다.

수도생활을 하게 된다.

14세기 성산 아토스는 정교회 수도원 운동의 중심지일 뿐 만 아니라 지식의 보고였다. 그레고리는 이곳에서 수도사로서의 영적 경험 뿐 만 아니라 방대한 교부저작들을 접하게 되었다. 특히 이곳은 비잔틴 헤시카즘의 전통이 강하게 남아있는 곳이었다. 그레고리 세 형제는 3년 동안 바토페디(Vatopedi) 수도원 근방에서 13, 14세기에 중요한 수도원 운동의 중심지였던 성 아 센시오스 산에서 아토스로 건너온 니코데모스(Nicodeme)라는 한 헤지카시스트의 영적지도를 받으며 수도 생활을 했다.

이후 '그레고리'라는 수도사의 영적지도를 받기위해 글로시아(Glossia) 은수처에 들어갔으나, 투르크족의 잦은 침탈로 은수처가 사라지자 그는 다른 수도사들과 함께 예루살렘과 시나이 순례길에 나섰다. 그는 30세가 되던 1326년 데살로니카에서 사제품을 받고, 베레(Berrhee)근방에 수도원을 세워 5년 동안 금욕 수도생활을 했다. 세르비아의 침략으로 베레지역이 황폐화되자 다시 1331년 성산 아토스로 돌아와 성 사바스(st. Sabbas)수도원에 들어갔다. 그러나 곧 아토스 수도원장회의는 그레고리를 에스피네노우(Es- phignenou)대 수도원의 원장으로 임명했다. 그러나 얼마후 수도사들과의 갈등으로 다시 성 사바스로 돌아온 그레고리는 그리스 철학자이자 유명론적 인문주의자였던 발람(Barllam)과 니케아-콘스탄티노플신조에 '필리오케'를 첨가한 것을 두고 격렬한 논쟁을 벌였고, 1340년에는 아토스 성산의 수도원장들과 수도사들의 서명을 거친 《아토스 성산의 결의문》(*Tome Hagioretique*)을 발표하였다. 그레고리는 철저한 헤시카즘 전통의 입장을 고수하였다.

1341년 8월 요한 5세의 섭정이었던 안나가 총대주교 및 귀족들의 쿠테타로 물러나자, 그레고리는 이들을 정죄했고, 총대주교 칼레카스는 그레고리를 체포하고 출교를 선언했다. 정치적 격변이 소용돌이치는 가운데 데살로니카 대주교로 임명된 그레고리는 철학자 니케포로스 그레고라스(Nicephoros Gregoras)를 정죄하면서 자신의 교리를 공의회를 통해 승인받았다. 그레고리는 말년에 콘스탄티노플로 향하던 배가 투르크족에 피랍되어 1년 동안 포로생활을 하게 되었는데, 이때 비잔틴 교회 대표자로서 이슬람교에 보여준 그의 관용과 설득력 있는 상호이해의 논리를 엿볼 수 있다. 그레고리는 1359년 11월 27일 데살로니카에서 사망했고, 1368년 제자이자 친구였던 에큐메니칼 총대주교 필로테(Philothee)에 의해 시성되었다.

사상과 업적

14세기 그레고리에 의해 새롭고 확고하게 정립된 비잔틴 영성 신학의 전통, 곧 헤시카즘의 전통은 '신에 대한 인식'과 '신학의 본질'에 관한 것이었다. 그의 신학은 에바그리오스와 마카리오스로 이어지는 신비주의 영성의 전통을 방대한 교부학적 지식에 바탕을 둔 객관적이고 성서적인 그리스도교 사상 안에 통합하는 것이었다. 침묵과 관조의 상태를 통해 신비스런 영적 체험을 하는 헤시카즘은 곧 금욕주의적 영성을 추구하는 것으로 4세기경 이집트 사막교부들로부터 시작되어 10세기 경 성 시메온에 의해 성 산 아토스의 수도사들에게 전해졌고, 14세기에 그레고리는 이를 재정립했다. 그는 비잔틴 세계의 정교회적 전통 속에 내재한 부정신학과 계시로서의 빛 그리고 구원으로서의 테오시스를 종합적으로 체계화했다.

발람과의 교리논쟁에서 그레고리가 강조한 핵심은 예수 그리스도 안에서 가능해진 신에 대한 인식은 성인들의 경험을 공유한 소수의 신비가들만이 아니라 모든 세례받은 이들에게 가능한 것인데, 이것이 참된 신학의 척도요 실존적 토대라는 것이다. 《거룩한 헤시카시스트(hesychast)를 변호하기 위한 세편의 글》(*Triades pour la defense des saints hesychastes*)은 이러한 그레고리의 견해를 잘 나타내고 있다. 이는 신께서 인간과 역사 안에 내재 하신다는 점을 강조한 것이다. 영을 마음에 집중시키고 호흡을 가다듬으며 '주 예수 그리스도 하나님의 아들이시여 나를 불쌍히 여기소서'라는 짧은 기도를 반복하여 하는 것은 헤시카즘 전통의 핵심이다.

1347년과 1351년 그리고 그의 시성을 결정한 1368년 공의회에 의해 지지된 그레고리의 신학은 다음과 같이 요약될 수 있다. 첫째로, 신에 대한 인식은 세례와 성만찬을 통해서 그리스도와 교류하는 모든 그리스도인들이 경험할 수 있다. 둘째로 오직 신의 세 위격만이 본질적으로 신이며, 절대적 초월성을 지니셨으며, 신의 생명에 참여하는 신화된 인간은 오직 '은총에 의해서' 혹은 '에네르기아'를 통해서만 신에게 나아갈 수 있다.

신화는 인성을 제거하지 않고 오히려 인간을 더욱 아름답게 만든다. 따라서 그레고리의 신학은 신화의 토대를 그리스도 중심주의와 성사에 두면서 신의 본질에는 절대 접근할 수 없다는 신비주의를 지향한 것이다.

영향

그레고리 팔라마스의 헤시카즘 영성신학은 중세 비잔틴 정교회의 신비주의 신학을 완성한 것으로, 이후 러시아 정교회의 관례와 신학에 절대적인 영향을 미쳤다. 또한 동방정교회 신학의 구체화된 실체라 볼 수 있는 이콘 신학에서도 그의 신학사상은 규범적 토대를 이루고 있다. 이성을 중시하는 서구 라틴 그리스도교 세계와 대비되는 그레고리의 헤시카즘은 이후 비잔틴 정교회 세계 뿐 만 아니라 전 슬라브 세계에서 새로운 금욕주의적 영성으로 잡았고, 오늘날까지 수많은 수도사들의 표상이 되고 있다.

참고문헌

〈1차 사료〉

The Triads (Classics of Western Spirituality Series)

Philokalia, Volume 4.

Homilies of Saint Gregory Palamas, Vol. 1.

Homilies of Saint Gregory Palamas, Vol. 2.

Treatise on the Spiritual Life

The One Hundred and Fifty Chapters

〈2차 사료〉

Реутин М. Ю. «Христианский неоплатонизм» XIV века. Опыт срав нительного изучения богословских доктрин Иоанна Экхарта и Григория Паламы. Парижские диспутации Иоанна Экхарта. М.: РГГУ, 2011.

Иоанн Мейендорф. Жизнь и труды св. Григория Паламы: Введен ие в изучение. — Издание второе, исправленное и дополненн ое для русского перевода / Перевод Г.Н. Начинкина, под ред акцией И.П. Медведева и В.М. Лурье. Санкт-Петербург: Виза нтинороссика, 1997.

(오두영)

세르게이 라도네쥐스키
(Sergei Radonezhskii 1314~1392)

생애와 사상

중세 몽고 지배기에 창설되어 오늘날까지 러시아 정교회교도들에게 성지와 같은 역할을 하고 있는 블라지미르의 삼위일체-성 세르게이 대수도원의 창설자 세르게이 라도네쥐스키는 1314년 5월 3일 로스토프에서 태어났다. 그의 부모님은 로스토프의 상류층이었으며, 출생 40일 후에 미카엘 신부에 의해 '바르폴로메오'라는 이름으로 세례를 받았다.

바르폴로메오는 일곱 살 때부터 수도원에서 글쓰기와 독서를 배웠으나, 동년배들에 비해 학습이 매우 느렸다. 그의 부모님은 잦은 전쟁을 피해 로스토프를 떠나 모스크바에서 북동쪽으로 60마일 떨어진 곳에 있는 라도네쥐라는 소도시로 피난을 갔다. 그들은 경제적으로 비교적 풍족하여 모스크바로 갈 수도 있었으나 경건한 신앙심을 유지하고자 조용한 시골로 이주하였다고 한다. 바르폴로메오는 이 시골에서 평범한 농민생활을 하면서 농민의 슬픔과 기쁨을 잘 알게 되었고, 이것은 후에 그가 '농민의 성자'라 불리게 되는 배경이 되었다. 어린 시절 그의 공부는 고대 교회 슬라브어로 된 성서와 정교회 전례를 보는 것이 전부였다. 그러나 그는 시편과 구약 예언서의 종교적 열정과, 찬송과 기도문 그리고 정교회 예배의 장엄함에 매료되었다고 한다.

12살 때 바르폴로메오는 부모에게 은수생활을 하겠다 청하였으나, 그들의 만류로 집에 머물렀고, 대신 그의 부모, 끼릴과 마리아가 호츠코브 근처 수도원에 들어갔다가 얼마 후 소천 하였다. 바르폴로메오는 20세의 나이에 형 스테판과 라도네주 숲속으로 들어가 통나무집과 예배당을 짓고 은수생활을 시작했다. 침묵과 기도로 수도자 서원을 준비하던 그는 성 순교자 세르게이 축일에 세르게이라는 수도명을 받고 정식 수사가 되었다. 그의 형 스테판은 황량한 숲속에서의 고행을 견디지 못하고 마을로 되돌아와 수도원의 일반 수도사로 들어갔다.

얼마 후 세르게이의 은수생활에 대한 소문이 퍼지면서 그를 만나 조언을 들으려는 사람들이 몰려들었다. 그 중에는 수사 바실리와 부제 오네시모 그리고 사제 엘리사도 있었다. 세르게이는 그를 찾아온 이들과 수도원 공동체를 구성하여 수도생활을 함께 했다. 모스크바의 부주교 알렉시스도 그에게 큰 감동을 받았다고 한다. 알렉시스는 자기 후임으로 세르게이를 천거했으나 그는 이를 정중히 거절하였다. 세르게이는 사제 혹은 수도원장이 되려는 생각은 전혀 하지 않았고, 농사일과 기도생활등 평범한 수사로서 은수생활을 이어갔다.

그러나 수도자들의 거듭된 요청과 주교의 조언으로 세르게이는 수도원장이 되었고, 고난의 시대에 민중들에게 빛이 되었던 수도원은 후일 러시아에서 가장 큰 대수도원(라브라)로 발전하게 된다. 수도원장으로서 세르게이는 영적인 심오한 지혜를 지닌 인물로 추앙받으며, 여러 공후들에게 조언과 훈계를 하였고, 몽고의 지배에서 벗어나려는 대공의 조언자 역할을 하였다. 세르게이는 1380년 드미트리 대공이 몽고군사와의 일전을 벌일 때 결정적 조언을 통해 러시아의 승리를 이끌어냈다. 그는 선택된 러시아 민족의 해방을 신의 이름으로 성취하도록 이끈 것이다. 러시아인들에게 그는 신이 보낸 구세주와 다름 아니었다.

세르게이는 초기 러시아 정교회의 가장 큰 덕목 중 하나였던 우밀레니에(자비와 연민)를 실천한 인물로 신분을 초월한 당대 많은 이들의 추앙을 받았고, 사후에 시성되어 모스크바 공국의 수호성인이 되었다. 세르게이는 설교를 하거나 책을 쓴 적이 없었다. 단지 수도자로서의 삶을 통해서 러시아 정교회 신앙의 본질을 보여주었다. 그는 그레고리 팔라마스와 동시대인으로서 비잔틴적 유산인 '헤시카즘'을 실천하였다.

또한 그는 러시아정교회 역사상 '장로'(starets)라고 불린 최초의 인물인데 이는 최고의 영적 경지에 이른 자를 자칭하는 말이다. 이후 이것은 러시아 정교회의 영성신학의 지향점을 가리키는 것이 되었다. 그는 늘 성 삼위일체만을 섬겼으며, 헤시카즘적 관상과 침묵속에서만 신을 인식하고 그의 생명과 일치하게 된다고 하는 전형을 보여주었다.

수도자 세르게이의 영성은 이후 수많은 이콘 화가와 장로들 그리고 문학작품의 주인공들에 이르기까지 러시아 정교회의 영적 전통에 심대한 영향을 미쳤다.

참고문헌

〈1차 사료〉

Сергий Радонежский: [сборник] / Сост. В. А. Десятников. М.: Патриот, 1991.

〈2차 사료〉

Аверьянов К. А. Сергий Радонежский. Личность и эпоха. М., 2006.

Борисов Н. С. И свеча бы не угасла… Исторический портрет Сергия Ра донежского. — М.: Молодая гвардия, 1990.

Борис Зайцев. «Житие Сергия Радонежского». М. 1924.

Мельник А. Г. Почитание св. Сергия Радонежского в Ростовской земле XVI- XVII вв. — Троице-Сергиева лавра в истории, культуре и духо вной жизни России: материалы V международной конференции. Сергиев Посад: Ремарко, 2009.

Горев М. Троицкая лавра и Сергий Радонежский. М. 1920.

(오두영)

찾아보기